国家社科基金项目

和谐社会视角下乡镇政府行政法治化问题研究

易凤兰　姚锐敏　著

中国社会科学出版社

图书在版编目(CIP)数据

和谐社会视角下乡镇政府行政法治化问题研究／易凤兰，姚锐敏著．—北京：中国社会科学出版社，2014.6

ISBN 978-7-5161-4452-7

Ⅰ.①和… Ⅱ.①易…②姚… Ⅲ.①乡镇-地方政府-行政管理-行政法-研究-中国 Ⅳ.①D922.114

中国版本图书馆CIP数据核字(2014)第143631号

出 版 人 赵剑英
责任编辑 侯苗苗
责任校对 林福国
责任印制 李 建

出 版 中国社会科学出版社
社 址 北京鼓楼西大街甲158号（邮编100720）
网 址 http://www.csspw.cn
中文域名：中国社科网 010-64070619
发 行 部 010-84083685
门 市 部 010-84029450
经 销 新华书店及其他书店

印刷装订 北京市兴怀印刷厂
版 次 2014年6月第1版
印 次 2014年6月第1次印刷

开 本 710×1000 1/16
印 张 19.25
插 页 2
字 数 342千字
定 价 68.00元

凡购买中国社会科学出版社图书，如有质量问题请与本社联系调换
电话：010-64009791

目　录

第一章

和谐社会与行政法治

2004年3月16日，国务院常务会议通过了《全面推进依法行政实施纲要》，提出经过十年左右坚持不懈的努力，基本实现建设法治政府的目标。2004年9月，党的十六届四中全会根据党的十六大精神，从加强党的执政能力的角度，明确提出了构建社会主义和谐社会的任务。2005年2月，胡锦涛在省部级主要领导干部提高构建社会主义和谐社会能力专题研讨班上的讲话中，全面阐述了构建社会主义和谐社会的时代背景、重大意义、基本原则和主要任务，明确指出，“我们所要建设的社会主义和谐社会，应该是民主法治、公平正义、诚信友爱、充满活力、安定有序、人与自然和谐相处的社会”。2006年10月，党的十六届六中全会通过了《中共中央关于构建社会主义和谐社会若干重大问题的决定》，进一步明确了构建社会主义和谐社会的指导思想、目标任务、基本原则和工作部署。建设社会主义和谐社会目标任务的提出，为依法行政、建设法治政府赋予了新的使命和意义，为行政法治建设注入了新的内涵，提出了新的要求，也提供了新的视角和思路。深入分析和正确理解和谐社会建设与法治政府建设的关系，对于顺利推进行政法治，实现构建社会主义和谐社会的战略目标具有重要意义。

第一节　社会主义和谐社会的历史意蕴

一、构建社会主义和谐社会的历史背景和重大意义

党的十六大以来，党中央明确提出了构建社会主义和谐社会的重大任务。2002年11月，党的十六大报告在阐述全面建设小康社会的宏伟目标时强调，建设更高水平的小康社会，就是要使经济更加发展、民主更加健全、科教更加进步、文化更加繁荣、社会更加和谐、人民生活更加殷实，还强调要努力

形成全体人民各尽其能、各得其所而又和谐相处的局面，巩固和发展民主团结、生动活泼、安定和谐的政治局面。把社会更加和谐作为我们党要为之奋斗的一个重要目标明确提出来，这在我们党历次代表大会的报告中是第一次。

2004 年 9 月，党的十六届四中全会从加强党的执政能力的角度，进一步提出了构建社会主义和谐社会的任务，强调形成全体人民各尽其能、各得其所而又和谐相处的社会是巩固党执政的社会基础、实现党执政的历史任务的必然要求，要适应我国社会的深刻变化，把和谐社会建设摆在重要位置，并明确了构建社会主义和谐社会的主要内容。

2005 年 2 月，中共中央在中央党校举办省部级主要领导干部提高构建社会主义和谐社会能力专题研讨班，胡锦涛发表了重要讲话。在讲话中，他深刻阐述了构建社会主义和谐社会的基本特征、重要原则、深刻内涵和主要任务，强调要建设“民主法治、公平正义、诚信友爱、充满活力、安定有序、人与自然和谐相处”的社会主义和谐社会。

2006 年 10 月，党的十六届六中全会通过了《中共中央关于构建社会主义和谐社会若干重大问题的决定》。《决定》全面、深刻地阐明了社会主义和谐社会的性质和定位，明确了构建社会主义和谐社会的指导思想、目标任务、工作原则和重大部署。

构建社会主义和谐社会，是党中央在我国改革发展进入关键时期提出的一项重大战略任务。20 世纪 80 年代以来，在中国共产党的正确领导下，我国由传统社会向现代社会转型的历史进程逐步加快，经济和社会发展取得了举世瞩目的成绩。据国家统计局发布的数据，2003 年，我国国内生产总值（GDP）超过 1.4 万亿美元，人均 GDP 首次突破 1000 美元，达到 1090 美元。这标志着我国已经进入一个新的发展阶段，社会转型处在一个重要历史关头。“一些国家和地区的发展历程表明，在人均国内生产总值突破 1000 美元之后，经济社会发展就进入了一个关键阶段。在这个阶段，既有因为举措得当从而促进经济快速发展和社会平稳进步的成功经验，也有因为应对失误从而导致经济徘徊不前和社会长期动荡的失败教训。”① 理论研究也表明，经济发展并不会必然带来社会稳定与和谐，相反，经济发展与社会的不稳定和动荡往往是共生的。关于经济发展和政治自由会带来社会不稳定和社会动荡的观点，最初是由法国思想家托克维尔提出来的。托克维尔通过对法国大

① 胡锦涛：《在省部级主要领导干部提高构建社会主义和谐社会能力专题研讨班上的讲话》，《人民日报》2005 年 6 月 27 日第一版。

革命的观察发现，经济越是繁荣，政治自由越能在一些地区获得广泛基础，这些地区的不稳定特征就越突出。在法国大革命发生以前的一二十年时间里，人民的生活和自由受到了尊重，国王开始关注贫困者的疾病问题，政府很少对穷人采用暴力手段，反而减免他们的税额或给穷人以救济。在这一时期，法国经济比较繁荣，增长率比较快，个人也比过去更为富裕。托克维尔据此得出结论："革命的发生并不总是由于萧条、衰退和条件恶化。一个习惯于忍受的民族，根本不知道有压迫的存在，而当这种压迫减轻了时，他们反而意识到了压迫，于是开始反叛。被革命摧毁的统治，往往就在它作出改进和改善的时候，往往就在它接受恶劣统治的教训的时候，往往就在它迈出改革第一步的时候，革命却发生了。"① 著名政治学家亨廷顿在对第二次世界大战以后第三世界新兴国家现代化过程的考察中发现，许多国家现代化的过程中都出现了社会动荡和"政治衰朽"。亨廷顿认为，这些国家"产生政治秩序混乱的原因，不在于缺乏现代性，而在于为实现现代性所进行的努力"，② 也即现代化以现代化过程中的经济发展为例，亨廷顿认为，经济发展固然具有积极意义，但它同时也是导致社会不稳定的重要原因。经济的迅速增长会造成以下情况：（1）毁坏传统的社会集团（家庭、阶级、种姓），从而增加失去社会地位的人数……这些人在某种情况下会助长革命的发生；（2）产生暴发户，他们难以完全适应并同化于现存秩序，他们要得到与他们新的经济地位相匹配的政治权力和社会地位；（3）增加地区性流动，这种流动又破坏社会结构，特别是促使农村人口向城市移动，从而产生社会离异和政治极端主义；（4）使生活水准不断下降的人数扩大，从而拉开贫富之间的距离；（5）增加某些人的绝对收入而不是相对收入，从而增加他们对现存秩序的不满；（6）为了提高投资而对消费实行总体的限制，从而造成公众的不满；（7）增加识字率，提高教育水平和对新闻媒介的接触，这又使人们的希求提高到无法满足的地步；（8）在投资和消费的分配方面加剧地区之间和种族之间的冲突；（9）提高集团组织的能力，从而提高集团对政府提出要求的分量，而这些要求又是政府难以满足的。"经济增长以某种速度促进物质福利提高，但却以另一种更快的速度造成社会的怨愤。"③

---

① Alexis De Tocqueville, *The Old Regimeand the Revolution*, New York: Harper & Brothers, 1856, p. 214.

② ［美］亨廷顿：《变化社会中的政治秩序》，王冠华等译，生活·读书·新知三联书店 1989 年版，第 38 页。

③ 同上书，第 46—47 页。

美国社会学家戴维斯和格尔运用J曲线理论解释了为什么在经济处于繁荣的时候会不稳定。[①] J曲线理论认为，客观生活状况的改善会导致人们产生更高的期望值。当人们期望值增长得比客观状况改善的速度还要快时，就会导致人群中更高程度的被剥夺感。研究表明，动乱常常发生于长时期的经济繁荣之后突然萧条的时候，因为，这时人们的期望值已经被繁荣的经济鼓动得很高，而实际的经济条件却又难以满足人们的较高期望，于是，社会上不满情绪便高涨起来。所以，J曲线理论认为，人们的高期望与期望难以得到满足之间的巨大差距导致了动乱的发生。此外，赫西曼和朗西曼等学者侧重从社会心理的角度解释了社会不稳定和社会动荡产生的原因。他们认为，人们满意不满意，很大程度上是一种相对比较的结果。在经济迅速发展时期，某一个人如果看到自己的朋友、亲戚、熟人的收入不断增加了，而总没有自己的份儿，他就会感到不公正，甚至会采取过激行为或违规行为。有时候，其实，这个人的收入水平也增长了，但是，增长的速度没有别人快，而这个人的欲望却比别人强烈得多，他总是与更高的收入者比较，结果，他还是不满意，甚至是极大的不满。[②]

改革开放以来，我国社会总体上是和谐的。但也存在不少矛盾和问题，主要是：城乡、区域、经济社会发展很不平衡，人口资源环境压力加大；就业、社会保障、收入分配、教育、医疗、住房、安全生产、社会治安等方面关系群众切身利益的问题比较突出；体制机制尚不完善，民主法制还不健全；一些社会成员诚信缺失、道德失范，一些领导干部的素质、能力和作风与新形势新任务的要求还不适应；一些领域的腐败现象仍然比较严重；敌对势力的渗透破坏活动危及国家安全和社会稳定。上述矛盾和问题对我国社会和谐的影响已经在不同程度上开始显现出来。从社会关系的角度看，这些影响突出表现在以下几个方面。

（1）犯罪率居高不下，且总体上呈现上升的趋势。改革开放以来，随着经济和社会的快速发展，我国刑事犯罪案件总体上呈现不断上升的走势，犯罪率一直处在一个比较高的水平。据统计，1981—2001年，人民法院受理刑事一审案件的总量总体上呈现上升趋势（见表1－1）。如果将人民法院

---

① James C. Davies, "Toward A Theory of Revolution", *America Sociological Review*, Volume 27, No. 1, 1962, pp. 5－6.

② 参见李强《从社会学角度看"构建社会主义和谐社会"》，《社会科学战线》2005年第6期。

刑事收案增长率视为实发刑事犯罪增长率，那么，从1981年到2001年的20年间，中国刑事犯罪率的总量增长了两倍多。犯罪率一般以每万人口中发生的刑事案件总数为计算单位。考虑到人口变化因素，若以件/万人为单位计算犯罪率，1981年为2.32万件/万人，2001年为4.93件/万人，20年间增长了1倍多。①

表1-1　1981—2001年人民法院刑事一审收案情况统计

年份	刑事一审收案		年份	刑事一审收案	
	收案数（件）	收案率（件/万人）		收案数（件）	收案率（件/万人）
1981	232165	2.32	1991	427840	3.69
1982	245219	2.41	1992	422991	3.61
1983	542648	5.27	1993	403267	3.40
1984	431357	4.13	1994	482927	4.03
1985	246655	2.33	1995	495741	4.09
1986	299720	2.79	1996	618826	5.06
1987	289614	2.65	1997	436894	3.53
1988	313306	2.82	1998	482164	3.86
1989	392564	3.48	1999	540019	4.29
1990	458909	4.01	2000	560432	4.42
			2001	628996	4.93

资料来源：王立峰、张玉鹏：《当代中国的犯罪状况与防治对策》，《中共中央党校学报》2005年第3期。

进入21世纪以后，我国刑事犯罪总量上升的趋势依然没有根本改变。最高人民检察院提供的数据显示，2003年以来，我国刑事案件涉案人数继续呈现增长趋势（见表1-2）。

（2）信访案件数量持续上升。在我国目前特殊的社会政治现实条件下，信访数量是反映社会利益冲突的一项重要指标，信访数量的变化可以在一定程度上反映社会的稳定与和谐状况。新中国成立以后曾经经历过三次信访高峰：第一次是20世纪50年代中期，新中国刚成立，社会一直处于三反五反、社会主义改造、大跃进、"反右"和"四清"等政治运动中，全国信访数量逐年增加，至1957年下半年"反右"扩大化后，信访量开始下降。第

① 王立峰、张玉鹏：《当代中国的犯罪状况与防治对策》，《中共中央党校学报》2005年第3期。

二次是粉碎“四人帮”后的1979—1981年，要求落实政策和纠正冤假错案的信访数量激增。1979年中央联合接待室接待来访18万余次，中办、国办受理群众来信108万余件，创历史最高纪录。第三次是20世纪90年代中期以后，随着我国各项改革措施的不断深入，社会矛盾再次激化，引发了“信访洪峰”。据统计，1996—2000年，全国县级以上党政机关信访部门受理的群众集体访批次和人次分别是1995年第四次全国信访工作会议前13年的2.06倍和2.75倍。2000年全国县级以上三级党政机关受理群众信访总量为1024万件（人）次，集体信访24.57万批次、564.8万人次，分别比1995年上升1.13倍、2.8倍、2.6倍。2004年，国家信访局受理群众来信比2003年上升11.7%，接待群众来访的批次、人次比2003年分别上升58.4%、52.9%。①

表1-2　2003—2006年全国检察机关批准逮捕和提起公诉人数统计

年份	批准逮捕人数	提起公诉人数
2003	764776	819216
2004	811102	867186
2005	860372	950804
2006	891620	999086
2007	904746	1056363
2008	952583	1143897

资料来源：2004—2009年最高人民检察院工作报告。

（3）不同社会利益群体之间的矛盾与冲突加剧。多年来以经济为主导的改革加剧了社会的分化。随着社会分化的快速发展，社会关系和利益结构发生了很大变化。从社会分层来看，出现了一些新的利益群体和新的社会阶层，如私人企业主群体、农民工群体、失地农民群体、失业职工群体、失房居民群体、城市房产主群体，以及城市居民群体和农村居民群体、外来人口群体和本地人口群体等。由于经济利益的差异，这些不同社会利益群体之间，尤其是新产生的利益群体之间不可避免地会发生摩擦、矛盾和冲突。近年来，不同社会利益群体之间的摩擦、矛盾和冲突明显加剧，对立情绪不断加深，一些个别性事件往往很快演变成一个地区甚至全国范围内的利益群体之间的对抗和冲突，严重影响社会的和谐与稳定。从我国目前的情况看，不

① 孙学华、宋鸣：《关于我国信访制度改革的思考》，《特区实践与理论》2006年第2期。

同利益群体之间的矛盾冲突大体包括三种类型[①]：一是“强强”矛盾冲突，即发生在强势利益群体之间的矛盾冲突。例如，随着城市房产私有率的迅速提高，房产拥有者成为城市中的重要利益群体。围绕房屋问题展开的各种利益争执引发了房产业主和开发商、物业公司之间的一系列矛盾。其中，一些业主群体由于切身利益受到了损害和侵犯，态度变得越来越激烈。虽然业主在社会中是一个较强势的群体，但在与开发商和物业公司之间的矛盾中他们则处于相对弱势，面对一些开发商确实存在的欺诈和侵权行为，他们依托业主委员会、业主大会与之抗争，这种情况使“强强”冲突博弈很容易转化并扩大。二是“强弱”矛盾冲突，即强势与弱势利益群体之间的矛盾冲突。劳资矛盾就属于这一类型。从目前情况看，劳资冲突博弈过程中的矛盾主体双方在实现或维护自己的利益时都容易走极端，特别是企业主确实较普遍地存在着侵权行为。然而，即使在劳方维权行为具有正当性的情况下，由于缺少法律专门知识，以及维权成本高昂，劳方也可能采用非制度化的方式，致使“强弱”冲突博弈出现转化及扩大。三是“弱弱”矛盾冲突，即弱势利益群体之间的矛盾冲突。例如，来自不同地区的农民工往往分别与某种行业、某个城市有着传统的联系，这些地区和行业因素形成了农民工内部利益群体的分化，它们之间也会因利益矛盾而出现冲突博弈。

（4）“官民矛盾”增多，政府权威面临挑战。近年来，我国各地官民之间、党群、干群之间的矛盾逐渐增多，一些地方的官民矛盾已经发展到非常尖锐的程度，个别地方甚至爆发了官民之间的公开对抗和冲突的恶性事件。事实表明，目前党和政府已经成为社会矛盾的焦点。之所以如此，一方面是因为一些体制性因素使得政府“引火烧身”，把矛盾集中到了自己身上；另一方面也有内在性因素，即我们的一些政权机关、公共机构及其干部中自身存在的问题，如形形色色的官僚主义、执法不公、行政不当、为政不廉、假公济私、奢侈浪费、欺压百姓等不良作风和行为。这些现象使本来已经很尖锐的社会矛盾进一步被激化。“在信息和媒体传播技术十分发达的今天，这些现象会加倍放大和迅速扩散而形成社会的‘综合震荡效应’，严重影响公众对政府的信任，削弱国家政权的群众基础。”“由于上述体制性和内在性因素，一些社会矛盾会出现预想不到的局面，如一些地方群体性事件开始大量地针对当地政府和干部，酿成恶性后果。有些矛盾本来与政府无关，最初只是群众与群众之间的‘民间冲突’，但是发展到后来就变成了针对地方政

---

① 参见郑杭生、杨敏《社会实践结构性巨变下的社会矛盾》，《探索与争鸣》2006年第10期。

府的‘官民冲突’。这些都使得当前我国社会矛盾的未可预期性、突发性大为增加。”①

（5）社会矛盾趋向激化，群体性暴力性事件明显增多。由于缺乏有效的利益协调和矛盾化解机制，当前一些社会矛盾呈现出激化的发展趋势，为了表达、维护和实现自己的利益，矛盾主体往往采取过激的态度和手段，使矛盾迅速激化扩大，有些甚至发展成群体性的恶性暴力冲突。如拦截和毁坏公务车辆、暴力侵害公务人员、聚众闹事、械斗、阻断公路和铁路交通，甚至围堵、冲击党政机关，等等。

基于上述情况，党中央提出构建社会主义和谐社会是非常及时的，具有很强的现实意义。目前，我国已经进入改革发展的关键时期，既面临前所未有的发展机遇，也面临前所未有的挑战。要抓住机遇，应对挑战，顺利推进改革和发展，实现全面建设小康社会的宏伟目标，就必须“始终保持清醒头脑，居安思危，深刻认识我国发展的阶段性特征，科学分析影响社会和谐的矛盾和问题及其产生的原因，更加积极主动地正视矛盾、化解矛盾，最大限度地增加和谐因素，最大限度地减少不和谐因素，不断促进社会和谐”。②正如胡锦涛同志所指出的：“我们要抓住和用好重要战略机遇期、实现全面建设小康社会的宏伟目标，就必须正确应对这些矛盾和问题，花更大气力妥善协调各方面的利益关系，正确处理各种社会矛盾，大力促进社会和谐。这既是全面建设小康社会的重要内容，也是实现全面建设小康社会宏伟目标的重要前提。”③

提出构建社会主义和谐社会不仅具有很强的现实针对性，而且具有重大的理论意义和深远的历史意义。它是对今后几十年乃至整个社会主义初级阶段我们党治国理政核心理念的宣示，进一步科学地回答了什么是中国特色社会主义以及怎样建设中国特色社会主义的问题。提出构建社会主义和谐社会，表明我们党清醒地把握住了我国社会所处的历史方位（社会主义初级阶段）和党的历史方位（由领导人民为夺取政权而奋斗的党、在外部封锁和实行计划经济领导国家建设的党，到领导人民长期执政的党、在对外开放和发展社会主义市场经济条件下领导国家建设的党），清醒地把握住了人民

① 郑杭生、杨敏：《社会实践结构性巨变下的社会矛盾》，《探索与争鸣》2006年第10期。

② 《中共中央关于构建社会主义和谐社会若干重大问题的决定》，2006年10月11日中国共产党第十六届中央委员会第六次全体会议通过。

③ 胡锦涛：《在省部级主要领导干部提高构建社会主义和谐社会能力专题研讨班上的讲话》，《人民日报》2005年6月27日第一版。

群众的根本利益和共同愿望，反映了我们党对中国特色社会主义事业发展规律的新认识，也反映了我们党对执政规律、执政能力、执政方略、执政方式的新认识。

首先，提出构建社会主义和谐社会，标志着我们党对中国特色社会主义的认识进一步深化。早在改革开放初期，邓小平就明确指出，社会主义的本质就是解放生产力，发展生产力，消灭剥削，消除两极分化，最终达到共同富裕。基于这样的认识，我们党果断地结束了以阶级斗争为纲，实现了工作重点向经济建设的转移，在此基础上致力于建设中国特色的社会主义。随着改革开放的深入，我们党先后着重从经济、政治和文化方面界定过中国特色社会主义。党的十六大报告在提出全面建设小康社会战略任务时，将中国特色社会主义建设事业的总体布局概括为发展社会主义市场经济、社会主义民主政治和社会主义先进文化，不断促进社会主义物质文明、政治文明和精神文明的协调发展。十六届四中全会从提高党的执政能力的角度明确提出了构建社会主义和谐社会的任务，“这表明，随着我国经济社会的不断发展，中国特色社会主义事业的总体布局，更加明确地由社会主义经济建设、政治建设、文化建设三位一体发展为社会主义经济建设、政治建设、文化建设、社会建设四位一体”①。十六届六中全会则从更加宽广的角度对中国特色社会主义作出了更加完整丰满的概括。六中全会通过的《中共中央关于构建社会主义和谐社会若干重大问题的决定》，结合全面建设小康社会和到 21 世纪中叶基本实现现代化的宏伟目标和伟大实践，郑重提出要在中国特色社会主义道路上，努力建设一个“全体人民各尽其能、各得其所而又和谐相处”的，以“民主法治、公平正义、诚信友爱、充满活力、安定有序、人与自然和谐相处”为基本特征的“社会主义和谐社会”。这一集中的理论表达，标志着我们党对中国特色社会主义的认识和实践的进一步大大深化。②

其次，构建社会主义和谐社会，是巩固党执政的社会基础，实现党执政的历史任务的必然要求。当人类社会跨入 21 世纪的时候，我国进入了全面建设小康社会、加快推进社会主义现代化的新的发展阶段。在新世纪新阶段，我们党肩负着团结和带领全国各族人民实现推进现代化建设、完成祖国统一、维护世界和平与促进共同发展三大历史任务的重大使命。在实现三大

---

① 胡锦涛：《在省部级主要领导干部提高构建社会主义和谐社会能力专题研讨班上的讲话》，《人民日报》2005 年 6 月 27 日第一版。

② 参见李秀潭《中国共产党新时期治国理政的核心理念》，《理论导刊》2006 年第 11 期。

历史任务的过程中，我们将面临机遇与挑战并存、纷繁复杂的国内外条件和形势。一方面，国际局势正在发生新的深刻变化，世界多极化和经济全球化的趋势继续在曲折中发展，科技进步日新月异，综合国力竞争日趋激烈，各种思想文化相互激荡，各种矛盾错综复杂；敌对势力对我国实施西化、分化的战略图谋没有改变，我们仍面临发达国家在经济、科技等方面占优势的压力。另一方面，我国改革发展处在关键时期，社会利益关系更为复杂，新情况新问题层出不穷。在这种背景下，党要带领全国各族人民全面建设小康社会，实现继续推进现代化建设、完成祖国统一、维护世界和平与促进共同发展这三大历史任务，"必须紧紧依靠人民群众，团结一切可以团结的力量，调动一切可以调动的积极因素，把人民群众以及各方面的积极性、主动性、创造性都充分发挥出来，为实现全面建设小康社会的宏伟目标而奋斗；必须正确认识和妥善处理人民内部矛盾和其他社会矛盾，协调好各方面的利益关系，不断在发展的基础上满足人民群众日益增长的物质文化需要，保证人民群众共享改革发展的成果；必须抓紧解决人民群众生产生活中的突出问题和困难，夯实党执政的阶级基础和群众基础，保持党同人民群众的血肉联系；必须加强社会建设和管理，营造良好的人际环境，保持良好的社会秩序，维护社会稳定，保证广大人民群众安居乐业。只有把这些工作都更加自觉、更加主动地做好了，我们党才能不断增强执政的社会基础，才能更好地实现继续推进现代化建设、完成祖国统一、维护世界和平与促进共同发展这三大历史任务"①。

二、社会主义和谐社会的内涵与特征

和谐社会是人类自古以来孜孜以求的一种美好社会理想。按照社会学的一般解释，和谐社会是指社会系统中的各个部分、各种要素处于一种相互协调的状态。社会学认为，社会是由人群组成的特殊形态的群体形式，是相当数量的人按照一定的规范发生相互联系的生活共同体。社会的重要特征之一是具有结构性。"社会结构是指社会系统中的各组成部分或社会体系中诸要素之间比较持久、稳定的相互联系模式，这种稳定的关系使社会系统具有形态特征。"② 正因为社会是由各个部分、诸种要素相互联系而形成的一种结

① 胡锦涛：《在省部级主要领导干部提高构建社会主义和谐社会能力专题研讨班上的讲话》，《人民日报》2005 年 6 月 27 日第一版。

② 朱力：《对"和谐社会"的社会学解读》，《南京社会科学》2005 年第 1 期。

构体系，因而就必然存在各部分、诸要素之间的协调问题。只有当社会的各个部分、各种要素之间紧密联系、相互协调的时候，社会才能在总体结构上保持稳定与和谐。社会学家们还提出了和谐社会的标准或条件，如郑杭生教授认为，和谐社会应当具备十个方面的基本条件：（1）社会与物质环境相适应；（2）适当的社会人口再生产；（3）基本社会群体和社会角色的适当安排；（4）社会成员之间信息等的沟通；（5）对社会基本事物之含义有一致的认识；（6）社会群体的奋斗目标的基本一致；（7）建立了社会规范以限制追求上述目标所采取的手段；（8）对情感表达方式的限制；（9）对社会新成员实现了社会化；（10）有效控制了分离性社会行为。① 朱力教授认为，要达到和谐社会，至少要有四个条件：第一，社会的管理控制体系能够充分发挥作用；第二，文化中的核心价值观念有凝聚力；第三，不同利益群体的需要能够得到满足；第四，社会成员具有流动的途径。②

从历史的角度看，奴隶社会、封建社会和资本主义社会都曾经出现过“和谐”这一社会历史现象。如中国历朝历代的“盛世”，在一定意义上就可以说就是一种和谐社会。今天我们所要构建的和谐社会是社会主义和谐社会，社会主义和谐社会与历史上出现的各种和谐社会存在本质区别，它是与社会主义基本经济制度和政治制度为基础，消灭了阶级剥削和压迫，全体人民在中国共产党的领导下共同建设、共同享有的和谐社会。2005 年 2 月 19 日，胡锦涛在省部级主要领导干部提高构建社会主义和谐社会能力专题研讨班上的讲话中，根据马克思主义基本原理和我国社会主义建设的实践经验以及新世纪新阶段我国经济社会发展的新要求和我国社会出现的新趋势新特点，对社会主义和谐社会的科学内涵作了精辟的概括，指出：“我们所要建设的社会主义和谐社会，应该是民主法治、公平正义、诚信友爱、充满活力、安定有序、人与自然和谐相处的社会。”③ 这清楚地表明，社会主义和谐社会具有六个方面的基本特征。

1. 社会主义和谐社会是民主法治的社会

首先，社会主义和谐社会应该是一个民主社会。社会和谐与民主政治具有内在联系。从广义上讲，社会和谐的前提是包括政治系统在内的构成社会

---

① 参见郑杭生等《社会运行导论》，中国人民大学出版社 1993 年版，第 105 页。

② 参见朱力《解读“和谐社会”》，《政策瞭望》2005 年第 4 期。

③ 胡锦涛：《在省部级主要领导干部提高构建社会主义和谐社会能力专题研讨班上的讲话》，《人民日报》2005 年 6 月 27 日第一版。

总体结构的各个子系统及其相互之间关系的和谐，没有政治的和谐，就不可能有总体结构意义上的社会和谐。而体现和实现政治和谐的最好方式和途径无疑就是民主。第一，民主的过程是社会成员平等协商、相互沟通、求同存异的过程，是以和谐的方法协调各种利益关系的过程，在这个意义上，可以说民主是一种和谐的政治手段和政治运行机制。第二，在通常情况下，以民主的方式作出的公共选择应当是不同的利益群体相互博弈和妥协的结果，相关各方的利益诉求均会在其中得到不同程度的反映与体现，由此，民主政治实现了形式和谐与内容和谐、过程和谐与结果和谐的统一。第三，基于上述两方面，充分发扬民主可以最大限度地调动各种积极因素，发挥最广大人民群众的积极性、主动性和创造性，从更广泛的意义上促进各种社会关系的和谐，最终实现构建和谐社会的总体目标。正如胡锦涛同志所指出的，“发展社会主义民主政治，保证人民依法行使民主权利，使人民群众和各方面的积极性、主动性、创造性更好地发挥出来，促进党和人民群众以及执政党和参政党、中央和地方、各阶层之间、各民族之间等方面关系的和谐，是构建社会主义和谐社会的重要保证”①。

其次，社会主义和谐社会还应该是一个法治社会。和谐社会的价值目标与法治的功能效应具有同一性。作为一种与人治相对的治国方略和社会调控方式，法治最基本的含义就是依法治国、依法办事，也即把法律作为最基本的社会行为规范和国家调整社会关系的最基本准则。基于法律之定纷止争、规矩绳墨的基本功能，法治社会可以及时有效地避免、减少和化解社会矛盾和冲突，从而实现社会的安定有序，促进社会协调发展。而社会的安定有序、协调发展正是和谐社会的基本特征和最好体现。另外，从构建社会主义和谐社会的方式、手段和途径的意义上分析，和谐社会与法治也是不可分割的，和谐社会建设的每一个方面的目标都离不开法治的促进和保障作用。民主政治只有在法治环境下才能正常有效运行；公平正义只有通过法治途径才能真正充分实现；诚信友爱需要通过法治加以引导、促进和保护；社会活力也需要通过法治去激发、引导和保护；安定有序更是只有通过良好的法治才能实现和维持的社会状态；人与自然的和谐相处也必须依靠法治的力量，通过对违背自然规律的人类行为的有效控制才能实现。

---

① 胡锦涛：《在省部级主要领导干部提高构建社会主义和谐社会能力专题研讨班上的讲话》，《人民日报》2005年6月27日第一版。

2. 社会主义和谐社会是公平正义的社会

公平正义是人类长期追求的一个社会目标。在人类所有的社会理想中，公正是一个最伟大、最有号召力的概念。有一位哲学家曾经说过："公正，在各种名义下统治着世界——自然、人类、科学、良心、逻辑、道德、政治、经济、政治学、历史、文学和艺术。公正是人类灵魂中最纯朴之物，社会中最根本之物，观念中最神圣之物，民众中最热烈要求之物。它是宗教的实质，同时又是理性的形式，是信仰的神秘客体，又是知识的始端、中间和末端。人类不可能想象得到比公正更普遍、更强大和更完善的东西。"① 尽管人类在公平正义的具体内涵和衡量标准上似乎从来就没有达成过统一的认识，但这并没有妨碍人类对公平正义社会目标的热情向往与执着追求。公平正义与社会和谐具有不可分割的内在联系。和谐的社会必然是一个公平正义得以体现和保证的社会，因为公平正义是社会和谐的基本条件。和谐社会只能建立在公平正义的基础之上。忽视和背离了社会的公平正义，不仅不可能实现社会的和谐，而且会使社会陷入动乱和冲突之中。社会主义和谐社会是一种区别于传统和谐社会的更高层次的和谐社会，社会主义的本质决定了社会主义和谐社会应当更加鲜明地体现和维护社会的公平正义。目前，我国社会总体上是和谐的，但也存在不少影响社会和谐与稳定的矛盾和问题，这些矛盾和问题大都与社会的公平正义的缺失有关联。从这个意义上可以说，切实维护和实现社会的公平和正义是我们构建社会主义和谐社会的核心和关键。只有在促进发展的同时把社会的公平正义放到更加突出的位置，通过健全制度来保障、维护和实现社会的公平正义，"人们的心情才能舒畅，各方面的社会关系才能协调，人们的积极性、主动性、创造性才能充分发挥出来"，② 社会才能实现长久的稳定与和谐。

3. 社会主义和谐社会是诚信友爱的社会

诚信友爱是社会主义和谐社会的重要标志。社会主义和谐社会不仅是一种对体现民主法治、公平正义等核心价值理念之社会秩序的制度期待，而且还蕴含着对基于诚信友爱而建立和维系的良好人际关系的伦理期待。和谐社会既是一种建立在制度文明基础上的良好的社会生活秩序，也是一种建立在精神文明基础上的自然的社会生活方式。在和谐社会中，社会成员相互帮

---

① 皮纯协主编：《行政程序法比较研究》，中国人民公安大学出版社2000年版，第31页。

② 胡锦涛：《在省部级主要领导干部提高构建社会主义和谐社会能力专题研讨班上的讲话》，《人民日报》2005年6月27日第一版。

助、诚实守信、平等友爱、融洽相处，这种社会氛围不仅体现了人际关系的外在和谐，而且体现了社会成员在社会基本道德价值观上的认同，是一种精神层面的内在和谐的表现。在这个意义上可以说，诚信友爱体现的是一种更高境界的社会和谐。诚信友爱不仅是社会和谐的一种具体表现，而且还是实现和促进社会和谐的必要条件。诚信友爱是和谐社会的道德基础。只有在社会成员普遍认同并自觉遵守诚信友爱的道德规范的情况下，才能真正实现社会的和谐。诚信是现代社会存在和正常运行的基本条件。无论是市场经济和民主政治的正常运作，还是社会成员之间的日常交往，都必须建立在诚信的基础上。而只有当诚信意识普遍得以树立、诚信原则普遍得以遵从时，社会系统的运行才会更加高效、顺畅，社会关系才会更加和谐、有序。相反，离开了诚信，社会成员之间就难以维持正常和稳定的关系，社会系统的正常运行就会受阻，社会将陷入混乱和无序，和谐社会也就无从谈起。与诚信一样，友爱对于和谐社会的构建也是不可或缺的。现代社会是一种充满竞争的社会。日益激烈的竞争在促进经济社会发展的同时，也扩大了社会成员之间的差别，导致了社会的进一步分化。人与人之间的关系越来越多地变成单纯的利益关系。利益上的差别和诉求上的矛盾常常导致社会成员之间的关系陷入紧张，甚至引发冲突。尽管国家可以凭借强制性的法律机制控制社会冲突，通过体现公平正义的政策调整来缓解矛盾，但是从实现社会和谐的角度看，这些措施的作用都是有限的。因此，要改善现代社会的人际关系，构建和谐社会，我们有必要借助道德的力量，通过大力培育和弘扬互助友爱的传统美德，在全社会形成人与人之间互帮互助、平等友爱的道德风尚。当社会充满友爱时，社会成员之间的摩擦和冲突就会大大减少，各种利益矛盾就比较容易协调和化解，社会成员之间的关系就会变得更加和睦、融洽，社会就会更加稳定和谐。

4. 社会主义和谐社会是充满活力的社会

社会主义和谐社会不同于传统的和谐社会，它既是安定有序的社会，同时也是充满活力的社会。充满活力是社会主义和谐社会的基本特征，也是构建社会主义和谐社会的必然要求。首先，从宏观上讲，社会的活力主要是指社会制度和运行机制的活力，充满活力的社会制度和运行机制必然能够促进经济社会的不断发展。社会主义的本质就是解放和发展生产力，消灭剥削，消除两极分化，实现共同富裕。社会主义制度的优越性集中表现在，它能够在自我完善的过程中不断地解放和发展生产力，增强国家的综合国力，使人民的生活日益改善，最终实现共同富裕。“这个过程本身就是一个生生不息、永不停顿的过程，一个不断发展、充满活力的过程。”[①] 同时，保持经济的活力，促进生产力的不断发展，为我们解决各种社会矛盾、协调各种社会关系、实现社会的和谐创造了条件。正是因此，党的十六届六中全会通过的《中共中央关于构建社会主义和谐社会若干重大问题的决定》强调指出，构建充满活力的社会主义和谐社会，必须“坚持发挥生产力作为最活跃最革命因素的决定性作用，坚定不移地通过深化改革破除各种障碍，完善公平竞争机制，健全现代产权制度，不断解放和发展生产力”。[②] 其次，从微观上讲，社会的活力最终取决于社会个体成员的活力，即社会成员是否具有积极性、主动性和创造性。“一个社会充满活力的标志，就是能充分调动全社会的创造性，使每个人都富于创造的冲动，积极参与各种创造性的工作，成为增强全社会创造活力的主体。”[③] 社会主义社会是人民当家作主的社会，社会主义民主与法治的不断完善和发展为公民积极、主动和创造性地参与国家和社会事务提供了越来越广阔的空间和可靠的制度保障；基于社会成员根本利益的一致性和公平正义的基本理念，社会主义国家在承认和尊重社会主义市场经济体制下利益主体的多元性和差异性的前提下，积极主动地协调各种利益关系，平衡各种利益需求，妥善处理各种社会矛盾，从而调动各阶层社会成员的积极性、主动性和创造性，形成万众一心共同创伟业的生动局面；社会主义社会以人的自由全面发展为终极价值目标。正如马克思恩格斯指出的：“代替那存在着阶级和阶级对立的资产阶级旧社会的，将是这样一个联合体，在那里，每个人的自由发展是一切人的自由发展的条件。”[④] 为了实现人的全面发展，社会主义国家坚持人民群众是历史的创造者的基本观点，贯彻尊重劳动、尊重知识、尊重人才、尊重创造的方针，充分尊重和发挥人民群众的首创精神，并且通过不断完善法律和政策来保护和鼓励创新精神、创新实践和创新成果，使蕴藏在人民群众中的创新活力不断地得以激发。只有当全体社会成员的积极性、主动性和创造性都被充分调动和发挥的时候，整个社会才会充满活力。而全体社会成员满怀激情、团结协作，共同致力于建设中国特色社会主义伟大事业，正是充满活力的社会主义和谐社会

① 刘荣升：《怎样理解社会主义和谐社会是充满活力的社会》，《人民日报》2005 年 4 月 18 日第九版。

② 《中共中央关于构建社会主义和谐社会若干重大问题的决定》。

③ 王庆五等：《 论构建充满活力的社会主义和谐社会》，《江苏行政学院学报》2006 年第 1 期。

④ 《马克思恩格斯选集》第 1 卷，人民出版社 1995 年版，第 294 页。

的生动写照。

5. 社会主义和谐社会是安定有序的社会

社会的安定有序是相对于社会的混乱无序而言的。“安定是指社会处于平稳和安定的状态，混乱是指社会处于动荡、紧张和不安定的状态；有序是指社会处于组织程度较高的有秩序的状态，无序则是指社会处于无组织、无政府的无序状态。”① 安定有序是和谐社会的基本特征和重要标志。所谓安定有序，“就是社会组织机制健全，社会管理完善，社会秩序良好，人民群众安居乐业，社会保持安定团结”。② 显然，社会安定有序本身就是全体社会成员各尽其能、各得其所而又和谐相处的表现。相反，一个社会如果处在动荡不安、混乱无序的状态，社会和谐就无从谈起。另外，安定有序也是构建和谐社会的必要条件和重要保证。社会主义和谐社会不是一种静止的平衡状态，而是在不断地改革和发展过程中实现的动态平衡。换言之，只有不断地深化改革、保持经济社会的持续发展，才能实现社会的持久和谐。而要推进改革、促进发展，就必须保持社会的安定有序。只有在一个安定有序的社会环境中，改革和发展的目标才能顺利实现。诚如邓小平同志所指出的：“中国的事情，压倒一切的是需要稳定。没有稳定的环境，什么都搞不成，已经取得的成果也会失掉。”③ 从这个意义上可以说，保持社会的安定有序是构建社会主义和谐社会的关键。要保持社会的安定有序，必须在全面推进社会主义和谐社会建设的同时，进一步完善社会管理，尤其是要注意统筹协调各方面利益关系，妥善处理社会矛盾。在社会主义条件下，社会矛盾中占主体地位、起主导作用的是全体社会成员根本利益一致基础上产生的人民内部矛盾，“这些矛盾由于不是处于对抗和冲突之中，完全可以通过民主的、经济的、调解的非对抗形式解决，因而矛盾各方能够互相促进、良性运行、和谐共存、共同发展，实现社会的安定有序”。④

6. 社会主义和谐社会是人与自然和谐相处的社会

构建社会主义和谐社会不仅是要协调人与人、人与社会的关系，而且还要协调人类社会与自然环境的关系。社会主义和谐社会不仅是全体人民各尽其能、各得其所而又和谐相处的社会，而且还应当是人与自然和谐相处，即

① 元正：《怎样理解和谐社会是安定有序社会》，《人民日报》2005 年 5 月 9 日第九版。

② 胡锦涛：《在省部级主要领导干部提高构建社会主义和谐社会能力专题研讨班上的讲话》，《人民日报》2005 年 6 月 27 日第一版。

③ 《邓小平文选》第 3 卷，人民出版社 1993 年版，第 284 页。

④ 元正：《怎样理解和谐社会是安定有序社会》，《人民日报》2005 年 5 月 9 日第九版。

生产发展，生活富裕，生态良好的社会。人与自然的和谐相处既是社会主义和谐社会的基本特征，也是构建社会主义和谐社会的必要条件。人类社会的存在与发展离不开自然环境，自然环境是人类社会赖以生存发展的重要物质基础。但是，自然界有其自身的发展规律，它在特定的历史阶段可以为人类社会提供的物质资源是有限的。人类必须尊重自然界的发展规律，在谋求经济发展和生活改善的过程中充分考虑自然环境的承受能力，使经济社会的发展与自然界的发展保持平衡，真正实现生产发展、生活富裕与生态良好的有机统一。只有人与自然和谐相处，才能实现经济和社会的可持续发展，进而实现人与人、人与社会之间的和谐。如果人类违背自然界的发展规律，毫无节制地从自然界掠取资源，甚至以牺牲自然环境为代价来换取生产的发展和生活的改善，社会与自然环境之间正常的平衡关系就会被破坏，人类社会赖以生存和发展的物质基础将严重受损，经济社会的可持续发展将无法实现，社会的和谐也就无从谈起。正是从这个意义上讲，人与自然的和谐相处是社会主义和谐社会的内在要求，构建社会主义和谐社会必须实现人与自然的和谐相处。

第二节　行政法治的理论阐释

一、西方主要国家的行政法治理念

从字面上看，行政法治是由“行政”与“法治”合成的概念。由于行政法治通常是在与人治行政相对的意义上使用的概念，因此，行政法治概念的核心和重点不在“行政”而在“法治”。与一般的法治概念一样，行政法治的概念也可以从不同的角度和层面进行解读和阐释。从实际层面说，行政法治是指一种不同于人治行政的行政状态或行政形式，即行政的法治状态——按照法治的理念和原则运行的行政系统。从理论层面说，行政法治则是一种与人治行政相对立的行政理念。作为现代法治的重要组成部分，行政法治已经成为现代社会普遍奉行的价值观念和当今世界法治国家普遍遵循的重要原则。但是，由于历史传统和现实国情的差异，行政法治在不同的国家往往呈现出不同的具体样式，彰显出不同的特点，这种情况一方面丰富了行政法治的内涵；另一方面又在一定程度上增加了行政法治概念的不确定性。

1. 法国的行政法治

行政法治是法国行政法的基本原则。在法国，行政法治原则的基本含义是行政活动必须遵守法律。法律规定行政活动的机关、权限、手段、方式和违法的后果。具体说，法国的行政法治原则包含三层意义：①

（1）行政行为必须根据法律

行政法治原则要求行政机关实施行政行为必须有法律依据，换言之，行政机关只能在法律授权的范围内实施行政行为，不能在法律没有授权的情况下擅自采取行动，超出法律授权的行政行为是无效的。这与公民的个人活动不同。公民个人在法律没有明文禁止的情况下可以自由活动，不需要法律的授权，即“法未禁止即自由”。

（2）行政行为必须符合法律

法律在授予行政机关权限的同时，也规定了行政活动的目的、程序和条件。行政法治原则要求行政机关实施的行政行为符合法律规定的目的、方式、程序和条件。在现实中，行政行为有羁束行为与自由裁量行为之分。羁束行为是指法律规定采取行动的条件，以及在这种条件下所应当采取的行为。自由裁量行为是指法律授权行政机关根据自己对公共利益的判断，采取他认为最适合当时情况的措施。羁束行为与自由裁量行为受法律约束的程度是不同的，但在符合法律这一点上，二者是共同的。

（3）行政机关必须采取行动保证法律的实施

根据行政法治原则，行政机关不仅负有消极的守法义务，而且还负有积极采取行动，保证法律实施的义务。从消极守法到积极执法，体现了行政法治内涵的扩展。根据法国最高行政法院的判例，如果行政机关在需要采取行动实施法律的时候消极不作为，将构成违法。

2. 德国的行政法治

在德国，集中体现行政法治理念的是依法行政原则。依法行政原则的基本含义是，行政机关的行为必须受立法机关制定的法律的约束，并置于行政法院的控制之下，行政法院应当在其权限内审查行政机关遵守法律的情况。具体来说，依法行政原则主要包括两项内容，即法律优先和法律保留。

（1）法律优先原则

法律优先原则是指行政机关实施行政行为应当受现行法律的约束，不得采取任何违反现行法律的措施。奥托·迈耶指出，法律是国家意志依法最强烈的表现形式，“以法律形式出现的国家意志依法先于以其他形式表达的国家意志；法律只能以法律形式才能废止，而法律却能废止所有与之相冲突的

① 参见王名扬《法国行政法》，中国政法大学出版社1988年版，第204—207页。

一切表达，或使之根本不起作用。这就是我们所说的法律优先”①。可见，法律优先原则的实质，是要求行政机关在行政活动中严格遵守现行法律，不违反法律。在这个意义上，法律优先原则无条件地适用于所有行政领域，无论是制定行政法令和行政规章（抽象行政行为），还是实施具体行政行为，也无论是干预行政，还是给付行政，是法律行为，还是事实行为，都必须遵守法律规定，不得与现行法律规定相抵触。

（2）法律保留原则

法律保留原则，是指行政机关只有在取得法律授权的情况下才能实施相应的行为。相对于法律优先原则而言，法律保留原则对行政机关提出了更加严格的要求。法律优先只是（消极地）禁止行政机关违反现行法律，而法律保留原则是（积极地）要求行政机关从事行政活动必须具有法律依据。在法律出现缺位的情况下，法律优先原则并不禁止行政机关采取行动，而法律保留原则则排除任何行政活动。② 从适用范围上看，法律保留原则与法律优先原则也存在明显区别。如上所述，法律优先原则适用于所有行政领域，即任何行政活动都必须遵守现行法律的规定；而法律保留原则的适用范围是有限的，它是对特定领域的行政活动的要求，在这些领域，行政机关采取行动必须有法律上的依据，取得法律的授权。“合乎宪法的法律只是对一些特别重要的国家事务而言是必要基础。在其他所有方面对执行权则无此限制，行政以自有的力量作用，而不是依据法律。我们把这个在特定范围内对行政自行作用的排除称之为法律保留。”③ 法律保留原则适用于特定的行政领域，而不是所有的行政领域，这是人们的共识。然而，如何界定法律保留原则的具体适用范围，这个特定的适用范围具体包括哪些行政领域或行政事务，德国学界和法律界一直存在分歧。从历史发展的角度看，法律保留原则的适用范围经历了逐步扩大的过程。在自由法治国（市民法治国）时代，法律保留的范围限于侵害行政或干预行政，即行政机关实施侵害行政或干预行政，尤其是采取对公民个人自由和财产权利有不利影响的行动时，必须有法律上的依据和授权。当自由法治国发展到社会法治国阶段以后，给付行政在政府行政中的地位逐渐凸显，给付行政对公民的影响也越来越大，为了适应这种

① ［德］奥托·迈耶：《德国行政法》，刘飞译，商务印书馆2002年版，第70页。

② 参见［德］哈特穆特·毛雷尔《行政法学总论》，高加伟译，法律出版社2000年版，第104页。

③ ［德］奥托·迈耶：《德国行政法》，刘飞译，商务印书馆2002年版，第72页。

变化，德国联邦宪法法院提出了“重要性”理论，以取代自由法治国时代的“侵害性”标准。根据“重要性”理论，所有具有“重要性”的行政领域和行政事务均适用法律保留原则，行政机关从事这些方面的行政活动必须有法律依据。毛雷尔认为，重要性标准不是事务的性质，而是某个规则对共同体和公民个人的意义、分量、基础性、深远性及其强度等。因此，“重要性”不是一个确定的概念，而是一个阶梯。某一事务对共同体和公民越重要，就越是应当纳入法律保留范围，由立法机关制定法律进行调整。① 尽管“重要性”理论因其抽象性和不确定性在学术上颇受批评，但它大大拓展了法律保留原则的适用范围，从现实情况看，法律保留原则的适用范围已经从原来的干预行政扩展到给付行政以及特别权力关系领域。②

3. 英国的行政法治

英国是近代法治主义的故乡。英国人倡导的法治主义的核心在于保障公民的自由、控制政府权力。为了实现法治，英国人尤其重视对行政权的控制，英国的行政法被明确界定为控制政府权力的部门法。从控制政府权力的视角分析，英国的行政法治主要包括以下内容：

（1）议会主权

议会主权（议会至上）是英国宪政的基本特征。作为一项宪法原则，议会主权确定了立法机关（议会）、行政机关（政府）、司法机关（法院）之间的关系。从行政法治的视角看，议会主权实质上构成了对行政机关地位的限定，这就使其同时成为行政法治的重要原则。议会主权原则的主要含义包括：

第一，在立法方面，议会可以通过一定的程序制定或者废除任何法律，对它所制定的法律任何机关不得否认其效力，对它所废除的法律任何人不能维持其效力。

第二，在议会和法院的关系上，议会主权意味着法院必须服从议会制定的法律，制定法优先于普通法，法院对议会制定的法律必须无条件执行。法院无权对议会制定的法律进行审查。

第三，在议会与行政部门的关系上，实行政府负责制，即政府（内阁）向议会负责，政府必须忠实执行议会制定的法律，在法律的授权范围内开展活动，接受议会的监督。议会可以通过审查内阁提出的法案、报告、对部长

---

① 参见［德］哈特穆特·毛雷尔《行政法学总论》，高加伟译，法律出版社2000年版，第109—110页。

② 同上书，第111—118页。

提出咨询等方式，对内阁进行监督。当会议通过对内阁的不信任案时，内阁必须辞职。

（2）法治原则

这里的法治原则是一个狭义概念，相对于普遍的行政法治原则，它有自己特殊的含义。从英国学者的讨论中可以发现，作为英国行政法治重要内容的法治原则主要包含以下四个方面的要求：

第一，依法行政。依法行政要求行政机关必须依据法律实施行政行为，也就是说，行政机关作出影响公民权利义务的行政行为，必须有法律上的依据，获得法律的授权。没有法律依据的行政行为都是非法的，行政相对人有权向法院请求进行司法审查，由法院宣告行政行为无效。

第二，限制滥用自由裁量权。从控制行政权和保护公民权利与自由的角度看，仅仅有依法行政的要求是不够的。因为，依法行政只是要求行政机关实施行政行为有法律的依据和授权。但问题是，在现代社会，议会在给行政机关进行授权时，往往同时授予其广泛的自由裁量权。如果行政机关在获得法律授权的情况下，随意地行使或者滥用自由裁量权，同样会导致专制，严重损害行政相对人的权益。因此，法治原则要求对行政机关行使自由裁量权的行为进行适当的限制，行政机关在行使法律授予的自由裁量权时必须遵循公认的合理性原则。同时，为了限制滥用自由裁量权，法治原则还要求将行政机关行使自由裁量权的行为纳入司法审查的范围，由法院进行监督。

第三，法律面前平等。在行政法治的意义上，法律面前平等主要是指行政机关与行政相对人之间的平等。根据法律面前平等的原则，行政机关与行政相对人之间产生的行政争议，不能由行政机关裁决，而应当交由独立于行政机关的第三方裁决，具体说就是应当由独立于政府的普通法院的法官裁决。

第四，政府与公民一样承担法律责任。根据法治原则，法律应当平等对待政府与公民。虽然法律不能就任何事项对政府和公民作完全相同的规定，但是，在承担法律责任方面，政府不应该享有特权，政府应当承担普通法上雇主对雇员的错误行为所承担的责任，所有行政机关都应当依法履行职责，并承担违反法定职责的法律责任，就像公民对其违法侵权行为对被侵权人承担法律责任一样。①

（3）自然公正

自然公正原则是英国普通法上一条重要的法治原则，它早先仅仅适用于

① 参见姜明安主编《外国行政法教程》，法律出版社1993年版，第152页。

司法领域，随着社会的发展和法治的深入，自然公正逐渐被引入行政领域，成为行政法治的重要原则。在行政法治的意义上，自然公正原则主要是要求行政机关实施行政行为必须遵循公正的程序，具体说，自然公正原则主要包含以下两项内容：

第一，听取相对方意见。根据自然公正原则，行政机关在作出对相对人有不利影响的行政决定之前，必须听取相对人的意见。为此，行政机关必须在合理的时间内将行政意图告知相对人，同时说明其采取行动的依据和理由，并为相对人提供适当的辩护机会。

第二，任何人不得为自己案件的法官。任何人不得为自己案件的法官是自然公正原则的普遍要求，因为如果裁决案件的法官本身就是案件的当事人或者与案件有利害关系，就很难保证公正的裁决结果，即使结果是公正的，这种裁判在形式上也难以让人产生公正感。因此，为了保证行政的公正性，行政决定应当由与该决定没有任何利害关系的官员作出，所谓没有利害关系，包括官员本人及其亲属与该决定没有物质财产方面的利益牵连，也包括没有感情与精神上的利益牵连。[①]

（4）越权无效

越权无效是英国行政法治原则的显著特征和重要内容之一，是英国普通法院对行政机关进行控制的基本根据。越权无效原则的实质是要求行政机关严格遵守和服从议会制定的法律，行政机关实施行政行为不得违反法律的规定，超越法律的授权范围，否则，法院可以越权为由撤销行政机关作出的行政决定。

需要指出的是，英国行政法上的“越权”概念是一个包容性很强的概念。根据议会至上原则，行政机关的权力来自议会的授权，行政机关必须严格按照议会制定的法律去实施行政管理，任何违反法律规定的行政行为实际上都是超越了议会授权的行为，都应当是无效的。换言之，在英国人的观念中，议会通过法律规定行政机关应当如何行为，行政机关无权违反法律要求，无权作出与议会法律要求相矛盾或不一致的行政行为，否则便是越权。在英国法院的判例中，越权主要包括以下几种情形：违反管辖条件；违反明确的法定程序；不正当的委托；不合理；不相关考虑；不适当的动机；违反自然公正原则；案卷表面错误。[②] 可见，英国行政法上的“越权”与中国行

① 参见张树义主编《法治政府的基本原理》，北京大学出版社 2006 年版，第 128 页。

② 参见姜明安主编《外国行政法教程》，法律出版社 1993 年版，第 158—160 页。

政法上的“违法行政”概念相近。

4. 美国的行政法治

在美国，没有专门的行政法治概念，行政法治的理念寓于一般的法治原则之中。美国行政法治的核心在于对行政权力进行合理规范与有效控制，以此保障人民的权利与自由。美国著名行政法学家伯纳·德施瓦茨对行政法的界定清楚地表明了这一点。施瓦茨指出：“行政法是管理政府行政活动的部门法。它规定行政机关可以行使的权力，确定行使这些权力的原则，对受到行政行为侵害者给予法律补偿。”① 另一位著名行政法学家戴维斯也表达了相同的观点，他在给行政法下定义时指出：“行政法是有关行政机关权力和程序的法律，其中特别包括对行政行为进行司法审查的法律。”② 从规范与控制行政权的视角考察，美国的行政法治主要包括如下内容：

（1）法律至上

法律至上是法治区别于人治的基本特征，也是美国行政法治的中心思想。在美国，法律至上一般称为法律最高原则。“因为法治最基本的思想是法律最高，人类进行社会生活必须建立一个秩序，否则社会生活不可能存在。社会秩序的建立由法律规定，不是由统治者的意志决定。统治者必须根据法律行使权力，法律是最高的权威，统治者在法律支配之下。法治和法律最高是同义语，和人治的意义相反。”③ 可见，法律至上的实质，是要树立法律对政府的权威，将政府权力纳入法律的规范与控制之下，政府必须遵守和服从法律，严格依据法律实施行政管理，不得有超越法律之上的特权。在美国，法律至上原则根源于宪法至上的观念。美国独立战争时期的著名思想家托马斯·潘恩曾经从民主政治的角度阐述了宪法至上的观念。潘恩认为，人民为了实现和保障自己的权利通过相互订立契约而产生了政府，并赋予政府一定的权力。但是，人性的缺陷和德行的不健全，决定了官吏是不能得到绝对信任的。对官吏的绝对信任，是以完善的人性为基础的，而这又说明没有政府存在的必要。况且，权力具有疯狂的冲动，需要一种力量来限制和调节。因此，政府的权力活动必须受到某种规则的约束，以实在法的观点审视，这种规则首先就是宪法。宪法是政府的政治圣经，“宪法是一样先于政府的东西，而政府只是宪法的产物。一国的宪法不是政府的决议，而是建立

① ［美］伯纳德·施瓦茨：《行政法》，徐炳译，群众出版社 1986 年版，第 3 页。

② 转引自姜明安主编《外国行政法教程》，法律出版社 1993 年版，第 216 页。

③ 王名扬：《美国行政法》，中国法制出版社 1995 年版，第 112 页。

其政府的人民的决议”①。在潘恩看来，政府的组织和权力都由宪法规定。政府如果没有宪法，就成了一种无权的权力，人民享有最初的制宪权，因而宪法实质上是人民管辖整个政府的根本规则，政府不得任意更改或违反宪法的任何条款。由此，他引申出了法律至上的结论：一个自由国家的政府不在于人，而在于法律；法律是国王，而非国王是法律。② 基于法律至上原则，潘恩甚至主张对一项坏的法律也要遵守，“同时使用一切论据证明其错误，力求把它废除。这样做要比强行违反这条法律来得好；因为违反坏的法律此风一开，也许会削弱法律的力量，并导致对那些好的法律肆意违反”③。

（2）分权与制衡

分权与制衡是美国法治的基本特征，同时也是行政法治的重要内容。美国的缔造者们深受欧洲启蒙思想家的影响，他们认为，要保障人民的权利与自由，美国必须建立体现分权与制衡原则的政治制度。杰斐逊指出，民主共和国应当实行权力分立体制，在几个政权机构之间实行分权和相互平衡，使其相互牵制和限制，从而保证任何一个政府机构都不超越其合法限度。“我们所争取的政府不仅以自由的原则为基础，而且其权力也要在地方行政长官的几个机构中这样划分并保持平衡，以致没有一种权力超出其合法限度而不被其他权力有效地加以制止和限制。”④ 另一位开国元勋汉密尔顿认为，立法、行政和司法权置于同一个人手中或同一个机构中，不论是世袭的，自己任命或选举的，都可公正地判定是虐政。他在吸收借鉴各家分权制衡学说的基础上，具体设计了政府分权制衡的结构和模式，即“人民交出的权力首先分给两种不同的政府，然后把各政府分得的那部分权力再分给几个分立的部门”。他认为，在这种分权制衡模式下，人民的权利就有了双重的保障。⑤ 1787 年制定的美国联邦宪法正式确立了美国分权与制衡的政治体制，一方面，宪法明确地将立法权、行政权和司法权分别授予国会、总统和法院三个彼此独立的国家机构；另一方面，宪法同时设置了这三个部门之间相互制衡的机制。从行政法治的角度看，分权与制衡不仅是构建行政主体与其他国家机构之间关系的宪法原则，而且还是处理行政机关内部关系的重要原则。根据行政机关内部的职能分离原则，某种政府职能和其他政府职能在性质上不

---

① ［美］潘恩：《潘恩选集》，马清槐译，商务印书馆 1981 年版，第 146 页。

② 参见王人博、程燎原《法治论》，山东人民出版社 1998 版，第 54 页。

③ ［美］潘恩：《潘恩选集》，马清槐译，商务印书馆 1981 年版，第 222 页。

④ 《联邦党人文集》，商务印书馆 1980 年版，第 254 页。

⑤ 同上书，第 265—266 页。

能同时由一个人行使，而必须分开，由不同的人执行。例如，对违法行为同时具有追诉职能和裁决职能的行政机关，不能由同一人追诉违法行为同时又裁决违法行为。在实行混合职能的下级行政机关中，追诉职能和裁决职能必须分开。① 分权与制衡对于实现行政法治的宗旨具有重要意义：它在一定程度上划定了行政权的边界，为防止行政权的无限扩张奠定了基础；同时，只有在形成了以权力制约权力的格局之条件下，行政机关滥用行政权的行为才能受到有效控制。正如孟德斯鸠所指出的，防止国家权力滥用的最好办法是以权力制约权力。美国的司法审查制度在行政法治中的地位和作用就是很好的证明。

（3）正当程序

美国的正当程序理念源自英国普通法上的自然公正原则，与英国不同的是，美国在制定法中对正当程序作了明确的规定。美国宪法第 5 修正案规定，未经正当法律程序不得剥夺任何人的生命、自由或财产。这一规定适用于所有的联邦政府机构。宪法第 14 修正案又将正当法律程序原则的适用范围扩展到州政府。由于美国宪法没有对正当程序的内涵作出具体的规定，因而使得正当程序成为一个具有很大灵活性和抽象性的概念。根据美国法院的解释，正当法律程序可以区分为实质性正当法律程序和程序性正当法律程序。前者要求国会制定的法律必须符合公平与正义，例如，国会制定的法律不得剥夺公民的生命、自由或财产等基本权利。后者是指政府采取可能影响公民权益的法律行动，必须符合对个人的最低公正的标准。行政法治意义上的正当程序主要是指程序性的正当程序，其在制度上最主要的体现便是听证制度，它要求行政机关作出影响公民权益的决定之前，必须听取当事人的意见。1946 年，美国国会通过的联邦行政程序法（APA）对听证程序作了明确规定，如果行政机关在行政过程中违反了正当法律程序，法院将宣告其行为无效。由此可见，正当程序是一种对行政权的重要约束机制。

5. 日本的行政法治

在日本，行政法治被称为法治行政或者依法律行政，其基本内涵是行政权的活动必须根据法律、服从法律，以实现"以法的合理性抑制行政（担当者）的恣意"，从而保障国民的权利与自由的目的。② 一般认为，日本的法治行政主要包括以下三项具体内容：

① 参见王名扬《美国行政法》，中国法制出版社 1995 年版，第 101 页。
② 参见刘俊祥《日本行政法的基本原理——法治主义论》，《现代法学》1999 年第 1 期。

（1）法律保留原则

法律保留的基本内涵是：政府的行政活动必须有国会制定的法律作为依据，换言之，在没有国会制定的法律的依据的情况下，政府不得从事相关的行政活动。法律保留是法治行政的必然要求，对此日本社会已形成共识，但关于法律保留的范围则存在很大的争议。法律保留的范围，即法律保留原则适用于行政活动的哪些范围？是适用于所有的行政活动，还是适用于一部分行政活动？如果仅适用于一部分行政活动，那么这一部分行政活动的范围应当如何界定？围绕上述问题，日本学界提出了不同的观点和主张，其中代表性的观点主要有"侵害保留论"（主张法律保留原则只适用于侵害公民权益的行政活动）、"重大事项保留论"（主张关系到公民的自由、平等的重大事项必须有法律依据）、"全部保留论"（主张所有的行政活动都必须有立法依据）、"权力保留论"（主张行政机关以权力性形式进行的行政活动必须有法律依据）。

（2）法律优先原则

法律优先是指国会制定的法律在效力上高于任何行政决定，行政必须服从法律，行政活动不得违反法律或者与法律相抵触。日本行政法权威南博方等学者认为，法律优先"是依法行政原理的消极方面，它意味着，行政主体的一切措施都不得违反法律，而且，也不得以行政措施改废、变更、删除法律"①。原田尚彦认为："法治行政原理，意味着要立足于民主主义的理念，使法律特别是国民代表议会的意思优越于行政判断，因此，任何行政活动都不能违反法律的规定。"② 与法律保留原则不同，法律优先原则适用于所有的行政活动，无论是权力性行政活动，还是非权力性行政活动，也不论是侵益性行政活动，还是授益性行政活动，都必须遵循法律优先原则，即使是行政机关的内部管理，也不例外。例如，在行政组织内部，发布违反法的精神和宗旨的通知及职务命令，也都是违法的。

（3）司法救济原则

司法救济是行政法治的必然要求，也是日本"二战"后行政民主化的重要体现，日本学者室井力指出："法治主义作为它的最终保障手段，要求建立为救济因行政活动而侵害国民权益的制度。充分保障这种行政救济也必

① 转引自刘俊祥《日本行政法的基本原理——法治主义论》，《现代法学》1999年第1期。
② 同上。

然引导行政实行民主统制。”① 从行政法治的意义上讲，司法救济原则的基本内容是：一切司法权归属于司法法院，这是现行宪法下改革行政法院与司法法院二元结构体制的产物与表现；行政法上的一切纠纷均服从司法法院审判的统制；公民的合法权益受到行政机关的不法侵害时，享有不可剥夺的获得司法法院救济的权利。②

二、行政法治的基本内涵

如前所述，由于历史传统和现实国情的差异，行政法治在不同的国家往往呈现出不同的具体样式，彰显出不同的特点。然而，各国行政法治在具体内容上表现出来的差异性并不能冲淡或者遮蔽行政法治概念所蕴含的普遍性价值。罗豪才先生认为：“法治政府建设从来没有一种划一的模式，各国地方性、知识和经验的差异性构成了制度资源的多样性……法治的多样性是以某种一般性的共识为前提的。”③ 综观各国行政法治观念与实践的历史发展，并结合中国的现实国情，我们认为，行政法治的基本内涵至少应当包括以下几个方面：

1. 完善的行政立法

行政法治意味着法律对行政的支配或统治，具体表现为政府守法，严格依法行政，政府违法行政将被归于无效。然而，政府守法只是行政法治的必要条件而不是全部内容。最早揭示法治含义的亚里士多德在其所著《政治学》一书中明确指出：“法治应当包含两重含义：已经成立的法律获得普遍的服从，而大家所服从的法律又应该本身是制订得良好的法律。”④ 亚里士多德的法治观对现代法治理念产生了深远影响，法治应当是“良法之治”已经成为现代法治社会的普遍观念。例如，1959 年在印度召开的“世界法学家大会”上通过的《德里宣言》将法治的主要内容归纳为三条：（1）根据法治原则，立法机关的职能就在于创设和维护得以使每个人保持“人类尊严”的各种条件；（2）法治原则不仅要对制止行政权的滥用提供法律保障，而且要使政府能有效地维护法律秩序，借以保证人们具有充分的社会和经济生活条件；

① ［日］室井力主编：《日本现代行政法》，吴微译，中国政法大学出版社 1995 年版，第 28 页。

② 参见刘俊祥《日本行政法的基本原理——法治主义论》，《现代法学》1999 年第 1 期。

③ 罗豪才：《行政法与公法精要》（序言），辽海出版社、春风文艺出版社 1999 年版，第 2 页。

④ ［古希腊］亚里士多德：《政治学》，吴寿彭译，商务印书馆 1965 年版，第 199 页。

(3) 司法独立和律师自由是实施法治原则必不可少的条件。权威的《牛津法律大辞典》指出:"在任何法律制度中,法治的内容是:对立法权的限制;反对滥用行政权力的保护措施;获得法律的忠告、帮助和保护的大量的和平等的机会;对个人和团体各种权利和自由的正当保护;以及在法律面前人人平等。……它不是强调政府要维护和执行法律及秩序,而是说政府本身要服从法律制度,而不能不顾法律或重新制定适应本身利益的法律。"①

根据法治的一般含义,行政法治除了要求政府守法、依法行政以外,还要求作为政府行政依据的行政立法(注:在我国,行政立法是一个多义词,本文中是指规范政府行政管理的立法,即行政法,在这个意义上,它与民事立法和刑事立法相对应。)符合一定的价值标准,即行政立法必须是"良好的法"、"完善的法"。只有在良好、完善的法律统治和支配下的行政,才能称为真正的法治行政。相反,单纯强调政府守法和依法行政,忽视了行政立法的价值取向,结果很有可能会导致"劣法之治"甚至是"恶法之治",从而背离法治的根本宗旨。正是在这个意义上,我们认为完善的行政立法是行政法治的题中应有之义,是实现行政法治的基础和前提。

那么,什么是完善的行政立法呢?完善的行政立法可以从实体价值和形式结构两个方面考察。从实体价值方面说,完善的行政立法是指行政立法的内容具有正当性和科学性,体现人类公平正义的基本价值追求。具体说,首先,行政立法应当为政府权力的规范与控制提供科学合理的规则,既要为行政权的滥用设置有效的法律屏障,又要为政府维护公共利益、促进社会福利提供可靠的法律保障。其次,行政立法应体现对基本人权的尊重,以保障公民的民主、自由、平等等基本权利为宗旨,为公民权利的实现创造必要条件。最后,行政立法应当坚持权利本位原则。一方面,要正确处理政府权力与公民权利的关系,对政府的授权应当以维护和实现公民权利为依据和限度;另一方面,为公民设定义务应当以与权利的相关性为准则,以相关权利的存在为前提和基础,以权利的实现为目的和归宿。

从形式结构方面说,完善的行政立法集中表现为立法过程的民主化,立法表达的规范化和立法体系的科学化。② 首先,完善的行政立法必定是民主

① [英] 戴维·M. 沃克主编:《牛津法律大辞典》,北京社会与科技发展研究所,光明日报出版社 1988 年版,第 790 页。

② 参见李龙、汪进元《良法标准初探》,《浙江大学学报》(人文社会科学版)2001 年第 5 期。

的产物，法治社会中的法律既然是人民意志的体现，立法就必须遵循民主程序。忽视立法过程的民主化，行政立法就会背离良法的实体价值，导致劣法甚至恶法的产生。因此，现代法治国家都十分重视行政立法过程的民主化。《中华人民共和国立法法》第5条规定："立法应当体现人民的意志，发扬社会主义民主，保障人民通过多种途径参与立法活动。"国务院发布的《全面推进依法行政实施纲要》规定："改进政府立法工作方法，扩大政府立法工作的公众参与程度。实行立法工作者、实际工作者和专家学者三结合，建立健全专家咨询论证制度。起草法律、法规、规章和作为行政管理依据的规范性文件草案，要采取多种形式广泛听取意见。重大或者关系人民群众切身利益的草案，要采取听证会、论证会、座谈会或者向社会公布草案等方式向社会听取意见，尊重多数人的意愿，充分反映最广大人民的根本利益。要积极探索建立对听取和采纳意见情况的说明制度。"这些规定为提高行政立法的质量提供了可靠的保证。其次，完善的行政立法应当是表达规范的立法。立法表达的规范化是良法形式标准的核心问题。一部良好的法律客观上要求法律格式、体例安排合理，法律规范的结构设计准确，法律语言的使用得当，法律的模糊性条款应当适度。最后，完善的行政立法应当是一个科学的体系。行政立法体系的科学化主要有两方面的要求：一是行政法体系的完备性，即构成行政法体系的各种规范性文件在量上的完整和齐备，行政法规范应当尽量涵盖行政管理的各个方面；二是行政立法体系的统一性与协调性，既包括各种规范性文件之间的统一协调，也包括规范文件自身内容上的统一协调。按照韦伯的说法，"体系化意味着：建立所有由分析所获得的法的原则的联系，使它们相互之间组成一个逻辑上清楚的、本身逻辑上毫无矛盾的和首先是原则上没有缺漏的规则体系，也就是说，这种体系要求，一切可以想像的事实在逻辑上都必须能够归纳到它的准则之下的名下，否则，它们的秩序就失去法的保障"①。

2. 合法的行政行为

行政法治，意味着政府必须在法律的约束和支配下活动，政府实施行政行为必须依据法律，符合法律，不得超越法律，违反法律，或者与法律相抵触。换言之，行政法治要求政府实施的行政行为具有合法性。要保证行政行为的合法性，行政机关必须遵循三项原则：职权法定、法律优先和法律保留。

---

① ［德］马克斯·韦伯：《经济与社会》下卷，林荣远译，刘飞译，商务印书馆1997年版，第16页。

（1）职权法定原则

“职权法定原则，是指行政机关的创设、存在依据和活动范围皆源于法律规定，没有法律规定，不得设立行政机关；行政机关不得行使法律未授予的权力。因而，一个行政机关享有的职权、职权的范围和行为的限度都必须从法律上来寻找。”① 职权法定是人民主权和行政法治原则的内在要求。在民主国家，一切权力属于人民，因此，行政机关本身不能享有天然的权力，也不能自己给自己设定权力，行政机关的权力的唯一合法来源只能是人民（通过法律）的授权。美国学者乔·萨托利指出：“权力属于人民建立了一条有关权力来源和权力合法性的原则。它意味着只有真正自下而上授予的权力，只有表达人民意志的权力，只有以某种得以表达的基本共识为基础的权力，才是正当的权力。”② 从法治的视角来说，行政权具有扩张性，如果不坚持职权法定，行政权就会失去控制，行政机关就有可能无限制地扩张自己的权力，并将该权力演化为任意所为，公民、组织的合法权益就无法获得有效的保障。

（2）法律优先原则

法律优先最早是德国行政法学者提出来的，其基本内涵是法律相对于行政机关及其活动具有优越的地位。德国行政法泰斗奥托·迈耶指出：“以法律形式出现的国家意志依法先于以其他形式表达的国家意志；法律只能以法律形式才能废止，而法律却能废止所有与之相冲突的意志表达，或使之根本不起作用。这就是我们所说的法律优先。”③ 在行政法治的意义上，法律优先原则的要旨在于在行政领域确立法律的至上地位，将行政机关及其活动置于法律的控制之下。根据法律优先原则，行政机关必须严格遵守和服从法律，不得违反法律，否则其行为无效并应承担相应的法律责任。法律优先的理论依据和宪政基础是人民主权。根据现代民主理论，政府因人民的需要而产生，基于人民的授权而行政，因此，政府必须服从人民的意志，按照人民的意志活动。法律是人民意志的集中表达，政府遵守和服从法律，即尊重和服从人民的意志。从法治的角度看，行政法治的功能和价值在于用法律的理性防止和克服行政的恣意，而只有在确立法律优先的条件下，才能实现法律对政府活动的规范和约束，从而减少和杜绝恣意行政。

① 袁曙宏主编：《全面推进依法行政实施纲要读本》，法律出版社 2004 年版，第 54 页。

② ［美］乔·萨托利：《民主新论》，冯克利、阎克文译，东方出版社 1993 年版，第 38 页。

③ ［德］奥托·迈耶：《德国行政法》，刘飞译，商务印书馆 2002 年版，第 70 页。

（3）法律保留原则

法律保留与法律优先一样，最早是德国行政法学作为依法行政的子原则提出来的。所谓法律保留，是指行政机关只有在获得法律授权的情况下才能实施相应的行政行为，换言之，行政机关实施行政行为必须有法律上的依据。没有法律的授权或者依据，行政机关不得自行采取行动。因此，奥托·迈耶将法律保留原则概括为“在特定范围内对行政自行作用的排除”①。

法律保留与法律优先同是依法行政的基本原则，但二者的内涵与功能有所不同。法律优先要求行政机关按照现行法律办事，在没有法律规定的情况下，行政机关的行为不存在违反法律或与法律相抵触的问题，因而不违反法律优先原则。由于法律优先的功能在于防止行政机关违反既定法律，因此被称为消极依法行政原则。法律保留原则是在法律优先原则的基础上对行政机关提出的更加严格的要求，根据法律保留原则，行政行为不能以消极的不违反或不抵触法律为满足，而必须有法律的规定为依据，故此，它被称为积极依法行政。

法律保留原则的价值在于防止行政权的滥用，保护公民的合法权益不受恣意行政的侵害，这使它成为各国行政法治共同遵循的基本原则。② 当然，在法律保留原则的适用范围问题上，各国的情况并不完全相同，即使是同一个国家，也存在不同的观点和主张。归纳起来，主要有四种学说：侵害保留说，全部保留说，重要事项保留说，机关功能说。③ 改革开放以后，法律保留原则被介绍到国内，得到学界的普遍认同，并对我国的行政法治实践产生了重要影响。2000 年通过的《中华人民共和国立法法》第 8 条规定：下列事项只能制定法律：（一）国家主权的事项；（二）各级人民代表大会、人民政府、人民法院和人民检察院的产生、组织和职权；（三）民族区域自治制度、特别行政区制度、基层群众自治制度；（四）犯罪和刑罚；（五）对公民政治权利的剥夺、限制人身自由的强制措施和处罚；（六）对非国有财产的征收；（七）民事基本制度；（八）基本经济制度以及财政、税收、海关、金融和外贸的基本制度；（九）诉讼和仲裁制度；（十）必须由全国人民代表大会及其常务委员会制定法律的其他事项。第 9 条规定：本法第 8 条规定的事项尚未制定法律的，全国人民代表大会及其常务委员会有权作出决

① ［德］奥托·迈耶：《德国行政法》，刘飞译，商务印书馆 2002 年版，第 72 页。

② 英美等国虽然没有法律保留的概念，但其行政法治都体现了法律保留原则的精神。

③ 参见翁岳生《行政法》，中国法制出版社 2002 年版，第 180—181 页。

定，授权国务院可以根据实际需要，对其中的部分事项先制定行政法规，但是有关犯罪和刑罚、对公民政治权利的剥夺和限制人身自由的强制措施和处罚、司法制度等事项除外。可见，在规则制定方面，我国实行的实际上是重要事项保留原则。与此形成对照的是，在具体行政行为领域，更多地体现了侵害保留或者干预保留的精神。例如，国务院颁布的《全面推进依法行政实施纲要》规定："行政机关实施行政管理，应当依照法律、法规、规章的规定进行；没有法律、法规、规章的规定，行政机关不得作出影响公民、法人和其他组织合法权益或者增加公民、法人和其他组织义务的决定。"

3. 合理的行政裁量

行政合法是行政法治的基本要求。但是，仅仅满足于行政合法，还不能充分实现行政法治的宗旨——政府权力受到有效控制，人民权益得到可靠保障。究其原因，主要是因为随着社会的发展，政府享有越来越广泛的自由裁量权。所谓自由裁量权，是指法律、法规赋予行政机关在行政管理中依据立法目的和公正合理的原则自行判断行为的条件、自行选择行为的方式和自由作出行政决定的权力。① 或者，行政机关在法律明示授权或消极默许的范围内，基于行政目的，自由斟酌，自由选择而作出一定行政行为的权力。② 从行政法治的终极意义上讲，授予行政机关一定的自由裁量权具有积极意义，因为在现代社会，拥有一定的自由裁量权是行政机关有效完成其法定使命、实现社会公平正义、增进人民福祉不可或缺的条件。然而，自由裁量权的存在和不断扩大又使行政法治面临新的课题，这就是如何保证行政机关正确地行使法律赋予的自由裁量权，防止行政自由裁量权的滥用。因为传统的法治原则关注的焦点是行政合法，而在法定范围内滥用自由裁量权至少在形式上并不违反合法性原则。因此，解决行政自由裁量权滥用问题有赖于行政法治原则的进一步发展。正是在这样的背景下，合理性原则应运而生。

合理性原则的基本含义是行政机关在法定范围内基于自由裁量权作出的决定或采取的措施应当具有合理性。在行政法治理念中，合理性原则是对合法性原则的必要补充，它对行政机关的行政行为提出了更高、更严格的要求，即行政行为不仅应当是合法的，而且应当是合理的。

合理性原则源于 17 世纪英国法院的一个判例，在该案件的判决中法院宣称："在任何地方，任何专员或其他人有被授权以自由裁量权行事，应理

① 姜明安：《论行政自由裁量权及其法律控制》，《法学研究》1993 年第 1 期。

② 王英津：《论我国的行政自由裁量权及其滥用防范》，《国家行政学院学报》2001 年第 3 期。

解为合理的自由裁量权。依照法律，本法院有权矫正他们未按合理自由裁量权原则所做的一切。”[①] 后来的几个世纪，英国法院不断重申：行政机关的自由裁量权并不是一种专断的权力，因而必须被合理地行使。[②] 如今，合理性原则已经成为英国控制行政自由裁量权最重要的武器，是“赋予行政法生命力最积极和最著名的理论之一”[③]。

从现实情况看，当今世界各国的行政法治从理念到制度都已经超越了合法行政的阶段，行政行为不仅要合法而且要合理，已经成为行政法治的普遍要求。合理行政原则的直接目的在于约束行政自由裁量权，使行政自由裁量权的行使符合“一定之规”，[④] 那么，这“一定之规”都包括哪些具体内容？换言之，判断行政裁量是否合理的标准是什么呢？对此，学界的观点不尽相同，各国的行政法治实践也存在差异。我们认为，归纳起来，合理的行政裁量至少应当符合以下原则和标准：

（1）正当性。行政机关行使自由裁量权的行为，在主观上必须出于正当的动机，在客观上符合正当合法的目的，排除不相关因素的影响。

（2）平等性。行政机关在行使自由裁量权作出决定时，应当平等对待行政相对人，不偏私、不歧视。对待所有的当事人应当适用同样的标准和条件，做到一视同仁，不能因为当事人的身份、地位、地域的不同而区别对待。

（3）适当性。行政机关所进行的自由裁量对于实现行政目的来说必须是适当的，即行政机关基于自由裁量权所采取的措施和手段必须能够实现法定的行政目的，或者有助于行政目的的实现。

（4）必要性。“必要性是从‘经验的因果律’来考虑诸种手段之间的选择问题，也就是要靠以往的经验与学识积累，对所追求的目的和所采取的手段之间的相当比例进行判断，保证所要采取的手段在诸种可供选择的手段中是最温和的、侵害最小的。”[⑤] 从广义上讲，必要性原则包含两层含义：其一，行政机关在行使自由裁量权进行行政管理的过程时，除非必要，不得采取损害当事人权益的行政方式。换言之，行政机关在自由裁量权范围内选择损益性行政手段实施管理必须能够被证明具有必要性；其二，如果采取损益性手

① ［英］威廉·韦德：《行政法》，徐炳等译，中国大百科全书出版社 1997 年版，第 64 页。
② 同上书，第 64—73 页。
③ 同上书，第 64 页。
④ ［美］伯纳德·施瓦茨：《行政法》，弁言译，群众出版社 1986 年版，第 568 页。
⑤ 余凌云：《行政自由裁量论》，中国人民公安大学出版社 2005 年版，第 51 页。

段被证明是必要的，行政机关在可能的情况下应当选择对相对人的权益造成损害最小的手段，有学者将这一要求概括为最小损害原则。可见，在一般意义上，必要性实际上是指行政机关采取的行政措施在达成行政目标方面具有不可替代性，行政机关采取的措施是必要的，因为舍此便不能达成行政目的。

（5）相称性。相称性，是指行政机关采取的行政手段所造成的损害与其所达成的行政目的的利益之间必须是相称的，不得明显失衡。换言之，即行政机关采取某种行政措施所需付出的成本及所将造成的损害必须与其所要达到的目的或者实现的利益之间具有合理比例，后者的价值应当大于前者。比例原则要求行政机关在进行自由裁量时，不仅要考虑所采取的措施是否适当和必要，还必须在行政措施所要实现的利益与其对公民权益所造成的损害后果之间作出衡量或权衡，保证对公民采取的不利措施所造成的损害小于达成行政目的所获得的利益，不能为了小小的公益而使人民忍受很大的损失。

4. 正当的行政程序

行政法治追求的终极价值目标是社会正义。而社会正义的实现，不仅需要有完善的实体法规则，而且还需要遵循正当的程序。一方面，正义的实体法只有通过公正的程序才能实现其价值，也就是说，公正的程序有助于我们达到公正的实体结果。美国大法官 W. 道格拉斯指出："权利法案的大多数规定都与程序条款有关，这一事实并不是无意义的。正是程序决定了法治与恣意的人治之间的基本差异。坚定地遵守严格的法律程序，是我们赖以实现人人在法律面前平等享有正义的主要保证。"① 另一方面，正当程序具有其独立的价值，它本身就是社会正义的体现。罗尔斯在其名著《正义论》中通过对"纯粹的程序正义"的分析讨论，深刻地揭示了正当程序的独立价值，启示人们"在对一种至少会使一部分人的权益受到有利或者不利影响的活动或决定作出评价时，不能仅仅关注其结果的正当性，而且要看这种结果的形成过程或者结果据以形成的程序本身是否符合一些客观的正当性、合理性标准"②。鉴于正当程序的多重价值，各国在走向行政法治的过程中都非常重视正当行政程序的理论探索与制度构建。从英国的自然公正原则，到美国的正当法律程序原则，正当行政程序的观念已经深入人心，成为各国行

① Christopher Osakwe, The Bill of Rights for the Criminal Defendant in American Law, in *Human Rights in Criminal Procedure* (edited by J. A. Andrews), Martinus Nijhoff Publishers, 1982, pp. 260 - 264.

② 陈瑞华：《程序正义论——从刑事审判角度的分析》，《中外法学》1997 年第 2 期。

政法治的普遍原则和重要内容。

虽然人们在行政行为应当遵循正当程序的基本观念和原则上达成了高度的共识，但究竟什么是正当的行政程序？正当的行政程序应当符合什么标准？包含哪些具体内容？在这些问题上，目前依然是众说纷纭，分歧明显。“事实上，要提出一种普遍适用于一切社会的最高的、绝对的程序正义要求是不可能的。……但是，我们可以根据人类的共同心理需求，提出一种可适用于所有现代文明社会的最低限度程序正义要求。”①

综合学者们在学术讨论中提出的各种观点，结合行政法治的实际运行情况，我们认为，正当的行政程序至少应当符合以下标准，或者说，最低限度的行政程序正义应当符合以下要求。

（1）中立性

行政程序的中立性是指行政行为的实施者应当处于中立地位或者超然地位，行政者与所处理的行政事务之间不存在任何方面的利害关系。行政程序中立的实质是要求行政主体在行政过程中排除利益的干扰，从客观的立场出发作出符合法律规定的公正决定。程序中立的核心要求是“避免偏私”，具体包括两个方面：第一，没有利益牵连。它要求行政主体及其行政人员和行政人员的亲属，与所做的行政行为没有个人利益上的联系。这里的个人利益主要是指财产利益或金钱利益，此外还包括其他足以影响行政决定的非财产因素，如感情利益和精神利益在内。② 第二，没有个人偏见。个人偏见主要指个人情感受到某种预设的观点或偏好的支配，“构成个人偏见的要件是不正当地偏向一方或对另一方怀有敌意”。③ 没有个人偏见规则要求行政主体应给予当事人同等的机会，不偏袒任何一方当事人。

（2）参与性

行政程序的参与性主要是指行政程序应当在有关行政相对方的直接参与之下进行，具体说是指那些权益可能会受到行政行为直接影响的相关当事人应当有充分的机会富有意义地参与行政行为的过程，从而对行政法律结果的形成发挥其有效的影响和作用。

参与性是行政程序正当性的重要体现。一方面，在行政相对人直接参与的情况下，行政机关可以更全面更准确地了解和掌握相关的事实和证据，从

---

① 陈瑞华：《程序正义论——从刑事审判角度的分析》，《中外法学》1997 年第 2 期。

② 王名扬：《英国行政法》，中国政法大学出版社 1987 年版，第 154 页。

③ ［美］伯纳德·施瓦茨：《行政法》，徐炳译，群众出版社 1986 年版，第 283 页。

而保证行政结果的公正性。另一方面，通过对行政过程的直接参与，行政相对人可以感受到政府对其人格尊严和自主意志的尊重，从而从心里减少或消除对政府行政可能存在的抵触情绪，使政府与行政相对人之间的关系变得更加融洽和谐，使行政过程变得越来越顺利。有学者研究表明，一个人在对自己的利益有着有利或者不利影响的裁判或者决定制作过程中，如果不能向有权作出裁决的人或机构提出自己的意见、主张，不能与其他各方及裁判者展开有意义的讨论、说服和交涉，就会产生强烈的不公正感，这种感觉源于其权益受到裁判者的忽视，其道德主体地位遭到裁判者的否定这样一种现实。[①]这说明，为行政相对人提供直接参与行政过程的机会，具有独立的内在价值，“因为各方一旦能够参与到程序过程中来，就更易于接受裁判结果，尽管他们有可能不赞成判断的内容，但他们却更有可能服从它们”。[②] 总之，通过行政相对人对行政程序的直接参与，行政主体与相对人之间可以进行充分的沟通和交流，在此基础上达成意思表示的一致，增强相互信任，消除可能发生的摩擦和冲突，从而使最终结果具有可接受性、公正性、准确性和效率性。

行政程序的参与性，最核心的问题是要确认和保障行政相对人对行政程序的参与权。行政相对人的参与权主要包括以下内容：①获得通知权，即行政相对人在符合参与行政程序的法定条件下，有要求行政机关通知其何时、以何种方式参与行政程序的权利；②陈述权，即行政相对人就行政案件所涉及的事实通过书面或口头的方式向行政机关作陈述的权利；③抗辩权，即行政相对人针对行政机关提出的不利指控，依据其掌握的事实和法律向行政机关提出反驳，旨在从法律上消灭或者减轻行政机关对其提出的不利指控的权利；④申请权，即行政相对人请求行政机关启动行政程序的权利。[③]

（3）公开性

行政程序的公开性，是指行政程序的每一阶段和步骤都以行政相对人和社会公众看得见的方式进行。公开性是行政程序正当性的内在要求。“没有公开则无所谓正义。”[④] 英国上议院大法官休厄指出：“公平的实现本身是不够的，公平必须公开地、在毫无疑问地被人们能够看见的情况下实现。这一

① 参见陈瑞华《程序正义论——从刑事审判角度的分析》，《中外法学》1997 年第 2 期。

② Michael D. Bayles, *Principles of Law*, Reidel Publishing Company, 1987, p. 32. 转引自周佑勇《正当的行政法律程序原则》，《中国社会科学》2004 年第 4 期。

③ 参见应松年主编《当代中国行政法》，中国方正出版社 2005 年版，第 1328—1334 页。

④ ［美］哈罗德·J. 伯尔曼：《法律与宗教》，梁治平译，生活·读书·新知三联书店 1991 年版，第 48 页。

点至关重要。”① 这表明，只有公开的程序，才可能是正当的程序；正当的程序必定是公开进行的程序。

从行政法治的视角分析，行政程序公开的价值主要表现在以下几个方面：

首先，民主价值。行政公开是民主政治的内在要求和重要保障。民主本质是人民当家作主，而人民当家作主的基本前提是能够对政府的活动情况有充分及时的了解。1967 年，美国的《信息自由法》施行时，时任司法部长的克拉克指出：“如果一个政府真正地是民有、民治、民享的政府，人民必须能够详细地知道政府的活动。没有任何东西比秘密更能损害民主，公众没有了解情况，所谓自治，所谓公民最大限度地参与国家事务只是一句空话……当政府在很多方面影响每个人的时候，保障人民了解政府活动的权利，比任何其他时代更为重要。”② 从现实情况看，行政公开制度首先起源于具有浓厚民主传统的北欧等国。民主制度比较健全的国家也是公民参与程度较高的国家，只有在民主国家中公民才会更多地了解政府信息，参与社会管理。在第二次世界大战后，民主政治运动的发展，直接推进了各国行政公开制度的建设。③ 可见，行政程序的公开性，实际上是现代法治国家行政民主化的题中应有之义。

其次，控权价值。控制行政权历来都是行政法治追求的价值目标，也是行政法治的一项重要内容。在现代社会，行政权的核心是自由裁量权。“现代管理型法律更为典型的是，官员们行使很大的自由裁量权，也就是在定义宽泛的和总的规则范围内行使权力。”④ 如何有效控制行政自由裁量权，是现代法治面临的一项重要课题。“经验和理性的论证结果证明，在解决这个难题的方法上，行政实体法已无所作为，而行政程序法因其所特有的功能成了弥补行政实体法缺陷的最好选择。” 而 “行政程序法之所以具有预防控制行政权力滥用的功能，是因为它所贯彻的行政公开这一基本原则。”⑤ 正如

① ［英］彼得·斯坦等：《西方社会的法律价值》，王献平译，中国人民公安出版社 1990 年版，第 97 页。

② 转引自王名扬《美国行政法》，中国法制出版社 1995 年版，第 959—960 页。

③ 戴桂洪：《试论行政公开的基础、动力和制度》，《学海》2006 年第 3 期。

④ 宋冰：《程序、正义与现代论——外国法学家在华演讲录》，中国政法大学出版社 1998 年版，第 109 页。

⑤ 章剑生：《论行政程序法上的行政公开原则》，《浙江大学学报》（人文社会科学版）2000 年第 6 期。

王名扬先生所说："公开原则是制止自由裁量权专横行使最有效的武器。"① 因为，行政公开客观上将行政过程置于行政相对人和社会公众的监督之下，可以对行政机关行使自由裁量权形成一种有效的制约，防止和减少行政专横和腐败现象的发生。保证行政权的公正行使。

最后，权利保障价值。保障公民的合法权益是行政法治的基本宗旨，也是正当行政程序的内在价值所在。行政程序的公开性是公民有效行使法定权利，维护自身合法权益不可或缺的条件。例如，在现代民主法治国家，公民享有知情权、参与权和监督权，而这些权利的有效行使和充分实现在很大程度上都必须以行政程序的公开性为基础和前提条件。在行政程序不公开运行的条件下，公民的上述权利充其量只是停留在纸上的权利，而不可能成为现实的权利。

5. 有效的责任机制

行政法治背景下的政府必定是责任政府。关于责任政府的概念，理论界存在不同的解释。张成福教授将责任政府（政府责任）的概念归纳最广义、广义和狭义三种。最广义的责任政府是指政府能够积极地对社会民众的需求作出回应，并采取积极的措施，公正、有效率地实现公众的需求和利益，即具有回应性的政府。广义的责任政府是指政府组织及其公职人员履行其在整个社会中的职能和义务，即负有社会义务的政府。狭义的责任政府是指政府机关及其工作人员违反法律规定的义务，违法行使职权时，所承担的否定性的法律后果，即承担法律责任的政府。② 从一般的意义上说，上述三种含义的责任政府都与行政法治具有内在的关联性。但是，从行政法治的控权功能价值上分析，责任政府所强调的是建立一种严格约束政府权力与行政行为的责任机制，将政府权力与行政行为置于一种经常性的责任状态。责任是法律的生命。美国的"宪法之父"汉密尔顿曾指出："对于法律观念来说，主要是必须附有制裁手段，换言之，不守法要处以刑罚或惩罚，如果不守法而不受处罚，貌似法律的决议或命令事实上只不过是劝告或建议而已。"③ 经验证明，严格的责任机制是有效控制政府权力，保证政府合理行使其权力，防止政府滥用行政权的重要保障。从本质上讲，责任是对权力的一种约束，没有责任约束的行政权力就像脱缰之野马，随心所欲，恣意妄为，公民的权利

---

① 王名扬：《美国行政法》，中国法制出版社 1995 年版，第 552 页。

② 参见张成福《责任政府论》，《中国人民大学学报》2000 年第 4 期。

③ [美] 汉密尔顿：《联邦党人文集》，程逢如等译，商务印书馆 1982 年版，第 75 页。

与自由就会失去保障。因此，“将行政活动置于责任行政的基础之上是行政法治的内在要求。行政机关及其工作人员行使行政职权如违反法律规定、失职、越权、滥用职权等，均应承担相应的法律责任：该撤销的就应撤销；该变更的就应变更；不履行职责的就应责令其限期履行法定职责；违法行为给相对人的合法权益造成实际损害的就要承担赔偿责任，并要视主观过错程度追究实施违法行为的公务员的法律责任。没有法律责任，就没有行政法治”①。

责任机制不仅有控权的功能价值，而且还具有实现民主政治的功能价值。“按照近代以来的国家观念，民主政治是一种责任政治，民主行政也是一种责任行政，它需要对法律、对社会、对人民负责，行政权力的行使需要承担相应的责任并在一定的义务限制范围内行使权力。”② 欧文·E. 休斯指出：“任何政府都要建立一套责任机制。……对任何主张民主的社会来讲，责任机制都是基本要素，这句话反过来说可能更有说服力。要成为民主社会，就需要有一套适宜的责任机制。政府组织由公众创立，为公众服务，就需要对公众负责”，因为“公民与政府的关系可以看成是一种委托—代理关系，公民同意推举某人以其名义进行代理，但是必须满足公民的利益并且为公民服务”。③ 因此，从一定意义上可以说，有效的责任机制是民主政治不可或缺的组成部分，是民主政治得以实现的重要制度保证。

基于民主政治的理念，构建一种与政府权力全面对接的责任机制，将政府及其运行置于经常性的责任状态，这是行政法治的内在要求，也是现代行政法治的基本内容和重要特征。没有严格有效的责任机制，就不会有真正意义上的行政法治。

从广义上分析，行政法治中的责任机制是一个复杂的系统，涉及诸多方面的因素和关系。而且，在不同的国家，责任机制的具体构成和表现形态也存在不同程度的差别。归纳起来，我们认为，行政法治中的责任机制至少应当包括以下内容：

（1）“有权必有责”的权责关联机制

对权力的约束是责任的内在本质和根本价值所在，因此，建立有效的责

① 石佑启：《对行政法治的几点思考》，《湘潭工学院学报》（社会科学版）2001 年第 1 期。

② 孙笑侠：《法律对行政的控制》，山东人民出版社 1999 年版，第 53 页。

③ ［澳］欧文·E. 休斯：《公共管理论》，彭和平、周明德、金竹青等译，中国人民大学出版社 2001 年版，第 268 页。

任机制，首先必须将权力与责任挂起钩来，实现有权必有责，权力到哪里，责任必须跟进到哪里；权力有多大，责任就有多大。不允许只享有权力而不承担责任，或者权力大责任小的现象存在。

从政府依法行政的角度分析，有权必有责具体包括两个方面的要求：一是政府行使权力必须对所引起的法律后果负责。有权必有责首先意味着法律在授予政府权力的同时，应当明确规定政府行使这种权力所应当承担的法律后果即责任。因此，政府必须依法对由于行使权力所导致的结果承担法律责任。二是政府必须依法履行其法定职责。与私权利不同，行政职权与行政职责具有直接的统一性，行政机关的职权同时就是其必须履行的职责，公民可以放弃自己的权利，而政府的职权是不能放弃的，是必须行使的。如果法律将某项权力赋予政府，政府该行使时不去行使或者行使不到位，就是不履行职责或不作为，就是失职渎职，在这种情况下，政府也要承担相应的法律责任。

（2）“用权受监督”的权力监督机制

从本质上讲，行政法治是一种通过对行政权的合理规范与控制来保障公民的权利与自由，从而实现公民福利最大化的社会治理机制。在现代民主国家，对政府权力进行控制的方式和途径是多种多样的，而健全有效的监督机制，无疑是对政府权力进行控制最常见也是最重要的一种形式。从这个意义上讲，可以说对政府权力的监督是行政法治的核心和关键。

行政法治之所以将权力监督机制置于重要的关键地位，主要基于三方面因素的考虑：首先，健全的监督是防止行政权力滥用的有效机制。人类社会的政治发展规律表明，掌握公共权力的人在行使公共权力的惯性推动下，都存在着权力滥用的倾向。如果没有另一种力量的约束，大多数行使公共权力的人都可能自觉不自觉地导致权力的滥用。诚如法国著名思想家孟德斯鸠曾指出的：“一切有权力的人都容易滥用权力，这是万古不易的一条经验。有权力的人们使用权力一直到有界限的地方才休止。”[①] 公共权力内在的变异倾向与自身的特性相关，其功能的广泛性尤其是对稀缺资源配置权的存在，使权力成为一种可以产生利益的资源，客观上使权力的行使者有可能将自己的意志和利益强加于社会公共权力，将公共权力转变成为牟取个人利益的工具。在生产力水平尚不能使社会财富最大限度地满足全体成员的需要的情况下，在现有制度安排存在缺陷的背景下，人性的弱点就会使这种可能性转化

① ［法］孟德斯鸠：《论法的精神》（上册），张雁生译，商务印书馆1982年版，第154页。

为摆在人们面前的现实威胁。[①] 而减少或者消除这种现实威胁的重要方法和途径便是加强对权力的监督与约束，“要防止滥用权力，就必须以权力约束权力”[②]。

其次，加强对政府权力的监督是民主政治的内在要求和重要保证。民主国家的一切权力属于人民，但人民不可能时时刻刻、事事处处都直接参与国家事务和公共事务的管理，而是通过民主的方式将权力委托给政府来行使，由此便产生了人民与政府之间的委托代理关系。在这种情况下，通过怎样的机制来保证代理者——政府按照人民的意志、为了人民的利益行使被委托的公共权力，真正实现人民当家作主的权利呢？经过长期的政治实践，人们已经对此形成了一致的认识，即人民群众对公共权力实施约束和监督，是实现主权在民原则的有效途径。只有健全民主监督机制，才能保证公共权力的行使对人民负责，主权在民原则才能得到很好的体现。相反，如果人民群众无法对公共权力加以约束和监督，或者这种约束和监督形同虚设，流于形式，那么，主权在民就失去了赖以实现的平台，人民当家作主就会成为一句空话。从一定意义上讲，一个国家是不是实现了民主政治，主要不在于它是不是将公共权力直接交给人民去行使，而在于它是不是将公共权力置于人民的制约和监督之中。[③]

最后，权力监督机制是政府权力高效运作的重要保障。行政法治不仅是要对政府权力进行适当的限制，而且还包括为政府有效履行公共管理职能提供必要的保障。法治条件下的政府不仅应当是职能有限、行为规范的政府，而且还应当是高效运转的政府。而政府高效运转的重要保障机制之一便是权力监督机制。“经验证明，有监督才有压力，有压力才能防止懈怠。公共权力的朝气与活力与其说是来自于公职人员的自身素质，不如说是来自于权力监督的压力。”[④] 1945 年，毛泽东在回答黄炎培先生关于中国共产党如何跳出“其兴也勃、其殆也忽”，最后“人亡政息”的周期率时指出：“我们找到了一条新路，这就是民主。我们把人民动员起来，监督我们的政府，使政府不敢懈怠。”这充分说明，加强权力监督，是实现政府权力高效运作的重

① 参见刘春湘、谭双泉《行政权力监督探讨》，《湖南师范大学社会科学学报》2003 年第 5 期。

② ［法］孟德斯鸠：《论法的精神》（上册），张雁生译，商务印书馆 1982 年版，第 154 页。

③ 参见胡连生、杨玲《权力监督：社会主义政治文明的基石》，《当代世界与社会主义》2003 年第 2 期。

④ 同上。

要保证。

（3）“违法受追究”的责任追究机制

“违法受追究”的责任追究机制，是指当政府及其公务员在行政管理过程中实施了违法或不当的行为时，有关国家机关依照法定的权限和程序明确责任归属和责任形式，使责任主体承担相应法律后果的机制。责任追究机制是行政责任机制的核心内容，法律规定的行政违法责任只有通过健全的责任追究机制才能变成现实；只有当政府的任何一项违法行为都毫无例外地受到追究的时候，行政责任机制才能成为具有实际意义法律机制。

从行政法治的角度分析，建立健全严格的行政违法责任追究机制具有重要意义。

首先，严格追究行政违法责任是法律面前人人平等原则的内在要求和具体体现。平等是现代行政法治追求的基本价值之一，也是行政法治的重要评判标准。在行政法治领域，平等不仅仅是指政府对公民权益的平等保护以及对公民违法行为的平等追究，更重要的是指政府与公民在法律面前应当平等，公民必须守法，政府同样负有守法的义务；公民违法必须受到追究，政府违法同样应当受到追究。只有如此，才能体现法律面前人人平等这一法治原则的真谛。

其次，严格追究行政违法责任是实现依法行政的重要保障机制。行政法治的基本内涵和重要标志是政府严格依法行政。依法行政的直接目标是保证行政行为的合法合理。而健全有效的责任追究机制有助于依法行政目标的实现。一方面，追究违法行政责任的过程，实质上也是纠正行政错误的过程，即把偏离法治轨道的行政行为重新拉回到正确的法治轨道，使法律得到严格的贯彻执行。另一方面，追究违法行政责任的过程也是进行法治宣传教育的过程，它可以增强政府及其公务员的行政法治观念，预防或减少行政违法的发生，从整体上提升政府依法行政的能力和水平。

最后，从行政相对人的角度看，严格追究行政违法责任还是一种有效的权利救济机制。保障和维护公民的权利与自由是现代行政法治的基本宗旨。行政机关及其公务员违法或者不当行政往往会直接导致对行政相对人权利的侵害。只有通过对违法或不当行政行为的纠正，才能使行政相对人受到侵害的权利得以恢复，使其因违法或不当行政受到的利益损失得到补偿。事实上，在很多场合，行政相对人的权益救济是在对违法或不当行政行为追究责任的过程中实现的，换言之，行政法治中的责任追究与权利救济往往是同步的。

从观念的层面讲，政府违法必受追究是现代行政法治的基本原则和题中应有之义，也是评判行政法治的重要价值标准。换言之，任何选择实行行政法治的国家都应当坚持贯彻行政违法必受追究的原则。当然，由于各国的法律文化传统和现实国情存在差异，各国所构建的行政违法责任追究机制的具体内容和表现形式也会呈现不同的特点。不过，从一般的法治规律上讲，司法审查应当成为行政违法责任追究机制的主要构成。

（4）“侵权须赔偿”的法律救济机制

“侵权须赔偿”，是指行政机关及其公务员在行政管理过程中因违法或不当行为给行政相对人的合法权益造成损害时，必须依法对受害者进行赔偿。从行政主体的角度看，侵权赔偿是一种违法行政责任，对受害者进行赔偿是行政机关承担违法行政责任的一种具体形式。在这个意义上，“侵权须赔偿”是一种责任机制。但从行政相对人的角度看，侵权赔偿的实质在于承认行政相对人在其合法权益受到违法或不当行政的侵害造成损失时，依法有权要求国家给予赔偿，使自己受到损害的权益得以恢复，在这个意义上，“侵权须赔偿”又是一种权利救济机制。

法治是以公共权力受法律支配为特征的一种社会治理模式，但对权力的支配与约束并非法治的唯一价值，甚至也非法治的核心价值。从终极意义上讲，人类之所以选择法治，主要是因为它是一种能够为公民权利与自由的实现提供有效保障的社会组织结构。约束权力是为了保障权利。近代来的法治理论虽然流派纷呈，各国所选择的法治之路也不尽相同，但无一例外的都是以权利实现为逻辑起点，以权利保障为制度归指的。因此，有学者认为：“法治的大义在于：在政府及类似组织的权力受法律支配的框架内，平民大众自己在多大程度上能实际地决定自己的生活与命运的问题。”①

权利历来是与救济联系在一起的。“有权利，必有救济。”离开了救济，权利就失去了其真实性和实际价值。诚如有学者指出的：“人类的权利自始就与救济相联系的。当人类脱离了盲动或依附而获得了一定的权利时，也必有与之相适应的救济手段相随。没有救济可依的权利是虚假的，犹如花朵戴在人的发端是虚饰。花朵可为人添美，但虚假的权利只能是伪善。”② 因此，

① 程燎原、王人博：《赢得神圣——权力及其救济通论》，山东人民出版社 1998 年版，第 2 页。

② 同上书，第 368 页。

在以权利为本位的法治社会，权利救济机制自然成为社会组织结构或治理机制的重要组成部分。"'有权利，必有救济'是法治社会遵循的一般原则，因为受到侵害而又得不到救济的权利、自由，无论多么美妙动人，也是毫无价值的。"① 被誉为英国宪法宗师的戴雪强调：对权利的保护和救济，比宣示人的权利更重要和实在，他举例说："出庭法案并不宣示何种原理，或规定何种权利；但此类法案的实效，在实用方面可当保证个人自由的宪法条文一百条。"②

在行政法治领域，权利救济主要是指对合法权益受到行政机关及其公务员不法侵害的行政相对人实施的法律救济。对违法或不当行政造成的后果实施法律救济的内容与形式是多种多样的。但从行政相对人的角度看，最具实际价值的救济莫过于对行政侵权给其人身和财产造成的损害给予合理的赔偿。因此，从现实情况看，现代法治国家普遍规定了行政相对人的行政侵权赔偿请求权以及与之相对应的政府行政侵权赔偿责任。综上所述，无论是从理念上还是从制度上看，对行政相对人的权利给予有效的法律救济都是现代行政法治的内在要求和不可或缺的重要内容。古德诺曾经指出：行政法的内容主要包括两个方面：一是"规定行政当局的组织及其权限"；二是"向个人指明他的权利遭到侵害时的补偿"③。这说明权利救济很早就已被纳入行政法治的视野，在行政法治中占有重要的地位。

第三节　社会主义和谐社会与行政法治的内在关联

一、社会主义和谐社会与行政法治的价值契合

行政法治与社会主义和谐社会的关联性的内在根据在于二者在价值目标上的趋同性和重合性。概括起来，社会主义和谐社会与行政法治之间的价值契合主要表现在以下几个方面：

1. 民主的价值

胡锦涛指出："我们所要构建的社会主义和谐社会，应该是民主法治、公平正义、诚信友爱、充满活力、安定有序、人与自然和谐相处的社会。"

① 王人博、程燎原：《法治论》，山东人民出版社1998年版，第205页。

② ［英］戴雪：《英宪精义》第3卷，雷宾南译，中国法制出版社2001年版，第20页。

③ ［英］古德诺：《比较行政法》，转引自［美］伯纳德·施瓦茨《行政法》，徐炳译，群众出版社1986年版，第2页。

可见，民主是社会主义和谐社会的基本特征和首要价值。社会主义和谐社会应当是民主的社会，即“人民民主得到充分发扬”的社会，这首先是由社会主义和谐社会的根本性质决定的。我们所要构建的是社会主义的和谐社会，而社会主义社会的本质特征在于人民当家作主。人民当家作主既是社会主义区别于以往剥削制度社会的主要标志之一，也是社会主义的核心内容和本质要求。离开了民主，社会主义就丧失了根本。正如列宁所指出的：“没有民主，就不可能有社会主义”。[①] 邓小平也指出：“没有民主就没有社会主义，就没有社会主义的现代化。……社会主义愈发展，民主也愈发展。这是确定无疑的。”[②] 民主不仅是社会主义和谐社会的本质内涵和基本目标，而且也是构建社会主义和谐社会的重要途径和根本保证。社会主义和谐社会应当是法治社会，而法治的前提和基础则是民主；社会主义和谐社会应当是公平正义的社会，而民主既是社会公平正义的体现，又是实现公平正义的政治保障；社会主义和谐社会应当是诚信友爱的社会，而民主可以为诚信友爱创造适宜的人文环境，是实现诚信友爱的重要条件；社会主义和谐社会应当是充满活力的社会，而只有发扬民主，才能充分调动人民的积极性和创造性，广开不竭的活力之源；社会主义和谐社会应当是安定有序的社会，而民主是实现社会安定有序的根本保证；社会主义和谐社会应当是人与自然和谐相处的社会，而从最终的意义上讲，人与自然的和谐相处只有在民主的条件下才能实现。总之，“社会主义和谐社会的每个目标、每项内容、每个环节无不渗透着民主因素，离开了民主这个基石，社会主义和谐社会的大厦就不可能建立起来”[③]。

民主不仅是社会主义和谐社会的基本内涵，同时也是现代行政法治的内在价值追求。胡锦涛在阐述社会主义和谐社会基本特征时，将民主与法治联系在一起，作为构建社会主义和谐社会的首要目标，表明民主与法治具有不可分割的内在联系。法治对民主的依赖关系主要表现在两个方面：其一，法治的根本目的在于实现和保障民主。“为了保障人民民主，必须加强法制。必须使民主制度化、法律化，使这种制度和法律不因领导人的改变而改变，不因领导人的看法和注意力的改变而改变。”[④] 背离或偏离了民主的目标，

---

① 《列宁全集》第 28 卷，人民出版社 1990 年版，第 168 页。

② 《邓小平文选》第 2 卷，人民出版社 1994 年版，第 168 页。

③ 赵金鹏：《试论民主在构建社会主义和谐社会中的重要地位和作用》，《政治学研究》2006 年第 1 期。

④ 《邓小平文选》第 2 卷，人民出版社 1994 年版，第 146 页。

法治就从根本上丧失了其存在的价值。其二，民主是法治的前提和基础。因为法治不等于法制。法制是指一个国家的法律制度的总和。法治则要求国家的法律制度在内容上符合一定的标准，体现社会的公平正义价值，具体说就是要求法律制度的内容体现人民的意志，代表人民的根本利益。很明显，只有在民主政治的条件下才能做到这一点。从这个意义上说，民主既是法治的目的，也是法治的保证。法治与民主关系的一般原理同样适用于行政法治。行政法治是法治的主要内容，是法治在行政领域的体现和具体化。因此，行政法治也必须以民主为内在的价值追求。事实上，行政法治与民主之间具有更加紧密的联系。因为民主的核心是政府与人民之间的关系，而行政法治则是对政府与人民之间关系的法律调整。在民主国家，人民是国家的主人，政府是人民的公仆。因此，政府必须由人民产生，对人民负责，为人民服务，受人民监督。现代行政法治正是基于这样的民主理念，运用法律手段来规范和调整政府与人民的关系，通过对政府权力的合理有效控制，保证政府始终服从和服务于人民的共同意志和根本利益。“行政法的最初目的就是要保证政府权力在法律的范围内行使，防止政府滥用权力，以保护公民。”① 不仅如此，行政法治还通过一系列具体的制度设计，明确规定公民的知情权、参与权、监督权及其具体的实现机制，为使行政民主从理念变成现实提供了可靠的制度保障。可见，从本质上讲，行政法治实际上就是行政民主的制度化和法治化。

2. 自由的价值

从本来的意义上说，人应当是自由的。自由是人的本质的组成部分。“人是生而自由的……这种共同的自由乃是人性的必然结果”②；“一个种的全部特性、种的类特性就在于生命活动的性质，而人的类特性恰恰就是自由的自觉的活动”。③ 无论是对族类存在物的人来说，还是对个体存在物的人来说，自由都具有根本性的价值与意义。④ 正因如此，人类对自由的渴望和追求从来都没有停息过，从一定意义上说，人类的历史就是不断追求自由的历史。“人类实施的所有社会行动其终极目标都指向自由，由必然王国进入

---

① ［英］威廉·韦德：《行政法》，徐炳等译，中国大百科全书出版社 1997 年版，第 5 页。

② ［法］卢梭：《论人类不平等的起源和基础》，李常山译，商务印书馆 1962 年版，第 60 页。

③ 《马克思恩格斯全集》第 42 卷，人民出版社 1979 年版，第 96 页。

④ 宋思运：《确立自由的秩序：现代和谐社会的核心价值》，《辽东学院学报》（社会科学版）2009 年第 3 期。

自由王国，这是所有社会形态共同追求的终极目标。”①

社会主义和谐社会是人类所有美好理想的聚合，其中自然也包含了对自由的价值追求。用马克思的话来说，社会主义和谐社会应当是“以每个人的全面而自由的发展为基本原则的社会形式”，②“在那里，每个人的自由发展是一切人的自由发展的条件”。③ 社会主义和谐社会是崇尚自由的社会，是自由得到充分保障的社会。因为“自由意指约束的解除，它能够赋予文明以创造力、赋予社会以进步力”。④ 唯有充分保障人民的自由，才能切实增强全社会的创造活力，从而实现恒久的社会和谐。

从行政法治的角度看，自由同样具有根本性的价值目标意义。自由是行政法治重要的价值向度，是行政法治之正当性的终极体现。人类之所以选择行政法治，正是因为行政法治将政府置于良法的支配与控制之下，可以为公民的自由提供可靠的保证。孟德斯鸠认为，自由只有在“国家的权力不被滥用的时候才存在。但是一切有权力的人都容易滥用权力，这是万古不易的一条经验。有权力的人们使用权力一直到有界限的地方才休止”⑤。因此，必须运用法律来控制政府，防止政府滥用权力损害公民的自由。从这个意义上讲，行政法治的终极价值在于保障和维护自由。行政法治的自由价值还体现在它以其特有的机制为公民自由的实现提供保障。在法治社会，国家主要是通过法律赋予公民以各种权利的方式来确认自由，这就将模糊的自由概念转化为诸如人身权利、政治权利、受教育权利、宗教信仰权利以及经济文化和社会权利等各种较为确定的公民权利。⑥ 当自由转化为法定权利以后，自由才有明确的界限和可靠的保障。马克思指出：“法律是肯定的、明确的、普遍的规范，在这些规范中自由的存在具有普遍的、理论的、不取决于个别人的任性的性质。”⑦ 哈林顿也认为：“一个共和国的自由存在于法律的王国之中，缺乏法律便会使它遭受暴君的恶政。”⑧ 洛克进一步阐述了法律之于自由的意义，他指出：“法律按其真正的含义而言与其说是限制还不如说是

① 罗豪才、宋功德：《和谐社会的公法建构》，《中国法学》2006年第4期。
② 《马克思恩格斯全集》第23卷，人民出版社1972年版，第649页。
③ 《马克思恩格斯选集》第1卷，人民出版社1995年版，第294页。
④ 罗豪才、宋功德：《和谐社会的公法建构》，《中国法学》2006年第4期。
⑤ ［法］孟德斯鸠：《论法的精神》（上册），张雁生译，商务印书馆1982年版，第154页。
⑥ 参见罗豪才、宋功德《和谐社会的公法建构》，《中国法学》2006年第4期。
⑦ 《马克思恩格斯全集》第1卷，人民出版社1972年版，第71页。
⑧ ［英］詹姆斯·哈林顿：《大洋国》，何新译，商务印书馆1963年版，第20页。

指导一个自由而有智慧的人去追求他的正当利益”。①“法律的目的不是废除或限制自由，而是保护和扩大自由。这是因为在一切能够接受法律支配的人类的状态中，哪里没有法律，哪里就没有自由。这是因为自由意味着不受他人的束缚和强暴，而哪里没有法律，那里就不能有这种自由。”② 总之，行政法治的基本内涵是控制政府权力，保障公民自由。行政法治要求政府遵循“法未授权即禁止”的原则，在法律没有明确授权的情况下，政府不得随意干涉公民的自由。而对于公民，行政法治的原则是“法未禁止即自由”，即公民可以做任何法律没有禁止其做的事情。因此，实行行政法治，不仅可以为公民的自由提供可靠的保障，而且可以为公民提供最大化的自由空间。

3. 平等的价值

平等是人类长期追求的一种社会理想。为了实现社会的平等，资产阶级启蒙思想家提出了“人生而平等”的思想。洛克认为，人类最早生活在一种平等、自由的自然状态之中，因此，自由和平等是人的不可剥夺的天赋权利或自然权利。卢梭也表达了相同的观点，指出：“人与人之间本来都是平等的，正如凡属同一种类的动物都是平等的一样。”③ 近代以来，平等的观念已经深入人心，成为人们普遍认同的基本社会价值，越来越多的国家将平等作为一项基本的人权写入本国的宪法。

作为一种美好的社会理想，社会主义和谐社会必然将平等作为基本的价值目标。因为平等不仅是和谐的象征，而且还是实现社会和谐的重要基础和必要条件，和谐社会只能建立在社会平等的基础之上。没有社会的平等，就不可能有社会的和谐。首先，和谐社会是和平、宽容的社会，而社会平等可以营造和平、宽容的社会环境。托克维尔指出：民情随着身份平等而日趋温和，身份的平等是一个国家的民情由粗野而变得温和的最强有力的原因。“当一个国家的人在地位上近乎平等，在思想和感情上大致一样的时候，每个人都可立即判断出其他一切人的所想所感。”④ 平等有利于团结所有的人，提高人们的品格，培养人们相互怀有善意和友爱的情感。其次，和谐社会是富有活力的社会，而社会平等是激发和保持社会活力的前提条件。社会的不平等会阻塞社会流动的管道，造成社会封闭和静止，个人的创造性和创造力

① ［英］洛克：《政府论》（下篇），叶启芳译，商务印书馆1964年版，第6页。
② 同上书，第36页。
③ ［法］卢梭：《论人类不平等的起源和基础》，李常山译，商务印书馆1962年版，第63页。
④ ［法］托克维尔：《论美国的民主》（下），董果良译，商务印书馆1996年版，第703页。

受到限制，而平等社会具有开放性和流动性的特点，社会的开放性和流动性有利于激发人的创造力，进而使社会保持活力。“社会流动的重要功能在于：可以为社会位置较低的弱势群体成员处境的改善提供平等的机会，同时，又可以为优秀者的胜出提供有效的途径。就一般情况而言，一个社会的社会流动程度越高，就越意味着能够为社会成员提供更多的机会和希望。”①“当公民按等级、职业和出身而分等，每个人都不得不沿着全凭偶然而步入的道路前进时，人人都会认为人的最高眼界就在自己身上，谁也不想去对抗不可抗拒的命运。”② 再次，和谐社会是公平正义的社会，而社会平等既是公平正义的基本内容，又是实现公平正义的必要条件。一个以公平正义为价值取向的社会，必然是一个平等的社会；如果一个社会充满特权与歧视，这个社会就不可能是公平正义的社会，当然也不可能是和谐的社会。歧视，“公开地把人不当作人，或不把别人当作与自己同等的人来认识、对待和尊重，把人人为地划分为弱肉强食的等级。歧视是对人权的粗暴否定，是对人生而平等的粗暴践踏。歧视使有的人高居于天堂；使有的人被羁绊于地狱；使有的人失去善良、公正与文明，而沉醉于邪恶、偏私与野蛮；使有的人被欺侮、虐待、奴役”③。很明显，特权与歧视与公平正义的价值取向是相背离的，它会造成社会分化，破坏团结，制造怨气，引发冲突，危及稳定。因此，和谐社会必须建立在平等基础之上。④

平等是社会主义和谐社会的基础，同时也是现代行政法治的基本价值追求。行政法治的基本表征在于它奉行法律至上原则，将法律作为规范政府行为和调整行政关系的主要依据和最高准则。法律具有平等的基本品格，平等是法律的内在意蕴。“法律规则把人、物和事件归于一定的类别，并按照某种共同的标准对它们进行调整。……由于所有社会都遵守规则或一般性标准，所以通过规范性制度本身的运作，就可以在各地实现某种程度的平等。”⑤ 不仅如此，良好的法律要求“相同的人和相同的情形必须得到相同的或至少是相似的待遇，只要这些人和这些情形按照普遍的正义标准在事实上是相同的或相似的。”“当立法者被禁止在其立法中进行不合理的分类时，

---

① 吴忠民：《“和谐社会”释义》，《前线》2005 年第 1 期。

② ［法］托克维尔：《论美国的民主》（下），董果良译，商务印书馆 1996 年版，第 550 页。

③ 卓泽渊：《法律价值论》，法律出版社 1999 年版，第 429 页。

④ 参见邓世豹《平等：和谐社会之基》，《法学论坛》2004 年第 4 期。

⑤ ［美］博登海默：《法理学——法哲学及其方法》，邓正来译，华夏出版社 1987 年版，第 28—286 页。

这就在平等的阶梯上前进了一大步。”① 法律的平等属性使行政法治与平等具有天然的内在联系，行政法治的过程实际上就是法律的平等价值得以实现的过程。行政法治不仅秉承了法律的平等传统，而且还赋予法律平等以新的内涵，将法律平等发展到一个新的阶段。从某种意义上讲，平等构成了行政法治的逻辑起点。行政法治的核心是政府守法，而政府守法的理论基础之一便是政府与人民在法律面前一律平等。戴雪曾经对英国法治的平等原则作了明确的阐述，他指出，在英国，不但无一人在法律之上，而且每一人，不论为贵为贱，为富为贫，都必须受命于国内所有的普通法律，并且必须安居于普通法院的管辖权之下。也就是说，任何人没有站在法律之上或法律之外的特权，所有人都受制于普通法和普通法院。特别是所有的政府官员，从内阁总理到警察、征税差役，如果违法，一律与庶民同罪。当在职官吏以个人身份犯罪，法院必须追究；当他们执行公务而导致越权，法院也要责令其赔偿损失。② 可见，政府守法是法律平等原则的重要体现和内在要求。如果政府可以置身于法律之外或者超越法律之上，法律平等就是不彻底的，行政法治也就失去了本来的意义和价值。行政法治的平等价值不仅体现在对政府法外特权的否定，同时还体现在行政管理过程中政府对行政相对人的平等对待上。例如，现代行政法治要求行政机关遵循平等性原则，行政机关在实施行政管理和提供公共服务时，应当平等对待行政相对人，不偏私、不歧视。对当事人应当适用同样的标准和条件，做到一视同仁，不能因为当事人的身份、地位、地域的不同而区别对待。

4. 公正的价值

“公平正义是衡量社会文明与进步的重要尺度，是协调社会各个阶层相互关系的基本准则，是一个社会具有凝聚力、向心力和感召力的道义源泉，是现代社会进行制度安排和制度创新的重要依据，也是社会主义和谐社会的一个重要特征。”③ 胡锦涛同志明确指出，我们所要构建的社会主义和谐社会，是一个公平正义的社会，即社会各方面的利益关系得到妥善协调，人民内部矛盾和其他社会矛盾得到正确处理，社会公平和正义得到切实维护和实现的社会。公平正义与社会和谐具有不可分割的内在联系。和谐的社会必然

---

① ［美］博登海默：《法理学——法哲学及其方法》，邓正来译，华夏出版社 1987 年版，第 286 页。

② 参见王人博、程燎原《法治论》，山东人民出版社 1998 年版，第 33 页。

③ 赵金鹏：《试论民生在构建社会主义和谐社会中的重要地位和作用》，《政治学研究》2006 年第 1 期。

是一个公平正义得以实现的社会。公平正义是社会和谐的基本条件，也是保持社会和谐的重要支撑，和谐社会只能建立在公平正义的基础之上。只有维护和实现社会公平正义，人们的心情才能舒畅，各方面的社会关系才能协调，忽视和背离了社会的公平正义，不仅不可能实现社会的和谐，而且会使社会陷入动乱和冲突之中。社会主义和谐社会是一种区别于传统和谐社会的更高层次的和谐社会，社会主义的本质决定了社会主义和谐社会应当更加重视社会的公平正义，把维护和实现社会的公平正义摆在更加突出的位置。

现代行政法治是形式合理性与价值合理性的统一，它不仅奉行法律至上原则，要求政府严格依法行政，而且特别注重法律本身内容的正当性，要求宪法和法律必须保障自由、平等、权利等基本人权，体现人民主权原则，必须反映人民根本利益和共同意志，以维护和促进全体人民的综合利益为目标。换言之，现代行政法治理念中的“依法”不只是依静态的法律条文，而且要恪守活的法、法的理念（人权、自由、平等、公平、正义等法的精神）。[①] 法律之所以能够在社会生活中被遵守，不仅因为它以国家的强制力为后盾，更因为法律体现了现实社会普遍认同的公平正义价值观念。德国法学家耶林认为：“法不仅是思想，而是活的力量。因此，正义女神一手持有衡量权利的天平，另一只手握有为主张权利而准备的宝剑。无天平的宝剑是赤裸裸的暴力，无宝剑的天平则意味着法的软弱可欺。天平与宝剑相互依存，正义女神挥舞宝剑的力量与操作天平的技巧得以均衡之处，恰恰是健全的法律状态之所在。”[②] 美国法学家博登海默也持类似的观点，他认为，正义不但是法之有效性的基础，而且是法得到有效实施的前提。“一个法律制度之实效的首要保障必须是它能为社会所接受，而强制性的制裁只能作为次要的和辅助性的保障。一个合理的和令人满意的法律制度之所以会得到社会大多数成员的遵守，乃是因为它服务于他们的利益、为他们所尊重、或至少不会在他们的心中激起敌视或仇恨的情感。强制只能用来针对少数不合作的人，因为在任何正常并运行有效的国家中，须用制裁手段加以对待的违法者的人数远远少于遵纪守法的公民。”[③] 因此，要实现现代意义的行政法治，必须保证行政立法内容的公平正义。具体说，首先，行政立法应当为政府权

---

① 参见郭道辉《法治行政与行政权的发展》，《现代法学》1999 年第 1 期。

② ［德］耶林：《为权利而斗争》，郑永流译，中国法制出版社 2004 年版，第 1 页。

③ ［美］博登海默：《法理学——法哲学及其方法》，邓正来译，华夏出版社 1987 年版，第 344 页。

力的规范与控制提供科学合理的规则，既要为行政权的滥用设置有效的法律屏障，又要为政府维护公共利益、促进社会福利提供可靠的法律保障。其次，行政立法应体现对基本人权的尊重，以保障公民的民主、自由、平等等基本权利为宗旨，为公民权利的实现创造必要条件。最后，行政立法应当坚持权利本位原则。一方面，要正确处理政府权力与公民权利的关系，对政府的授权应当以维护和实现公民权利为依据和限度；另一方面，为公民设定义务应当以与权利的相关性为准则，以相关权利的存在为前提和基础，以权利的实现为目的和归宿。行政法治的公平正义价值，不仅体现在对法律实体内容的要求上，也体现在对正当行政程序的追求中。现代行政法治要求行政机关在行使权力、实施公共管理时必须注重过程或程序的正当性，换言之，行政机关作出对公民权利义务有不利影响的行政决定时，必须遵循正当的程序。正当程序在现代行政法治中的重要性主要表现在两个方面：首先，遵循正当的程序有助于实现行政法治的实体正义目标。美国大法官 W. 道格拉斯指出："权利法案的大多数规定都与程序条款有关，这一事实并不是无意义的。正是程序决定了法治与恣意的人治之间的基本差异。坚定地遵守严格的法律程序，是我们赖以实现人人在法律面前平等享有正义的主要保证。"① 其次，正当程序具有其独立的价值，它本身就是社会正义的体现。罗尔斯在其名著《正义论》中通过对"纯粹的程序正义"的分析讨论，深刻地揭示了正当程序的独立价值，启示人们"在对一种至少会使一部分人的权益受到有利或者不利影响的活动或决定作出评价时，不能仅仅关注其结果的正当性，而且要看这种结果的形成过程或者结果据以形成的程序本身是否符合一些客观的正当性、合理性标准"②。鉴于正当程序的多重价值，各国在走向行政法治的过程中都非常重视正当行政程序的理论探索与制度构建。从英国的自然公正原则，到美国的正当法律程序原则，正当行政程序的观念已经深入人心，成为各国行政法治的普遍原则和重要内容。可见，公平正义是现代行政法治内在诉求和根本目的之所在，是行政法治的精髓和灵魂。在这个意义上，行政法治表现出与社会主义和谐社会高度的价值契合。

5. 秩序的价值

在最一般的意义上，秩序"意指在自然进程和社会进程中都存在着某

① Christopher Osakwe, The Bill of Rights for the Criminal Defendant in American Law, in *Human Rights in Criminal Procedure* (edited by J. A. Andrews), Martinus Nijhoff Publishers, 1982, pp. 260 - 264.

② 陈瑞华：《程序正义论——从刑事审判角度的分析》，《中外法学》1997 年第 2 期。

种程度的一致性、连续性和确定性”①。社会秩序则意味着在社会中存在着某种程度的关系的稳定性、进程的连续性、行为的规则性，以及财产和心理的安全性。② 从历史上看，任何社会的存在和发展都是建立在一定的社会秩序基础之上的。马克思指出，“人的本质属性在于他的社会性”。作为社会存在物的人具有追求秩序的天然本性。“人不仅是一种追求目的的动物，而且在很大程度上也是一种遵循规则的动物。”③ 从本质上讲，人的社会性主要表现为他们对社会合作的高度依赖。社会合作的达成，“在于人们对于其他人的行动有一正确的预期，能够以此作为自己计划和行动的根据，这样个人之间的活动才能彼此协调一致。由正确预期带来的人与人活动的协调一致，就表现为社会生活的秩序”。④ “人的自然状态不像托马斯·霍布斯所想象的那样是一场‘人人为敌’的战争，而是一个由许多道德法则所规范的有秩序的文明社会。”⑤ 没有秩序，意味着社会成员之间不能达成合作，社会就会因为丧失存续的基础而归于毁灭。从这个意义上讲，任何社会都需要形成和维持一定的秩序。作为人类不懈追求的一种理想的社会状态，和谐社会必然是一种高度有序的社会。良好的社会秩序既是社会和谐的基本特征和外在表现，也是社会和谐的必要条件和基本保证。一方面，和谐社会必然是井然有序的社会，和谐是对良好社会秩序的一种另样表达。“我们不可能指望一个混乱不堪的社会实现和谐。秩序的一个重要意义就是提供行为预期。和谐社会应当是井然有序的，社会要素各就各位，社会成员各行其道，利益关系有条不紊。反之，如果一个社会的公共权力明显地越位、错位、缺位或者不到位，社会关系紧张，社会矛盾一触即发，那么这个社会就处于失调状态。”⑥ 另一方面，社会的安定有序是全面实现社会和谐的基础和前提。既然秩序是人类生存和发展的基本条件，是维系社会存续的基础和前提，那么，构建和谐社会当然也就离不开良好的社会秩序。无论是民主法治的运行，还是公平正义的实现，也无论是诚信友爱关系的形成，还是社会活力的激发，都需要以社会的安定有序为条件。离开了良好的社会秩序，一切都无

---

① ［美］博登海默：《法理学——法哲学及其方法》，邓正来译，华夏出版社 1987 年版，第 219 页。

② 参见张文显主编《法理学》，法律出版社 1997 年版，第 293 页。

③ ［德］哈耶克：《法律、立法与自由》第 1 卷，中国大百科全书出版社 2000 年版，第 7 页。

④ 陈福胜：《法治的实质：自由与秩序的动态平衡》，《求是学刊》2004 年第 5 期。

⑤ ［美］弗朗西斯·福山：《大分裂——人类本性与社会秩序的重建》，刘榜离等译，中国社会科学出版社 2002 年版，第 176 页。

⑥ 罗豪才、宋功德：《和谐社会的公法建构》，《中国法学》2004 年第 6 期。

从谈起，构建和谐社会也就成为一句空话。可见，秩序不仅是社会存在的基础，更是和谐社会最基本的价值追求。

在现代社会，社会的和谐有序，主要是通过法治尤其是行政法治实现的。法治意味着秩序，秩序是法治的重要追求，也是法治的内在价值。“法律自产生之日起，就是无序的克星。法律可以防止无政府状态和专制政府的暴政，可以将有序关系引入人们的交往之中，并给人们如何行为提供一种标准、规则和尺度。由此看来，法律与秩序的关系是极其密切的，法律就意味着秩序，秩序是法律所追求的重要价值目标和基本价值之一。”① “法律在建立和维护社会秩序的过程中而成为秩序的象征。”② 从一定意义上说，法律本身就是为了建立和维护一定的秩序而产生的，秩序是法律存在的基本理由。“法对秩序的意义主要表现在，法为秩序提供预想模式、调节机制和强制保证。”③ 法律的规范性功能、调节性功能和保护性功能相互关联，共同作用，通过对人们行为和相互关系的影响，使社会关系呈现出一种有序的状态，从而为人类的生存、发展奠定了基础。在行政管理领域，法治的秩序价值表现得更加突出。行政管理秩序是社会最基本和最重要的一种秩序，而在现代社会，形成和维护行政秩序最主要最有效的机制则是行政法治。从主体上看，行政机关与行政相对人是行政秩序的基本构成因素，他们的行为方式与相互关系直接决定着行政秩序的建立与维持。行政法治正是通过对行政主体与行政相对人行为的规范和关系的调整，使合理正常的行政秩序得以建立和维持。从行政机关的角度说，尽管其担负着执行法律、维护秩序的使命，但事实证明，行政机关的作用并非总是同秩序的向度保持一致，它们既可以是秩序的象征和维护者，同时也可能成为秩序最大的威胁者和破坏者。博登海默的分析表明，如果政府不受一定规则约束而任意行使权力，就不可能形成良好的社会秩序。④ 因此，要建立符合正义的行政秩序，必须将政府权力纳入法律控制之下，对行政机关的行为进行合理规范，而这正是现代行政法治的重要内容。从行政相对人的角度看，行政秩序的建立最终有赖于他们对统一规则的遵守，然而“不无遗憾的是，人类事务中的秩序并不是自动生

① 陈金钊：《法理学：本体与方法》，法律出版社 1996 年版，第 291 页。

② 郑成良：《现代法理学》，吉林大学出版社 1999 年版，第 181 页。

③ ［美］庞德：《通过法律的社会控制：法律的任务》，沈家灵等译，商务印书馆 1984 年版，第 183 页。

④ 参见［美］博登海默《法理学——法哲学及其方法》，邓正来译，华夏出版社 1987 年版，第 229—233 页。

效的。即使我们假定绝大多数人在本质上是关心社会的和善良的，但社会中必定还会有少数不合作的和爱寻衅的人。……甚至智力正常的合乎情理的人，在不可控制的冲动迷惑下，也可能会做出社会不能容忍的某种行为”①。因此，需要有一种强制力量迫使行政相对人遵守和服从法律，防止和纠正他们的无序行为和失范行为，这种强制力量主要表现为行政执法。从我国的情况看，国家制定的法律法规绝大多数是通过行政机关的执法活动得以实施的。行政机关严格执法是行政法治的基本内涵之一，而严格执法的目的正是在于通过防止和纠正行政相对人的无序和失范行为，来维护法律所预期的正常合理的行政管理秩序。

秩序不仅是行政法治的重要价值，而且是最基本的价值，行政法治的其他价值的实现都需要以秩序为基础。例如，自由价值的实现离不开秩序，秩序是人类实现自由目的的手段和条件。在任何社会，“首要的问题不是自由，而是建立一个合法的公共秩序”②。“自由只有通过社会秩序或在社会秩序中才能存在，而且只有当社会秩序得到健康的发展，自由才可能增长。”③公正价值的实现同样离不开秩序。博登海默在分析正义与秩序的关系时指出：“一个法律制度若要恰当地完成其职能，就不仅要力求实现正义，而且还须致力于创造秩序。……一个法律制度若不能满足正义要求，那么从长远的角度来看，它就无力为政治实体提供秩序与和平，但在另一方面，如果没有一个有序的司法执行制度来确保相同情况相同待遇，那么正义也不可能实现。因此，秩序的继续在某种程度上是以存在着一个合理的健全的法律制度为条件的，而正义则需要秩序的帮助才能发挥它的一些基本作用。”④

二、行政法治是社会主义和谐社会建设的重要内容

胡锦涛在省部级主要领导干部提高构建社会主义和谐社会能力专题研讨班上的讲话中强调，在构建社会主义和谐社会的过程中，必须切实落实依法治国的基本方略。他指出：“构建社会主义和谐社会，必须健全社会主义法

① ［美］博登海默：《法理学——法哲学及其方法》，邓正来译，华夏出版社 1987 年版，第 230 页。

② ［美］塞缪尔·P. 亨廷顿：《变化社会中的政治秩序》，生活·读书·新知三联书店 1989 年版，第 7 页。

③ ［美］查尔斯·霍顿·库利：《人类本性与社会秩序》，包凡一译，华夏出版社 1999 年版，第 278 页。

④ ［美］博登海默：《法理学——法哲学及其方法》，邓正来译，华夏出版社 1987 年版，第 218 页。

制，建设社会主义法治国家，充分发挥法治在促进、实现、保障社会和谐方面的重要作用。要进一步加强和改进立法工作，从法律上体现科学发展观的要求，制定和完善发展社会主义民主政治、保障公民权利、促进社会全面进步、规范社会建设和管理、维护社会安定的法律。要全面推进依法行政，坚持严格执法、公正执法、文明执法，建设法治政府，建立有权必有责、用权受监督、违法要追究的监督机制。要落实司法为民的要求，以解决制约司法公正和人民群众反映强烈的问题为重点推进司法体制改革，充分发挥司法机关维护社会公平和正义的作用，促进在全社会实现公平和正义。要加强法制宣传教育，传播法律知识，弘扬法治精神，增强全社会的法律意识，形成法律面前人人平等、人人自觉守法用法的社会氛围。”由此可见，包括行政法治在内的法治建设是社会主义和谐社会建设的重要内容。

行政法治之所以成为和谐社会建设的重要内容，不仅因为行政法治是建设社会主义和谐社会的基本途径与重要保证，和谐社会建设的各项目标和任务大多都需要通过行政法治来实现或者保障，而且因为行政法治是社会主义和谐社会的内在价值诉求。胡锦涛明确指出，我们所要建设的社会主义和谐社会应该是法治社会，即依法治国方略得到切实贯彻的社会。行政法治是法治的核心内容，是依法治国的基础和关键，因而也必然是社会主义和谐社会的题中应有之义。只有真正实现了行政法治，才有可能实现社会主义和谐社会的目标。一个政府超越法律之上，行政权不受法律约束的社会不可能是真正意义上的和谐社会。正是在这个意义上，胡锦涛将加强行政法治建设作为构建社会主义和谐社会的一项重要任务，强调“要全面推进依法行政，坚持严格执法、公正执法、文明执法，建设法治政府，建立有权必有责、用权受监督、违法要追究的监督机制”。

三、行政法治是建设社会主义和谐社会的根本保证

和谐社会本质上是一个有秩序的社会，而社会秩序的形成和维持有赖于规则。美国社会学家塔尔科特·帕森斯指出：“正是因为社会的规范因素，使得实际社会总体上处于相对和谐的状态而不是战争状态。”① 虽然从历史上看，社会秩序的形成和维持是多种规则共同作用的结果，但不可否认的是，在现代社会，法律规则是形成和维持良好社会秩序最基本和最主要的规

① ［美］T. 帕森斯：《社会行动的结构》，张明德等译，译林出版社2003年版，第530页。

则。“法从诞生之日起，秩序就是它亘古不变的追求。”[①]“法律在建立和维护社会秩序的过程中而成为秩序的象征。”[②]而运用法律规则规范社会成员尤其是行政机关的行为，调整各种社会关系的过程，正是社会实行法治尤其是行政法治的过程。从这个意义上讲，以行政法治为核心的法治，是构建社会主义和谐社会的基本途径和根本保证。

具体说，社会主义和谐社会的每一个方面都离不开行政法治。民主依赖于行政法治。其一，人民民主权利的实现需要以对政府权力的有效控制为基础；其二，民主权利的有效行使需要以公民有序的政治参与为条件；其三，民主需要通过参与途径和方式的制度化、机制化来保障。所有这些都离不开行政法治，都必须在行政法治的条件下才能实现。公平正义需要通过完善的行政立法合理分配权利与义务来确立，通过严格公正的行政执法，纠正和惩治行政领域中各种违法行为来伸张。诚信友爱需要通过行政法治来引导、促进和维护。政府诚实守信是现代行政法治的基本要求，而政府诚信是诚信社会的基础和关键，只有通过行政法治打造一个诚实守信的政府，才有可能形成普遍的社会诚信。安定有序更是离不开行政法治。行政秩序是最基本和最重要的社会秩序之一，而形成和维持良好行政秩序的基本条件，在于对完善行政立法的普遍遵守和严格执行，也就是行政法治的有效运行。社会的活力与行政法治也具有密切的关联性，行政法治是激发与维持社会活力的必要条件。博登海默指出：“人往往有创造性和惰性两种倾向，法律是刺激人们奋发向上的一个有力手段。法律不可能直接下命令使某人成为一个发明家或创造出优秀的音乐作品，但它可以为人民发挥创造才能提供必要的条件。”[③]保障公民的自由和权利是行政法治的内在价值。在行政法治条件下，公民一方面享有广泛的自由权利；另一方面其劳动成果受到法律的有效保护，这样就为创新营造了良好的环境，为保持社会的活力提供了制度保障。

四、社会主义和谐社会对行政法治建设的促进作用

社会主义和谐社会与行政法治之间是一种相互促进的关系，一方面，如前所述，行政法治是构建社会主义和谐社会的内在要求、基本途径和重要保

① 王学辉等：《行政权研究》，中国检察出版社 2002 年版，第 154 页。

② 郑成良：《现代法理学》，吉林大学出版社 1999 年版，第 181 页。

③ ［美］博登海默：《法理学——法哲学及其方法》，邓正来译，华夏出版社 1987 年版，第 305 页。

证；另一方面，社会主义和谐社会对行政法治建设的发展也具有积极的促进作用。首先，社会主义和谐社会为行政法治的顺利运行提供良好的社会环境。行政法治是在一定的社会环境中运行的，社会环境不仅在很大程度上决定着行政法治的具体内容和形式，而且对行政法治的实际运行过程具有重要的影响。很明显，只有在和谐的社会环境中，行政法治才能顺利地运行。例如，和谐社会是社会主义民主得到充分发扬的社会，而充分发扬民主，可以保证国家和政府制定的法律、法规正确地反映广大人民群众的根本利益，符合社会的公平正义价值，进而保证行政法治真正成为良法之治。再如，在公共管理领域，和谐社会的重要表现是行政主体与行政相对人之间的关系的和谐，二者之间不再是单纯的强制与服从的对立关系，而更多地表现为形式上的平等协商关系和内容上的公共服务关系，这种和谐的行政关系可以保证行政法律和政策得到更加顺利的贯彻实施。其次，社会主义和谐社会对行政法治提出了新的要求，丰富了行政法治的内容，促进了行政法治的发展。从行政法治发展的历史看，行政法治并非是一个内涵固定不变的封闭概念，而是一个具有动态性和开放性的概念。在不同的国家，行政法治的内容和形式都不尽相同，即使在同一个国家，行政法治的内容与形式也会随着社会的发展变化而有所变化。构建社会主义和谐社会是中国共产党在我国的改革开放进入关键时期，为了开创中国特色社会主义事业新局面而提出的一项重要战略任务，它必然会对我国的行政法治建设产生广泛而深刻的影响。构建社会主义和谐社会任务的提出，进一步增加了行政法治建设的紧迫性，要求我们加快推进行政法治建设；不仅如此，构建社会主义和谐社会还对行政法治建设提出了许多新的课题和要求，在构建社会主义和谐社会的大背景下，我国的行政法治建设从理念到制度、从内容到形式都需要作出相应的改革、调整和创新。例如，和谐社会要求我们的政府及其公务员切实树立以人权保障为核心的现代行政法治观念。因为和谐社会的基础与核心是人，人的权利得到尊重，人的全面发展，是和谐社会的内在要求，公民的合法权益得到保护，不受非法侵害是社会和谐的基础。因此，应当将尊重和保障人权作为行政法治的基本价值诉求，使之成为行政机关及其公务员行使行政权的基本行为准则。和谐社会要求我们更加重视制度建设的质量，进一步完善行政立法和政策制定中的民主参与机制，使行政依据更加公平合理。和谐社会要求我们改变高权行政时代以命令服从为特征的行政模式，积极探索通过行政主体与行政相对人之间的平等协商达成行政目标的方式和途径。“当政府与公民处于对立关系时，由于公民慑于行政权威，社会也可以表面上稳定，但更多地产生的是不配合和消极抵制；而当政府与公民处于合作关系时，公民不仅自觉服从行政管理，而且会积极配合政府的行为。现代行政需要公众的广泛参与。社会公众不是行政行为被动的受体，而是积极主动的参与者。强调政府与公众的合作、协商和互动，是现代法治政府努力的方向。”① 和谐社会还要求我们重新认识政府在防范和化解社会矛盾中的作用，积极探索运用法律手段有效防范和化解社会矛盾的机制。“社会主义和谐社会决不是无差别的社会，更不是没有矛盾和冲突的社会。随着我国改革发展进入关键时期，社会矛盾呈现出多发性、多样性的状况。构建社会主义和谐社会，关键不在于有无社会矛盾或者矛盾的大小，而在于能否及时发现社会矛盾，是否善于运用法律手段防范和化解社会矛盾。防范和化解社会矛盾，政府负有第一位的责任。”② 总之，社会主义和谐社会为我国的行政法治提供了一种新的视角，同时也开辟了广阔的发展空间，我们相信，在构建社会主义和谐社会的历史进程中，我国的行政法治建设必将取得更大的发展。

① 金国坤：《建设法治政府以构建和谐社会的实证分析》，《北京行政学院学报》2007 年第 2 期。

② 曹康泰：《加快建设法治政府，努力构建和谐社会》，《人民论坛》2006 年第 8 期。

第二章

政治化乡村行政机制的式微

新中国成立以后，中国共产党通过多种方式和途径成功地将国家政权组织体系下延至乡土社会，在广大的农村地区建立起了严密的国家行政网络。然而，从国家对乡村社会进行整合的意义上说，基层行政网络的构建只是为国家整合提供了组织上的保证，国家对乡村社会进行整合的关键，在于使国家意志在乡村社会得到有效的贯彻执行。因此，在构建农村基层行政组织体系的同时，还必须建立起有效的行政运行机制。行政组织体系建设与行政机制建设是国家基层政权建设两个不可或缺的方面。

一般而言，行政机制主要决定于经济体制、政治体制和行政体制，同时，行政对象和行政目标等因素也对行政机制有重要影响。因此，在不同的历史条件下，行政机制必然呈现出不同的特点。从总体上看，1949 年新中国成立以后，国家行政机制大致经历了从“政治化行政”到“法治化行政”的发展演变过程。“政治化行政”与“法治化行政”是我们根据新中国行政运行机制在不同时期表现出的总体特征所作的理论概括，它并不排斥或否认在现代社会政治与法律会同时对国家行政发生作用和影响的事实。正是因为政治与法律对行政的作用和影响难以完全分开，因此，我们很难为“政治化行政”向“法治化行政”的转变确定一个十分明确具体的时间界限。不过，基于经济体制、政治体制、行政体制对行政机制具有决定性影响的认识，同时也为了叙述的方便，我们将以 20 世纪 70 年代末作为“政治化行政”与“法治化行政”的时间分界线来展开以下的讨论。

第一节　政治化行政运行的基本方式

1949 年新中国成立到 20 世纪 70 年代末，中国的国家行政从总体特征上看是一种“政治化行政”。“政治化行政”是与“法治化行政”相对而言的一种国家行政机制，其基本特点在于：国家行政的运行主要并直接受政治的控制和支配。执政党的意志往往不需要通过上升为法律变成国家意志，就直接通过国家行政系统十分顺畅地在全社会加以贯彻。行政行为的直接依据主要不是国家法律，而是执政党的决议、上级机关发布的“红头文件”，甚至是个别领导人的指示。这个时期虽然也制定了一些法律、法令，但在政治支配行政的情况下，法律最多也“只能作为办事的参考”。①

从农村的具体情况看，这一时期国家对农村的整合与控制主要是在“政治直接支配行政”的条件下，通过政治动员、行政任务、强迫命令等方式实现的。②

一、政治动员

政治动员是中国共产党的政治传统和制胜法宝。从成立之日起，中国共产党就将发动工农大众作为自己的使命，组织广大工农，开展工人运动和农民运动。大革命失败后，中国共产党将工作重心转移到农村，在农村地区建立革命根据地，更加重视对广大农民的政治动员。以毛泽东为代表的中国共产党人深刻认识到，广大人民群众是中国共产党争取民族民主革命胜利的主要资源，争取以农民为主体的人民群众也是革命战争胜利的基础。如毛泽东所说：“战争的伟力之最深厚的根源存在于民众之中”，③“革命战争是群众的战争，只有动员群众才能进行战争，只有依靠群众才能进行战争。”④“这个政治上动员农民的问题，实在太重要了。我们之所以不惜反反复复地说到这一点，实在是没有这一点就没有胜利。没有许多别的必要的东西固然也没有胜利，然而这是胜利的最基本的条件。”⑤ 正是坚持不懈、卓有成效的乡村动员，使中国共产党克服和战胜了革命道路上的各种艰难险阻，最终夺取

① 毛泽东在1958年的一次会议上曾经说过这样一段话：“法律这个东西没有也不行，但我们有我们这一套，……调查研究，就地解决问题。不能靠法律治多数人。民法刑法那么多条谁记得住？宪法是我参加制定的，我也记不得。我们的各种规章制度，大多数、百分之九十是司局搞的，我们基本上不靠它们，主要靠决议，开会，一年搞四次，不靠民法刑法来维持秩序。人民代表大会、国务院开会有它们那一套，我们还是靠我们这一套。刘少奇提出，到底是人治还是法治？看来实际靠人，法律只能作为办事的参考。”参见全国人大常委会研究室《人民代表大会制度建设四十年》，中国民主法制出版社1991年版，第102页。

② 参见徐勇《行政下乡：动员、任务与命令——现代国家向乡土社会渗透的行政机制》，《华中师范大学学报》（人文社会科学版）2007年第5期。

③ 《毛泽东选集》第2卷，人民出版社1991年版，第478页。

④ 同上书，第131页。

⑤ 同上。

了全国政权。新中国成立以后，中国共产党继承了革命战争年代形成的政治动员传统，将政治动员作为推进国家现代化的重要手段和工具。党和国家在农村推行的各项重大改革，都是在广泛的政治动员基础上实现的。

1. 土地改革与政治动员

“没收地主土地归农民所有、消灭封建剥削制度”是新民主主义革命的三大经济纲领之一。中国共产党在夺取全国政权以前，就已经开始在革命根据地和解放区进行土地改革。1949 年新中国成立前夕，老解放区基本完成了土地改革，但拥有 2.9 亿农民的新解放区还未进行土地改革。因此，新中国成立以后，党和国家便将完成新解放区的土地改革，作为解放农村生产力，迅速恢复国民经济的一项重要任务。

“土地改革即意味着用强力把财产从一部分人的手中夺过来，交到另一部分人手中，……这一特征，使它成为对处于现代化之中的国家的政府来说可谓意义最为深远也是最困难的改革。”① 要完成土地改革，“首先需要把权力集中在一个立志改革的新兴社会精英集团的手中；其次还需要动员农民有组织地参与改革的实施”②。因此，对于已经掌握了国家政权的中国共产党而言，要想使其发动的土地改革取得成功，关键在于动员和组织农民参与。亨廷顿指出，不管土地改革是怎么开始的，“土地改革的成效却总是依靠农民积极的和最终有组织的参与。土地改革的发动并不一定需要动员农民，但改革要想成功却必定要把农民动员并组织起来”。因为，“集中的权力能够颁布土地改革法令，但只有广泛扩展的权力才能使这些法令成为现实。农民的参与对通过法律或许并非必要，但对执行这些法律却不可或缺”③。

发动农民参与土地改革，是中国共产党的既定工作方针。然而，对新解放区而言，发动农民却面临诸多困难。一方面，新区的基层政权正处于建设过程中，其组织与动员能力还十分有限；另一方面，新区的地主阶级对农民拥有传统权势和影响。“普通农民根本不敢对抗在地方上统治他们多年的力量，因为他们对共产党执政的长久性信心不足。在富有封建传统的村庄里，阶级界限混淆不清，这更是个难题。……地主在困难时期为农民所承担的某些传统义务，以及特殊的家族、地域和氏族联系又缓和了不同阶级间的紧张

---

① ［美］塞缪尔·P. 亨廷顿：《变化社会中的政治秩序》，王冠华译，生活·读书·新知三联书店 1989 年版，第 355 页。

② 同上书，第 354 页。

③ 同上书，第 364—365 页。

关系，地主阶级可以利用（实际上他们的确利用了）所有这些联系，通过秘密帮会或其他途径来破坏农民协会，隐瞒土地和其他财产，维护既有权力结构。”① 基于上述情况，新中国成立初期的土改动员采取了一种独特的方式，即由上级派遣土改工作队（团）深入到村庄，通过广泛宣传教育、建立农民组织、召开群众大会等方式和途径发动农民。具体说，土改的组织动员工作一般包括以下步骤：第一步，调查研究，确定斗争纲领；第二步，派工作团（队）下农村；第三步，下乡的工作团要将已定之斗争口号公开宣传（演讲、打铜锣、写标语）；第四步，分头串联，找真正的贫雇农谈话做工作；第五步，纠合积极分子组织核心小组（贫雇农小组），让小组成员再分头串联；第六步，将串联来的人们组织起来开会，讨论如何开展斗争分配土地以及浮财的问题，成立事实上的贫农团；第七步，以贫农团或者小组为领导核心，召开大会成立农会，建立新的、或者说运动时的基层权力架构；第八步，正式开展土改斗争；第九步，在斗争中考察积极分子，将最有斗争性和有办法的吸收入党，为进入巩固阶段（即后运动时期）恢复基层政权做准备；第十步，将有工作队的村庄土改运动，推行扩展到周围村庄去，形成联庄斗争；第十一步，开庆祝会和总结会，同时，土改的积极分子变成了干部。②

上述步骤中最关键的是工作队发动边缘群体，建立运动核心组织，成立或者改组农会，召开斗争大会。其中“诉苦”是必不可少的内容。土改工作队一下到村庄，就会找那些衣衫最褴褛的人和钻最破烂的房子，想方设法激起贫苦农民对自身苦情的感觉和对地主的愤恨。然后就是一连串的诉苦：个别诉，小会诉，大会诉。在土改工作队的直接领导下，经过一系列的诉苦会以及对地主恶霸的斗争和镇压，有效地激发了农民的阶级觉悟，提高了他们对土改合理性与正当性的认识，增强了他们对共产党和新生政权的信心，为新区土改的顺利进行创造了良好的条件。由于土改工作队卓有成效的动员和组织，新区的土地改革到 1952 年年底基本完成。“没有自上而下的工作队深入乡土社会，发动和组织农民参与，土地改革不可能在两到三年的时间

① ［美］费正清等主编：《剑桥中华人民共和国史》，金光耀等译，上海人民出版社 1990 年版，第 90 页。

② 参见陈伯达《群众运动与群众组织的一般过程与步骤》，载《群运手册》（三），中共华东中央局宣传部印，无出版年，第 37—42 页。

内完成。”①

2. 农业合作化与政治动员

土地改革基本完成以后，根据过渡时期总路线的要求，党提出了在农村推行农业合作化的历史任务。为了顺利推行农业合作化，党和政府通过各种基层组织对农民进行了广泛的宣传动员。首先，通过多种方式和途径宣传农业合作化的优势和好处。通过宣传，使农民认识到：合作化一能确保增产，增加收入；二能更好得到国家援助；三能避免贫困破产；四能学习、锻炼集体主义和社会主义道德，带领广大农民走向社会主义。其次，针对不同的对象，采取不同的宣传动员策略。农村社会各个阶层，由于经济基础、劳动力等方面的原因，必然会在合作化问题上表现出思想和行动上的差异。因此，基层政权针对不同阶层的具体情况，采取了不同的宣传策略。最后，加大社会主义话语的宣传，使其成为农村的主流、强势话语，在此基础上逐步形成强大的社会主义意识形态氛围。农业合作化从一开始就被旗帜鲜明地贴上社会主义的标签，成为社会主义意识形态的重要内容。早在国民经济恢复时期，党就认为在农村中存在着党领导的互助合作运动和社会主义发展倾向与农民自发的资本主义倾向两种倾向。1953 年 10 月第三次全国互助合作会议期间，毛泽东在与中央农村工作部负责人谈话时又特别指出：对于农村的阵地，社会主义如果不去占领，资本主义就必然会去占领。1956 年 1 月，毛泽东在为《中国农村的社会主义高潮》所写的按语中指出：“只要我们在合作化运动中，乃至以后一个很长的时期内，稍微放松了对农民的政治工作，资本主义倾向就会泛滥起来。”② 可见，农业合作化从一开始就与走社会主义道路还是走资本主义道路这种带有根本性的重大政治路线问题联系在一起，这种观念经过媒体以及基层干部的广泛宣传，便在农村形成了一种强大的意识形态氛围，在这种氛围中，农民是否参加合作社以及入社的早晚，成为衡量其是否拥护共产党和人民政府的领导、政治上属于先进分子还是落后分子的重要标志。在强大意识形态氛围的作用下，即使是那些内心不太愿意加入合作社的农民也在社会主义意识形态裹挟下入了社。

除了广泛深入的宣传之外，党和政府在合作化动员过程中还充分利用了阶级斗争的工具。运用阶级斗争推进农村改革是中国共产党农村工作的传统

---

① 徐勇：《行政下乡：动员、任务与命令——现代国家向乡土社会渗透的行政机制》，《华中师范大学学报》（人文社会科学版）2007 年第 5 期。

② 《毛泽东选集》第 5 卷，人民出版社 1977 年版，第 187 页。

做法和成功经验。土地改革完成以后，农村的阶级矛盾有所缓和，但是，中国共产党并没有抛弃阶级路线和阶级斗争，而是继续将其作为推进农村改革的工具。1954年11月19日，中央农村工作部在向中共中央提交的《关于全国第四次互助合作会议的报告》中指出："实现对农业的社会主义改造是一场严重的阶级斗争，党必须找到支持社会主义的阶级力量，去打击反对社会主义的阶级敌人。不明确依靠对象、孤立和打击对象，就不能实现社会主义。""党在农村的阶级政策是：依靠贫农（包括全部原来是贫农的新中农在内，这样的贫农占农村人口的50%—70%），巩固地团结中农，发展互助合作，由逐步限制到消灭剥削。""富农这一敌对阶级，对于社会主义事业的抵抗和破坏行为日益激烈，对此必须保持高度警惕，对富农的限制斗争必须加强。"① 在推进农业合作化的过程中，毛泽东多次强调合作化必须坚持依靠贫农，团结中农的阶级路线。他指出："中农是必须团结的，不团结中农是错误的。……在农村，依靠什么人去团结中农，实现社会主义改造呢？当然只有贫农。在过去向地主作斗争、实行土地改革的时候是这样，在现在向富农和其他资本主义因素作斗争实行农业的社会主义改造的时候，也是这样。"② 1957年7月，毛泽东在《关于农业合作化问题》的报告中指出："在最近几年内，在一切还没有基本上合作化的地区，坚决地不要接收地主和富农加入合作社。在已经基本上合作化了的地区，在那些已经巩固的合作社内，则可以有条件地分批分期地接收那些早已放弃剥削、从事劳动、并且遵守政府法令的原来的地主分子和富农分子加入合作社，参加集体的劳动，并且在劳动中继续改造他们。"③ 根据中央确定的阶级路线，各地在推进农业合作化的过程中，严格把握阶级界限，对不同的阶层采取了区别对待的政策，发动和依靠贫农，动员和争取中农，"对富裕中农则施加了压力，采取了近似强制的手段，面对'反革命分子'，包括一些富农，则采取了逮捕或交群众斗争的彻底强制手段"④。阶级界限的厘清和阶级队伍的重组，对农业合作化的发展起到了重要的推动作用，那些原本对合作化并不热心的农民出于政治上的考虑也不得不改变态度。比如，当时"整个中农阶层的思想

① 黄道霞等主编：《建国以来农业合作化史料汇编》，中共党史出版社1992年版，第205—206页。

② 《毛泽东选集》第5卷，人民出版社1977年版，第401—402页。

③ 同上书，第178—79页。

④ ［美］费正清等主编：《剑桥中华人民共和国史》，金光耀等译，上海人民出版社1990年版，第127页。

顾虑是，怕关在社会主义门外，当地主、富农看待”。因此，中农尤其是新、老上中农，情绪特别紧张，拼命要求入社。[①]

农业合作化的实质是对个体农民进行社会主义改造，将他们引入社会主义的发展道路。在中国这样一个经济文化十分落后的农业大国进行农业的社会主义改造，必然会面临来自各方面的阻力，其中之一便是个体农民陈旧的思想观念与落后的传统习惯。要使在长期小农经济环境中生活的农民接受党和政府提出的主张，走农业合作化的道路，显然是一项异常艰巨、复杂和长期的历史任务，甚至“是一个比工商业的社会主义化要艰难得多的任务”。[②]列宁曾经指出：“改造小农，改造他们的整个心理和习惯，这件事需要花几代人的时间。”[③] 然而，从1953年12月中央发布《关于发展农业生产合作社的决议》到1956年年底，中国共产党用短短的三年时间就在没有造成大的社会动荡和生产力破坏的情况下在全国农村基本实现了农业合作化，加入农业合作社的农户达到了97%。尽管农业合作化后期存在着“要求过急，工作过粗，改变过快，形式也过于简单化一”等问题，但是，在如此短的时间完成了如此艰巨、复杂的历史任务，依然是一项十分了不起的成绩。正如一些外国学者所评论的，“从许多意义上来说，1956年农业合作化的胜利完成，是第一个五年计划期间最富有意义的进展之一”[④]。农业合作化之所以能够在较短的时间内比较顺利地完成，原因是多方面的。其中很重要的一条就是中国共产党为推进农业合作化而建立的强大的政治动员体制以及依托其所开展的广泛、深入和有效的政治动员工作。依托党组织为核心的政权体系，“共产党不间断地向群众宣传党的观点，使许多人和团体确信共产党的政策的正确性，并使更多的人意识到什么是应该采取的行动”。正是这种宣传说服与强制、实惠等方法的综合运用，使中国共产党成功地获取了农民的顺从，从而保证了农业合作化的顺利进行。[⑤]

3. “大跃进”和人民公社化与政治动员

为了加快经济发展，迅速改变国家贫穷落后的面貌，在毛泽东等中央领

① 参见陈益元《革命与乡村——建国初期农村基层政权建设研究》，上海社会科学院出版社2006年版，第236—237页。

② ［美］费正清等主编：《剑桥中华人民共和国史》，金光耀等译，上海人民出版社1990年版，第117页。

③ 《列宁全集》第41卷，人民出版社1972年版，第53页。

④ ［美］费正清等主编：《剑桥中华人民共和国史》，金光耀等译，上海人民出版社1990年版，第117页。

⑤ 同上书，第153页。

导人的大力推动下，1958 年 5 月召开的中共八大二次会议正式确立了“大跃进”的发展战略。此后，全国各行各业逐步掀起了“大跃进”运动的高潮。“大跃进”战略的基本逻辑是，通过农业生产的“大跃进”来支持和促进城市和工业发展的“大跃进”。这种基本逻辑决定了“大跃进”运动必然首先从农业开始。

1957 年 9 月召开的党的八届三中全会，基本通过了《1956 年到 1967 年全国农业发展纲要（修正草案）》。毛泽东在会上提出，中国应当创造出一个更大跃进发展的新局面，在经济建设方面，应当比苏联的速度更快一点，比苏联的质量更好一点。1957 年 11 月 13 日，《人民日报》刊发了经过毛泽东亲自签发的题为《发动全民，讨论四十条纲要，掀起农业生产的新高潮》的社论。社论指出，在实现农业合作化以后，“我们有条件，也有必要在生产战线来一个大跃进”。1958 年上半年，毛泽东提出提前实现《农业发展纲要》确定的目标的主张，要求“在今后的五年内、或者六年内、或者七年内、或者八年内”，完成农业发展纲要四十条规定的到 1967 年完成的任务。与此相联系，毛泽东还提出经济计划要有两本账，一本是必成的、可以公布的账；一本是期成的、不公布的账。毛泽东的上述意见被中央采纳。1958 年 3 月召开的成都会议上，中央批准了国家计委党组提出的《关于 1958 年度计划第二本账的报告》。与 1958 年 2 月全国人大一届五次会议通过的经济发展计划相比，报告的第二本账大幅提高了各项计划指标，其中 1958 年农业生产总值从 747. 47 亿元，提高到 854 亿元，比上年增长 14. 1%；粮食产量从 3920 亿斤增加到 4316 亿斤，比上年增长 16. 2%。同年 5 月，中共中央批准的 1958 年国民经济计划第二本账对 3 月提出的计划指标又加以提高。[①]

虽然在 1958 年 5 月召开的党的八大二次会议通过了“鼓足干劲、力争上游、多快好省地建设社会主义”的总路线，但实际上，高速度才是“大跃进”战略的根本。八大二次会议以后，《人民日报》发表了《力争高速度》的社论，指出：“速度是总路线的灵魂”，“它像一根红线，贯穿在总路线的各个方面。如果不要求高速度，当然就没有多快好省的问题；那样也就不需要鼓足干劲，也就无所谓力争上游了。”[②] 对于各方面基础都十分薄弱的新中国来说，要全面实现“大跃进”的发展目标必然会面临各种困难，

① 国家计委编：《中华人民共和国国民经济和社会发展计划大事辑要》，红旗出版社 1987 年版，第 118—119 页。

② 邱石编：《共和国重大事件决策实录》，经济日报出版社 1998 年版，第 298 页。

遇到各种障碍。然而，革命战争时期的斗争经验使毛泽东和中国共产党坚信，只要放手广泛发动群众、紧紧依靠群众，就没有战胜不了的困难和克服不了的障碍。“曾几何时，当革命遇到难以应付的敌我力量悬殊的情况时，军事和政治政策的中心环节便是放手发动群众来赢得胜利。”[①] 事实上，“大跃进”战略从制定时就与群众运动密不可分地联系在一起。“大跃进”战略的关键内容之一是“通过充分发动闲散劳动力以弥补工业和农业方面的资金不足。这种做法对农业战线尤其显得重要，因为在这方面只要发动群众起来，就可以基本上实现不必增加额外投资的发展，从而消除农业对经济全面高速增长的羁绊，进而为城市工业的发展提供资金（主要是粮食的供给）”。因此，“大跃进”战略必然要“号召运用组织群众和发动群众的手段，促使农业和工业同时高速发展”[②]。

为了更有效地组织和发动群众，实现“大跃进”的发展目标，中国共产党在农村基本实现农业合作化不久便迅速发动了人民公社化运动，并且在很短的时间内完成了由“政社分离”的基层组织体制向“政社合一”的人民公社体制的转变。人民公社的建立，使党和国家在农村的政治动员能力和组织能力大大增强，为推行“大跃进”战略提供了有效的组织体制保证。

“大跃进”和人民公社运动的政治动员主要采取了以下操略：

首先，以思想批判开路，利用各种宣传工具，大力批判所谓的“保守”、“右倾”思想，把是否支持大跃进和人民公社同是走资本主义道路还是走社会主义道路这一事关当时每一个人命运的重大原则性问题相联系，从而在运动的发动阶段就使整个社会感受到强大的政治压力，使多数人不敢提出异议，表示支持并积极参与这场运动。[③] 在提出“总路线”和“大跃进”战略前后，中国共产党内曾经围绕发展速度问题产生过冒进与反冒进的争论。针对 1956 年各方面工作中出现的冒进偏向，党的八大曾经提出了既反右倾保守，又反急躁冒进，在综合平衡中稳步前进的经济工作指导方针。八大前后，反冒进事实上已经基本成为全党的共识和经济工作的重要指导思想。然而，这种思想氛围显然不利于贯彻“总路线”和“大跃进”的发展战略。因此，八届三中全会以后，在毛泽东的主导和推动下，在党内和全社

① ［美］费正清等主编：《剑桥中华人民共和国史》，金光耀等译，上海人民出版社 1990 年版，第 326 页。

② 同上书，第 327、328 页。

③ 参见王萌硕《大跃进、人民公社化运动顺利发动的几个因素浅析》，《理论观察》2001 年第 5 期。

会逐步掀起了反冒进的思想运动，反冒进被视为右倾保守主义和非马克思主义。毛泽东在多次讲话中严厉批评了反冒进。1958 年 1 月召开的南宁会议上，毛泽东将所有批评快速集体化是“冒险主义”的人都划归为反马克思主义的右派分子。[①] 同年 3 月召开的成都会议上，毛泽东指出：“办任何事情都有两种方法的比较”，“一种是马克思主义的‘冒进’，一种是非马克思主义的‘反冒进’。……究竟采取哪一种？我看应采取‘冒进’。”[②] 1959 年 7 月召开的庐山会议上，毛泽东进一步指出，停止还是继续“大跃进”政策的问题，是“两个对立阶级，即资产阶级和无产阶级之间生死斗争的继续”。[③] 党内的反右倾保守的思想运动还逐步扩展到全社会。1957 年 10 月 27 日人民日报发表的题为《建设社会主义农村的伟大纲领》的社论号召通过大鸣、大放、大争的方式克服保守思想。社论指出：“为克服各种各样的保守思想，最有效的方法，就是在农村中以四十条纲要为中心，进行一次生产建设问题的大鸣、大放、大争”，以掀起农业生产和农业建设的高潮。反对“右倾保守”的思想运动为“大跃进”战略的实施营造了一种十分有利的政治氛围。这种政治氛围“不允许对标榜为左派、先进的、社会主义的东西进行任何批评。受到批评的是右派分子、反对进步的敌对和反动分子。认为社会主义是超越发展阶段，就是站在所有旧的邪恶势力一边。指出阶级不合理性、衰退、灾难和饥饿的每一个人，将因窒息建设一个美好未来的活力而被指控为向群众热情泼冷水，被迫作自我批评，或遭受更严重的侮辱和虐待”[④]。

其次，大力宣传大跃进、人民公社化在理论上的科学性、合理性，描绘美好的生活前景，激发干部和群众的劳动热情。尽快改变中国经济文化落后状况，过上幸福美好生活，这是新中国成立以后广大人民群众的普遍愿望和迫切要求，也是中国共产党发动“大跃进”运动的基本动因所在。以毛泽东为代表的中国共产党人从人民群众改变贫穷落后面貌的迫切要求和对幸福美好生活的普遍向往中寻找到了发动大跃进的正当理由，也发现了推动“大跃进”所需要的巨大力量源泉，他们通过对“大跃进”与人民公社的科学性、

---

① 参见［美］弗里曼等著《中国乡村，社会主义国家》，陶鹤山译，社会科学文献出版社 2003 年版，第 302 页。

② 邱石编：《共和国重大事件决策实录》，经济日报出版社 1998 年版，第 283 页。

③ ［美］弗里曼等著：《中国乡村，社会主义国家》，陶鹤山译，社会科学文献出版社 2003 年版，第 323 页。

④ 同上书，第 320 页。

合理性的宣传和美好前景的描绘，激发人民群众的建设热情，为“大跃进”和人民公社化运动输入强大的动力。“无论谁，如能给予人们一种新的协调和纯洁的幻想，就立即能够激发人类最神圣的活力：自我牺牲和宗教狂热。”[①]大跃进运动中，通过人民公社，以期使中国永远摆脱贫穷，过上楼上楼下电灯电话、按需分配的共产主义生活，对于物质生活资料还相对匮乏的中国人民来说，不吝是最大的向往。薄一波回忆说：“当毛主席和刘少奇同志谈到未来几十年国家大事时，他们说到时候，全国会有很多公社。每个公社都有自己的农业、大学、医院、科学研究机构、商店、交通、保育院、公共食堂和俱乐部，以及维持治安的民警。我们前辈所谓的乌托邦将会实现和被超越。我们的教育原则和其他教育事务都要按照这一目标来发展。”[②] 美好蓝图的描绘把人的潜能最大地激发出来，长期追求的圣境召唤着全国人民的渴望和激情。[③] “在集中精力发展经济的过程中，共产党赢得了人民群众的真诚支持，人们为改善生活条件和为民族争光的美好前景所吸引。”[④]

1958 年 10 月 28 日，山东省范县召开了共产主义建设积极分子万人大会，县委书记在会上宣布：苦干三年，全县实现共产主义。他对那时的情景作了如下形象的描绘：“各种工厂遍地起，处处烟囱如林立，工厂机器轰轰响，大小机器自己使，生产操作按电钮，难分劳动和休息。能产钢铁能织布，能造化肥发电机，拖拉机汽车也会造，生产用品样样齐，果品罐头范县酒，何时需要何时有。电灯电话收音机，使用起来真便利，这样的日子何时到，苦干三年拿到手里。”[⑤] 11 月 6 日，毛泽东在中宣部编印的《宣传动态》上看到这个材料以后，当即批示：“此件很有意思，是一首诗，似乎也是可行的。时间似太仓促，只三年。也不要紧，三年完不成，顺延可也。”[⑥]虽然“大跃进”过程中所描绘的共产主义美好生活蓝图具有很大的空想主义色彩，但还是极大地激发了农民的生产建设热情，这种热情在农村大规模的农田水利建设中得到了充分的体现。“对于这种用突击队的形式来完成工

① ［澳］斯· 茨威格：《异端的权利》，生活·读书·新知三联书店 1986 年版，第 7 页。

② 薄一波：《若干重大决策与事件的回顾》，中共中央党校出版社 1993 年版，第 734 页。

③ 参见黄宗华、张昭国《论政治传播与大跃进运动高潮的形成》，《成都大学学报》（社会科学版）2007 年第 2 期。

④ ［美］费正清等主编：《剑桥中华人民共和国史》，金光耀等译，上海人民出版社 1990 年版，第 100 页。

⑤ 武力、郑有贵主编：《解决“三农”问题之路——中国共产党“三农”思想政策史》，中国经济出版社 2004 年版，第 436 页。

⑥ 《建国以来毛泽东文稿》第 7 册，中央文献出版社 1998 年版，第 494 页。

作任务以奔向共产主义的普遍劳动热情，外国观察家简直惊讶得目瞪口呆。农民们组织成为各种各样的突击队，几个星期不分昼夜，实际上是没有休息地干活，最后终于被折磨得筋疲力尽。”①

有学者对上述动员机制作了如下描述：“按照当时的宣传，大跃进将极大地促进社会生产力的发展，中国将在短时间内赶超资本主义发达国家，从而实现百多年来千万中华儿女企盼祖国富强的梦想，中国人民从此将会扬眉吐气；人民公社将使广大农民群众过上平等、幸福的生活，跨进所谓‘吃饭不要钱’的美好社会，人民公社是通向共产主义的桥梁。用这些极具正义性和道义感、完全符合中国农民理想社会蓝图的价值目标来动员群众，无疑会吸引并激发起群众的热情，鼓动群众积极地参与。在群众被动员起来后，又以领导机关出面，或敲锣打鼓，或表彰先进，或频传捷报，或领导接受群众‘自愿’加入人民公社的庆祝大会等等方式对群众的热情参与加以肯定和褒奖。表面看来，群众是‘自愿’砸自家的锅支持大炼钢铁，是‘自愿’要求加入人民公社的，但是经过了这些公开的‘自觉自愿’形式后，即使群众产生了后悔的念头，想要退社的念头，也因无法自己否定以前的行动而作罢，硬着头皮往前走，而大力宣传的大跃进、人民公社化本身所具有的正义性、道义性也使得反对者丧失反对的理由，受到社会的嘲弄。”②

最后，充分发挥“先进”典型的榜样引导作用和激励促进作用。在“大跃进”和人民公社运动的动员方面，中国共产党十分重视运动中所涌现出来的各种“先进”典型的作用，通过多种途径和形式大力宣传典型的“先进”事迹和“经验”。这样做的目的，一方面是坚定干部群众对“大跃进”和人民公社的信心；另一方面是形成学“先进”、赶“先进”的社会氛围和政治氛围，使“大跃进”和人民公社运动获得持续的动力，不断地被推向高潮。尽管这种操略导致和助长了浮夸风等不良后果，但是，单从政治动员的效果上看，它是比较成功的。正如一些国外学者所指出的：“对于那些为官方的激励、徐水和河南的故事以及众人期待的特大丰收而激动不已的人来说，一派富裕景象的共产主义似乎伸手可及。”③ 而对共产主义的美好

① ［美］弗里曼等：《中国乡村，社会主义国家》，陶鹤山译，社会科学文献出版社 2003 年版，第 329 页。

② 王萌硕：《大跃进、人民公社化运动顺利发动的几个因素浅析》，《理论观察》2001 年第 5 期。

③ ［美］弗里曼等：《中国乡村，社会主义国家》，陶鹤山译，社会科学文献出版社 2003 年版，第 304 页。

憧憬，加之对共产党和毛主席的忠诚与信任，必然使许多人义无反顾地投身于“大跃进”和人民公社化运动的洪流之中，激发出“人有多大胆，地有多大产”的豪情壮志，并不断地创造出改革与建设的“奇迹”，使“大跃进”和人民公社运动一浪高过一浪。

总而言之，新中国成立以后，中国共产党通过广泛而有效的政治动员，打通了历史上国家与农民上下对立的隔绝机制，将广大农民动员到现代政治体系中来，使得自上而下的行政机制能够全面深入地向传统的乡土社会渗透。①

二、行政任务

在政治支配行政的历史条件下，国家行政对乡村社会的控制与渗透的重要方式之一是通过各种正式的和非正式的行政网层层下达任务，并运用多种手段动员和组织农民完成党和国家下达的任务。这种通过科层化组织体系下达任务并保证其贯彻和完成的行政机制，可以称为“任务性行政”。②

“任务性行政”是中国共产党及其领导下的政权组织对乡村社会进行控制和渗透的传统手段。在战争年代，革命根据地里的党政组织就开始用“任务”的方式影响和支配乡村社会。“首先是将传统国家下派的赋税改变为‘公粮’，要求农民完成一定数量的粮食征收任务。其次是行政性工作任务开始通过党、政权、群众组织等组织系统下达到农村社会。如招收军人、组织生产、文化教育等。”③

新中国成立以后，党和政府在整合农村社会、构建现代国家的过程中，继续运用“任务性行政”的方式和手段，将国家现代化的阶段性目标分解为各项具体的工作任务，通过政治对行政的支配以及科层化行政体系的具体运作使各项任务在农村得以贯彻落实。

新中国成立初期，摆在中国共产党和新生政权面前的迫切任务，是要迅速恢复因为战争而遭受严重创伤的国民经济。就农业而言，要发展农业生产，就必须解放农村生产力，充分调动广大农民的积极性。而调动农民积极

---

① 参见徐勇《行政下乡：动员、任务与命令——现代国家向乡土社会渗透的行政机制》，《华中师范大学学报》（人文社会科学版）2007 年第 5 期。

② ［美］弗里曼等：《中国乡村，社会主义国家》，陶鹤山译，社会科学文献出版社 2003 年版，第 304 页。

③ 参见徐勇《行政下乡：动员、任务与命令——现代国家向乡土社会渗透的行政机制》，《华中师范大学学报》（人文社会科学版）2007 年第 5 期。

性的关键是进行土地改革，使农民获得属于自己的土地。因此，新中国一成立，中国共产党就把继续完成广大新解放区的土地改革，作为解放农村生产力、恢复国民经济的一项重要任务，并且对完成土地改革任务的步骤、方式、组织领导等问题作了明确的部署和要求。关于新区土地改革的时间，中共中央提出，苏、浙、闽、皖、赣、鄂、湘、粤、桂、陕、甘11省以及宁、青两省完全汉人居住的地区应准备在1950年秋收以后分配土地；云、贵、川、康等省则须待1951年秋后进行土改。[①] 1950年6月14日，刘少奇在政协一届二次会议上所作的“关于土地改革问题的报告”中提出，1950年冬天完成土改的地区大约1亿农业人口，1951—1952年完成1.64亿农业人口的大部分地区。为了顺利进行土地改革，中共中央要求各地在土改正式开始前抓紧时间做好各项准备工作，包括规定分配土地的法令和详细办法，并进行典型试验；训练分配土地的干部；组织农会、农民代表会议及各级人民代表会议；迅速肃清土匪。关于新区土地改革的步骤，中共中央提出新区土改应当分三个阶段进行：第一个阶段的任务是发动群众，进行减租退押反霸及镇压反革命的斗争；第二个阶段的任务是具体分配土地；第三个阶段的任务是进行土改复查和组织建设。毛泽东强调指出：“将土改过程明确地划分为三个阶段是很必要的，各新区均应教育干部照三个阶段的各项步骤去做，不要省略和跳跃。”[②] 在土地改革的组织领导方面，中央提出，新区的土地改革由各级人民政府及其所组织的土地委员会及农协委员会直接指导，认为这样作比较由各级党的委员会来直接指导执行为好。[③] 根据中共中央的上述意见，1950年6月28日中央人民政府委员会通过的《中华人民共和国土地改革法》明确规定，土改期间，县以上各级人民政府组织土地改革委员会指导和处理相关事宜，乡、区、县、省农民大会及其选举的农民协会为土改的合法执行机构。关于土地改革的工作方法，中央强调，一方面要继续执行广泛发动群众的工作方针；另一方面强调土改必须在各地党政组织的领导下，“完全依照中央人民政府和各级人民政府所颁布的法令及其所决定的方针、政策和步骤，有领导地、有计划地、有秩序地去进行”。[④]

---

① 参见武力、郑有贵主编《解决“三农”问题之路——中国共产党“三农”思想政策史》，中国经济出版社2004年版，第280页。

② 《建国以来毛泽东文稿》第2册，中央文献出版社1992年版，第217页。

③ 参见武力、郑有贵主编《解决“三农”问题之路——中国共产党“三农”思想政策史》，中国经济出版社2004年版，第280页。

④ 李良玉：《建国初期的土地改革运动》，《江苏大学学报》（社会科学版）2004年第1期。

土地改革完成后，中国共产党紧接着发动了农业合作化运动。“这一运动是对农村社会的重组，任务性质更加突出。”[①] 为了确保农业合作化任务的完成，从中央到地方，层层都制订了合作社的发展计划，明确规定了发展合作社的数量和农户入社的比例，并且根据形势发展不断地对指标进行调整。

1953 年 12 月 6 日，中共中央通过了《关于发展农业生产合作社的决议》，决议在决定大力推进农业合作化运动的同时，具体规定了发展指标：到 1954 年秋，全国农业生产合作社应该由 1953 年的 1.4 万个发展到 3.58 万个，即翻一番半。[②] 1954 年 4 月，中央批准将 1955 年合作社发展计划确定为 30 万到 35 万个。1954 年 12 月，中央又批准将原定发展计划改为到 1955 年春耕前农业合作社发展到 60 万个。[③]

除了合作社的发展数量指标以外，中央还根据不同地区的不同条件提出了发展农户入社的比例要求。1955 年 10 月 11 日中共七届六中全会通过的《关于农业合作化问题的决议》规定，在合作化运动发展比较先进的地方，合作化程度在 1955 年夏季已经达到当地总农户的 30%—40%，大体上可以在 1957 年春季以前先后发展到当地总农户的 70%—80%，即基本上实现半社会主义的合作化，这类地方主要是华北、东北各省，还有其他省份的一部分或大部。在全国大多数地方，合作化程度在 1955 年夏季已经达到当地总农户的 10% 左右或者 20% 左右，大体上可以在 1958 年春季以前先后基本上实现半社会主义的合作化。在互助运动基础比较薄弱、农业生产合作社现在还比较少的地方，实现合作化需要更多的时间。[④]

为了落实合作化的发展计划，毛泽东提出，各级党委的一把手要亲自动手抓农业社会主义改造这件大事，县区干部的工作重点要逐步转到农业合作化方面来。要“责成地委、县委用大力去搞，一定要搞好。中央局、省市委农村工作部要抓紧这件事，工作重点要放在这个问题上。要有控制数字，摊派下去。摊派而不强迫，不是命令主义”[⑤]。1955 年 5 月，毛泽东在南方

① 徐勇：《行政下乡：动员、任务与命令——现代国家向乡土社会渗透的行政机制》，《华中师范大学学报》（人文社会科学版）2007 年第 5 期。

② 参见《农业集体化重要文件汇编》（上），中共中央党校出版社 1982 年版，第 227 页。

③ 参见武力、郑有贵主编《解决“三农”问题之路——中国共产党“三农”思想政策史》，中国经济出版社 2004 年版，第 348 页。

④ 参见《关于农业合作化问题的决议》，《江苏教育》1955 年第 21 期。

⑤ 黄道霞等主编：《建国以来农业合作化史料汇编》，中共党史出版社 1992 年版，第 168 页。

省市委书记会议上讲话时，对新区各省1955年秋后到1956年秋前农业合作社发展数量提出了明确的要求：河南7万个、湖北4.5万个、湖南4.5万个、广东4.5万个、广西3.5万个、江西3.5万个、江苏6.5万个。①

农业的社会主义改造基本完成以后，党和政府在农村的工作重点开始转入推动农村经济和社会文化的迅速发展，以解决所谓“农业拖工业化后腿”的问题。为了实现农业的快速发展，中国共产党发动和领导了“大跃进”和人民公社化运动。“大跃进”运动的基本特征之一是提出经济和社会发展的高指标，然后通过“任务”行政机制加以贯彻落实。

1957年10月25日，中共八届三中全会通过了《1956年到1967年全国农业发展纲要（修正草案）》，该《纲要》明确规定了农业发展的各项任务和具体指标。如：粮食平均亩产在12年内，在黄河、秦岭、白龙江以北地区，由1955年的150多斤增加到400斤；黄河以南、淮河以北地区，由1955年的208斤增加到500斤；淮河、秦岭、白龙江以南地区，由1955年的400斤增加到800斤。兴修水利，发展水电。在7—12年内，基本上消灭普通的水灾和旱灾；凡有水源可以利用的地方，在1年内，基本上做到每个乡或者几个乡建设起一个小型水力发电站。

“大跃进”运动中各级党委和政府给农村规定的任务内容十分广泛，除了农业生产建设方面的任务之外，还包括基层组织建设、工业建设、农产品征购、劳务征派，以及思想、教育、文化和社会事务等方面的内容。如在工业建设方面，1958年“大办钢铁”运动中，中央确定的钢铁发展目标被作为政治任务层层分解下达，省、地、县、乡（公社）甚至行政村（大队）都有具体的钢铁生产任务指标。在思想、教育、文化和社会事务方面，随着国家政权对乡村社会渗透的不断深入，农村中大量的思想、教育、文化和社会事务被纳入日常的行政工作，并作为重要的工作任务。如1957年下半年至1958年上半年，中共中央先后发出了《关于向全体农村人口进行一次大规模的社会主义教育的指示》、《关于组织讨论农业发展纲要修正草案的指示》和《关于整顿农业生产合作社的指示》，要求在全国农村普遍开展以两条道路大辩论、农业生产建设问题大辩论和整党、整团、整社为主题的三个阶段的社会主义教育运动。1955年毛泽东征询对“农业十七条”的意见时，不仅对粮食等农产品确定了目标，而且对其他方面的工作也提出了非常具体的指标，要求在7年内，“基本上消灭若干种危害人民和牲畜最严重的疾

① 参见罗平汉《1955年农业合作化运动中对“小脚女人”的批判》，《书摘》2006年第6期。

病"，"除四害，即在7年内基本上消灭老鼠（及其他害兽），麻雀（及其他害鸟，但乌鸦是否宜于消灭，尚未研究），苍蝇，蚊子"，"基本上扫除文盲，每人必须认识1500到2000个字"，"将省、地、县、区、乡的各种必要的道路按规格修好"，"建立有线广播网，使每个乡和合作社都能收到有线广播"，"完成乡和大型合作社的电话网"。① 在基层组织建设方面，为了适应"大跃进"的新形势，1958年中央正式提出以人民公社的组织形式取代原来的政社分离的基层组织体制。尽管当时没有具体下达成立人民公社的指标，但由于将人民公社定性为"建成社会主义和逐步向共产主义过渡的最好的组织形式"，因此，人民公社化实际上是作为一项重要的政治任务，在政治支配行政的机制下，通过自上而下地逐级推动和指导而完成的。若非如此，公社建立的速度就不可能如此之快——不到一年时间就实现了全国农村的人民公社化。人民公社建立以后，其最主要的使命就是动员和组织农民完成党和政府下达的各项任务，任务性行政逐渐成为农村行政运行的常态机制。

需要特别指出的是，作为一种行政机制或者行政模式，任务性行政的特征不仅表现为自上而下地规定行政工作的内容、目标、指标，以及完成时限等，更表现为通过科层化的组织体系和运作方式来推动、保证任务的贯彻落实。从新中国成立初期的土地改革到农业合作化再到后来的"大跃进"和人民公社化运动，为了完成不同阶段提出的各项任务，中国共产党在进行广泛的社会动员的同时，充分利用科层化组织体制的内在力量，综合思想、政治、行政、组织等多种途径、方式和手段，构建起强有力的任务贯彻和保障体系。

在全面启动新区土改时，中央强调指出，土改必须"完全依照中央人民政府和各级人民政府所颁布法令及其所决定的方针、政策和步骤，有领导地、有计划地、有秩序地去进行"。为了加强对土改过程的掌控，在组织上采取了一系列措施。第一，在县以上各级政府建立了土地改革委员会，具体负责指导处理土改中出现的问题。第二，建立上下级密切联系制度，要求像战争时期一样，建立通畅的通信联络，保持与农村的电话联系，并经常派出巡视团到农村，以便及时发现问题，纠正问题，交流经验，使运动健康前进。第三，严格请示报告制度，要求乡一级的土改计划，逐级呈报上级批

① 徐勇：《行政下乡：动员、任务与命令——现代国家向乡土社会渗透的行政机制》，《华中师范大学学报》（人文社会科学版）2007年第5期。

准，规定发现任何新问题下级一律不许擅自处理，必须报上级请示后再定。第四，每一个土改工作队员都必须遵守土改有关纪律，违反者受纪律处分直到法律制裁。第五，土改中如发生某些偏差或混乱而不能迅速纠正的，上级有权决定立即停止土改，待纠偏后再进行。上述组织措施有力保证了土改任务的贯彻落实。①

与土地改革一样，农业合作化的高速度完成也源于政治支配下的任务性行政机制。农业合作化从一开始就被当作一项重要的政治任务，从中央到地方层层下达合作化指标，不接受上级提出的发展指标或者不积极完成合作化任务，将被视为“右倾”而受到批判，严重者甚至被剥夺权力。例如，因为没有接受毛泽东关于将原定1956年合作社发展到100万个的计划提高到130万个的意见，以邓子恢为部长的中央农村工作部受到毛泽东的猛烈“炮轰”。1957年7月31日，毛泽东在省、市、自治区党委书记会议上的讲话中，对邓子恢进行了措辞严厉的批评。尽管邓子恢在会上做了检讨，但毛泽东在8月26日的一个批示中指示邓小平和杨尚昆：“请电话通知中央农村工作部：在目前几个月内，各省市区党委关于农业合作化问题的电报，由中央直接拟电答复；并告批发此类来报的同志，不要批上‘请农村工作部办’字样。但对其他来报，例如青海省委关于畜牧问题的请示电报，仍应批交‘农村工作部办’。”② 为了保证农业合作化目标的实现，中央还采取了两大措施对地方合作化计划的制订进行干预：一是要求上级的主要负责干部要逐级参加地方上的工作会议，以便把“中央的带到地方去，省、直属市和自治区的带到专区、市属区和县里去”；二是要对各级计划“逐级审查”，并进行比较。毛泽东提出，“为了便于比较，省委要在县、区、乡、社的计划中选一些最好的和少数最坏的送给中央审查。省和专区的计划都要按期交中央，一个也不能少”。③

“大跃进”和人民公社运动是以生产建设的高指标为特征的。高指标的任务使对强力贯彻保障机制的依赖达到了空前的程度。面对各种甚至明知难以完成的任务，党和政府几乎调动了所有可以调动的组织和制度资源来加以贯彻和推动。例如，1958年中央北戴河会议确定了当年完成产钢1070万吨的任务，但到当年7月底累计只完成380万吨多一点，于是在决定大搞群众运动，实行书记挂帅，全党全民办钢铁的同时，中央还明确提出“要有铁的纪律，

① 参见蒋吉昌《回眸土地改革运动》，《中共宁波市委党校学报》1999年第5期。
② 罗平汉：《1955年农业合作化运动中对“小脚女人”的批判》，《书摘》2006年第6期。
③ 《毛泽东文集》第7卷，人民出版社1999年版，第346—347页。

没有完成生产和调拨计划的，分别情况给予警告、记过（小过、中过、大过）、撤职留任、留党察看、撤职、开除党籍的处分”。[①] 毛泽东强调：“冤各有头，债各有主”，完不成生产或调拨计划，要按纪律办事，要铁的纪律，不要“豆腐纪律”，“马克思要与秦始皇结合起来”。[②] 在中央的压力下，地方各级党委和政府也层层对下级组织施加压力，采取多种方式和手段落实“大跃进”的各项发展任务。如福建连江县为了完成上级下达的钢铁生产任务，采取了开批判会、撤职、“拔白旗，插红旗”等方式对各单位进行督促。[③]

总之，新中国成立以后的一个相当长的时期，中国共产党及其领导下的政权继承并发展了战争年代革命根据地政权的行政经验，在农村社会治理中普遍采取了“任务性行政”的行政方式。从土地改革一直到人民公社时期，国家在推进现代化的过程中不断地向农村下达各种各样的“任务”，并通过科层化的行政体系加以贯彻落实。从现代国家建构的意义上分析，“任务性行政”机制在现代中国的建构中发挥了重要和积极的作用。一方面，伴随着国家下达“任务”种类的增加和范围的扩大，传统乡村社会中各种分散的权力被越来越多地集中于国家体系，党和国家的意志日益成为影响和左右乡村经济社会发展甚至农民日常生活的主要（决定性）因素，乡村治理结构也随之发生深刻变化，乡村社会的传统文化网络被毁坏，多元治理结构被单元治理结构所取代，中国共产党及其领导的国家政权成为乡村社会的唯一权威来源。另一方面，通过向农村下达各种“任务”，实现了党和国家的意志对乡村社会的全面介入和渗透，传统乡土社会中分散农民的个体行为通过“任务性行政”机制而被赋予政治与行政意义，成为贯彻执行党和国家意志之行政过程的一个重要环节和组成部分。通过“任务”的下达与完成，农民的私人生活与国家现代化进程紧密连在一起，个体分散的发展目标与结果被整合到国家现代化的总体发展之中，农民对发展的个体追求转化成为国家现代化的动力元素。

三、强迫命令

从最一般意义上说，命令是指“上级对下级有所指示”或者“上级对下级所作的指示”。在行政学上，命令是一种基本的行政方法和行政手段，

---

① 薄一波：《若干重大决策与事件的回顾》，中共中央党校出版社 1993 年版，第 729 页。

② 同上书，第 731 页。

③ 参见成波平《福建连江的“大跃进”和人民公社化运动》，《党史研究与教学》1989 年第 3 期。

它是指行政主体依靠行政组织的权威，通过下达任务、发布指示和规定等形式，按照行政组织的系统和层次进行行政管理活动的方法。在行政管理实践中，命令既存在于外部行政关系中，也存在于内部行政关系中。但从普适性的角度讲，命令主要是一种内部行政方法。一方面，官僚行政体系本质上就是一种通过命令—服从关系建构起来并加以维系的组织体系。官僚行政体系的基本特征是科层化，科层化组织系统有效运行的基础或前提是上下级之间的命令—服从关系，换言之，上下级之间的命令与服从是科层化组织系统最基本的运行规则和运行机制，抛弃或者破坏这种规则，科层化组织体系就难以正常运行，甚至可能导致组织的解体。从这个意义上讲，命令对于内部行政是不可或缺的方法，也是最基本的方法。另一方面，官僚行政体系本身又是命令—服从机制有效运行的组织保障。任何命令都带有强制性，但是，只有在命令对象具有“一个普遍服从习惯”的条件下，命令才可能成为一种普遍和长期有效的管理方式和手段。① 而官僚行政体系正是一个存在着“普遍服从习惯”的组织共同体。行政体系中的每一个成员，出于保持自己成员资格和身份以及实现自己利益的需要，都必须努力维系组织共同体的存续和有效运行，除非他们想与行政体系彻底脱离关系。而要避免官僚行政体系的解体并保持其有效运行，就必须做到令行禁止。基于上述，可以认为，命令—服从关系一般只产生于官僚行政组织内部。②

“命令的特点就在于命令的施予对象只有服从的义务，而没有自由选择的权利，具有单向性和强制性。”③ 因此，对于要实现集中与整合目标的组织共同体而言，命令是一种有效的行政方式和手段。正是因此，新中国成立以后，中国共产党为实现对农村社会的迅速整合，在运用政治动员手段和“任务性行政”机制的同时，还将命令—服从机制引入乡土社会的改造，加速了国家对乡土社会的渗透与整合。“中华人民共和国建立之后，国家得以迅速重新构造乡土社会，相当程度在于将命令—服从机制引入乡土社会领域，行政机制由行政组织内部扩张到乡土社会。”④

事实正是如此。新中国成立以后，在各种艰巨、复杂和紧迫的形势与任务的压力之下，从中央到地方，各级党政组织都在不同程度上自觉不自觉地

① 参见［英］哈特《法律的概念》，张文显译，中国大百科全书出版社 1996 年版，第 25 页。

② 参见徐勇《行政下乡：动员、任务与命令——现代国家向乡土社会渗透的行政机制》，《华中师范大学学报》（人文社会科学版）2007 年第 5 期。

③ 同上。

④ 同上。

直接运用行政命令方式来推动农村工作，或者至少是对农村工作中的强迫命令采取了事实上的容忍或默许的态度。美国学者费正清认为，新中国成立初期的土改与农业合作化的成效与运动中的强迫命令有密切关系。“行政压力、统一要求、强制命令以及显示具体实效的综合运用，在土改和合作化初期取得了相当的成功，现在它们又被运用于合作化‘高潮’中。”① 以农业合作化为例，虽然中央在《关于发展农业生产合作社的决议》中提出“必须采用说服、示范和国家援助的方法使农民自愿联合起来”，但在农业合作化的过程中，强迫命令或变相强迫命令的现象却相当普遍地存在。1955 年 4 月 28 日《大众日报》在题为“在巩固合作社中必须坚持自愿原则”的社论中指出：“在互助合作运动中，强迫命令的现象，在若干地方还很严重。其主要表现是，在政治上和经济上使用压力，迫使农民不得不参加农业生产合作社。”“这种错误做法，虽然不像打人骂人那样直接的强迫命令，但这种做法对于农民的强制性质，较之前者甚至是更为严重的。”《社论》认为，由于这种变相的强迫命令错误的存在，加上在短促的时间内发展了几万个新社，建社工作粗糙，因而社员入社的思想很不一致，“真正懂得合作化的方向和政策，完全自觉自愿入社的，还只是一少部分；大部分则是随大流入社的；还有一少部分人，则在各种压力下，勉强入社的”。农业合作化运动中，“违背自愿原则的强迫命令形式是多样的。除政治压迫外，还有经济手段”。1955 年 10 月七届六中全会通过的《关于农业合作化问题的决议》明确指出：“我国的农业生产合作社，在现阶段一般地是以土地入股统一经营为特点的半社会主义性质的初级合作社。”但是，在合作化高潮中，有些地方名义上是初级社，允许土地分红，实际上入股土地所分红利不够缴纳农业税，这就使得土地较多、土质较好的农户（主要是上中农）不得不交出土地。这种变相的强迫命令是许多初级合作社建社才几个月甚至几天，就自愿过渡到高级社的根本原因。入社耕畜的处理，一些地方当时说的是合理作价，以后分期偿还，实际上并没有这样办。②

农业合作化基本完成以后，中国共产党发动了“大跃进”运动。“大跃进”本身的性质决定了它对行政命令方法的更大程度上的依赖。“大跃进”

---

① ［美］费正清等主编：《剑桥中华人民共和国史》，金光耀等译，上海人民出版社 1990 年版，第 127 页。

② 薄一波：《若干重大决策与事件的回顾》（上卷），中共中央党校出版社 1991 年版，第 359 页。

规定的各种高指标以及“任务”机制的强化，极大地刺激了各级党政组织对命令手段的需求，使行政命令机制进一步得以扩张。如果说在农业合作化运动中，强迫命令还只是作为一种“最后的”行政手段的话，那么，在“大跃进”运动中，强迫命令在许多地方已经成为“常规的”甚至“首选的”行政方式和手段。有的地方一时间甚至刮起了强迫命令之风。

在政治支配行政的背景下，行政命令不仅被作为推进农村改革与发展的有效手段，而且也被作为完成常规性行政任务的手段。例如，在农产品征购中，就普遍存在着强迫命令现象。1953 年 10 月 16 日，中共中央作出了《关于实行粮食的计划收购和计划供应的决议》，决定对粮食实行统购统销政策。此后政务院于 11 月 23 日发布了《关于实行粮食的计划收购和计划供应的命令》。因此，无论从本质上看还是从形式上看，粮食征购本身就是一种带有强制性的任务，具有行政命令的性质。“征购计划是带有指令性的，合作社必须保证完成。”① 为完成粮食征购任务，尽管也采用动员引导、利益诱导等方式，但因为涉及农民的切身利益，为完成任务最简单的办法就是行政命令。事实上，统购统销一开始实施就出现了“许多强迫命令”。② 到了“大跃进”时期，农产品征购中的强迫命令更是愈演愈烈。③

总之，新中国成立以后，中国共产党凭借执政地位，逐步将“命令—服从”的行政机制从政权体系内部扩展到外部，使其成为国家和社会治理的重要方法和手段。从现代国家建构的视角看，“命令性”行政机制的扩张具有重要意义。一方面，“命令性”行政进一步强化了国家与乡村社会之间通过政治动员与“任务”机制建立起来的联系，大大提高了党和国家对乡土社会的渗透能力和渗透效率，从而保证了农村社会发展与国家现代化方向和步调的一致性；另一方面，随着“命令—服从”机制的扩张，分散的社会权力与农民的个体权利被逐步整合到国家政权体系之中，使集权性行政体制得到进一步的强化。在这种体制下，农民的一切行动都必须听命于国家，国家对农民的控制和对乡土社会的整合达到了前所未有的程度。

新中国成立以后“命令性”行政机制的扩张，与中国共产党长期领导革命战争的经历不无关系，但更为重要的原因恐怕应该从现代国家建构的意

---

① 薛暮桥：《社会主义经济理论问题》，人民出版社 1979 年版，第 21 页。

② 薄一波：《若干重大决策与事件的回顾》（上卷），中共中央党校出版社 1991 年版，第 273 页。

③ 参见马龙虎《寿张“大跃进”运动研究》博士学位论文，中共中央党校，2007 年。

义上去寻找答案。笔者以为，中国共产党夺取全国政权以后加速实现国家现代化的战略构想与路径选择，促使“命令性”行政机制由官僚行政体系内部向外部扩张；而国家政权向乡土社会的下沉与延伸及其由此导致的农村社会体制的变化，则为“命令性”行政机制的扩张提供了必要的组织条件。

如前所述，新中国成立前后，中国共产党基于领导人民迅速改变国家贫穷落后面貌的历史使命感，制定了宏伟的社会改造与发展规划，意在较短的时间内将中国带入现代化国家的行列。为了实现这一宏图大业，中国共产党选择了从农村汲取资源以支持城市和工业尤其是重工业优先发展的道路，并为此对传统的乡村社会进行了全面彻底的改造，构造起一种全新的、强有力的农村社会动员与控制体制。同时，中国共产党及其领导的国家政权在对农村进行资源汲取与社会整合的过程中还普遍引入了“任务性”行政机制，将国家现代化的发展目标分解为具体的行政任务，通过科层化的行政体系自上而下层层下达，最终落实到农民头上。为了保证各项任务的贯彻落实，中国共产党首先想到的是运用其所熟悉和擅长的政治动员方式，通过广泛发动群众，使农民自觉响应党和国家的号召，执行党和国家下达的各项任务。然而，政治动员是一项耗时耗力的行政手段，而且，从保证任务完成的意义上说，政治动员的效果不是直接的，而是间接的。此其一。其二，政治动员不是万能的，如当动员的目的是要求农民牺牲其个人利益而服从国家利益，或者规定的任务超出农民可以接受的限度时，单纯的政治动员往往会失效。因此，对于在新中国成立初期各种矛盾错综复杂的形势下力图迅速完成各项社会改造和建设任务的中国共产党和人民政府来说，仅仅依靠政治动员显然是难以达到既定目标的，还必须利用一些更简单、更便捷、更直接因而在一定意义上也更有效的行政方式与机制来推动和保证各项改革与建设任务的贯彻落实。而行政命令无疑是具备了上述品格的一种行政方式，“命令性”行政机制在一定程度上弥补了“动员性”行政机制的不足。

“命令性”行政机制的扩张，增强了国家对乡土社会的整合能力；而国家对乡土社会的整合，反过来也为“命令性”行政机制的扩张提供了必要的体制条件。新中国成立以后，随着国家政权的迅速下沉，传统乡土社会中的各种自然共同体不同程度地被打破，分散的乡村社会被整合到统一的政权体系或国家体系，农民因此也不再是自然共同体的成员，而成为国家共同体或政权共同体的成员。农村和农民被纳入科层化的政权组织体系，一方面使“命令性”行政机制的扩张在一定意义上获得了“正当性”与“合法性”；另一方面也使行政命令得以成为国家治理乡村社会和控制农民的有效手段。

对此，徐勇教授以人民公社为例作了精辟的阐述。“公社组织为命令性行政扩张提供了最有效的组织基础。存在于科层组织中的命令—服从机制得以扩张到‘一盘散沙’的乡土社会，最重要的是农村基层社会组织被改造为科层制组织，这就是人民公社。人民公社的最大特点是‘政社合一’，政权组织与经济组织合为一体，公社社员既是生产者，又属于政权组织体系成员。公社管理的特点是‘组织军事化、行动战斗化、生活集体化’，具有某种军事共产主义的特点。通过公社将分散的农户组织成为一个具有军事化特点的组织。长期历史上自然形成的村落按军事组织的特性编制，如××人民公社第×生产大队第×生产小队。这种编制类似于军事组织的营、连、排、班的编制。即使是后来人民公社组织的直接军事化的特点有所弱化，但仍然长期保留军事性的民兵组织建制。由此完全改变了传统的自然村落组织形态，将分散的农民组织为一个整体。这一整体实行科层制（等级制）治理，自上而下的命令和自下而上的服从机制由此形成。特别是公社集体组织控制了生产资料与生活资料，组织成员离开了组织便难以生存。从这个意义上说，公社组织的命令—服从关系更有成效。德国社会学家韦伯在谈到服从目的时就特别提到基于利害的服从。在公社组织体制的依托下，命令性的行政机制扩张到乡土社会的各个领域，组织的各级领导通过发号施令实施管理。如最基层的生产队长通过敲钟命令社员上下工，生产队以上的组织通过文件、会议、指示等方式决定下级和社员做什么，不做什么，能做什么，不能做什么，下级和社员只有服从的义务，否则就会受到相应的惩罚。”①

四、对政治化行政的反思

从历史的角度分析，通过以动员、任务、命令为主要方式和手段的政治化行政推进国家现代化，有其历史的必然性与合理性。1949 年中国共产党夺取全国政权以后，面临着重重棘手的问题，如社会及组织机制支离破碎，公共秩序混乱，道德水准衰败，经过战争蹂躏的经济承受着高通货膨胀、高失业率的沉重压力，这些问题加上“包罗丰富的封建帝国统治的传统力量”与“政治惰性较大的农村人口的巨大规模”这两个中国独有的特性，② 给中

① 徐勇：《行政下乡：动员、任务与命令——现代国家向乡土社会渗透的行政机制》，《华中师范大学学报》（人文社会科学版）2007 年第 5 期。

② 参见［美］费正清等主编《剑桥中华人民共和国史》，金光耀等译，上海人民出版社 1990 年版，第 23 页。

国的国家现代化造成了巨大的障碍。在这种历史背景下，中国共产党及其领导下的政府为巩固新生政权，并在社会改造的基础上迅速实现国家的现代化，仅仅依靠现代国家常规的行政机制与行政手段显然难以达到目的。“要想建立一个完整的国家政治体系，政府就必须以一种前所未有的方式渗入社会的各个角落。”[①] 新中国成立以后推进国家现代化的紧迫性、艰巨性和复杂性，促使中国共产党决定利用其过去在“江西地区和后来的华北地区的行政管理经验”,[②] 以政治直接支配和控制行政，通过动员、任务、命令等机制实现社会改造与经济发展的现代化目标。事实证明，以动员、任务、命令为主要方式和手段的政治化行政在有效克服新中国成立后国家现代化面临的各种困难和障碍方面发挥了十分重要的作用。美国学者费正清认为，中国共产党在新中国成立以后取得成功的重要原因之一在于它“在获取民众顺从方面，综合使用了强制、说服、实惠等方法的纯熟技巧。共产党不间断地向群众宣传党的观点，使许多人和团体确信共产党政策的正确性，并使更多的人意识到什么是应该采取的行动。强制力既用来对付敌对集团的对抗，也用来向大多数群众表明党是一支不可抵抗的力量。同时党的政策注意给那些重要的社会阶层——尤其是贫农和正在形成的干部阶层好处，它们在既得利益的基础上，给了共产党决定性的支持”[③]。正是在政治直接支配行政的条件下，通过动员、任务、命令等机制的综合作用，中国共产党及其领导下的国家政权在较短的时间实现了对农村社会的有效整合与全面控制，基本完成了自清末开始的中国构建现代国家的历史任务，使中国从传统国家迅速迈入现代国家的行列，为国家和民族的繁荣富强与持久发展开辟了广阔的前景。

但是，从另一方面看，政治化行政也使施政者及施政对象付出了相当沉重的代价，并且为国家后来的发展留下了诸多隐患。第一，政治直接支配行政，使行政失去了其在现代政治体系中应有的而且为管理现代国家所必需的相对的独立性与自主性，背离了政治现代化的发展趋势。亨廷顿指出，政治现代化最关键的面向之一是政治“结构的离异化”，即“划分新的政治职能并创制专业化的机构来执行这些职能。具有特殊功能的领域——法律、军事、

① 参见［美］费正清等主编《剑桥中华人民共和国史》，金光耀等译，上海人民出版社1990年版，第72页。

② 同上书，第37页。

③ 同上书，第152—153页。

行政、科学——从政治领域分离出来，设立有自主权的、专业化的……机构来执行这些领域里的任务”①。在政治的直接支配之下，政府的行政行为必然会因为政治气候的变化无常而表现出某种无序性，使社会无所适从；同时，传统威权政治中的压力也会经由行政过程的传导成为普通社会成员的压力，社会因此而丧失了应有的活力。而且，在政治民主机制不健全的条件下，政治支配行政往往成为政治领导人支配行政，领导人尤其是最高领导人个人的意见和指示成为行政的最高准则与是非标准。当这种情况在“自我强化”机制的作用下逐渐被“制度化”以后，将给国家和社会带来灾难性的后果。

第二，在政治化行政的背景下，农民对国家应尽以及一些不是必须尽的义务均被纳入行政任务的范畴，而行政任务在通过官僚体系层层下达的过程中又不断加码。为了完成各种各样繁重（有些甚至是根本无法完成）的任务，只得经常依赖强制性的政治动员，甚至直接进行强迫命令。尽管中央高层也时常提醒和告诫下面不要搞强迫命令，但在政治支配行政的机制中，任务是刚性的，任务目标的完成情况才是最根本的是非标准，在这种情况下，强迫命令的现象不仅难以杜绝，相反还会泛滥成风。有的基层干部公开宣称：“搞社会主义，不来点强迫命令就搞不成。”② 在一些地方的农村，那些在工作中敢于以硬碰硬、动辄采取强制手段的基层干部往往被认为是有魄力的干部。过多过重的任务负担以及强制性手段的滥用，极大地损害了广大农民的正当权益，引起农民的强烈不满。这些不满在威权性体制之下大多没有以公开反抗的形式爆发，而是在农民心中积累沉淀下来，客观上加剧了党和政府与农民之间紧张关系，大大损害或降低了党和政府的威信与政治合法性。③

第三，政治化行政孕育或者助生了改革与建设中的冒进主义，给国家和人民造成了巨大的灾难。在政治支配行政的条件下，为了实现既定的政治目标，行政管理工作很容易产生脱离实际、急躁冒进的情况。由于各项行政工作都被直接赋予政治任务的意义，因此，在上级组织下达任务以后，下级组织之间很自然地形成了一种完成任务的竞争机制，结果是在完成任务的记录

① ［美］塞缪尔·P. 亨廷顿：《变化社会中的政治秩序》，王冠华译，生活·读书·新知三联书店1989年版，第32页。

② 陈益元：《1949—1957年中国共产党政权建设与农村社会变迁》，《吉首大学学报》2007年第5期。

③ ［美］塞缪尔·P. 亨廷顿：《变化社会中的政治秩序》，王冠华译，生活·读书·新知三联书店1989年版，第314页。

不断地被刷新的过程中，冒进主义得以滋生蔓延。费正清对新中国成立初期农业合作化运动中的冒进作了以下描述：“事实上，1956 年底高级合作社建立工作的大致完成，应更多地归结于党组织在运动中的热情而不仅仅是毛的计划。由于受到毛的讲话及肃反运动的压力，中国的农村干部决定采取‘宁左勿右’的态度。从 7 月讲话到 1955 年底，中国一直在进行这种循环：即毛和中央制订计划，各省超额完成；中央修改、提高计划，各省再次超额完成。甚至在 1955 年底，毛还估计，基本完成高级合作社的建立尚再需 3—4 年时间，但 1956 年各省再次大大超额完成毛的计划。在此过程中，毛在 1955 年认真提倡的分阶段前进的政策被抛弃于一旁。有 1/4 以上的农户在没有参加互助组这种初级组织的情况下直接参加了合作社，而且出现了超越初级社直接组织高级社的势头。”① 上述情况在合作化以后的“大跃进”和人民公社化运动中变现得更加突出。冒进不仅可以源于政治上的压力，而且有时还可以由人们对政治支配行政机制本身的信心所激发。如“大跃进是建立在盲目乐观基础上的一项计划，它以为用发动群众的办法就能够完成党的任务”。② 而毛泽东后来的行动表明“他承认对群众进行政治动员本身并不能推动经济迅速发展，因此毛主席后来没有把大幅度提高生产作为文化大革命的目标”。③ 有学者在总结“大跃进”和人民公社化运动中的政治动员时指出：“这种社会动员是一种带有强制暗示的组织型动员，它将其价值目标赋以科学性、合理性，从而使人难以拒绝，同时又以那个时代所特有的强大政治压力让人不敢拒绝。这种动员的结果，就是使得愿作先进而不愿戴政治帽子以求自保的广大群众极力参与进来，完全配合政府的行为，并主动将其向前推进，以示自己的觉悟，获取对自身更有利的政治优势，从而使得整个运动的发动得以不受阻拦的顺利发展。这种社会动员的直接后果是导致了大跃进、人民公社化运动失去了循序渐进、典型示范的谨慎性，也冲掉了因地制宜、具体分析的原则性，使大跃进日行万里，人民公社一哄而上。这正是依靠这种集中社会动员推进运动进程带来的严重负面效应，即执行政策的速度和结果的不确定性，使得运动的进程失去控制，造成运动的初衷和结

① ［美］费正清等主编：《剑桥中华人民共和国史》，金光耀等译，上海人民出版社 1990 年版，第 125 页。

② 同上书，第 314 页。

③ 同上书，第 348 页。

果的巨大差异。这个教训，是值得我们认真总结的。”①

第四，在政治直接支配下的行政管理自身也必然呈现支配性的总体特征，政治动员、行政任务、行政命令等行政机制的背后所体现的都是行政主体与作为行政相对人的农民之间的支配与控制关系。这种“支配型”或“控制型”行政机制虽然保证了国家对农村的资源汲取与秩序控制，但不利于农村的长远发展和长治久安。一方面，长期处于支配地位上行使支配性权力，使不少干部逐渐淡忘甚至完全丧失了公仆意识和服务意识；另一方面，伴随新中国的成立而在农民心中刚刚萌生的当家作主的民主意识则被时时刻刻事事处处受支配与控制的现实所消解。此外，“支配型”行政是一种自上而下的单向运行机制，缺乏自下而上的反向民主监督与权力制约，给“欺下瞒上”的机会主义提供了合适的生存土壤。上述这些情况的结合必然会对中国农村民主政治的后来发展产生深远的不利影响。从农村经济社会发展的角度讲，“支配型”行政的消极影响表现在它使农村丧失了持久发展的内在动力与活力。在“支配型”行政机制中，农民在国家行政网的严密控制之下失去了自主性，国家政权体系从生产到生活的全面、细致的强制性“关照”，使中国农民在政治方面表现出来的惰性逐步向经济领域扩展蔓延，农民的生产积极性与主动性几乎丧失殆尽，结果导致农业生产的低效率，农村经济与社会发展长期处于徘徊状态，广大农民长期生活在绝对贫困之中。这种情况从根本上决定了“政治支配型”行政机制将难以长期延续。

第二节　政治化行政机制的历史困境

如前所述，改革开放以前的乡村行政是一种政治化行政，行政管理主要在政治的直接支配与控制下运行，行政机制也主要表现为行政主体直接凭借强制性力量对社会成员进行支配与控制。改革开放以后，情况开始发生变化。基于对“文化大革命”惨痛教训的深刻反思以及随着改革开放方针的确立与推行，法制（法治）的重要性、有效性与正当性逐渐为执政党、国家和社会所认识。随后，国家加快了立法步伐，法律开始越来越广泛地介入社会生活的方方面面，成为规范社会行为、调整社会关系的基本准则。法制

① 王萌硕：《大跃进、人民公社化运动顺利发动的几个因素浅析》，《理论观察》2001 年第 5 期。

（法治）逐渐形成气候的过程也是国家行政机制发生演变的过程：政治对行政的直接支配地位开始逐渐被法律所取代，政治对行政运行的直接控制逐渐转变为通过法律的间接控制。与此同时，行政主体与社会成员之间的关系也从过去那种直接的组织控制与行政支配关系逐步转向通过法律进行规范和调整的行政法律关系。社会成员“对现存法律的服从优先于履行其它任何责任”。[①] 在政治直接支配行政的时代只能作为行政主体“办事的参考”的法律如今正逐步取代“最高指示”和“红头文件”成为行政的“主宰”或“统治者”，成为决定行政之运作空间与发展方向、评判行政之是非曲直与功过成败的基本依据。中国的国家行政正在经历由“政治直接支配”向“法律全面规制”、由“人治行政”向“法治行政”的深刻变化和重大转型。作为国家行政重要组成部分的乡村行政同样在经历着上述变化和转型，尽管这种变化与转型因为乡村社会的特殊性而更加艰难和缓慢，但其方向是明确，也是不可逆转的。

概括来说，中国乡村行政的法治化转型根源于农村政治经济体制发生的深刻变化。改革开放以后，以市场化和民主化为主要特征的政治经济体制逐渐取代了政治经济一体化的高度集中的政治经济体制，这种深刻变化使以“政治直接支配行政”为基本特征，以动员、任务和命令为主要方式和手段的政治化行政逐渐陷入困境，难以为继，正是这种情况促使了乡村行政的法治化转型。

一、家庭承包经营压缩了政治化行政的有效作用空间

中国的改革开放是从农村开始的，而农村的改革又是从经济体制改革开始的。农村的经济体制改革的突破口则是“包产到户”和“包干到户”的实行。[②] 在党和国家的正式文件里，包干到户又叫“家庭联产承包责任制”，十五届三中全会以后改称为“家庭承包经营”。

20 世纪 70 年代末，安徽等地的农民在巨大的生存压力下先后自发搞起了“包产到户”和“包干到户”。在邓小平、万里等中共领导人的肯定和支持下，“包产到户”和“包干到户”发展迅速。到 1980 年年底，安徽全省实行“包产到户”或“包干到户”的生产队占生产队总数的 70%。与此同

① ［美］塞缪尔·P. 亨廷顿：《变化社会中的政治秩序》，王冠华译，生活·读书·新知三联书店 1989 年版，第 32 页。

② “包产到户”和“包干到户”是两个不同概念。“包产到户”是根据产量计工分，最后按工分进行分配；而“包干到户”从分配关系上讲就是“交够国家的，留足集体的，剩下全是自己的”。

时，在四川、贵州、甘肃、河南等地，“包产到户”也公开或隐蔽地发展起来。[①] 尽管早期党内外都有不少人对“包产到户”尤其是“包干到户”持否定态度，但是，在党的十一届三中全会重新确立的实事求是思想路线的指引下，中共最终正式肯定了“包干到户”这一“中国农民的伟大创造”。1980年9月14日至22日，中央召开了省、自治区、直辖市党委第一书记座谈会，讨论了加强农业生产责任制问题。9月27日，中央以中发（1980）75号文件的形式批准印发了《关于进一步加强和完善农业生产责任制的几个问题》的会议纪要。75号文件指出：“在那些边远山区和贫困落后的地区，长期‘吃粮靠返销，生产靠贷款，生活靠救济’的生产队，群众对集体丧失信心，因而要求包产到户，应当支持群众的要求，可以包产到户，也可以包干到户，并在一个较长的时间内保持稳定。”1982年1月，中共中央以1号文件的形式批转了《全国农村工作会议纪要》，明确指出：“目前实行的各种责任制包括小段包工定额计酬，专业承包联产计酬，联产到劳，包产到户、到组，包干到户、到组，等等，都是社会主义集体经济的生产责任制。”1982年1号文件第一次十分明确地肯定了“包产到户”、“包干到户”的社会主义性质。1983年1月，中共中央印发了《当前农村经济政策的若干问题的通知》，这是中共中央下发的第二个1号文件。文件再次肯定了“包产到户”、“包干到户”“是社会主义集体经济的生产责任制”，同时高度赞扬“包产到户”和“包干到户”等家庭承包经营形式“是马克思主义农业合作化理论在我国实践中的新发展”，“是在党的领导下我国农民的伟大创造”。至此，围绕“包产到户”和“包干到户”的争论最终尘埃落定，家庭承包经营形式也因此获得了良好的发展环境。1983年年底，全国实行“包产到户”和“包干到户”的生产队占生产队总数的比例达到99.5%，其中，实行“包干到户”（即家庭承包经营）的生产队占生产队总数的97.8%。至此，家庭承包经营实际上已经成为中国农业的一种基本经营形式了。[②]

家庭承包经营制的实行极大地调动了广大农民的生产积极性，改变了我国农业生产长期停滞的局面，中国共产党因此赢得了亿万农民的热忱拥护，

---

① 参见武力、郑有贵主编《解决“三农”问题之路——中国共产党“三农”思想政策史》，中国经济出版社2004年版，第609页。

② 同上书，第611页。

党在农村的政治基础得到加强。[①] 另外，家庭承包经营制的实行也对国家与农民的关系进而对乡村行政的运行机制产生了重要而深远的影响。

家庭承包经营制是将土地等生产资料由集体承包给农户，以农户为单位进行生产经营和分配，其核心是将生产经营权下放给农民，使农民成为生产经营主体。[②] 从国家政权建设的角度看，家庭承包经营的实质是国家权力的多向度收缩。从纵向看，实行家庭承包经营以后，集体经济组织的权力与功能逐渐衰减，“生产队长的权力，只剩下集体农业时代的一枝半叶”，“国家政权的触角已从每家每户向上抽回”，[③] 农民不再像过去那样主要在村庄层次感受国家权力的作用，而是越来越多地在乡镇层次面对国家权力。从横向上看，家庭承包经营使农民在相当大的程度上重新获得了生产经营决策权，这也意味着国家权力从具体的农业生产经营领域撤出，显示了国家权力的横向收缩。

上述变化大大压缩了传统的政治化行政机制的有效作用空间。在新制度的框架中，生产什么、生产多少、怎样生产、如何分配产品等都由农户在承包合同的范围内自主决定，不再需要遵循“任务—动员—命令”的传统行政逻辑。换言之，“任务—动员—命令”的传统行政机制至少在理论上或制度文本上退出了农业生产和分配领域。诚然，从现实情况看，在实行家庭承包经营的条件下，不少地方依然存在着国家权力直接介入农业生产，以“任务”、“动员”、“命令”等带有强制性的传统行政方式“逼民致富”的现象，有的地方还相当严重。但是，与过去集体农业时代不同，在家庭承包经营的制度背景下，建立在强制基础上的“任务—动员—命令”机制是一种非正常的行政机制。一方面，它既与家庭承包制所蕴含的扩大农民自主权的国家政治意志相悖，又明显违反了家庭承包制的具体运作规则，缺乏合法性依据；另一方面，与上述相关，在家庭承包经营条件下，传统行政机制失去了赖以有效运行的“普遍服从”的前提和基础。与集体农业时代农民对政治支配下的强制性行政机制的普遍服从不同，实行家庭承包以后，强制性行政机制越来越多地遭遇到农民通过多种形式与途径的抵制与反抗，因而其运行成本大大增加，运行效率则大大降低。上述情况说明，家庭承包经营制的普遍推行，使曾经在集体农业时代畅行无阻的传统行政机制陷入困境。

---

① 参见杜润生《中国农村制度变迁》，四川人民出版社 2003 年版，第 17 页。

② 参见徐勇《中国农村村民自治》，华中师范大学出版社 1997 年版，第 25 页。

③ ［美］黄宗智：《长江三角洲小农家庭与乡村发展》，中华书局 2000 年版，第 322 页。

二、“撤社建乡”动摇了政治化行政的组织基础

农村普遍实行家庭承包经营以后，“三级所有，队为基础”的集体化农业生产经营体制实际上失去了存在的价值和理由，以“政社合一”为基本特征的人民公社制度也因此走到了历史的尽头。为了适应实行家庭承包经营以后农村的新形势，党和国家决定废除人民公社体制，建立乡镇人民政府。根据1982年宪法的规定，1983年10月，中共中央、国务院发出了《关于实行政社分开建立乡政府的通知》。此后，撤社建乡工作全面展开。截至1983年年底，全国有12702个人民公社宣布解体。到了1984年年底，全国又有39838个人民公社摘掉牌子。到了1985年，全国所余的249个人民公社自动解体，取而代之的是79306个乡、3144个民族乡和9140个镇。[①]

人民公社的解体使传统行政机制丧失了赖以有效运作的组织基础。首先，“政社分离”以后，农村社会的国家化和行政化在很大程度上得以缓解，农民不再像人民公社时代那样通过“社员”身份而成为国家政权组织体系的成员，从一定意义上说，他们已经从过去被高度“一致化”的“组织人”变成如今具有自己独立意志与利益的“社会人”，他们与国家政权之间具有行政隶属性质的组织关系随着人民公社体制的消亡而终止。与上述相联系，建立在隶属性行政组织关系基础上的“任务—动员—命令”机制在很大程度上丧失了其存在的合理性与实践的可行性。以往基层政权随意对农民发号施令进行直接支配的行政模式不再被认为是天经地义、合情合理的，也不再像人民公社时期那样能够顺畅高效地运行，而是越来越多地受到农民的质疑和抵制。

其次，“政社分离”标志着国家权力从经济领域的回抽，随着家庭承包经营制的实行，农业生产的决策权与产品的分配权进一步回归于农户，农民在很大程度上实现了生产与生活的自主，减少了经济上对国家权力的依赖，用农民自己的话说就是所谓“有吃有穿不求你”。有学者认为，中国共产党在新中国成立后成功实现乡村整合的“关键不在于国家政权之介入社会关系，而在于其积极介入经济领域，先是控制商业，然后夺取农民家庭的经济抉择权”。[②]汉密尔顿曾经说过：对某人的生活有控制权，等于对其意志有控制权。人民公社解体以后，这种状况发生了根本性的改变，国家权力从经

---

① 参见国家统计局《中国统计年鉴》（1997年），中国统计出版社1998年版，第366页。

② ［美］黄宗智：《长江三角洲小农家庭与乡村发展》，中华书局2000年版，第194页。

济领域回抽，政权组织不再能够从经济上直接支配与控制农民。由于“政社合一”体制下国家权力向经济领域的扩张以及由此导致的农民对国家政权的生存依赖是“任务—动员—命令”机制有效运行的重要保证，因此，随着“政社合一”体制的废止，“任务—动员—命令”机制也不再像以往那样灵验。如今一些农村基层干部时常抱怨农民越来越不“听话”，越来越难管，这也许可以从一个侧面反映出以“命令—服从”关系为基础的传统行政机制面临的现实困境。

最后，“撤社建乡”的体制改革改变了国家与农民之间的联系方式，加大了传统的政治化行政机制的运行成本。“政社合一”的人民公社时期，国家权力与乡村社会的关键交会点主要在公社（乡镇）以下的大队和生产队，农民主要通过党支部书记和生产队长直接感受国家权力。[①] 换言之，国家正式的政权组织并不直接面对面地与农民发生联系，而是通过其延伸至乡村社会各个角落的“触角”——各种准行政组织（大队、生产队、党组织等）将国家权力的作用传导到农民身上。国家政权组织直接领导和管理的对象与其说是分散的个体农民，不如说是组织起来的农民共同体，如国家政权组织一般不会将具体的任务和命令直接下达到农户，而是下达给生产队或生产大队，由生产队和生产大队贯彻落实。这种情况保证了“任务—动员—命令”机制的正常运行。然而，随着人民公社体制的瓦解，国家伸向村落的行政触角逐渐萎缩，虽然后来在村民自治的制度背景下恢复或重建了村级组织，但其性质与功能都不同于以往的生产队和生产大队，严格意义上不再是国家行政伸向村庄的“腿脚”或者“触角”。尽管在实践中一些农村的基层政权组织仍然习惯于将村民自治组织当作其伸向村庄的“腿脚”，但是，从总体上看，国家政权已经不能像公社时期那样完全通过村级组织传导国家权力，贯彻国家意志，而必须与农民（农户）直接面对面地发生关系。从农民的角度看，如美国学者黄宗智所指出的，“解放后的集体化曾为自然村落造就了一种新的组织机构，而现在包产到户削弱了这种村社组织。在某种程度上，农民家庭现在离群孤立，一个个单独地站在国家权力机构面前。解放前的同族集团和解放后的集体组织都大大衰微了”[②]。国家政权与农民之间联系方式的变化，使“任务—动员—命令”的传统行政机制难以为继。因为，依循“政治支配行政”的传统行政逻辑，由国家政权组织直接对成千上万的

① ［美］黄宗智：《长江三角洲小农家庭与乡村发展》，中华书局2000年版，第182页。

② 同上书，第322页。

农民（农户）布置各种各样的任务，下达各种各样的命令，并且保证任务的落实和命令的执行，这种方式即便可行，也需要付出极高的政治成本和行政成本（“征粮催款”、“刮宫引产”等工作中引发的多种矛盾和问题就证明了这一点），这种高额成本显然已经超出了执政党和国家政权的承受能力，难以长久维持。

三、村民自治限制了政治化行政的权力渗透渠道

20 世纪 80 年代初，随着家庭承包经营的普遍实行和人民公社的解体，农村社会的治理模式也开始发生深刻变化，以“撤社建乡”和村民自治为标志，逐步形成了“乡政村治”的新的治理格局。如果说“撤社建乡”是国家基层政权体制的一种恢复性重建，那么，村民自治则是新中国农村治理模式的一种创造性转换。

村民自治是在中国农村经济体制改革和国家民主化进程的背景下兴起的。[①] 80 年代初，随着“政社合一”的人民公社体制的废除，家庭承包经营制取代了人民公社时期的生产经营方式，人民公社时期的管理体制已经失去其经济支撑，难以为继。“但经济变革不可能自动形成与新的经济体制相匹配的新的治理模式。”[②] 随着人民公社的解体，农村出现了一定程度的无序和混乱状况，正如中共中央 1982 年 1 号文件中所指出的：“最近以来，由于多种原因，农村一部分社队基层组织涣散，甚至陷入瘫痪、半瘫痪状态，致使许多事情无人负责，不良现象在滋长蔓延。”面对这种局面，一些地方的农民创造了自己管理自己的组织——村民委员会。这种新的组织形式出现以后，立即得到正在考虑如何解决随着经济体制改革而建立新的基层组织体系的中央决策层的重视。在中央的重视和支持下，不少地方在进行政社分开、建立乡政府的试点过程中，开展了在乡以下建立村民委员会的试点。村民自治的兴起不仅是因为它较好地适应了实行家庭承包经营以后农村社会治理面临的新情况，而且还因为它正好契合了党的十一届三中全会开启的国家民主化进程。1978 年 12 月召开的中共十一届三中全会明确将发展社会主义民主提上了党和国家的重要议事日程。邓小平在这次全会上所作的主题发言中强调指出：“要切实保障工人农民个人的民主权利，包括民主选举、民主管理和民主监督。……必须使民主制度化、法律化，使这种制度和法律不因

① 参见徐勇《中国农村村民自治》，华中师范大学出版社 1997 年版，第 22—33 页。

② 同上书，第 26 页。

领导人的改变而改变，不因领导人的看法和注意力的改变而改变。”① 1982年9月召开的中共十二大进一步指出，社会主义民主要扩大到政治生活、经济生活和社会生活的各个方面，要发展各个企业、事业单位的民主管理，发展基层社会生活的群众自治。1982年12月通过的宪法以国家根本大法的形式确立了社会主义民主的基本原则，并且肯定了村民委员会作为农村基层群众性自治组织的性质和法律地位。1987年11月，六届全国人大常委会通过了《中华人民共和国村民委员会组织法（试行）》，以国家制定法的形式正式确立了村民自治的原则和制度框架。此后，中国农村村民自治得以在全国广泛推行，进入制度化运作阶段。

村民自治制度的确立，标志着中国农村形成了“乡政村治”的新的治理格局，乡村之间的关系由此发生了根本性的变化，“任务—动员—命令”的传统行政方式面临多重障碍。

首先，村民自治大大限制了国家行政权力对村庄事务的介入深度和广度。在人民公社时期，国家行政权力通过科层化的社队组织对村庄里的各种事务进行了全面的介入和控制。而在村民自治的制度背景下，国家行政权力逐步从村庄中撤出，回归其“公共行政”的本分，村庄内部的公共事务由村民通过民主的方式实行自我管理。这样，在村民自治的范围内，“任务—动员—命令”的传统行政方式便失去了正当性与合法性基础。

其次，村民自治改变了村组织与国家政权之间的关系。在“政社合一”的人民公社体制下，村级组织（大队、生产队）是国家政权伸向村庄的触角，是国家农村行政体系不可缺少的组成部分，具有准行政组织的性质。乡级组织（公社）与村组织之间的关系是命令—服从的行政隶属关系，正是乡村组织之间的这种行政隶属关系构成了传统行政机制的组织基础，使其得以有效运行。但在村民自治的制度背景下，村委会等村组织本质上不再是国家政权体系的组成部分，而是村庄内的群众性自治组织，乡政权与村委会之间不再是科层化组织体系中的上下级，二者之间的关系也不再是上下级组织之间的行政隶属关系或命令—服从关系。《村民委员会组织法》第4条明确规定：“乡、民族乡和镇的人民政府对村民委员会的工作给予指导、支持和帮助。村民委员会协助乡、民族乡、镇人民政府开展工作。”乡村组织关系的制度性改变，必然给予命令—服从关系为基础的传统行政方式造成极大的

① 中共中央文献研究室编：《三中全会以来重要文献选编》（上），人民出版社1982年版，第25—26页。

影响。

再次，村民自治在很大程度上改变了村庄公共权力的授权来源以及村组织和村干部的行动逻辑，农村基层政权对村组织和村干部的支配力与控制力明显弱化，传统行政机制在乡以下的运行不再像人民公社时期那样顺畅和有效。村民自治作为农民群众参与农村基层社会事务管理的一种直接民主形式，主要包括民主选举、民主决策、民主管理和民主监督四个方面的制度和内容，其中，民主选举是村民自治活动的前提和基础，是村民自治制度的首要内容。从基层治理的角度说，民主选举的意义在于它重新建构了村庄基层权威的社会授权关系，逐步以自下而上的授权机制取代了自上而下的权力委托，基层权威与社会利益脱节的趋势由此开始得到扭转，村庄权威的社会基础也因此得以强化，这样就为农村基层社会的长治久安创造了必要条件。从另一方面看，民主选举在改变村庄基层权威的授权关系或授权来源的同时，也因此逐步改变着基层权威的责任关系与行动逻辑。随着民主选举的日益规范和成熟，村组织与村干部只对上负责不对下负责的现象发生了很大的改变，越来越多的村组织和村干部不再像以往一样对乡政权一味地“俯首听命”、“唯命是从”，自下而上的授权机制使它（他）们在与乡政府打交道的过程中自觉充当起本村利益的“守望者”角色。笔者早期对农村基层干部群众所作的一项调查在一定程度上支持了这里的观点。在回答“在上级政府的利益与村民的利益发生矛盾时，村委会通常会维护哪一方的利益”的问题时，50.25%的被调查对象选择了“维护村民的利益”，而选择“维护上级政府的利益”的比例只有45.62%。① 在村民自治程度较高的地方，村民自治组织甚至公开地表达了维护本村利益、抵制乡政府不合理任务的意识。比如张静在对吉林省梨树县的调查表明，一些制度化水平比较高的村庄，村民代表会议开始具有明确的意识，去限制乡干部的随意定税（费）权。例如，霍家店村村民代表会议有一项议程：对乡政府下达的提留统筹数量进行评估和确认，不合法理的不予确认，村干就不能执行收缴。根据村民代表会议纪要，这个村曾对1996年乡政府下达的提留统筹数额评估后形成下列决议：“根据农民收入年年增加的实际情况，按照省市县有关政策规定，适当提取或增加乡统筹和村提留是可以的，农民也承受得了。经村民代表会议表决，一致通过上述预收款项，同时代表会议决定，有关农民负担的

① 姚锐敏等：《乡村治理中的村级党组织领导》，中国社会科学出版社2004年版，第273页。

问题必须经过村民代表讨论通过，并公布于众，对不合理负担要坚决抵制。”① 基层权威基础或授权关系的变化及其所导致的村组织和村干部责任机制与行动逻辑的改变，使传统的“任务—动员—命令”的乡村行政机制面临严峻挑战。

最后，以民主选举为首要内容和逻辑起点的村民自治逐步唤醒和增强了农民的民主意识、权利意识和法律意识，从根本上动摇了传统的高权行政模式赖以运行的政治文化基础。“村级民主选举过程是民主实践的过程，也是对农民及其基层干部的民主教育、学习和训练过程，对增强农民及乡村干部的民主意识、法制观念及民主能力发挥了重要作用。”② 事实证明，实行村民自治以来，广大农民的民主意识、权利意识和法律意识开始被唤醒并不断增强，他们逐步从对国家权力的高度畏惧和盲目遵从中走出来，越来越多地以理性的态度和方式对待国家权力。这种变化使国家行政权力在运行过程中经常遭遇农民“说不”。如四川某村进行村委会选举过程中，两位乡干部自行决定两次取出“废票”，目的是让总数减少，以方便一位竞争者“过半数”。但是，这种做法最终由于唱票和监票组成员不予承认而告失败。③ 再如1996年，湖北黄梅一个村的村民委员会选举的结果因不是上级“内定”的人选被所在地镇委镇政府以选举不合法律程序而否定，此举遭到该村村民的一致抵制，致使全村工作陷入瘫痪。一些村民还多次上访，要求上级认可选举结果。经过3年的僵持，所在镇不得不同意重新举行选举，并接受选举结果，尽管新当选的人员依然是上届当选的人员。对此，镇委书记深有感触地说：“现在与过去不同了，命令和压制都不灵，妥协与协商才能解决问题。”④ 这位镇委书记的感触相信也是许多农村基层干部的共同感受，它真实地反映了在农民民主意识、权利意识和法律意识日益增强的背景下以单方强制命令为基本特征的传统高权行政机制面临的困境。

总之，改革开放以来农村经济体制和政治体制改革，在极大地改变农村面貌的同时，也使国家基层行政权力的运行基础、运行环境和运行条件发生了巨大而深刻的变化。随着其赖以有效运行的一体化的利益结构、集权性的

---

① 张静：《基层政权——乡村制度诸问题》，上海人民出版社2007年版，第194—195页。

② 项继权：《中国村民自治的实践基础及成效》，载于刘亚伟编《无声的革命：村民直选的历史、现实和未来》，西北大学出版社2002年版，第313页。

③ 参见张静《基层政权——乡村制度诸问题》，上海人民出版社2007年版，第195页。

④ 项继权：《中国村民自治的实践基础及成效》，载于刘亚伟编《无声的革命：村民直选的历史、现实和未来》，西北大学出版社2002年版，第312页。

政治经济体制以及权力崇拜的政治文化的逐步消解，强制性的“任务—动员—命令”行政机制日益陷入理论和实践的双重困境。

在传统的政治化行政机制陷入困境的情况下，要保证和提高国家意志在农村的贯彻执行能力，大致有两条可供选择的路径：一是重启“社会国家化”的道路，即通过农村行政网的重建和基层行政权力的强化，将农民重新纳入国家行政的有效控制之下。如有人主张将乡镇政府建设为一级完备的政府组织，还有人主张村委会准政权化，赋予村委会一定的行政强制权，使村委会具有一定程度的政权性质和地位；① 甚至主张将“乡政”下沉到原行政村一级，将“村治”局限在自然村之内。② 从理论上说，通过这种途径，也许能够使传统行政机制在一定程度上和一定范围内摆脱目前的困境，但问题在于，在市场经济体制已经基本建立、民主与法治已成为时代潮流的背景下，即使我们可以不计政治成本与行政成本，通过“社会国家化”来强化传统行政机制的体制与权力保障也不是一种理性的选择。另一条路径是顺应农村的新形势和现代社会发展的大趋势，用民主法治精神和原则改造或重构乡村行政机制，在发展基层民主、重塑乡镇政府权威基础、增强乡镇政府之权力合法性的同时，通过行政权与国家法律更加全面、紧密的结合来提升和保障国家意志的贯彻能力，这种行政方式就是法治化行政。从改革开放以来农村的实际情况看，行政法治化已经成为一种不可逆转的发展趋势。

---

① 参见曾军《村委会准政权化设想初探》，《社会主义研究》1997 年第 5 期。

② 参见中共湖北省委组织部、湖北省社会经济调查队课题组《村级管理方式研究》，《中国农村经济》1997 年第 8 期。

第三章

乡镇政府的组织架构与职责权限

行政法治化的概念本身蕴含着两个基本的前提：一是行政主体的存在，行政法治的直接目的是要将行政权力的行使主体纳入法律的统治之下，没有一定的行政主体存在，行政法治化也就失去了目标和意义；二是相关行政法律制度的存在，行政法治的核心在于行政主体严格依法行政，没有相关的行政法律制度，行政法治化就失去了依据和标准。本章将沿着上述思路对乡镇政府行政法治化的基本前提进行具体的分析。

第一节　乡镇政府的法律属性与历史沿革

一、乡镇政府的法律属性

1. 国家行政机关是国家机构的重要组成部分

现代国家机构有各种各样的机关，诸如权力机关、行政机关、军事机关、审判机关、检察机关等，这些国家机关之间的关系结构在现代宪政体制下实际上被设计成一种相互制衡状态。西方国家信奉分权原则，形成了各具特点的政权结构类型，比如美国的国家权力配置的特点是立法、行政与司法三权平行并列、相互制约；在法国则表现为法兰西第五共和国宪法下的行政优越型的权力关系；在英国三权分立衍生出“议会至上”的宪法惯例。中国不实行三权分立，也不实行西方的议会制、多党制，中国实行人民代表大会制度，在不同国家机关的权力配置上明确规定在同级国家政权机关中，权力机关（人民代表大会）居于优越的地位；中国的宪法明确规定，全国人民代表大会是最高国家权力机关，地方各级人民代表大会是地方国家权力机关，国家各级行政机关、检察机关、审判机关由同级国家权力机关产生，对它负责，受它监督。从我国现行宪政体制国家机关的结构设置来看，(1) 我国的国家行政机关是国家机构的重要组成部分。我国的国家政权组织形式由各类国家机关构成，包括权力机关、行政机关、检察机关、审判机关、军事机关等，行政机关是国家机构中的重要组成部分。行政机关作为国家权力机关的执行机关，行使国家行政管理权。（2）国家行政机关由权力机关产生。我国的行政机关由国家权力机关产生，是国家权力机关的执行机关。它对国家权力机关负责，接受国家权力机关的监督。（3）国家行政机关包括最高国家行政机关和地方国家行政机关。国务院，即中央人民政府，是最高国家行政机关（宪法第 85 条），地方各级国家行政机关（地方各级人民政府）都必须接受国务院的统一领导。地方各级国家行政机关还必须接受上一级国家行政机关的领导，对它负责并报告工作。（4）地方各级人民政府是所辖区域的国家行政机关，履行管理该辖区行政工作的职能。宪法规定，县级以上地方各级人民政府负责全面管理该行政区域内的各项事业和行政工作。[①]镇政府负责管理辖区内的行政工作。[②]

2. 国家行政机关的层级结构

我国在国家结构形式上采取单一制，我国国家行政机关按管辖权和活动区域范围的不同，我们可以将国家行政机关分为中央行政机关和地方行政机关。活动范围及于全国的行政机关为中央行政机关，而活动范围只及于国家一定地域范围的行政机关为地方行政机关。虽然地方各级行政机关由地方各级人民代表大会选举和组织产生，并对其进行监督，地方行政机关必须对同级人大负责，但各级地方国家机关之间这种权力关系中的横向从属并不意味着地方国家机关在纵向上独立于中央政府的领导之外。现行宪法第 3 条规定：中央和地方的国家机构职权的划分，遵循在中央的统一领导下，充分发挥地方的主动性、积极性的原则。这一宪法规范表明，地方国家机关接受中央政府的领导是第一位的，横向从属的权力关系必须以“中央统一领导”的国家权力架构为原则，因此在中央国家行政机关与地方国家行政机关的关系中，国务院是最高国家行政机关（宪法第 85 条），国务院统一领导全国地方各级国家行政机关的工作。[③] 我国地方各级人民政府是地方各级权力机关的执行机关，是地方国家行政机关。它实行双重领导制，即一方面对地方

① 宪法第 107 条：“县级以上地方各级人民政府依照法律规定的权限，管理本行政区域内的经济、教育、科学、文化、卫生、体育事业、城乡建设事业和财政、民政、公安、民族事务、司法行政、监察、计划生育等行政工作。”

② 宪法第 107 条：“乡、民族乡、镇的人民政府……管理本行政区域内的行政工作。”

③ 宪法第 89 条：“国务院统一领导全国地方各级国家行政机关的工作。”

各级国家权力机关负责并报告工作，贯彻执行地方各级人民代表大会所通过的决议，接受它的领导和监督；另一方面也要对上一级国家行政机关负责并报告工作，服从国务院的领导。①

3. 地方国家行政机关设置

地方国家行政机关是国家按地方行政建制设置的一级地方政权，国家设立一个建制，必定相应设置一级政权，划定所管辖的地域。建制撤销，行政机关和行政区域也不再存在。根据宪法，我国地方行政区域划分：“（一）全国分为省、自治区、直辖市；（二）省、自治区分为自治州、县、自治县、市；（三）县、自治县分为乡、民族乡、镇。直辖市和较大的市分为区、县。自治州分为县、自治县、市。自治区、自治州、自治县都是民族自治地方。”（宪法第30条）

依据上述规定，我国地方行政区划如图3－1所示。

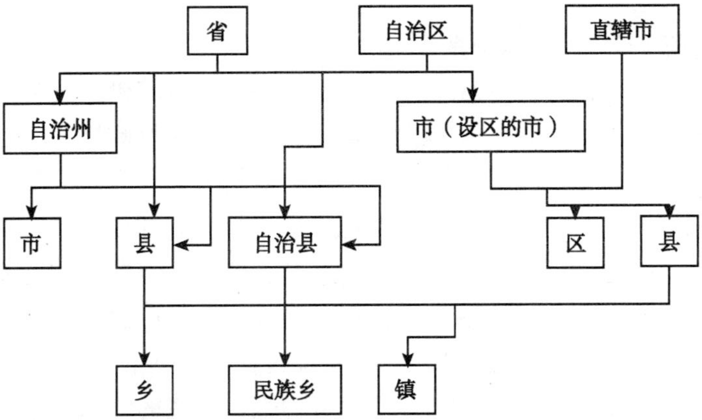

图3－1 地方行政区划示意图

截至2005年年底，中国地方行政建制布局见表3－1。表格统计数据表明：首先，我国地方行政区划从高到低被划分为四级层次。第一个层级，省级地方区域。包括直辖市、省、自治区、特别行政区。这几种的省级行政区域虽然在人口数量、土地面积等方面存在一些差别，但是它们的行政地位是相同的，都是直接隶属于中央人民政府即国务院的行政区域。第二个层级，地级地方区域。地级地方区域包括省和自治区以下的地区、盟、行政区、自

① 宪法第110条：“地方各级人民政府对上一级国家行政机关负责并报告工作。全国地方各级人民政府都是国务院统一领导下的国家行政机关，都服从国务院。”

治州、隶属于省或者自治区的设置并有辖县的市以及直辖市辖区。第三个层级，县级地方区域。包括市辖区、县级市、县、自治县、旗、自治旗、特区、林区。第四个层级，乡级地方区域。包括区公所、镇、乡、苏木、民族乡、民族苏木、街道等。其次，每一层级行政区域内都建立起一定数量的行政建制，例如，在地方最高层行政区域就建立了4个直辖市、23个省、5个自治区和2个特别行政区。再次，我国地方行政建制的最基层——乡级行政建制数量庞大。我国地方行政建制设置呈金字塔状，四个层级的数据分布为34：333：2862：41636。与我国经济社会发展阶段相对应，最基层行政建制中农村乡级行政建制到2005年年底为35000多个（乡级建制中除去街道建制），占全部乡级行政建制的85.2%。①

表3－1　中华人民共和国地方行政建制统计表（截至2005年12月31日）

省级		地级		县级		乡级	
直辖市	4	地级市	283	市辖区	852	区公所	11
				县级市	374	镇	19522
省	23	地区	17	县	1464	乡	14677
				自治县	117	苏木	181
自治区	5	自治州	30	旗	49	民族乡	1092
				自治旗	3	民族苏木	1
特别行政区	2	盟	3	特区	2	街道	6152
				林 区	1		
合计	34		333		2862		41636

资料来源：中华人民共和国民政部区划地名司，中国行政区划网，http：//www. xzqh. cn/ONE-WS_ zq. asp？id＝1150。

与我国地方行政区划设置相对应，地方国家机关（政府结构）从高到低一般来说也划分为四个层级：省级政府，即省、自治区、直辖市政府。省级政府是国家结构体系中地方国家行政机关的最高层级单位，是位居中央政府之下地方层次的最高层级。地级政府，即计划单列市政府、州政府和设区

① 根据行政区划网站提供的数据，至2009年年底，全国共有34个省级行政区（其中4个直辖市、23个省、5个自治区、2个特别行政区），333个地级行政区划单位（其中283个地级市、17个地区、30个自治州、3个盟），2858个县级行政区划单位（其中855个市辖区、367个县级市、1464个县、117自治县、49个旗、3个自治旗、2个特区、1个林区），40858个乡级行政区划单位（其中2个区公所、6686个街道、19322个镇、13653个乡、1098个民族乡、96个苏木、1个民族苏木）。省以下行政区划单位统计不包括港澳台。

的市政府等。县级政府，即市辖区政府、县政府、县级市政府。乡级政府，即乡、民族乡和镇政府。[①] 当然这里说的四级制，是从我国地方行政建制的主体状况而言。一般来说，地方政府层级很少在一国是整齐划一的，更多的情况往往是两种甚至更多种层次体制并存。就我国而言，地方政府现存的层级除了上述四级制外，还有两级（直辖市辖城区）、三级（省辖县，县辖乡）等几种体制。但这些个别状况不能改变地方行政层级的省、地、县、乡四级主导模式。这个结论可以现有地方政府结构体系中的上下隶属关系的现状为证。如以县级政府单位（包括县级市、自治县、但不包括市辖区）为统计标准，截至2003年年底，全国有县级行政单位2016个，其中省、直辖市直接领导的有55个，占总数的2.7%，由地区及盟代管的有157个，占总数的7.8%，两者合计212个。其余的县级行政单位（包括县级市、自治县）分别归属地级市或自治州领导。也就是说到2003年年底，全国有将近90%的县级政府单位处于四级体制中。

4. 乡镇政府是地方基层政府国家行政机关

对上述地方政府层级，如果从各层级政府与中央政府的关系，以及与地方居民关系这两个方面因素来看，各级地方政府的层级类型可划分为：最高层级地方政府、基层地方政府以及中间层地方政府。位居中央政府之下，由中央政府直接领导、控制的地方政府，为最高层级地方政府；而对所辖地域承担直接治理职责，直接面向地方居民的政府，我们称它为基层地方政府；对于介于最高层地方政府和基层地方政府之间的地方政府，可以称为中间层级地方政府。在中国政府体制的金字塔结构中，乡级政府居于地方政府的最低层级，因而在我国政府层级序列中无疑属于地方基层政府，它直接面对我国农村地区的数亿农民，是为所辖区域事务直接提供管理和服务的地方基层国家行政机关。

根据宪法第105条[②]和第107条[③]的规定，我国的乡镇政府作为农村基层行政建制中的基层政府和其他层级的国家行政机关一样，它们都是根据国家权力机关的决定和授权，按照宪法和有关法律的规定而设置的行使国家行

① 有时也称乡镇政府，从行政区划的角度来用乡、镇指称建制乡、建制镇，它们是国家依据一定的标准和条件，在农村地区设置的基层行政区域单位，由于二者在政权权力结构设置、上下从属关系、行政地位权力等方面的诸多共性，有时亦将乡级政府具名称为乡镇政府。

② “各级地方政府是地方各级国家权力机关的执行机关，是地方国家行政机关。”

③ “乡、民族乡、镇的人民政府执行本级人民代表大会的决议和上级国家行政机关的决定和命令，管理本行政区域内的行政工作。”

政职能的国家机关。乡镇政府作为国家行政机关，完全具备国家行政机关的本质属性。

首先，乡级政府是由国家设置，代表国家行使国家职能的国家行政机关。这一点是它与其他社会组织形态，如政党组织、各社会团体以及各企事业组织在组织属性上存在的根本不同。我们知道宪法作为国家根本法，它对国家的根本制度进行规定，是一国立国的总章程。从新中国成立以来的数个宪法来看，对乡级政府都作了如何规定呢？表 3－2 是乡级政府设置的宪法依据。

表 3－2　　乡级政府设置的宪法依据

宪法名称	具体规定
1954 年宪法	“县、自治县分为乡、民族乡、镇。”（第 53 条） “地方各级人民委员会分别由省长、市长、县长、区长、乡长、镇长各一人，副省长、副市长、副县长、副区长、副乡长、副镇长各若干人和委员各若干人组成。”“地方各级人民委员会的组织由法律规定。”（第 63 条）
1975 年宪法	“地方各级革命委员会……是地方各级人民政府。”“地方各级革命委员会由主任，副主任若干人，委员若干人组成，……”（第 22 条）
1978 年宪法	“县、自治县分为人民公社、镇。”（第 33 条）“省、直辖市、县、市、市辖区、人民公社、镇设立人民代表大会和革命委员会。”“人民公社的人民代表大会和革命委员会是基层政权组织。”（第 34 条）“地方各级革命委员会，即地方各级人民政府，……是地方各级国家行政机关。”“地方各级革命委员会由主任，副主任若干人，委员若干人组成。”（第 37 条）
1982 年宪法	“省、直辖市、县、市、市辖区、乡、民族乡、镇设立人民代表大会和人民政府。”“地方各级人民代表大会和地方各级人民政府的组织由法律规定。”（第 95 条） “地方各级人民政府……是地方各级国家行政机关。”“地方各级人民政府实行省长、市长、县长、区长、乡长、镇长负责制。”（第 105 条）

由此可见，有关乡级政府的规定属于宪法中我国政权组织形式根本制度的重要内容，相关规定表明乡级政府是国家行政机关的重要层级，处于国家行政机关的最低层级，在我国根本政治制度（人民代表大会制）下，乡级政府是地方基层政权的重要组成部分。而其他社会组织形态，比如说政党，政党在当今社会在各国都已成为最为活跃的政治载体，一般来说政党主要通过执政、参政和组织各种社会运动等方式，对国家的政治生活和社会进程发挥重要影响和作用，政党政治的发展现状已使各国政党成为国家政治制度的不可或缺的重要组成部分。我国宪法对政党特别是对中国共产党的规定不仅构成中国宪治制度的重要内容，同时也从国家根本制度上确立了政党特别是中国共产党的宪法地位。宪法序言对中国共产党及其他政党的规定是：我国

长期坚持中国共产党的执政党制度，中国共产党作为执政党，主要是通过中国共产党领导的多党合作和政治协商制度“在国家政治生活、社会生活和对外友好活动中，在进行社会主义现代化建设、维护国家的统一和团结的斗争中”进一步发挥它的重要作用。宪法序言不仅阐明了中国共产党执政党地位的合法性基础，而且阐明了坚持中国共产党的领导在国家政治制度中将“长期存在和发展”（宪法序言）。显然，政党与各级人民政府虽然都是我国国家政权制度安排中的重要内容，但二者在组织属性上有重大区别，政党是一种社会政治组织，尽管政党与一般的政治团体无论在政治目标方面（政党进行政治活动的目标和主要目的在于夺取政权或参与行使政权，这是政党区别于一般政治团体的根本标志），还是在组织形式要求方面（比一般政治团体严密、严格）有区别，但它们同属于社会政治组织而不是国家机关。宪法规定中国共产党是执政党，是中国特色社会主义事业的领导核心，对整个社会主义现代化建设起领导作用，中国共产党对社会主义事业、对现代化建设的领导，不是具体组织或管理这些方面的工作，中国共产党的领导作用具体表现为政治领导、思想领导或组织领导。还有一些社会组织、团体虽然经法律、法规授权，也可以行使一定的国家行政职能，如各种行业协会，它们有依法律、法规的授权管理本行业的某些行政事务的权力，还有各种技术检验、鉴定机构，如卫生防疫站和食品卫生监督站，经《食品卫生法》授权，它们能行使食品卫生监督检查权和对违反食品卫生法的相对人的行政处罚权，尽管如此，由于它们不是由国家设置的专门代表国家行使国家行政职能的，因而也不属于国家行政机关。

其次，乡级政府是行使国家行政职能的国家机关。国家作为一个特殊的公共权力机构，它既是实现统治阶级共同利益的工具，又是管理社会公共事务的机关。而国家在实施其阶级统治和社会管理活动过程中担负的职责和功能被定义为国家职能。国家职能按不同的分类标准可作不同的归类，如依国家职能内容可分为政治职能、经济职能、社会管理（服务）职能。如依国家职能活动领域可分为对内职能和对外职能。如依国家职能的功能作用又可分为立法、行政、司法及监督职能。国家的立法、行政、司法职能分别由不同的国家机关承担，国家职能成为国家机构设置的主要依据，而国家机构则成为实施国家职能的物质载体。我国各级人民代表大会及常务委员会行使立法（或决定重要事项）职能，各级法院、检察院行使司法职能，而行政职能则由国家行政机关来行使。根据现行法律规定，乡镇人民政府属于国家机构设置中的行政机关序列，且处于国家行政机关序列中的最底层。作为国家行政机关序列的乡镇人民政府行使的是国家行政职能，即执行法律以及管理区域内政治、经济、文化教育、社会治安等事务的职能。

最后，乡级政府是依宪法或行政组织法的规定而设置的行使国家行政职能的国家机关。在我国行政法学的行政主体理论中，如果依行政职能的来源方式，行政主体可被划分职权性行政主体和授权性行政主体。所谓职权性行政主体——行政机关，是指根据宪法和行政机关组织法的规定，在机关依法成立时就拥有相应行政职权并同时获得行政主体资格的行政组织；而授权性行政主体——法律法规授权组织，则指根据宪法和行政机关组织法以外的单行法律和法规的授权规定而获得行政主体资格的组织。行政机关包括：（1）国务院；（2）国务院的组成部门；（3）国务院直属机构；（4）经法律法规授权的国务院办事机构；（5）国务院部委管理的国家局；（6）地方各级人民政府；（7）县级以上地方各级人民政府的职能部门。法律法规授权组织具体包括：（1）经法律法规授权的行政机关的派出机关和派出机构；（2）经法律法规授权的行政机关内部机构；（3）法律法规授权的事业单位、企业、社会团体和其他组织。如果按行政主体理论的这种二分法，乡镇政府与法律、法规授权的组织的主要区别在于：法律、法规授权的组织不是依宪法或行政组织设置的，它们行使一定的行政职能是基于具体法律、法规的授权，它们只有在行使其所授行政职能时才具有行政主体的地位。而乡级政府是固定的、基本的行政主体，它是依照宪法和行政组织法设立的，享有国家行政权，能以自己的名义实施行政活动并能独立承担起法律后果的国家机关。

综上所述，我国的乡镇是根据宪法由国家设置的一种最基层的地方行政建制。乡镇政府是国家按基层地方行政建制设置的基层国家行政机关。

二、新中国成立以来乡镇政府行政建制的演进

1. 乡镇政府行政建制演进研究及阶段划分诸说综述

自改革开放以来，关于乡镇问题的讨论和研究始终是中国各学科领域及理论和实务各界的一个热点主题，言之乡镇问题，考察研究对象的历史演进过程无疑是其中的主要议题之一。从 20 世纪 70 年代末到 80 年代初酝酿取消人民公社，恢复乡制，继而引发第一次乡镇研究热潮一直到现在，专门冠以“乡镇政权”为名的专著不下二三十部，这里笔者依书籍的出版时间作一列举，以窥见关于乡镇研究的持续性特点：（1）《乡镇政权建设读本》，浙江省民政厅编，1987 年由浙江人民出版社出版；

（2）《乡镇基层政权建设》，冯昕等编著，1988年由河南大学出版社出版；（3）《乡镇政权建设》，田穗生等编著，1990年由经济科学出版社出版；（4）《中国乡镇政权建设概论》，戴均良等著，1991年由人民出版社出版；（5）《中国农村基层建制的历史演变》，张厚安、白益华等著，1992年由四川人民出版社出版；（6）《中国乡镇政权的现状与改革》，李学举著，1994年由中国社会出版社出版；（7）《中国乡镇政权建设与社会发展》，雷振扬、唐鸣等著，1994年由中国地质大学出版社出版；（8）《新视野与大思路：中国山区乡镇政权建设研究》，张立荣著，1995年由武汉大学出版社出版；（9）《乡镇政权建设的理论与实践》，李志凯、魏文章主编，1997年由陕西人民出版社出版；（10）《中国西北民族地区乡镇政权建设研究》，刘建兰、王宗礼著，1998年由甘肃人民出版社出版；（11）《中国乡里制度》，赵秀玲著，1998年由社会科学文献出版社出版；（12）《苏南乡镇政权建设研究》第1卷《苏南乡镇政府总体分析》，钱振明著，1999年由人民出版社出版；（13）《基层政权：乡村制度诸问题》，张静著，2000年由浙江人民出版社出版；（14）《当代中国乡镇政权建设研究》，罗昭义主编，2003年由光明日报出版社出版；（15）《社会变迁中的乡镇政权：沪郊某乡镇政权的个案研究》，苏红著，2004年由上海三联书店出版；（16）《党的基层组织与乡镇政权建设》，冷福榜著，2005年由红旗出版社出版；（17）《农村制度变迁中的乡镇财政与政权建设研究》，李春根著，2006年由江西科学技术出版社出版；（18）《农村基层政权变革：新时期中国乡镇政权改革研究》，丁云著，2007年由中国青年出版社出版，等等。甚至更有以新中国成立以来乡镇变迁为题的专著，如《新中国成立以来农村基层政权建设的历史考察》，江燕著，2009年由河北人民出版社出版。另外还有不计其数的期刊论文，以及硕士、博士学位论文都对乡镇的历史进行了详述。综观相关专著、论文关于乡镇历史演变过程的系统考察和分析，对新中国成立后到1980年代中期前后的乡镇建制史主要形成了“三阶段说”、“四阶段说”和“五阶段说”。

“三阶段说”关于乡镇建制史划分为：新中国成立初—人民公社建立前；人民公社时期；80年代初期后重建乡制三个阶段。三阶段说是乡镇理论研究中形成得最早、影响也比较大一种观点。早在80年代后期被提出，到90年代初得到系统阐述。如张厚安、白益华在1992年所著的《中国农村基层建制的历史演变》一书中论及乡制史时说，“综观建国后四十年的历史，我国乡政权的演变大体经过三个阶段：一、建国初期的乡政权；二、人民公社时候的政社合一；三、政社分开，重新建立乡人民政府”。[①] 在此之后，不仅有政府部门的研究机构赞同此说，如由国务院发展研究中心农村经济研究部承担的《中国乡镇发展报告》项目，2004 年在发布的《中国乡镇发展报告》中，在“中国乡镇组织的沿革”标题下，按新中国成立初期区人民政府乡镇人民政府两级政权，或乡镇一级政府加县的派出机构区公所同时并存；从 1958 年人民公社化到 1983 年政社分开；80 年代初人民公社解体和乡镇设立三个阶段对新中国成立五十多年的乡镇组织变迁展开论述。另外一些国内知名学校的博士毕业论文也采纳了相同观点。如中央党校毕业生王中汝在其博士论文《政治发展视野中的乡镇政权改革研究》中，在概述我国基层政权历史沿革的章节中，将新中国成立以来的乡镇政权设置变化划分为 1949—1958 年的乡级政权；1958—1984 年的人民公社；发端于改革开放新时期的乡镇政权重建三个阶段。中国人民大学江燕博士在被收入博士论文库的专著《新中国成立以来农村基层政权建设的历史考察》一书中，将农村基层政权建设史明确划分为：“新中国初期的农村基层政权建设（1949—1958 年）”，“人民公社时期的农村基层政权建设（1958—1983 年前后）”，和“乡政村治时期的农村基层政权建设（1983 年前后至今）”三个阶段。此外，还有一些大学的专门学术研究机构也持有相同观点，如浙江大学地方政府与社会治理研究中心的陈剩勇教授，在与人合著的《20 世纪以来中国乡镇体制的变革与启示》一文中，认为新中国成立以后的乡镇体制，“从建国初到 1958 年为第一阶段，是政府机构‘管理式’控制模式的发展时期；从 1958 年人民公社体制的建立到 1982 年是第二阶段，是社会生产动员式的社会运动模式；1982 年以后，人民公社逐渐取消为第三阶段，是第一种模式的恢复和强化”。[②] 还有其他持有相同观点的专家、学者就不一一在这里列举了。

“四阶段说”在乡镇建制史的划分上基本上是将“三阶段说”的第一阶段一分为二后，后面两个阶段的时段划分与“三阶段说”基本相同。比较早提出“四阶段说”观点可见雷振扬、唐鸣合著的《中国乡镇政权建设与社会发展》[③] 一书，作者在阐述新中国成立后中国农村基层政权“沿革”

---

① 张厚安、白益华等：《中国农村基层建制的历史演变》，四川人民出版社出版 1992 年版，第 186 页。

② 陈剩勇、孟军：《20 世纪以来中国乡镇体制的变革与启示》，《浙江社会科学》2006 年第 4 期。

③ 雷振扬、唐鸣：《中国乡镇政权建设与社会发展》，中国地质大学出版社 1994 年版。

时，分四个阶段进行了详细阐述：（1）乡、行政村（1949—1954年）；（2）乡、民族乡、镇（1954—1958年）；（3）人民公社（1958—1983年）；（4）80年代中期后。进入2000年后，学界中一些乡村问题研究的学者在乡制变迁史阶段划分上也持相同看法。如汕头大学法学院地方政府发展研究所的侯保疆在其《乡镇建制：历史、现状及未来》一文中，是这样来表述乡制演变史的："新中国成立后，乡建制随着政治、经济形势的发展进行过几次较大的调整，从建国到现在，乡建制的发展演变可分为四个时期。1. 1949—1953年……2. 1954—1957年……3. 1958—1982年……4. 1983年至今。"① 有必要说明的是，侯保疆一文的这个分期仅指乡制，而对镇的分期则另述。持四阶段说的还有肖唐镖，其在《中国乡村社会的治理与乡制变迁》一文中明确阐明：新中国成立后，"乡镇政权建设经过了四个阶段"：一是乡村政权并存时期（1950—1954年）；二是乡政权制时期（1955—1958年）；三是人民公社体制时期（1958—1983年）；四是乡政村治时期（1984年以来）。②

另外还有个别学者持有"五阶段说"，如柳成焱在其《略论我国乡镇行政区划的历史演变及其发展趋势》一文中认为：新中国成立以来，"乡镇建制规模，经历无数反复变化。这些反复变化，大致分为五个不同时期：1. "小区小乡"时期（1949—1953年）；2. "小乡小镇"时期（1954—1957年）；3. "大社大镇"时期（1958—1960年）；4. "颠来倒去"时期（1961—1982年）；5. "反复调整"时期（1983—2005年）。③

综观上述乡镇沿革研究，其积极意义是显而易见的，主要表现为：第一，对乡镇发展的历史进行了系统梳理。无论是三阶段说也好，还是四阶段说、五阶段说，都能使我们沿着不同的路径对乡镇建制在我国的发展变迁有了比较一个清晰的认识。第二，乡镇沿革诸说本身说明了研究者对研究所抱有的科学研究态度和严谨的治学精神。乡镇沿革研究自最早"三阶段说"后，不仅相继出现新说，而且乡镇沿革各"说"本身也历久而弥新。第三，史料的挖掘和整理细致、充分。史料是研究历史的基础，认识历史和再现历史过程，都离不开史料。离开史料就无法还原事物的真实，更不具权威的说服力。中国近代史上著名史学家梁启超先生曾说，"史料为史之组织细胞，

---

① 侯保疆：《乡镇建制：历史、现状及未来》，《汕头大学学报》（人文社会科学版）2006年第4期。

② 肖唐镖：《中国乡村社会的治理与乡制变迁》，《宁波党校学报》2002年第5期。

③ 柳成焱：《略论我国乡镇行政区划的历史演变及其发展趋势》，《科学社会主义》2006年第4期。

史料不具或不确，则无复史之可言”①。值得指出的是，在乡镇变迁史研究方面具有开山之作意义的《中国农村基层建制的历史演变》一书在史料的收集、整理上也堪当典范，特别是文献史料的挖掘和开发，以文献史料出版形式来看，既有公开出版的书籍、期刊、报纸、特种文献等，也有一些不公开发行的内部文献资料。其他乡镇史研究成果也大都秉从以史引论，论从史出这一史学研究的基本方法。已有的乡镇沿革研究成果的正面意义绝不止于上述几点，笔者这里仅从研究形式上择其要者而言。另外令笔者无不感到遗憾的是，虽然乡镇沿革各“说”为清晰展现乡镇发展史而进行了阶段划分，但都没有明确表述有关阶段划分的标准，因而笔者只能从各“说”的整体内容上恣意揣摸各“说”的划分阶段标准了。如“三阶段说”似乎是以乡镇建制设置的变更为标准，三个阶段分别为：设置乡镇建制——人民公社取代乡镇建制——恢复乡镇建制。“四阶段说”似乎是以乡镇制特点为标准，经历了乡、村并存阶段——乡政权制阶段——人民公社体制阶段——乡政村治阶段。笔者以为在历史阶段的划分标准上，由于研究者的研究角度、研究目的不同，可以采取不同的划分历史阶段的标准，亦即历史阶段划分标准不是唯一的，但是，既然将研究对象的历史进行分段阐述，标明分段标准则是必需的。正是基于过往研究的缺憾，笔者在分阶段地阐释新中国成立以来乡镇沿革变迁史时，会首先明确划分阶段的标准和理由。

2. 新中国成立以来乡镇行政建制演进史

纵观新中国成立来的乡镇变迁史，笔者拟以宪政制度安排为依据将其划分为五个阶段：1949—1954. 9（新中国成立后至宪法颁布前）；1954. 9—1958. 8（宪法颁布至实行人民公社体制前）；1958. 8—1975. 1（1958 年 8 月北戴河会议通过《中共中央关于在农村建立人民公社问题的决议》后至 1975 年宪法颁布前）；1975. 1—1982. 12（1975 年宪法颁布至 1982 年宪法颁布前）；1982 年宪法颁布以来。

以宪政制度安排作为乡镇建制阶段性划分的依据，宪法无疑是乡镇制演化最权威最根本的依据。因为宪政必然是以立宪（宪法）为逻辑起点，在形式上，宪政有赖于宪法，宪法一旦颁行就成为实施宪政的依据，指导宪政建设的运行。关于宪政与宪法的关系，从我国著名宪法学家张友渔关于宪政的表述亦可管窥一斑：“所谓宪政就是拿宪法规定国家体制，政权组织以及政府和人民相互之间权利义务关系而使政府和人民都在这些规定之下，享有应有

① 梁启超：《中国历史研究法》，华东师范大学出版社 1995 年版，第 53 页。

的权利，负担应负担的义务，无论谁都不许违反和超越这些规定而自由行动的这样一种政治形式。”① 中华人民共和国成立以来先后共颁布和实施了四部宪法：分别是1954年的宪法，1975年的宪法，1978年的宪法和1982年的宪法（下面为叙述的方面，分别将四部宪法简称为54宪法、75宪法、78宪法和82宪法），由此，我国乡镇发展沿革的上述五个阶段依次为（1）新中国成立初期建立乡镇建制；（2）54宪法后成为宪政体制下国家政权结构的重要层级；（3）农村人民公社化以社制代行乡制；（4）75宪法确立人民公社体制；（5）82宪法恢复乡制。下面对各阶段乡镇制状况作概述性阐释。

第一阶段 1949—1954.9（新中国成立后至宪法颁布前）。中华人民共和国成立以后，1950年12月，政务院颁布了《乡（行政村）人民代表会议组织通则》和《乡（行政村）人民政府组织通则》两个法规，对新中国农村基层政权的建置作了统一规定。随之，全国农村地区普遍建立起了乡（行政村，下同。）政权。从实际情况看，行政村建制主要存在于华北、东北等地，而在华东、中南、西南、西北区各省则以乡为基层行政区域。乡（行政村）一般由一个或几个自然村组成。所辖民户不等，多者超过500人，少者不上100人，人口一般500—3000人。根据《乡（行政村）人民代表大会组织通则》和《乡（行政村）人民政府组织通则》规定，乡作为地方基层政权，受区人民政府领导；在不设区人民政府的地区，受县人民政府领导及区公所的监督指导。乡人民代表大会（或乡人民代表会议）和乡人民政府是乡人民行使政权的机关，乡人民政府是乡人民代表大会闭会期间行使政权的机关。由于当时全国的乡和行政村大小悬殊，不能适应形势发展的需要，因此，1951年政务院发布《关于人民民主政权建设工作的指示》，要求各地“已完成土地改革的地区，应酌量调整区乡（行政村），缩小区乡行政区域范围，以便利人民管理政权，密切政府与人民群众的联系，充分发挥人民政权的基层组织的作用，并提高工作效率”。② 此后，乡（行政村）的总数由1951年的218642个增加到1952年的275269个。平时行使乡政权的乡政府机关最初根据《乡（行政村）人民政府组织通则》的规定，其机构人员除乡长一人及副乡长和委员若干人外，还可设文书一人，乡组织机构并无固定，而是“视工作需要设各种经常的及临时的委员会”。1954年，中央人民政府内务部发布了《关于健全乡政权组织的指示》，规定乡人民政府

---

① 张友渔：《宪政论丛》（上册），群众出版社1986年版，第100页。

② 区界名：《中国行政区划》，北京出版社1994年版，第35页。

一般应按生产合作、文教卫生、治安保卫、人民武装、民政、财粮、调解等方面的工作，分设经常性的工作委员会。各工作委员会的委员5—9人为宜，委员均由乡人民政府委员会任免。在新政权建立初期，乡级政权的普遍、迅速建立和完善，对当时农村土地改革的完成、国内形势的稳定，以及对农业生产的恢复发展都起到巨大作用。而且乡的设置，对于一个以农业为国民经济基础、农村居民占人口大多数的国家来讲，设置一级专门管理乡村地区的基础行政单位和地方行政建制，无疑是十分必要的。而关于镇建制，由于国家没有颁布相关法规，镇设置缺乏统一标准，法律地位亦不甚明确，这个时期的镇，既包括传统意义上的集镇，也包括具有行政区划功能的市镇。①

第二阶段　1954. 9—1958. 8（宪法颁布至实行人民公社体制前）。1954年第一届全国人民代表大会的召开及《中华人民共和国宪法》和《中华人民共和国地方各级人民代表大会和地方各级人民委员会组织法》的颁布，乡镇建制成为国家政权结构中的重要组成部分获得最高法律依据，由此新中国农村基层政权的结构与功能渐具雏形。在农村基层行政建制方面与前一阶段相比出现四点积极变化：一是明确规定我国县以下农村基层行政区划为乡、民族乡和镇，撤销了相当于乡的行政村和民族自治区的建制，增加了民族乡和镇的建制。1955年12月，国务院发出《关于建立民族乡若干问题的指示》。该《指示》没有具体规定少数民族人口在民族乡总人口中所占的比例，原则要求各少数民族相当于乡的聚居地方，就依照当地民族关系和便利生产的等条件，分别建立民族乡。民族乡可以是一个少数民族聚居的地方，也可以是两个或几个少数民族聚居的地方，也可以是以少数民族聚居地方为基础并包括一部分汉族居民区的地方。自54宪法②和《地方组织法》③ 确认镇的法律地位之后，1955年6月9日国务院颁布《关于设置市、镇建制的决定》，再次明确了镇的行政建制层级并具体规定了设镇条件。该《决定》明确规定："镇，是属于县、自治县领导的行政单位。"关于镇的设置条件具体规定了四种情形：（1）县级或者县级以上地方国家机关所在地；（2）虽非县级或者县级以上地方国家机关所在地，但聚居人口在2000以上，并有相当数量的工商业居民；（3）少数民族地区有相当数量的工商业

① 1953年县级行政中心辖区一律改为镇，与乡平级，成为县以下的一级行政建制。

② "县、自治县分为乡、民族乡、镇"（54宪法第53条第三款）。

③ "省、直辖市、县、市、市辖区、乡、民族乡、镇设立人民代表大会和人民委员会。"（《中华人民共和国地方各级人民代表大会和地方各级人民委员会组织法》第1条）

居民，聚居人口虽不及2000人，确有必要镇建制；（4）由县领导的规模较小、聚居人口不多的工矿基地。二是对国家机关中人民代表大会与人民委员会的性质、关系进行明确区分和规定。54宪法规定，乡、民族乡、镇的人民代表大会是本级地方国家权力机关；乡、民族乡、镇人民政府——人民委员会是人民代表大会的执行机关，是本级国家行政机关，对本级人民代表大会和上一级国家行政机关负责并报告工作。三是明确规定了乡镇机构设置和人员编制。乡镇人民委员会由乡长、镇长各一人，副乡长、副镇长各若干人和委员各若干人组成，具体名额为3—13人（1954年《地方组织法》第25条“乡、民族乡、镇三人至十三人”）。乡镇人民委员会任期同于本级人民代表大会任期（两年）（1954宪法和1954《地方组织法》都有相关规定）。乡、民族乡、镇人民委员会按照需要可以设立民政、治安、武装、生产合作、财粮、文化教育、调解等工作委员会，人口和工商业较多的镇的人民委员会，经县人民委员会批准，可以设立民政、生产合作、工商管理、建设、卫生等科或股作为自己的工作部门。四是对乡镇国家机关职能进行具体规定和提出具体工作要求。1954年《地方组织法》第7条和第28条分别对乡、镇人民代表大会职权（十二项职权）和乡、镇人民委员会职权（十一项职权）进行了规定。要求乡、镇每三个月举行一次人民代表大会会议（第10条）。乡、镇每半个月举行一次人民委员会会议，并在必要时举行临时会议。

1953年完成国民经济恢复任务的中国进入社会主义改造阶段，中国在这个阶段的总任务之一就是要完成“三大改造”，即对农业、对手工业和对资本主义工商业的社会主义改造，其目的是改变生产关系的性质。对农业的社会主义改造是通过农业合作化运动来实现的。开展农业合作化，就是通过各种互助合作的形式，把以生产资料私有制为基础的个体农业经济改造成为以生产资料公有制为基础的农业合作经济。我国的农业合作化经历了从1949年10月至1953年的互助合作；1954年至1955年上半年大力推进农业生产初级合作社；1955年下半年至1956年年底全面建立农业生产高级合作社等三个阶段。自1955年10月中共中央七届六中全会通过《关于农业合作化问题的决议》，提出到1958年春在全国大多数地方基本上普及初级农业生产合作的目标后，农业合作化运动急速发展，《决议》后，仅用3个月左右的时间就在全国基本实现了农业合作化。到1956年年底，参加初级社的农户占总农户的96.3%，参加高级社的达总到农户总数的87.8%。高级社废除了农村土地家庭所有制，建立起农村生产资料公有制和按劳分配的经济制度，因此以高级社建立为标志，宣告中国农业基本完成社会主义改造。在农业合作化运动迅猛推进的进程中，一方面已有的小乡制不能适应农业合作化迅速发展的需要，许多农业生产合作社的范围已经突破了原来小乡的行政区域界线。因此从 1955 年秋起，全国开始撤区并乡，扩大乡镇的管理规模和管辖范围，对乡进行调整。到 1957 年年底，全国乡总数由 1954 年年底的 21.8739 万个合并为 95843 个。① 另一方面，随着农业合作化运动中合作组织规模、形式的升级变革，一种新的社会组织形式——农业生产合作社也随之诞生，它不仅是生产合作组织，更逐渐成为一个集经济、社会管理职能为一体的社会组织，这可从全国人民代表大会 1956 年 6 月通过的《高级农业生产合作社示范章程》关于该组织的性质、任务、组织机构、社员权利义务、领导者的产生和设置等的规定得到印证。《章程》规定：农业生产合作社是劳动农民在共产党和人民政府的领导和帮助下，在自愿和互利的基础上组织起来的社会主义集体经济组织。其最高管理机关是社员大会或社员代表大会。由大会选出管理委员会管理社务（按合作社的大不，管委会一般设 9—19 名委员）监督社务。合作社主任领导日常工作；选出监察委员会（5—11 名委员）监督社务。合作社主任、副主任兼管理委员会主任、副主任。同年 9 月，中共中央、国务院在《关于加强农业生产合作社的生产领导和组织建设的指示》中，对合作社的规模作了原则规定：山区 100 户左右；丘陵区 200 户左右；平原区 300 户左右；超过 300 户以上的大村，可以一村一社。合作社又分为若干生产队和生产组。生产队一般 30 户左右，组 7—8 户。由合作社管委会任命生产队长进行管理。

第三阶段　1958.8—1975.1（1958 年 8 月北戴河会议通过的《中共中央关于在农村建立人民公社问题的决议》后至 1975 年宪法颁布前）。1958 年全国农村普遍建立了人民公社，以 1958 年 8 月公布的《中共中央关于在农村建立人民公社问题的决议》等一系列文件为标志，乡建制被人民公社所取代。《中共中央关于在农村建立人民公社问题的决议》，决定对农村基层政权实行变革，撤销乡、镇人民委员会和农业合作社组织，建立人民公社。之后《关于人民公社若干问题的决议》（1958.12）、《关于人民公社管理体制的若干规定（草案）》（1959）、《关于人民公社的十八个问题》（1959）、《农村人民公社工作条例修正草案》（1962）等的陆续出台，终把人民公社作为农村政社合一的组织确定了下来。

① 参见浦善新等《中国行政区划概论》，知识出版社 1995 年版，第 461—462 页。

农村人民公社既是“我国社会主义社会在农村中的基层单位，又是我国社会主义政权在农村中的基层单位”①，这是《农村人民公社条例（草案）》在人民公社性质的标题下开宗明义的点题定性。人民公社是在“小社并大”的过程中产生的，建立初期，一般以原来的一乡为一社，2000户左右；也有些地方根据自然地理条件，由数乡组成一社，六七千户；多的达两万户以上。相对高级农业合作社来说，这决不仅是规模的扩大，伴随着规模的急剧扩张，是人民公社组织性质的根本变化。从上述相关文件对人民公社的定性来看，人民公社不仅是农村集体经济组织“三级所有”的最高层，而且作为国家组成的领土单位，它已经成为地方行政建制中的组成部分，并成为地方行政建制设置中的一级。按中共中央决议，“乡党委就是社党委，乡人民委员会就是社务委员会”②，公社社员代表大会就是乡人民代表大会，公社社员的代表就是乡人民代表大会的代表，公社的社长就是乡长。在实际发展中，乡级政权机构完全被公社管理机构所代替。人民公社的各级权力机关是公社社员代表大会、生产大队社员代表大会和生产队社员大会。公社和生产大队社员代表大会每年至少开会两次，选举管理人员和决定重大事情。公社社员代表大会选举产生的公社管理委员会，受县人民委员会（县人民政府）领导。在管理生产建设、财政、粮食、贸易、民政、文教卫生、治安、民兵和调解民事纠纷等项工作方面，行使乡人民委员会的职权。人民公社的管理机构为各级管理委员会。公社管委会设主任1人，副主任2—5人，委员11—19人，任期两年；生产大队管委会，大队长1人，副大队长2—3人，委员7—15人，任期1年；生产队设队长、副队长、会计和其他管理委员数人，任期也是1年。人民公社还设立各级监察组织。监察委员会或监察员均由同级权力机关选举产生。

第四阶段　1975.1—1982.12（1975年宪法颁布至1982年宪法颁布前）。1975年第四届全国人民代表大会第一次会议通过了中华人民共和国第二部宪法，这部宪法是自1966年以后十年没有召开全国人民代表大会、中国经历“文革”十年动乱这一特殊的历史条件下制定的，虽然这部宪法保留了1954年宪法的某些基本原则，如坚持中国共产党的领导，坚持无产阶级专政，坚持社会主义道路，坚持社会主义公有制等，仍不失为一部社会主义宪法。但是，由于1975年宪法产生的特定历史背景，使该部宪法不仅形式上由于基本结构的过于简单损害了宪法的完备性，规范上由于文本中充斥

① 《农村人民公社工作条例（草案）》，1961年3月。
② 《中共中央关于在农村建立人民公社问题的决议》。

着的政治标语和口号，损害了条文的规范性和严肃性，而且该部宪法的内容也受到“文化大革命”“左”的路线的严重干扰，把“文化大革命”中的许多错误理论和做法加以法律化、制度化，如在地方国家机关的设置方面，确认了“文化大革命”中的混乱状态，规定地方各级革命委员会既是地方各级人民代表大会的“常设机关”，“又是地方各级人民政府”（第22条），以国家根本法的形式确认“农村人民公社是政社合一的组织”（第7条），“农村人民公社、镇的人民代表大会”是农村基层政权的权力机关，农村人民公社、镇的革命委员会既是权力机关的常设机构又是农村基层人民政府。这些规定不仅严重扰乱了国家机构的合理分工和影响其机构的正常活动，而且因为违背宪制基本精神，75宪法在我国宪制史上是对54宪法的倒退。1976年“四人帮”倒台，“文化大革命”也宣告结束，国家主要领导人痛定思痛，选择的治国之路是坚决摒弃“人治”，走法治之路。1978年3月召开的第五届全国人民代表大会通过了一部新宪法——78宪法，虽然这部宪法已开始有意识地清算“文化大革命”遗毒，但78宪法的产生是在粉碎“四人帮”不久和党的十一届三中全会之前，许多是非问题在理论和政治上还不能分清，还不能完全清除极左流毒在制宪中的影响，因此总的来说78宪法仍是一部过渡性质的宪法，比如在农村基层建制方面，仍然坚持人民公社是“政社合一”的组织，在地方各级国家机关设置上虽然廓清了权力机关与行政机关的关系，但仍然承继75宪法“革命委员会”的规定①。78宪法颁布后分别于1979年、1980年作过两次修订，涉及地方国家机关设置的重要修改就是将“革命委员会”重新恢复为“人民政府”②，但农村基层国家行政机关的名称却没有使用“人民政府”的称谓，而采“管理委员会”的称谓。③ 1979年修订的宪法仍坚持人民公社的“政社合一”性质：人民公社的人民代表大会和管理委员会既是国家基层政权机关和行政机关，又是集体经济的领导机构。④ 总之，自50年代末乡建制在实际上被人民公社所取代，随后得到75宪法、78宪法确认直到80年代初，人民公社一直是我国农村基层行政区域单位，是我国农村基层政权设置。据统计数据表明，到1982年全国共有公社5.4万多个，人口在1万以下的公社占其总数的39%，

---

① “省、直辖市、县、市、市辖区、人民公社、镇设立人民代表大会和革命委员会。人民公社的人民代表大会和革命委员会是基层政权组织，又是集体经济的领导机构。”（第34条）

② “省、直辖市、县、市、市辖区、镇设立人民代表大会和人民政府。”（第34条第一款）

③ “人民公社设立人民代表大会和管理委员会。”（第34条第一款）。

④ 参见第34条第二款。

而1万以上的占其总数的61%。

第五阶段 1982宪法颁布以来重新恢复乡建制。党的十一届三中全会确定改革开放的国策，使中国历史翻开了新的一页。随着改革开放和现代化建设的深入，国家政治、经济和文化生活发生了巨大的变化和发展，中国农村逐步实行了以家庭联产承包为主要形式的农业生产责任制，农村生产经营方式和分配方式都发生了根本变化，因此公社建制同农村政治经济的发展越来越不相适应。正是这样一种时代背景在呼唤一部体现改革开放精神，为改革开放事业的发展奠定根本性制度环境的新宪法的产生，82宪法承载着这样的历史重任，由第五届全国人民代表大会第五次会议于1982年12月4日通过并同日颁布实施。82宪法对农村基层政权建制进行重大变革，规定“省、直辖市、县、市辖区、乡、民族乡、镇设立人民代表大会和人民政府”（第15条）。由此，自50年代末建立的人民公社设置从国家根本法中消失了，取而代之的是恢复了54宪法的乡建制。1983年10月《中共中央、国务院关于政社分开建立乡政府的通知》（即中发［1983］35号文件）发出后，政社分开，建立乡政府的工作陆续在全国全面展开。《通知》规定建乡的规模“一般以原有公社的管理范围为基础，如原有公社范围过大的，也可适当划小”。恢复乡制的工作到1985年2月基本完成，全国从原来的约5.4万多个人民公社改建为9.15万多个乡、镇（82450、9104）人民政府①。有学者认为，“虽然这一次‘政社分离’缘起于新一轮的农村‘土地改革’，但是，‘乡政’的实际变迁始终被两个方面的力量所左右：一是来自乡村社会本身的力量，另一个来自乡村社会之外的力量。这个乡村社会之外的力量，主要是国家政权重建的力量。国家在乡村社会的政权重建主要是因应农村家庭承包责任制普遍推行以后旧有的高度集中的人民公社管理体制解体所面临的管治问题”②。大量考证村民自治产生背景的文献都曾对当时的农村社会基本状况进行了客观而详细的描述。因之人民公社的解体，管理农村社会的基本结构单元——生产大队和生产队也失去昔日的行政威权而陷于瘫痪，一时间，农村社会管理失控，治安恶化。村民自治的发轫地——广西壮族自治区宜州市（原为宜山县）屏南乡合寨村果地屯（现为合寨村所属的

① 韩俊：《中国经济改革30年》（农村经济卷）（1978—2008），重庆大学出版社2008年版，第294页。

② 吴理财：《从“分离”到“重构”：国家与乡村社会关系下的乡镇变迁——乡政30年》，载《中国农村研究》2008年卷（上），中国社会科学出版社2009年版。

自然村），当时成立村民委员会组织就是迫于时势的需要。由于原有的管理组织瘫痪，村集体山林被人任意砍伐，村内偷盗成风，赌博成风，村里各类案件每月都有发生，最多时一个月多达20多起，村民为防止耕牛被盗，晚上不得不将牲畜圈进屋与人同住。另外公共事务和公益事业等，也处于无人组织、无人管理的混乱状态。[①] 农村社会的这种局面也亟须在旧制度崩溃后用一种新的替代性制度保证社会的有序和稳定，因此从农村管理体制更替的角度可以认为，82宪法规定恢复乡制是在“政社合一”、“三级所有、队为基础”的人民公社全能控制体制被推倒后农村社会面临失控、离散和混乱时，由外力——国家政权重建的力量所进行的一种新的制度构建。82宪法不仅规定在农村基层政权建制上恢复乡制，而且规定在农村要以村民居住区域建立村民委员会（82宪法第111条），1983年《中共中央、国务院关于实行政社分开，建立乡政府的通知》对此也作了明确要求，《通知》在提出具体改革政社合一体制要求的同时，提出要按村民居住状况设立村民委员会，“协助乡人民政府搞好本村的行政工作和生产建设工作”（《中共中央、国务院关于实行政社分开，建立乡政府的通知》）。为巩固国家基层政权和农村社会的稳定，以82宪法为标志，开始了后来被学者们定义为“乡政村治”（在乡镇一级设立国家基层政权组织，乡镇以下的村实行村民自治）的中国农村社会治理体制的建构，从82宪法提出设立村民委员会，到1987年《中华人民共和国村民委员会组织法（试行）》提出村民自治，到1998年《中华人民共和国村民委员会组织法》推出较完善村民自治制度，终于使“乡政村治”的体制得以定型。

自80年代中期完成恢复乡制以来，伴随我国政治体制改革的步伐，乡镇制建设也呈现出明显的阶段性特点。

90年代中期以前，以加强乡镇建设，加强和完善乡镇政府职能为特点。1986年中共中央、国务院颁布《关于加强农村基层政权建设工作的通知》，明确提出要把乡建设成为“能够有效地领导和管理本行政区域的政治、经济、文化和各项事务的有活力、有权威，高效能的一级政权”，其中提出的重要措施，比如“明确党政分工，理顺党政关系”中要求“乡党委要保证乡政府依照宪法和法律的规定独立行使职权，支持乡长大胆地开展工作”。在“实行政企分开，促进农村经济进一步发展”这一措施中，指出不应把

① 参见黄辉祥著《村民自治的生长：国家建构与社会发育》，西北大学出版社2008年版，第53—54页。

本由政府管理乡经济的职权交由乡经济组织行使，要求“乡政府应按实际需要配备必要的专职干部，行使政府管理经济的职能”。在“简政放权，健全和完善乡政府的职能”的措施中，要求县、乡的某些职能机构的条块分割体制，“凡属可以下放的机构和职权，要下放给乡”。当时中央还积极抓了一些试点，如山东“莱芜经验”（1986）和湖南“双峰经验”（1988），都采取了将县设在乡镇的一些职能机构转交给乡镇进行管理的做法。山东省莱芜市将农机站、经管站等16个单位的人财物三权下放给乡镇管理。民政部于1988年6月召开了农村基层政权工作座谈会，向全国推广“莱芜经验”。1991年11月，中共十三届八中全会通过的《关于进一步加强农业和农村工作的决定》也对莱芜经验进行了肯定，规定“县有关部门设在乡镇的机构，除少数不宜下放的实行双重领导外，一般都要放到乡镇管理。实行双重领导的机构，干部的调动、任免、奖惩应征得乡镇党委的同意。乡镇党委和政府对这些单位要加强领导，使之相互配合，形成合力，共同为农村的经济和社会发展服务”。通过简政放权，乡镇政府的职能得到强化和健全，力图使乡级政权成为一级功能较为完备的政府。

90年代中期以后，随着中国经济体制改革目标（建立社会主义市场经济）的确立和政治体制改革的全面推进，乡镇制发展则以撤乡并镇、精简机构、转变政府职能为主要内容。“撤社建乡”工作完成后，1986年中共中央办公厅、国务院办公厅联合发布《关于全国区、乡、镇党政机关人员编制的有关规定》，按农村人口密度（即每平方公里的人口数）对乡镇机构人员定编提出具体标准：农村人口密度在300人以上的，编制控制在人口的1‰—1.3‰；200—300人的，编制最高不得超过1.5‰；100—200人的，编制最高不得超过1.7‰；50—100人的，编制最高不得超过2‰；不足50人的，编制最高不得超过2.5‰。按这个标准全国乡镇共定编136.2万人，但实际人数大大超出编制，“据1991主管部门负责人估计，当时全国乡镇实有行政人员350万，超过编制数额210万”。① 到农村税费改革前夕，全国近4.5万个乡镇，财政供养人员（包括离退休人员和教师）已高达1280万人。90年代中期以前，伴随国家政府机构改革的步伐，乡镇机构虽然也经历几次（1988年、1993年）较大规模的改革，撤乡并镇也迈出较大步子。恢复乡制前的1982年，全国共有人民公社5.4万多个，1985年撤社建乡，乡镇总数扩张为9.1万多个，而到1996年乡镇总数已减少到4.3万多个（1996年农业普查数据），在这十余年

① 沈延生：《中国乡治的回顾与展望》，《战略与管理》2003年第1期。

间，乡镇数平均每年减少3000多个。但由于这个时期乡镇改革的基本路径是强化“块块”职能，完善“块块”机构，所以与乡镇总数剧减不相协调的是乡镇财政供养人员的膨胀，“据统计，1990年每个乡镇财政供养人员只有30多人，但到2000年时，乡镇财政供养人员普遍到了100人以上，有些乡镇甚至高达300多人”。[①] 所以在1998年国家新一轮政府机构改革的推动下，特别是农村税费改革的启动，乡镇机构改革以更大力度和深度向前推进，乡镇机构改革从过去简单的乡镇撤并、机构人员精简，深化到乡镇政府职能定位的思考和探索，从仅作为农村税费改革的配套措施（2000年《中共中央、国务院关于进行农村税费改革试点工作的通知》）上升到农村综合改革的重要内容（2004年《国务院关于做好2004年深化农村税费改革试点工作的通知》）和关键环节（2006年《国务院关于做好农村综合改革工作有关问题的通知》）。这个时期随着农村税费改革深入［从全面试点（2000—2003）到全面取消农业税（2006）］，特别是废除农业税，对乡镇政府的管理理念、工作方法、管理模式都形成巨大冲击。国家与农民之间取予关系的根本变化促使人们从理论和实践上更广泛地开展乡镇政府职能、管理模式等方面的探索。另外，以更大力度继续撤乡并镇和精简行政编制的改革，如河南省2005年在乡镇撤并工作中提出了具体的乡镇规模标准：平原、丘陵地区原则上不保留3万人以下的乡镇，山区原则上不保留面积不足100平方公里、人口不足3万人的乡镇，撤并目标是将全省470多个乡镇减少到200余个；江苏省的乡镇数由2001年的1974个减少到2006年的1201个，撤并乡镇773个，撤并率达到39.2%，乡镇规模明显扩大，平均面积由49.14平方公里增加到80.77平方公里，平均人口规模由3.13万人增加到5.15万人；广东省到2004年底全省已撤并乡镇391个，撤并率达24.6%；四川省截至2005年6月，共撤并乡镇191个（其中乡183个，镇8个），全省乡镇建制总数由4800个减少到4609个。[②] 全国的乡镇总数到2009年年底，减少到34170个（其中镇19322个、乡13653个、民族乡1098个、苏木96个、民族苏木1个）[③]，比1996年减少近万个，相比完成撤社建乡工作的1985年的乡镇数量，乡镇总数减少近2/3。

下面是江苏省海安县1990年代中期以来乡镇撤并数据表，也大致反映了这个时期乡镇撤并的整体状况。

---

① 冯明旭：《论乡镇政府职能的转变》《中共山西省直机关党校学报》2009年第4期。

② 参见李向超《后农业税时代乡镇建制研究》，硕士学位论文，郑州大学，2007年。

③ 行政区划网站：http：//www.xzqh.org/html/china/http：//www.xzqh.org/html/china/。

表 3－3　　海安县乡镇撤并沿革

<table>
<tr><th>1984 年（42 个）</th><th>1995 年（34 个）</th><th>2000 年（29 个）</th><th>2001 年（22 个）</th><th>2004 年（14 个）</th></tr>
<tr><td>老坝港</td><td rowspan="2">老坝港</td><td rowspan="2">老坝港</td><td rowspan="2">老坝港</td><td rowspan="2">老坝港</td></tr>
<tr><td>旧场</td></tr>
<tr><td>角斜</td><td>角斜</td><td rowspan="2">角斜</td><td rowspan="2">角斜</td><td rowspan="2">角斜</td></tr>
<tr><td>沿口</td><td>沿口</td></tr>
<tr><td>李堡</td><td rowspan="2">李堡</td><td rowspan="3">李堡</td><td rowspan="3">李堡</td><td rowspan="3">李堡</td></tr>
<tr><td>曹园</td></tr>
<tr><td>丁所</td><td>丁所</td></tr>
<tr><td>西场</td><td>西场</td><td rowspan="2">西场</td><td rowspan="2">西场</td><td rowspan="2">西场</td></tr>
<tr><td>壮志</td><td>壮志</td></tr>
<tr><td>立发</td><td>立发</td><td>立发</td><td rowspan="2">城东</td><td rowspan="4">城东</td></tr>
<tr><td>南屏</td><td>南屏</td><td>南屏</td></tr>
<tr><td>韩洋</td><td>韩洋</td><td>韩洋</td><td rowspan="2">洋蛮河</td></tr>
<tr><td>新生</td><td>新生</td><td>新生</td></tr>
<tr><td>大公</td><td>大公</td><td rowspan="2">大公</td><td rowspan="2">大公</td><td rowspan="3">大公</td></tr>
<tr><td>北凌</td><td>北凌</td></tr>
<tr><td>古贲</td><td>古贲</td><td>古贲</td><td>古贲</td></tr>
<tr><td>海安</td><td rowspan="4">海安</td><td rowspan="4">海安</td><td rowspan="4">海安</td><td rowspan="5">海安</td></tr>
<tr><td>海北</td></tr>
<tr><td>海南</td></tr>
<tr><td>田庄</td></tr>
<tr><td>隆政</td><td>隆政</td><td>隆政</td><td>隆政</td></tr>
<tr><td>胡集</td><td>胡集</td><td rowspan="2">胡集</td><td rowspan="2">胡集</td><td rowspan="2">胡集</td></tr>
<tr><td>青萍</td><td>青萍</td></tr>
<tr><td>仁桥</td><td>仁桥</td><td>仁桥</td><td>仁桥</td><td rowspan="2">孙庄</td></tr>
<tr><td>营溪</td><td>营溪</td><td>营溪</td><td>营溪</td></tr>
<tr><td>曲塘</td><td rowspan="2">曲塘</td><td rowspan="2">曲塘</td><td rowspan="3">曲塘</td><td rowspan="5">曲塘</td></tr>
<tr><td>花庄</td></tr>
<tr><td>李庄</td><td>李庄</td><td>李庄</td></tr>
<tr><td>章郭</td><td>章郭</td><td>章郭</td><td>章郭</td></tr>
<tr><td>双楼</td><td>双楼</td><td>双楼</td><td>双楼</td></tr>
<tr><td>雅周</td><td>雅周</td><td>雅周</td><td rowspan="3">雅周</td><td rowspan="3">雅周</td></tr>
<tr><td>王垛</td><td>王垛</td><td>王垛</td></tr>
<tr><td>张垛</td><td>张垛</td><td>张垛</td></tr>
<tr><td>南莫</td><td rowspan="2">南莫</td><td rowspan="2">南莫</td><td rowspan="3">南莫</td><td rowspan="3">南莫</td></tr>
<tr><td>邓庄</td></tr>
<tr><td>沙岗</td><td>沙岗</td><td>沙岗</td></tr>
<tr><td>白甸</td><td>白甸</td><td>白甸</td><td rowspan="2">白甸</td><td rowspan="2">白甸</td></tr>
<tr><td>瓦甸</td><td>瓦甸</td><td>瓦甸</td></tr>
<tr><td>墩头</td><td rowspan="2">墩头</td><td rowspan="2">墩头</td><td rowspan="2">墩头</td><td rowspan="4">墩头</td></tr>
<tr><td>双溪</td></tr>
<tr><td>吉庆</td><td>吉庆</td><td>吉庆</td><td>吉庆</td></tr>
<tr><td>仇湖</td><td>仇湖</td><td>仇湖</td><td>仇湖</td></tr>
</table>

资料来源：http：//baike. baidu. com/view/206462. htm。

第二节　乡镇政府与上级政府、乡镇人大和乡镇党委的关系

一、乡镇政府与上级政府和乡镇人大的关系

乡镇政府的法律地位，主要指乡镇政府与同级其他国家机关以及与上一级国家行政机关的关系。根据现行《宪法》和《地方组织法》的规定，乡镇政府是我国国家政权的最基层单位，是农村基层国家行政机关。有关乡镇政府的法律地位，可分别从乡镇政府与同级其他国家机关（乡镇人民代表大会）的关系和与上级国家行政机关（县人民政府）的关系两个角度来分析。

从乡镇政府与乡镇人民代表大会的法律关系来看，乡镇政府是乡镇人民代表大会的执行机关，是负责本行政区域全部行政工作的国家行政机关。乡镇政府的这一法律性质在宪法第96条、① 第105条②和第107条，③《地方组织法》第4条④和第54条⑤作了明确规定，这些规定的含义有四点：（1）乡镇人民代表大会是农村基层国家权力机关。依据《宪法》和《地方组织法》的规定，乡镇人民代表大会是本行政区域的国家权力机关，是代表本行政区域内的人民行使宪法赋予的管理国家大事的工作机构。在同级政权体系中乡镇人民代表大会处于主导地位。依照宪法和法律的规定，乡镇政权组织主要是乡镇人大和乡镇政府，而两者的关系是产生和被产生、决定和被决定、监督和被监督的关系。从组织上来看，乡镇人民代表大会选举产生乡镇人民政府。按照《地方组织法》的规定，乡镇人民代表大会有权选举并罢免乡长、副乡长；镇长、副镇长。乡长、副乡长；镇长、副镇长可以提出辞职，但必须向乡镇人民代表大会提出，由大会决定是否接受辞职。总之，乡镇人民代表大会是农村基层国家机关中的最高权力机关，是农村基层国家机关中基本

---

① “地方各级人民代表大会是地方国家权力机关。”

② “各级地方政府是地方各级国家权力机关的执行机关，是地方国家行政机关。”

③ “乡、民族乡、镇的人民政府执行本级人民代表大会的决议和上级国家行政机关的决定和命令，管理本行政区域内的行政工作。”

④ “地方各级人民代表大会都是地方国家权力机关。”

⑤ “地方各级人民政府是地方各级人民代表大会的执行机关，是地方各级国家行政机关。”

的和主导的部分，是产生乡镇人民政府的基础，《宪法》第99条[①]和《地方组织法》第9条对乡镇人民代表大会职权作了规定，《地方组织法》更是将乡镇人民代表大会的职权具体细化为13项。[②]（2）乡镇政府是乡镇人民代表大会的执行机关。与作为基层国家权力机关的乡镇人民代表大会不同，乡镇人民政府在乡镇政权组织中处于行政管理机关和乡镇人民代表大会的执行机关的地位，担负着乡镇一级的各项行政管理事务。乡镇人民政府在自己的职权行使和工作中，要贯彻执行乡镇人民代表大会有关该行政区域社会、政治、经济等各项工作和重大事项所作的决议、决定，定期依法报告工作并接受乡镇人民代表大会的法律监督。（3）乡镇人民代表大会是乡镇人民政府的监督机关。根据《宪法》和《地方组织法》的规定，乡镇人民代表大会对乡镇人民政府的监督，主要是有：乡镇人民代表大会有权在本行政区域内，保证宪法、法律、行政法规和上级人民代表大会及其常委会决议的遵守和执行；有权撤销乡镇人民政府不适当的决定和命令；有权听取和审查乡镇人民政府的工作报告。乡镇人民代表大会还有权罢免乡镇人民政府的组成人员；乡镇人民代表大会在举行会议的时候，代表10人以上联名可以书面提出对乡镇人民政府的质询案。（4）乡政府是本行政区域的地方国家行政机关，它具体负责规划、领导、组织和管理本行政区域的一切行政工作，依法行使职权。它的这些工作不同于其他社会、政治或经济组织的管理，是以国家行政机关面目出现的，它的管理以国家权力为后盾，具有法律强制性。

从乡镇政府与其上一级国家行政机关（县人民政府）的法律关系来看，

---

① “地方各级人民代表大会在本行政区域内，保证宪法、法律、行政法规的遵守和执行；依照法律规定的权限，通过和发布决议，审查和决定地方的经济建设、文化建设和公共事业建设的计划。”

② “（一）在本行政区域内，保证宪法、法律、行政法规和上级人民代表大会及其常务委员会决议的遵守和执行；（二）在职权范围内通过和发布决议；（三）根据国家计划，决定本行政区域内的经济、文化事业和公共事业的建设计划；（四）审查和批准本行政区域内的财政预算和预算执行情况的报告；（五）决定本行政区域内的民政工作的实施计划；（六）选举本级人民代表大会主席、副主席；（七）选举乡长、副乡长，镇长、副镇长；（八）听取和审查乡、民族乡、镇的人民政府的工作报告；（九）撤销乡、民族乡、镇的人民政府的不适当的决定和命令；（十）保护社会主义的全民所有的财产和劳动群众集体所有的财产，保护公民私人所有的合法财产，维护社会秩序，保障公民的人身权利、民主权利和其他权利；（十一）保护各种经济组织的合法权益；（十二）保障少数民族的权利；（十三）保障宪法和法律赋予妇女的男女平等、同工同酬和婚姻自由等各项权利。”

乡镇政府与县人民政府存在法律规定的行政隶属关系。根据《宪法》第108条[①]、第110条[②]规定，以及《地方组织法》第59条[③]、第61条[④]规定，解读这些规定，其含义有：（1）地方各级政府实行的是双重负责制，乡镇政府作为地方政府序列中的一级政府亦如此。这里所说的双重负责制，即各级地方政府除对同级人民代表大会负责并报告工作外，还须对上一级政府负责并报告工作（注：县级以上地方各级人民政府在本级人民代表大会闭会期间，对本级人民代表大会常务委员会负责并报告工作）。乡镇人民政府除对乡镇人民代表大会负责并向其报告外，还必须对县人民政府负责并报告。（2）乡镇政府与县人民政府之间存在着领导与被领导的上下级的行政隶属关系。县人民政府有权领导乡镇人民政府的工作，乡镇人民政府要接受上级政府的领导，执行上级政府的决定和命令，乡镇政府的工作要接受上级政府的监督。乡镇政府接受上级政府领导并受其监督，根据《宪法》和《地方组织法》的有关条款规定，具体内容包括：执行上级政府规定的行政措施、发布的决议和命令；行政工作必须接受上级政府的监督检查，上级政府可以撤销其不适当的决议、命令；乡镇政府职能组织机构设置或撤并，要报经上级政府批准，乡镇政府要支持上级政府及其职能机关设在本行政区域分支机关的工作，乡镇职能部门的工作要受上级政府相应的职能机关的领导或业务指导；乡镇政府制定并组织实施本乡镇的社会经济发展规划时，不能同整个县（县级市、市辖区）的经济社会发展计划相矛盾，并要服从其全面规划；办理上级政府交办的其他工作。

归纳来讲，乡镇政府的法律地位就是：它既是乡镇人民代表大会的执行机关和乡镇的行政机关，又是上一级政府的下属行政机关，需要同时对两者负责并报告工作；在本行政区域里，它是地方国家行政机关，依法行使职权，领导和管理辖区内的一切行政工作。

---

① “县级以上的地方各级人民政府领导所属各工作部门和下级人民政府的工作，有权改变或者撤销所属各工作部门和下级人民政府的不适当的决定。”

② “地方各级人民政府对上一级国家行政机关负责并报告工作。全国地方各级人民政府都是国务院统一领导下的国家行政机关，都服从国务院。”

③ “县级以上的地方各级人民政府行使下列职权：……领导所属各工作部门和下级人民政府的工作”；“改变或者撤销所属各工作部门的不适当的命令、指示和下级人民政府的不适当的决定、命令。”

④ “乡、民族乡、镇的人民政府行使下列职权：……执行本级人民代表大会的决议和上级国家行政机关的决定和命令。”

二、乡镇政府与乡镇党委的关系

乡镇政府是国家行政机关序列中面对农村的基层国家行政机关，乡镇党委是党在农村的基层组织（党的农村基层组织还包括村级党支部、总支或党委）。乡镇政府与乡镇党委的关系，按国家根本法宪法的基本原则，坚持中国共产党的领导具体到国家政权机关之间的关系上，就是中国共产党在政权机关中居于领导地位和发挥领导作用。自然在乡镇政权机关中，乡镇党委也当然居于领导的位置。也就是说乡镇党委与乡镇政府的关系是领导与被领导的关系。中国共产党的各级组织与同级国家行政机关的这种关系，不仅宪法中有原则规定，而且在中国执政党的重要文件也有明确规定，比如《中国共产党党章》、《中国共产党农村基层组织工作条例》这些对国家政治体制有重要影响的规范性文件（中国共产党党的文件，因为我国宪政体制对中国共产党唯一执政党地位的确定，使得中国共产党的重要文件对政治体制发生实质性影响），对基层党委在同级政权机关中的领导地位和作用更有明确具体规定，《党章》总则规定："党必须按照总揽全局、协调各方的原则，在同级各种组织中发挥领导核心作用。"该《条例》规定："乡镇党的委员会（以下简称乡镇党委）……是党在农村的基层组织，是党在农村全部工作和战斗力的基础，是乡镇、村各种组织和各项工作的领导核心。"

乡镇党委作为农村基层政权机关的领导者，其主要职责权限，根据该《条例》规定，具体包括六项："（一）贯彻执行党的路线方针政策和上级党组织及本乡镇党员代表大会（党员大会）的决议。（二）讨论决定本乡镇经济建设和社会发展中的重大问题。需由乡镇政权机关或集体经济组织决定的问题，由乡镇政权机关或集体经济组织依照法律和有关规定作出决定。（三）领导乡镇政权机关和群众组织，支持和保证这些机关和组织依照国家法律法规及各自章程充分行使职权。（四）加强乡镇党委自身建设和以党支部为核心的村级组织建设。（五）按照干部管理权限，负责对干部的教育、培养、选拔和监督工作。协助管理上级有关部门驻乡镇单位的干部。（六）领导本乡镇的社会主义民主法制建设和精神文明建设，做好社会治安综合治理及计划生育工作。"根据这些关于乡镇党委职责的规定，乡镇党委不仅是乡镇各类组织的领导核心，而且还是党在农村各项方针政策的具体执行者，是乡镇经济建设和社会发展中各项重要工作的领导者和直接组织者。当然，从该《条例》关于乡镇党委职责的规定来看，乡镇党委作为乡镇经济建设和社会发展中各项重要工作的领导者和直接组织者，并不意味着可以随意、直接干预属于乡镇政府职权范围内的事项，对属于乡镇政府职权范围内的事项，乡镇党委要支持和保证乡镇政府依照法律和有关规定作出决定。

党管干部原则是坚持党的领导的一项根本原则，党管干部是实现党的领导的重要组织保证。中国共产党的领导作用一个很重要的途径就是通过它在国家机关中担任公职，特别是担任领导职务的党员来实现的。这些在各级国家机关担任领导职务的党员，在其职务活动中，贯彻执行党的路线、方针、政策和各项具体决定，从而实现党的领导。《条例》关于乡镇党委的第五项职责，乡镇党委除了协助管理上级有关部门驻乡镇单位的干部外，乡镇党委还负责乡镇国家干部的培养、选拔和监督工作。从现在乡镇党委的机构设置来看，乡镇党委一般由7—9名委员组成，设书记1名、副书记2—3名，组织、宣传、统战等委员若干名。而乡镇政府机构根据《地方组织法》的规定，乡镇政府机构人员由乡（镇）长、副乡（镇）长组成。从现有的两种典型的乡镇党政机构类型来看，无论是乡镇党委书记兼乡镇长类型，还是乡镇党政机构并存类型（乡镇党委副书记任乡（镇）长），乡镇党委主要成员不仅是乡镇党委机构的领导人，也是乡镇政府机构的领导者。乡镇党政机构设置现状正好说明了《条例》关于乡镇党委第五项职责的规定，乡镇党委不仅负有提高乡镇政府干部的政治和工作能力的职责，对他们的工作进行考核和监督，而且可以向乡镇政府推荐干部，直至选派得力的干部（乡镇党委书记、副书记）担任乡镇政府机构领导职务。作为担任乡（镇）长的中国共产党党员，按照党的组织原则，应该在其担任乡镇政府领导的工作中，自觉维护党的利益，贯彻执行党的决定。即使乡镇政府实行乡（镇）长负责制的情况下，担任乡（镇）长的共产党员也应主动向乡镇党委汇报政府工作中的重大问题，听取意见，接受监督，维护和坚持党对乡镇政权机关工作的领导。

根据中共中央、国务院《关于加强农村基层政权建设工作的通知》（中发［1986］22号），乡镇党委的主要职责是：抓好党的路线、方针、政策的贯彻执行，抓好基层党的思想建设和组织建设，加强对共青团、工会、妇联和民兵的领导，抓好群众的思想政治教育，促进党风和社会风气的稳定好转。该《通知》还指出，乡镇党委对政府的领导，主要是政治、思想和方针政策的领导，对干部的选拔、考核、监督，而不是包办政府具体工作。党委要保证政府依法独立行使职权，支持政府工作。乡镇党委对乡镇政权机关的领导，主要包括如下内容：

第一，抓好党的路线、方针、政策的贯彻执行，保证国家宪法和法律的实施，监督乡镇政权机关，特别是乡镇长的日常工作。乡镇党委应经常检查、研究乡镇政权机关执行《宪法》和《地方组织法》赋予的职权的情况，以及贯彻实施上级党委和政府决议、决定的情况，采取必要的措施，帮助和支持乡镇政权机关依法行使职权。

第二，乡镇党委应根据党章提出的要求“领导人民发展社会主义民主，健全社会主义法制，巩固人民民主专政”，“切实保障人民管理国家事务和社会事务、管理经济和文化事业的权利”，从本地实际和群众愿望出发，讨论和研究本乡镇政权建设中的重大问题，作出相应的决定，并且保证贯彻实施。在这方面，乡镇党委特别要加强对担任乡镇人大代表的党员的工作。一方面帮助他们提高处理本地国家事务和社会事务的能力，充分发挥他们的作用；另一方面要用党的基本知识教育这些党员，使他们自觉地按照党员标准和党的纪律严格要求自己，并通过法定程序把乡镇党委的决定变成乡镇人民代表大会的决议，监督乡镇政府实施。

第三，乡镇党委要从支持、维护和加强乡镇政府权威出发，在乡镇中切实发挥党组织的政治核心作用。乡镇党委通过协调乡镇内其他国家机关、社会组织和经济组织的活动，保证乡镇政府能充分依法行使职权。凡属乡镇政府职权范围内的事情，党委一般不必直接出面处理，或直接给政府下达指示、命令，以便政府依法开展工作。当发现政府对某些工作或问题处理不当时，党委应通过法定程序或组织程序，促使乡镇人民代表大会监督政府改进，或通过在政府中工作的党员，特别是担任乡（镇）长的党员同志，采取行政措施解决。

第四，乡镇党委要加强对乡镇政府干部的管理，尽可能推荐、选派得力的干部到乡镇政府工作，注意提高乡镇政府干部的政治素质和工作能力。对承担乡镇政府工作的共产党员，乡镇党委应加强其思想教育和纪律教育，使他们时刻牢记：在政府工作中，必须自觉维护党的利益，贯彻执行党的决定，包括乡镇委的决定，维护和坚持党对乡镇政权机关工作的领导。在实行乡（镇）长负责制的情况下，担任乡（镇）长的共产党员更要认识自己责任的重大，应主动向乡镇党委汇报政府工作中的重大问题，听取意见，接受监督，取得党委的支持，以便更好地开展工作。

第三节　乡镇政府机构设置与职权职能

《地方政府组织法》是关于我国地方政权的组织、产生、职能和工作程序的基本法律，也是乡镇政权建设和乡镇政府机构设置及职能配置的重要法律依据。《地方组织法》对乡镇政府机构设置、职责范围和权限、任期任职等作了规定。现行《地方组织法》于1979年颁布实施后到现在，全国人大常委会根据形势的发展变化，先后四次（1982年、1986年、1995年、2004年）对该法进行了修订，在乡镇政府机构设置、职能配置、权限划分、任职任期等方面也有不同规定。

一、乡镇政府机构设置

根据《地方组织法》的规定，乡镇人民政府由乡镇人民代表大会的首次会议选举产生。该法关于乡镇政府组织机构，第56条第三款规定："乡、民族乡的人民政府设乡长、副乡长。民族乡的乡长由建立民族乡的少数民族公民担任。镇人民政府设镇长、副镇长。"也就是根据该法，乡镇政府机构、人员只包括乡（镇）长、副乡（镇）长，而不包括乡镇政府其他工作部门及工作人员，甚至也不包括乡镇政府内设机构的负责人。关于乡镇政府机构组织形式的这种规定，明显地不同于县以上各级政府的相关规定，表3－4为现行《地方组织法》关于县以上各级地方政府机构设置的规定。

表3－4　　县以上各级地方政府机构设置一览

<table>
<tr><th>构成
类别</th><th>行政首长</th><th>行政副手</th><th>其他机构成员</th><th>备注</th></tr>
<tr><td>省、自治区、直辖市</td><td>省长、主席、市长</td><td>副省长、副主席、副市长</td><td>秘书长、厅长、局长、委员会主任、副秘书长若干人</td><td rowspan="4">各厅、局、委员会、科分别设厅长、局长、主任、科长，在必要的时候可以设副职；
办公厅、办公室设主任，在必要的时候可以设副主任</td></tr>
<tr><td>自治州</td><td>州长</td><td>副州长</td><td rowspan="2">秘书长、局长、委员会主任、副秘书长若干人</td></tr>
<tr><td>设区的市</td><td>市长</td><td>副市长</td></tr>
<tr><td>县、不设区的市、市辖区</td><td>县长、市长、区长</td><td>副县长、副市长、副区长</td><td>局长、科长</td></tr>
</table>

表3－4中反映的《地方组织法》关于县以上各级地方政府机构设置的规定，一是政府人员组成。县以上各级地方政府机构设置除行政首长和行政副手外，还包括其他组织成员，如省、自治区、直辖市、自治州、设区的市的人民政府分别由省长、副省长，自治区主席、副主席，市长、副市长，州长、副州长和秘书长、厅长、局长、委员会主任组成。二是政府机构组成。县以上各级地方政府机构有分工明确的工作机构。如在省级政府可根据行政管理领域的不同来分别设置具体的厅、局、委员会；自治州、县、自治县、

市、市辖区的人民政府可设置分管不同行政工作的局、科等。但要求省级人民政府工作部门的设立、增加、减少或者合并，由本级人民政府报请国务院批准，并报本级人民代表大会常务委员会备案；自治州、县、自治县、市、市辖区的人民政府的局、科等工作部门的设立、增加、减少或者合并，由本级人民政府报请上一级人民政府批准，并报本级人民代表大会常务委员会备案。三是县以上各级地方政府组织机构结构具有恒定的科层性。省级政府组织结构层级为厅—局；自治州政府及设区的市的组织结构层级为局—科；县级政府组织结构层级为局—科。

如果将新中国成立以来相关规范性文件关于乡镇人民政府组织形式的规定进行比较，可见我国乡镇人民政府组织形式经历了一个演化过程，表 3－5 是相关规范性文件关于乡镇机构设置规定一览表。

表 3－5　　　　相关规范性文件关于乡镇机构设置的规定

时间	法规范名称及制定者	具体规定
1950	《乡（行政村）人民政府组织通则》 政务院	第二条　乡人民政府委员会由人民代表大会选举**乡长一人、副乡长及委员若干人组成之，……**
1954. 1	《关于健全乡政权组织的指示》 中央人民政府内务部	乡人民政府应设置各种工作委员会。一般应按生产合作、文教卫生、治安保卫、人民武装、民政、财粮、调解等方面的工作，分设各种经常的工作委员会……但最多不得超过七个。各种工作委员会均设主任，必要时亦可设副主任，由乡政府委员分别担任，亦可遴选其他适当的人担任
1954. 9	《中华人民共和国宪法》 全国人民代表大会	地方各级人民委员会分别由省长、市长、县长、区长、**乡长、镇长各一人**，副省长、副市长、副县长、**副区长、副乡长、副镇长各若干人和委员各若干人组成**
1954. 9	《中华人民共和国地方各级人民代表大会和地方各级人民委员会组织法》 全国人民代表大会	地方各级人民委员会分别由本级人民代表大会选举省长、市长、县长、区长、**乡长、镇长各一人**，副省长、副市长、副县长、**副区长、副乡长、副镇长各若干人和委员各若干人组成。** 地方各级人民委员会组成人员的名额：……乡、民族乡、镇三人至十三人
1961. 3	《农村人民公社工作条例（草案）》 中共中央全体会议	九、**公社管理委员会，在行政上，相当于原来的乡政府**，受县人民委员会的领导。在管理民政、生产建设、财政贸易、文教卫生、治安、民兵和调解民事纠纷等项工作方面，行使乡政府的职权。 四十三、人民公社各级组织，都必须保持精干，人数不可过多。公社一级干部的人数，应该按照编制配备，只许少不许多

续表

时间	法规范名称及制定者	具体规定
1962.9	《农村人民公社工作条例修正草案》 中共中央全体会议	五、人民公社的规模是一乡一社。有的是小乡一社，有的是大乡一社。各个公社的规模定下来以后，长期不变。 九、**公社管理委员会，在行政上，就是乡人民委员会（即乡人民政府）**，受县人民委员会（即县人民政府）和县人民委员会派出机关的领导。在管理生产建设、财政、粮食、贸易、民政、文教卫生、治安、民兵和调解民事纠纷等项工作方面，行使乡人民委员会的职权。 **公社的社长，就是乡长。** 四十七、公社一级的干部，人数多少，应该根据公社的规模大小和精简的原则，严格控制在国家规定的编制数目以内，只许减少，不许超过
1975.1	《中华人民共和国宪法》 **全国人民代表大会**	**地方各级革命委员会由主任，副主任若干人，委员若干人组成**，由本级人民代表大会选举或者罢免，并报上级国家机关审查批准
1978.3	《中华人民共和国宪法》 全国人民代表大会	**地方各级革命委员会由主任、副主任若干人，委员若干人组成**
1979.7	《中华人民共和国地方各级人民代表大会和地方各级人民政府组织法》 全国人民代表大会	第三十三条　省、自治区、直辖市的人民政府分别由省长、副省长，自治区主席、副主席，市长、副市长和秘书长、厅长、局长、委员会主任等组成。自治州、县、自治县、市、市辖区的人民政府分别由州长、副州长，县长、副县长，市长、副市长，区长、副区长和局长、科长组成。 **镇人民政府设镇长、副镇长。人民公社管理委员会由主任、副主任和委员若干人组成**
1982.12	《中华人民共和国宪法》 全国人民代表大会	省、直辖市、县、市、市辖区、乡、民族乡、镇设立人民代表大会和人民政府。 地方各级人民代表大会和地方各级人民政府的组织由法律规定
1982.12	《中华人民共和国地方各级人民代表大会和地方各级人民政府组织法（1982年修正）》 全国人民代表大会	第三十三条　省、自治区、直辖市的人民政府分别由省长、副省长，自治区主席、副主席，市长、副市长和秘书长、厅长、局长、委员会主任等组成。自治州、县、自治县、市、市辖区的人民政府分别由州长、副州长，县长、副县长，市长、副市长，区长、副区长和局长、科长等组成。 **乡、民族乡人民政府设乡长、副乡长。镇人民政府设镇长、副镇长**

注：表中所摘录的规范性文件规定中的粗体字部分为笔者所加。

从表3－5列举的相关规定可见：

第一，新中国成立后至54宪法前时期。乡镇政府的组织机构由乡长、副乡长及委员若干人组成，乡镇政府设置的各工作机构主任一般由乡政府委员担任（注：这个时期关于镇的行政建制国家没有制定统一规定)。第二，前期的乡制规定成为宪制的内容。54 宪法及《地方人民委员会法》肯定了新中国成立后乡政府组织建构的规定，并将此正式吸纳到国家的宪政体制中，而且从表中内容看，对镇的法律地位及政权建构也首次作出明确规定。第三，50 年代末到 80 年代初的人民公社体制时期。尽管人民公社体制的政社合一特点使人民公社拥有经济组织、社会组织的属性，但作为国家基层政权组织，特别是作为国家行政机关，它仍然保留原来乡政府的组织形式，其间，包括 75 宪法、78 宪法时期，原来的乡政府的名称在不同阶段有不同称谓：社务委员会（1958. 8—1961. 3）公社管理委员会（1961. 3—1967）——革命委员会（1967—1979）——公社管理委员会（1979—1982)，但在组织的组成方面都是由行政首长一人，行政副手若干及委员若干人组成。第四，82 宪法恢复农村基层政权乡建制后的乡镇政府组织构成的变化。82 宪法的颁布实施，撤销人民公社基层政权建制，而恢复乡制而代之。但是有关地方各级政权组织构成，82 宪法并没有作直接规定（在 54 宪法、75 宪法、78 宪法中有直接规定)，而只是原则性规定“地方各级人民政府的组织由法律规定”，根据农村基层政权建制的变化和宪法要求，《地方组织法》（1982 年修正）对乡镇政府组织的规定是：“乡、民族乡人民政府设乡长、副乡长。镇人民政府设镇长、副镇长。”之后《地方组织法》又分别在 1986 年、1995 年和 2004 年等年份作过修正，但关于乡镇政府组织构成的规定没有实质变化。这种关于乡、镇政府组织构成的规定从历史的比较来看，现行《地方组织法》没有再具体规定乡镇人民政府职能部门的设置，只是原则地规定地方各级人民政府根据工作需要和精干的原则，设置必要的工作部门。这也说明，法律在设计乡、镇人民政府的机构时和县以上人民政府机构设置是有差别的，县以上人民政府可根据行政管理领域设置不同的厅、委、局、科等职能工作部门，乡、镇人民政府虽然对本行政区域内的经济、教育、科学、文化、卫生、体育事业和财政、民政、公安、司法行政、计划生育等行政工作承担全面管理责任，但在乡、镇政府职能部门的设置上，从乡镇政府机构设置现状来看，乡镇政府并没有分设与上级政府众多委、局、科等相对应的职能机构，乡镇政府大多是在正、副乡长之下，设置办公室及若干名负责政府各种职能工作的助理员。特别是 2004 年以来，与农村“减负”、税费改革、乡镇政府职能转变相伴而行的乡镇机构改革，更是在以下两方面进行了“大手术”：

一是剥离乡镇事业站所（俗称“七站八所”）与乡镇政政府机构的关

系。综观各地对乡镇事业站所的改革，大致有三种模式：第一种是多数地方将乡镇事业站所整合为3—5个服务中心；第二种是湖北等地将乡镇事业站所转制为企业或中介服务组织，由政府通过签订合同、项目招标的办法向其购买服务；第三种是改由县里派驻。有的地方将乡镇事业站所上收到县级主管部门管理，有的还实行了跨行政区域设置。2009年3月中共中央办公厅、国务院办公厅正式印发的《中央机构编制委员会办公室关于深化乡镇机构改革的指导意见》（以下简称《指导意见》），对乡镇事业站所改革提出了三点原则要求：（1）在管理体制上实行以乡镇管理为主、上级业务部门进行业务指导的做法。如实际情况需要，经省级人民政府批准，也可实行以上级主管部门管理为主或按区域设置机构的体制。（2）在进一步深化事业站所改革中，推进分类改革。区分事业站所的公益性职能和经营性活动，对公益性机构加强财政保障，经营性机构要转制为经济实体。（3）在农村公益服务的形式上，进行积极探索。鼓励发展多元化的农村社会化服务组织和农民专业合作社，扶持社会力量兴办为农服务的公益性机构和经济实体。

二是乡镇政府机构的大瘦身。如2003年湖北省委、省政府联合颁发了《关于推进乡镇综合配套改革的意见（试行）》，该《意见》对全省乡、镇机关的机构设置进行了统一规定，根据该《意见》，乡镇机构只设“三办一所”或“一办一所”。“三办”即党政综合办公室（加挂综合治理办公室的牌子）、经济发展办公室、社会事务办公室。“一所”是一个直属事业单位即财政所。也可只设党政综合办公室。各办公室设立一专多能的干事和助理等职位，在重点从事一两项专门工作的同时兼事其他工作。并且综合考虑地域面积、所辖人口、财政收入状况等因素，严格控制乡镇行政和事业编制，按乡镇类别（一、二、三类），三者的行政编制分别不得超过45名、40名、35名。不仅如此，《意见》规定乡镇政权各机关领导人员实行交叉任职，“党委书记原则上兼任乡镇长；党委副书记2名，1名担任人大主席，1名兼纪委书记；兼任副乡镇长的党委委员2—3名；兼任人武部部长等职务的党委委员2—3名”。2009年的《指导意见》对湖北及全国其他乡镇机构改革试点的做法给予积极肯定。《指导意见》在乡镇机构设置“精干”、“高效”的总体要求下，提出既要“切一刀”搞改革，又不搞“一刀切”乡镇机构改革坚持分类指导、因地制宜，根据当地区域特点和经济社会发展实际，确定乡镇机构设置，“可根据不同类型、不同规模乡镇工作实际，确定党政机构设置形式和数额，可设若干综合办公室，也可只设若干综合性岗位”。中央编办副主任吴知论表示，在乡镇政府机构的设置上无论是“三办一所”、“四办一所”，还是“一办四所”，“只要符合当地实际，如何设置，不划框框”。[①] 2009 年 5 月 22 日《人民日报》头版头条《乡镇机构改革全面推进》的报道中，对乡镇机构设置有一个概括性描述：“改革后绝大多数地方乡镇党政机构一般设置 3—5 个综合性办公室，少数经济发达地方设置机构数略多一点；极少数地方不设机构，只设若干岗位。”《人民日报》还同天刊登了该报评论员文章《夯实根基的战略举措》，对正在进行的新一轮乡镇机构改革的意义进行了全面论述，同时也指出“乡镇机构改革既是一项重大而艰巨的任务，也是一项长期而复杂的系统工程”,[②] 随着时间的推移，笔者将会持续关注乡镇政府机构改革进展。

二、乡镇政府的职权与职能配置

1. 乡镇人民政府职权配置及行使方式

一般来说，政府职权是依行政职位而具有的一种由法律规定的权力，是行政主体实施国家行政管理活动的资格和权能。其主要内容是关于政府组织及成员的主要活动及行为行使的权限范围的规定。目前我国各级政府的职权，由宪法或政府组织法规定划分。职权与职能是一种包含关系。职权包含职位与职能。职位重在关注权限，即政府组织及其组织成员“可以”做什么、“不得”做什么；而职能则重在关注政府组织及成员的活动内容、行为方式等，它要解决的是政府组织及成员“应当”做什么、“怎样”做什么。行政职权是实现行政目标的基础，是行政机构完成其职能的必备条件。下面根据现行相关法律，对乡镇政府法定职权、职能作一系统阐明。

乡镇人民政府的职权是乡镇政府及其工作人员在其职务范围内依法作出行政行为的一种资格，是国家行政权具体落实到乡镇人民政府行政层级的具体体现。乡镇政府是我国国家政权的最基层单位，是农村基层国家行政机关。与乡镇政府的地位相适应，《宪法》特别是《地方组织法》赋予乡镇政府十分重要的职权。《宪法》对乡镇政府职权只作了原则性规定：“乡、民族乡、镇的人民政府执行本级人民代表大会的决议和上级国家行政机关的决定和命令，管理本行政区域内的行政工作”（第 107 条第二款），而《地方组织法》关于乡镇政府职权的规定采取列举的方式作了具体规定，根据该

---

① 参见《新一轮乡镇机构改革全面启动 2012 年基本完成》，人民网天津视窗，http：//www. 022net. com/2009/3 -25/441447352484255. html。

② 《夯实根基的战略举措》，《人民日报》2009 年 5 月 22 日第四版。

法规定，乡镇政府职权具体包括以下七个方面：“（一）执行本级人民代表大会的决议和上级国家行政机关的决定和命令，发布决定和命令；（二）执行本行政区域内的经济和社会发展计划、预算，管理本行政区域内的经济、教育、科学、文化、卫生、体育事业和财政、民政、公安、司法行政、计划生育等行政工作；（三）保护社会主义的全民所有的财产和劳动群众集体所有的财产，保护公民私人所有的合法财产，维护社会秩序，保障公民的人身权利、民主权利和其他权利；（四）保护各种经济组织的合法权益；（五）保障少数民族的权利和尊重少数民族的风俗习惯；（六）保障宪法和法律赋予妇女的男女平等、同工同酬和婚姻自由等各项权利；（七）办理上级人民政府交办的其他事项。”（第61条）

乡镇人民政府职权的行使，从相关法律规定来看，既具有与所有地方政府职权行使的共同特征，也具有独特的特点。共同之处主要表现在：(1) 首长负责制。与地方各级政府分别实行省长、自治区主席、市长、州长、县长、区长负责制相同，乡、镇人民政府也实行乡长、镇长负责制，由乡长、镇长主持本级人民政府的工作。(2) 接受上级政府领导。与地方县以上各级人民政府一样，乡镇政府在行使职权时必须接受上级人民政府的领导。具体来说包括以下五点：第一，执行上级政府规定的行政措施、发布的决议和命令；第二，行政工作必须接受上级政府的监督检查，上级政府可以撤销其不适当的决议、命令；第三，乡镇政府职能组织机构设置或撤并，要报经上级政府批准，乡镇政府要支持上级政府及其职能机关设在本行政区域分支机关的工作，乡镇职能部门的工作要受上级政府相应的职能机关的领导或业务指导；第四，乡镇政府制定并组织实施本乡镇的社会经济发展规划时，不能同整个县（县级市、市辖区）的经济社会发展计划相矛盾，并要服从其全面规划；第五，办理上级政府交办的其他工作。(3) 对本级人民代表大会负责。乡镇人民政府在行使职权时，对乡镇人民代表大会负责并报告工作。具体表现在乡镇人民政府每年要向乡镇人大提交政府工作报告、国民经济和社会发展计划草案、财政预决算草案等，乡镇政府组成人员要经乡镇人大决定任命等。(4) 接受本级中共党委的政治领导。

乡镇人民政府与县以上地方各级人民政府职权行使上的不同主要有两点：(1) 行使职权时实行集体领导的形式上的差别。县以上各级地方人民政府对政府工作中的重大问题进行决策时必须经政府会议，而政府会议被区分为全体会议和常务会议。全体会议由本级人民政府全体成员组成。省、自治区、直辖市、自治州、设区的市的人民政府常务会议，分别由省长、副省长，自治区主席、副主席，市长、副市长，州长、副州长和秘书长组成。县、自治县、不设区的市、市辖区的人民政府常务会议，分别由县长、副县长，市长、副市长，区长、副区长组成。而乡镇政府会议没有再作这种会议形式上的区分。乡镇政府作为基层政府组织，不同于县以上各级人民政府那样具有各种职能部门，组织机构设置相对简单得多，因此在行使职权对重大问题实行决策时不用再区分政府会议形式。并且由于乡镇政府所担负的各项管理任务都非常具体，也不可能再往下传送，所以政府职权行使的形式也主要不是通过会议，而更多的是通过实实在在的工作来保证上级政府及其各所属部门工作的完成。(2) 在行使职权过程中与人大的工作联系的紧密程度不同。因为县级以上的地方各级人民代表大会设有常委会，因此县以上地方各级政府在本级人大闭会期间，对本级人大常委会负责并报告工作，使县级以上人民政府与人大的工作联系从理论上说处于常态化。而乡镇人民代表大会没有设立常委会，使这一级政府与人大的工作联系只能在代表大会会议期间进行，处于一种非常态化状态。

2. 乡镇政府职能配置

政府职能，也称行政职能，它是国家行政机关依法对国家和社会公共事务进行管理应承担的职责和所具有的功能。政府的职权与政府的职能既有联系，又有区别。二者的联系主要包括以下四点：

(1) 政府职权、职能的主体都是国家行政机关。说到职权，它属于国家权力分工的产物。现代国家，无论是实行国家权力分立制原则的国家，还是实行国家权力集中制原则的国家，实际上都将国家权力分解为由不同国家机关拥有。资本主义国家将国家权力分为立法权、行政权和司法权。我国的国家权力在最高权力（即由权力机关行使的职权）下，还有由权力机关产生的国家行政机关行使行政权，国家审判机关、国家检察机关行使司法审判权和法律监督权。国家行政机关拥有的行政职权，它是国家行政权的法律转化形式，是法律赋予国家行政机关实施国家行政管理活动的资格及其权能。政府职能或行政职能，与国家的立法职能和司法职能相对，由国家行政机关对国家社会生活诸领域进行管理所具有的职责和作用。国家行政机关根据不同的标准可作不同的分类，如根据行政机关在国家行政体系中所处的地位及其职权的地域范围，可将行政机关分为中央行政机关和地方行政机关；如果根据行政机关管理事项的幅度又可分为一般权限行政机关和部门权限机关；根据行政机关活动的效力是否及于行政机关以外的公民和组织，可将行政机关分为内部行政机关和外部行政机关。在国家行政体系中所处的地位及职权；还有诸如根据行政机关管理事项的复杂程度的分类，根据行政机关的职能作用进行的分类，等等。无论国家行政机关为行政职责的履行作何种分类设置，但都不能改变国家行政机关的属性。

（2）政府职权、职能都以国家和社会公共事务为其主要内容。依照宪法和有关法律设置、行使国家权力的国家行政机关，全面负责对国家经济、政治、教育、科技、文化、卫生、国防等事务的组织和管理。学理上对政府职权（行政职权）的研究，从不同角度进行了不同的分类，如以行政功能为标准，行政职权可以分为行政决策权、行政执行权、行政监督权等；如果以行政职权活动领域为标准，行政职权可以分为人事行政权、工商行政权、财务行政权等；如果以行权主体为标准，行政职权又可分为机构职权、人员职权；如果以职权类别为标准，又可分为制定规范权、行政许可权，行政确认权、行政检查权、行政奖励权、行政物质帮助权、行政处罚权、行政强制权、行政合同权、行政裁决权、行政复议权、行政委托权、行政处分与追偿权等。同样学理研究对政府职能也进行过分类考察，比如从行政作用的领域，可分为政治职能、经济职能、文化职能和社会职能；从行政作用的性质，可分为统治性职能、保卫性职能、管理性职能、服务性职能；从行政过程，又可分为规划职能、组织职能、控制职能、协调职能、监督职能等。但无论从政府职权分类及其设定，还是从对政府职责、职能的要求来看，其内容都是围绕国家行政管理方面的事务，和国家行政机关管理国家和社会公共事务的事项紧密相连。

（3）政府职权、职能的实现或实施都必须严格依法。按我国现有国家机关组织体制，政府在性质上是法律的执行机关，在地位上是权力机关的执行机关，从宪政理论上看，政府的权力是人民以法律形式授予的，由宪法或法律赋予一定的国家行政机关的行政职权，它们只有依法行使的权利，未经法律的特许，不得任意自由处置法律授予的权力，行政主体既不能随意转移、让渡职权，也不得随意放弃或抛弃。同理，政府在行使行政权力，履行职责时，也必须依法行政。2004 年国务院在《全面推进依法行政实施纲要》中，对行政机关及其工作人员依法行政提出了六条基本行为准则，即合法行政、合理行政、程序正当、高效便民、诚实守信和权责统一。行政机关是依法行政最基本的主体，行政机关工作人员是一切行政活动的最终实施者。该《纲要》关于各级政府机关和工作人员行为规则每一项具体规定，对推进各级政府机关依法公正行使权力，积极履行公共管理和服务职能，提高公务人员的法律意识和守法、执法水平，是对政府机关及其工作人员依法行使职能、履行职责的全面概括。

政府的职权与职能区别：（1）具有完全不同的特性。政府职权，一般来说具有公益性、优先性、先行有效性、强制支配性、不可自由处置性等特性，而政府职能的特性则主要是公共性、服务性、多样性、动态性等。二者特质上的差异性决定了在行使政府职权和政府职能时，无论在运行机制还是在行使的方式、手段上都会有不同的要求。（2）行政职权的权责一致原则不排除行政职能的相对独立性。职权总是和职责联系在一起。从组织学的角度来看，职责是指组织中的具体职位应当完成的基本任务。它是组织赋予具体职位权力的基本目的。如果一个职位被赋予一定的职权，必然会要求其履行一定的职责。在授权的同时应该授予相对称的职责，即所谓权责对应或权责一致。授权不授责就会给滥用职权制造机会。同理，在赋予政府行政职权的时候也必然要求其承担一定的义务。行政职责就是政府在行使国家赋予的行政职权，实施国家行政管理活动中必须承担的法定义务。《地方组织法》第 61 条关于乡镇人民政府职权的规定，同时也是乡镇人民政府必须履行的职责。至于通过什么方式，采用哪些手段去完成法律所赋予的职责，即如何发挥乡镇政府的职能作用，乡镇政府在职能行使上具有相对的独立性。乡镇政府在法律赋予的职权范围内，可根据不同的对象和管理任务灵活地开展活动，自主地确定自己的具体目标、活动方式、创造性地开展其职能活动。（3）政府职权的相对稳定性和政府职能的适时变动性。有关各级政府职权的规定属于国家立法机关专属权限范围，即只能通过法律的形式来体现。法具有稳定性属性。法的稳定性要求法律一经制定和颁布实施，就必须保持其严肃性，不能朝令夕改，任意变动。在法律据以制定的社会条件没有发生重大变化之前，不应随意修改和废止。一般法规范尚且如此，作为法规范体系中高位阶的法律，其稳定性属性则更为典型。因为制定、修改或者废止法律，都必须经过全国人民代表大会或其常委会，其他机关、团体、个人都没有立法权。政府职权非依法不得任意改变的性质使得它表现出稳定的特性。从新中国成立以来关于乡镇政府职权的法律规定来看也确实如此。而政府职能则是随着经济、政治、科学和社会的发展而发展，随着不同时期形势和任务的变化而变化。比如，在新中国成立初期，镇压被推翻的反动统治者的颠覆破坏活动，巩固新生政权是当时政府工作重心，因此当时着重强化的是政府的政治职能，而当中国进入全面开展社会主义建设的阶段，政府职能中的经济职能、发展和推进文化教育事业职能、社会服务职能等又会居于重要位置。

改革开放以来，尤其是党的十四大提出建立社会主义市场经济体制以后，我国农村经济与社会发生了深刻变化，正是这些变化构成了乡镇政府职能转变的内在要求。2009 年中共中央办公厅、国务院办公厅正式印发的《中央机构编制委员会办公室颁发的关于深化乡镇机构改革的指导意见》，对目前乡镇政府职能有一个概括，指出改革后的乡镇要在四个方面全面履职，即促进经济发展、增加农民收入，强化公共服务、着力改善民生，加强社会管理、维护农村稳定，推进基层民主、促进农村和谐等。参照这个概括，对现阶段乡镇人民政府主要职能分述如下：

（1）引导发展农村经济职能。引导农民发展农村经济，乡镇政府要担当“导航者”，发挥农村经济发展的引导职能。乡镇政府做好调查研究，制定本辖区内的经济和社会发展规划，引导农民积极调整农业产业结构，积极发展特色农业、绿色食品和生态农业，是乡镇政府在农村经济社会发展中义不容辞的职责。因为各自分散经营的农户，无论在本地整体资源开发、经济发展优势方面，还是对市场动态、市场信息收集等方面都不具备掌握的能力。乡镇政府要从过去对农户种什么、种多少，怎么种的直接干预到积极引导，从直接管理具体经济事务转到全区域统筹规划，引导本区域经济的健康发展。因此，乡镇政府在积极引导农民调整农业产业结构，发展农业经济方面有责无旁贷的责任。

（2）市场培育职能。具体包括：①加强市场体系建设，增强市场的辐射能力，形成与外地大市场相衔接的网络，为农民增收架设“金桥”；②引导农民进入市场，鼓励发展以农民为主体的农产品销售队伍，清除各种关卡，保证农产品销售畅通无阻，推动产业化健康发展；③打破地域封闭，培育大市场，搞活大流通。

（3）为农业发展提供公共产品和服务的职能。农村公共产品供给中发挥政府职能是由公共产品的特点决定的。社会产品可以分为私人产品和公共产品。与私人产品相比较，公共产品具有很强的外溢性和非排他性，而在市场经济体制下，利益最大化的私人竞争机制占据主导位置，决定了市场机制供给公共产品的失灵，为了弥补市场机制的缺陷，需要政府发挥作用，由各级政府参与公共产品的供给。与农村农业发展相关公共产品主要包括农业基础设施、农村环境保护、农业科技、农业信息等。农村公共产品的供给须发挥政府职能还由我国农业发展状况所决定。我国农村实行家庭联产承包责任制，农村私人产品的生产具有较强的分散性，这种分散性的组织形式就决定了农民私人产品的生产对农村公共产品的供给有着强烈的依赖性，在我国农村经济基础脆弱，农户收入有限的情况下，只能由政府出面提供农村公共产品。

（4）为农民生产、增收提供服务和指导的职能。乡镇政府不仅要为整个农村经济发展创造良好的政策环境，还应该为提高农民生产生活水平，增加农民收入提供有效的服务和指导。强化乡镇政府的服务意识，加快农村经济发展，增加农民收入，乡镇政府要采取积极措施促进非农经济的发展，加快农村剩余劳动力的有效转移。逐渐改变以往分散、单一的外出务工形式，为农民提供更多的实用技能培训和市场供求信息，增强农民务工技能，建立有效维护农民工合法权益的保障机制，为提高农民生活水平，增加农民收入发挥积极作用。

（5）对农村公共事业进行管理和为农民提供公共服务的职能。乡政府不仅担负着一方经济发展的重任，而且还担负着地方事业发展重要职责，负有对教育、文化、卫生、社会福利、环境保护等公开事业的服务管理职能，要向农民提供包括农村义务教育、农村公共卫生服务、农村社会保障、农村计划生育等农村公共产品的服务。

第四节　乡镇政府行政行为的法律解读

一、乡镇政府行政行为基本理论

关于乡镇政府的行政行为，从行政法学理论的一般意义来界定，指的是乡镇政府行使行政权力，产生法律效果，以实现国家行政管理目的的行为。这样定义乡镇政府行政行为的概念，实际上包含了以下三层含义：

第一，从主体上看，这里所说的乡镇政府的行政行为必须是由乡镇政府作为行政主体所实施的行为，而不包括乡镇的其他国家机关、企事业单位、社会团体或公民个人作出的行为。第二，从性质上看，乡镇政府的行政行为一定是行使行政权力的行为。即只有当乡镇政府作为行政主体行使法律赋予的行政权力（行使国家行政权）的行为才是行政行为，而其非行使行政权力的行为不是行政行为。第三，从法律效果上看，乡镇政府的行政行为是一种直接或间接引起法律效果的行为。所谓直接或间接引起法律效果，是指行政行为的作出，能对行政相对人直接或间接地发生法律上的影响，即导致权利和义务的增减。第四，从行为依据上看，乡镇政府的行政行为必须符合法律的规定。乡镇政府的权力来源于法律的授予，其行使行政权力必须有法律依据，并且行使行政权力的过程也必须符合法律规定。

乡镇政府作为一具体行政主体所拥有的行政行为，具有一般行政行为共同特征，主要有：

第一，行政行为的单方性。行政行为是行政主体行使国家行政权的行为。行政主体实施行政行为只要在法律规范规定的权限范围内，无须与行政相对人协商，不必征得行政相对人的同意，而是根据法律规定的标准和条件，自行决定和直接实施。行政行为的单方性与民事行为的自愿、协商、等价、有偿的特点形成显明的对照。行政主体虽然也可以与相对人在双方同意的基础上签订行政合同，但这种合同是作为实现行政目的的手段，在合同的主体资格有及内容等要素上双方并不完全拥有民事合同那样的契约自由，且受行政法规范的先定性和行政主体一方的主导性意志的制约。

第二，行政行为的强制性。行政行为是行政主体代表国家，以国家的名义实施国家行政管理的行为，因此它必须受国家强制力的保护。根据行政的原则，行政主体为行使其管理职能，享有相应的管理权力和管理手段。行政主体行使职能的行为如遇到障碍，在没有其他途径克服障碍时，可以运用行政权力和手段，包括运用行政强制手段来消除障碍，保障行政行为的实现。

第三，行政行为的执行性。行政主体行使的行政权力是国家权力的一部分，从属于国家意志和人民。行政行为的权限和内容从属于法律，无论在行为内容还是行为程序上都必须符合法律规定。并且行政行为不具有最终性，相对人对所作出的行政行为不服的，可以通过相应的法律救济途径要求变更或撤销该行政行为，行政主体违法行为必须承担相应的法律责任。

第四，行政行为的服务性。行政行为的服务性主要体现在两个方面：一是国家利益与社会利益和广大人民的根本利益在总体上是一致的，行政机关运用行政权力管理国家和社会公共事务的行为正是服务于社会的体现；二是行政行为通过对有利于国家和社会公共利益的行为的保护、奖励和引导，通过对违反国家法律和社会公共秩序行为的制裁，体现出国家法律所反映的价值趋向。

行政法学理论依不同标准对行政行为进行了分类，这些有关行政行为划分的理论对我们梳理乡镇政府行政行为类别，进一步把握乡镇政府行政行为制度建设状况具有很好的理论指导作用。下面列举几种对乡镇政府行为有实际分析意义的分类：

(1) 依行政行为的对象不同，行政行为可分为抽象行政行为与具体行政行为。抽象行政行为是指行政主体针对不特定的行政相对人所作的行为，如乡镇政府实施的发布决定和命令的行为，如《中华人民共和国预算法》

中规定的乡镇政府关于乡（镇）预算、决算草案的编制（第15条[①]、第62条[②]），编制预算调整方案（第54条[③]）；《中华人民共和国土地管理法》中规定的乡（镇）政府对乡（镇）土地利用总体规划每块土地利用的划分等[④]就属于抽象行政行为。而具体行政行为是指行政主体针对特定相对人所作的行政行为，如《土地管理法》中关于乡级人民政府对属于个人之间、个人与单位之间有关土地权属争议的处理行为[⑤]；《中华人民共和国义务教育法》赋予乡镇政府的行政许可行为[⑥]，即属于具体行政行为。将行政行为作抽象行政行为与具体行政行为的划分，对行政救济制度的运行具有十分重要意义，我国目前的行政诉讼制度中的可诉行政行为只包括具体行政行为，而将抽象行政行为排除在外，但是需要指出的是，《中华人民共和国行政复议法》将“乡、镇人民政府的规定”纳入行政复议审查的范围（第7条）。

（2）依行政行为行使行政职权的前提条件不同，行政行为可分为依职权行政行为和依申请行政行为。依职权行政行为是指无须行政相对人申请而由行政主体根据职权主动实施的行政行为，如《中华人民共和国义务教育法》要求“乡镇人民政府组织和督促适龄儿童、少年入学，帮助解决适龄儿童、少年接受义务教育的困难，采取措施防止适龄儿童、少年辍学”。其中乡镇人民政府采取的“组织”、“督促”、“采取措施防止”等行为，都属于依职权作出的行政行为。而依申请行政行为须先由行政相对人提出申请，行政主体根据相对人的申请依据法律规定作出行为。如《中华人民共和国森林法》规定：“农村居民采伐自留山和个人承包集体的林木，由县级林业主管部门或者其委托的乡、镇人民政府依照有关规定审核发放采伐许可证”（第32条第五款）。这里乡（镇）人民政府发放采伐许可证的行为就是依申请而作出的行政行为。对行政行为作这种区分，其意义主要在于区别行政行为的实施条件和程序，分析作为与不作为行为的责任，依申请行政行为只有

---

① “乡、民族乡、镇政府编制本级预算、决算草案。”

② “乡、民族乡、镇政府编制本级决算草案。”

③ “各级政府对于必须进行的预算调整，应当编制预算调整方案。……乡、民族乡、镇政府预算的调整方案必须提请本级人民代表大会审查和批准。未经批准，不得调整预算。”

④ “乡（镇）土地利用总体规划应当划分土地利用区，根据土地使用条件，确定每一块土地的用途，并予以公告。”（第16条第五款）

⑤ “土地所有权和使用权争议，……个人之间、个人与单位之间的争议，由乡级人民政府或者县级以上人民政府处理。”（第16条）

⑥ “适龄儿童、少年因身体状况需要延缓入学或者休学的，其父母或者其他法定监护人应当提出申请，由当地乡镇人民政府……批准。”（第11条第二款）

在行政相对人提出申请的前提下才能实施，如果行政相对未提出申请或撤回申请，行政主体却作出了行政行为，这种行政行为是违法行政行为。

（3）依行政主体受法律约束程度的不同，可分为羁束行政行为和自由裁量行政行为。羁束行政行为是指行政主体对行政法律规范的适用没有灵活余地，必须严格依据法律规定作出的行为。如乡镇人民政府根据《中华人民共和国森林法》获得的依农村居民申请作出的采伐自留山或个人承包集体的林木的许可行为，“不得超过批准的年采伐限额发放采伐许可证”（第33条）。而自由裁量行政行为是指行政主体对行政法律规范的适用具有灵活余地的行为。如《湖北省林业管理办法》规定：“各级人民政府在制定造林绿化规划时，应根据本地区的自然条件和国家有关规定，确定本地区森林覆盖率的奋斗目标，并规定宜林荒山荒地的造林绿化期限”（第19条）。实际上这个规定对于乡镇政府“确定”森林覆盖率、造林绿化期限的行为就设有一定的弹性空间和幅度。行政行为被划分为羁束行政行为与自由裁量行政行为，其主要意义在于有助于对行政行为的合法性和合理性的分析和认定。一般来说，从法律适用上，羁束行政行为只存在合法性问题，而自由裁量行为不仅存在合法性问题，还存在合理性的问题。

（4）依行政行为是否由行政主体单方意志形成并发生法律效力，行政行为可分为单方行政行为和双方行政行为。单方行政行为以行为主体单方意思表示就发生法律效力，无须行政相对人的同意，如《中华人民共和国土地管理法》规定，对发生在土地承包经营期内的个别承包经营者土地的适当调整，不仅需要取得村民会议或村民代表2/3多数同意，还必须得到乡（镇）人民政府的批准。① 同样，农民集体所有的土地由该集体经济组织以外的单位或个人承包经营的，不仅需要取得村民会议或村民代表2/3多数同意，也必须得到乡（镇）人民政府批准。② 如果前述两种情形得到批准，有关的个别承包者之间土地调整以及某农村集体经济组织将其所有的土地向外单位或个人的承包就具有合法性。双方行政行为是须由行政主体与行政相对人协调一致才能发生法律效力的行政行为，例如，行政合同就是典型的双方

① “在土地承包经营期限内，对个别承包经营者之间承包的土地进行适当调整的，必须经村民会议三分之二以上成员或者三分之二以上村民代表的同意，并报乡（镇）人民政府和县级人民政府农业行政主管部门批准。”（第14条第二款）

② “农民集体所有的土地由本集体经济组织以外的单位或者个人承包经营的，必须经村民会议三分之二以上成员或者三分之二以上村民代表的同意，并报乡（镇）人民政府批准。”（第15条第二款）

行政行为，如《湖北省实施〈中华人民共和国水土保持法〉办法》规定，“乡（镇）水土保持工作，由乡（镇）人民政府负责”（第7条），其中关于承包治理，可由乡（镇）人民政府组织发包：“承包治理，由县（市、区）或乡（镇）人民政府组织发包”（第22条）。

当然，对乡镇政府行政行为类型的划分，还可根据其他标准作各种分类，如依行政行为的实施方式和功能的不同，可以将行政行为分为行政创制行为、行政执行行为、行政监督行为；根据行政行为是否必须具备一定的方式，可分为要式行政行为和非要式行政行为；根据行政行为效力作用范围，行政行为又可分为内部行政行为和外部行政行为，等等。在这里不一一列举，下面根据我国现行有效的法律法规，对乡镇政府主要行政行为的具体内容进行概括性阐释。

二、乡镇政府主要行政行为的具体规定及内容分析

有关乡镇政府行政行为的规定分布很广，除了《宪法》的原则性规定、《地方组织法》的综合性规定外，大量地分散于几乎所有的法的渊源中。所以在展现乡镇政府行政行为法规范的具体内容时，受文章篇幅和笔者资源的限制不可能做到囊括无遗，只能将法的渊源各位阶法规范作列举式展示。其主要意图在于阐释乡镇政府主要的行政行为类型及权限范围。

表3-6　　乡镇政府行为权限及类别

事项类别	具体规定及行政行为类别	法律渊源
综合职权规定	第一百零七条　……乡、民族乡、镇的人民政府执行本级人民代表大会的决议和上级国家行政机关的决定和命令，管理本行政区域内的行政工作	中华人民共和国宪法
	第六十一条　乡、民族乡、镇的人民政府行使下列职权： （一）执行本级人民代表大会的决议和上级国家行政机关的决定和命令，发布决定和命令； （二）执行本行政区域内的经济和社会发展计划、预算，管理本行政区域内的经济、教育、科学、文化、卫生、体育事业和财政、民政、公安、司法行政、计划生育等行政工作； （三）保护社会主义的全民所有的财产和劳动群众集体所有的财产，保护公民私人所有的合法财产，维护社会秩序，保障公民的人身权利、民主权利和其他权利； （四）保护各种经济组织的合法权益； （五）保障少数民族的权利和尊重少数民族的风俗习惯； （六）保障宪法和法律赋予妇女的男女平等、同工同酬和婚姻自由等各项权利； （七）办理上级人民政府交办的其他事项	中华人民共和国地方各级人民代表大会和地方各级人民政府组织法

续表

<table>
<tr><th>事项类别</th><th>具体规定及行政行为类别</th><th>法律渊源</th></tr>
<tr><td rowspan="5">政治管理</td><td>第四条　乡、民族乡、镇的人民政府对村民委员会的工作给予指导、支持和帮助，……
说明：《湖北省实施〈中华人民共和国村民委员会组织法〉办法》对相关内容有类似规定，并细化规定了指导、支持和帮助的具体方式。
第八条……
村民委员会的设立、撤销、范围调整，由乡、民族乡、镇的人民政府提出，经村民会议讨论同意后，报县级人民政府批准。
说明：《湖北省实施〈中华人民共和国城市居民委员会组织法〉办法》对相关内容有类似规定。
第二十条　村民会议可以制定和修改村民自治章程、村规民约，并报乡、民族乡、镇的人民政府备案。
村民委员会不及时公布应当公布的事项或者公布的事项不真实的，村民有权向乡、民族乡、镇人民政府……反映，有关政府机关应当负责调查核实，责令公布；经查证确有违法行为的，有关人员应当依法承担责任</td><td>村民委员会组织法</td></tr>
<tr><td>第十七条　各级人民政府对作出显著成绩的居民委员会及其成员应当给予表彰和奖励。
从事居民委员会工作十五年以上，因年老体弱等正常原因，离开居民委员会工作岗位无固定收入的居民委员会成员，……由不设区的市、市辖区的人民政府或乡、镇人民政府给予适当补贴</td><td>湖北省实施《中华人民共和国城市居民委员会组织法》办法</td></tr>
<tr><td>第十二条　乡（镇）人民政府应当依照本条例第九条的规定，在其职责范围内确定主动公开的政府信息的具体内容，并重点公开下列政府信息</td><td>政府信息公开条例</td></tr>
<tr><td>第六条　……乡、镇人民政府应当按照有利工作、方便信访人的原则，确定负责信访工作的机构（以下简称信访工作机构）或者人员，具体负责信访工作</td><td>信访条例</td></tr>
<tr><td>（九）相邻村村民共同直接受益的筹资筹劳项目，应当由受益村协商、乡镇人民政府协调……
（十）筹资筹劳方案报经乡镇人民政府初审后，报县级人民政府农民负担监督管理部门复审。……
（十二）对经审核的筹资筹劳事项、标准、数额，乡镇人民政府应当在省级人民政府农民负担监督管理部门统一印制或者监制的农民负担监督卡上登记</td><td>国务院办公厅关于转发农业部村民一事一议筹资筹劳管理办法的通知</td></tr>
<tr><td>财经管理</td><td>第十五条……
乡、民族乡、镇政府编制本级预算、决算草案；向本级人民代表大会作关于本级预算草案的报告；组织本级预算的执行；决定本级预算预备费的动用；编制本级预算的调整方案……
第四十八条　县级以上各级预算必须设立国库；具备条件的乡、民族乡、镇也应当设立国库。
第五十四条　各级政府对于必须进行的预算调整，应当编制预算调整方案。
第六十二条……
乡、民族乡、镇政府编制本级决算草案，提请本级人民代表大会审查和批准</td><td>中华人民共和国预算法</td></tr>
</table>

续表

事项类别	具体规定及行政行为类别	法律渊源
财经管理	四、……乡镇财政机关要在认真审核各单位预算外资金收支计划的基础上，编制乡镇预算外资金收支计划，报乡镇人民政府批准实施。 年度终了，乡镇财政机关在乡镇各单位编制单位预算外资金收支决算的基础上编制乡镇预算外资金收支决算，报乡镇人民政府审核后，…… 五、……乡镇人民政府在保证预算外资金严格按国家规定和经乡镇财政机关核定的预算外资金收支计划及单位财务收支计划使用预算外资金的前提下，可根据实际情况将部分预算外资金按一定比例纳入预算内管理	关于加强乡镇预算外资金管理的通知
	第二十条 ……乡、镇人民政府，应当按照国家有关规定建立统计资料的保存、管理制度，建立健全统计信息共享机制。 第二十七条 ……乡、镇人民政府设置统计工作岗位，配备专职或者兼职统计人员，依法管理、开展统计工作，实施统计调查	中华人民共和国统计法
	第十二条 乡级人民政府对乡办企业、村民委员会对村办企业，按照税后留利3%的比例提取以工建农资金，专户储存，用于本乡、本村发展农业生产和进行农田基本建设。 第三十一条 乡级人民政府负责使用、管理上级人民政府及其有关部门拨付的农业专项资金，安排、使用、管理本级人民政府筹集的各项农业资金	武汉市农业投资保障条例
教育管理	第五十七条 ……乡统筹中的教育费附加，由乡人民政府组织收取，……用于本乡范围内乡、村两级教育事业。 第五十九条 经县级人民政府批准，乡、民族乡、镇的人民政府根据自愿、量力的原则，可以在本行政区域内集资办学，用于实施义务教育学校的危房改造和修缮、新建校舍，不得挪作他用	中华人民共和国教育法
	第十一条 ……适龄儿童、少年因身体状况需要延缓入学或者休学的，其父母或者其他法定监护人应当提出申请，由当地乡镇人民政府或者县级人民政府教育行政部门批准。 第五十八条 适龄儿童、少年的父母或者其他法定监护人无正当理由未依照本法规定送适龄儿童、少年入学接受义务教育的，由当地乡镇人民政府或者县级人民政府教育行政部门给予批评教育，责令限期改正	中华人民共和国义务教育法
	八、……流动人口不按本办法规定保障其适龄子女接受九年义务教育的，由暂住地所在的街道办事处或乡（镇）人民政府对其进行批评教育，并采取措施责令其送子女入学。拒不执行的，按照《中华人民共和国义务教育法实施细则》第四十条规定处以罚款，并采取其他措施使其子女就学	湖北省人民政府关于印发《湖北省保障流动人口适龄子女接受义务教育暂行办法》的通知

续表

事项类别	具体规定及行政行为类别	法律渊源
	第十八条　提倡和鼓励国家机关、企事业单位及各界人士捐资助学和集资办学。乡（镇）人民政府或村民委员会，每年应当安排一定的义务工，用于学校建设。 第二十七条　父母或其他监护人未按规定送子女或被监护人入学接受义务教育的，由乡（镇）人民政府……对其父母或监护人给予批评教育；经教育不改的，强制其送子女或被监护人入学接受义务教育	恩施土家族苗族自治州义务教育条例
农、林、牧业管理	第八十一条　……地方各级人民政府应当注重运用市场机制，完善相应政策，吸引农民和社会资金投资小城镇开发建设，发展第二、第三产业，引导乡镇企业相对集中发展。 第八十二条　……地方各级人民政府依法保护进入城镇就业的农村劳动力的合法权益，不得设置不合理限制，已经设置的应当取消。 第九十五条　违反本法第七十三条第二款规定，强迫农民以资代劳的，由乡（镇）人民政府责令改正，并退还违法收取的资金	中华人民共和国农业法
	第十四条　……在土地承包经营期限内，对个别承包经营者之间承包的土地进行适当调整的，必须经村民会议三分之二以上成员或者三分之二以上村民代表的同意，并报乡（镇）人民政府和县级人民政府农业行政主管部门批准。 第十五条　……农民集体所有的土地由本集体经济组织以外的单位或者个人承包经营的，必须经村民会议三分之二以上成员或者三分之二以上村民代表的同意，并报乡（镇）人民政府批准。 说明：《中华人民共和国农村土地承包法》（2009 年 修订）、《中华人民共和国草原法》（2002 年修订）、《长阳土家族自治县农村合作经济承包合同管理条例》对相关内容有类似规定。 第十六条　……个人之间、个人与单位之间的争议，由乡级人民政府或者县级以上人民政府处理。 说明：《中华人民共和国森林法》（1998）、《中华人民共和国草原法》（2002 年修订）、《五峰土家族自治县森林管理条例》（1995）、《土地权属争议调查处理办法》（2003 国土资源部）、对相关内容有类似规定。 第二十条　……乡（镇）土地利用总体规划应当划分土地利用区，根据土地使用条件，确定每一块土地的用途，并予以公告。 第六十一条　乡（镇）村公共设施、公益事业建设，需要使用土地的，经乡（镇）人民政府审核，…… 第六十二条　……农村村民住宅用地，经乡（镇）人民政府审核……	中华人民共和国土地管理法
	第三十二条　……农村居民采伐自留山和个人承包集体的林木，由县级林业主管部门或者其委托的乡、镇人民政府依照有关规定审核发放采伐许可证	中华人民共和国森林法
	第二十三条　……乡（镇）人民政府应当制定植树造林规划并组织实施，使全县森林覆盖率保持在百分之七十以上。 第三十三条　……发生大面积暴发性或者危险性森林病虫害时，自治县、乡（镇）人民政府应当采取紧急措施除治	五峰土家族自治县森林管理条例
	第三十七条　……乡（镇）土地利用总体规划应当根据本地实际情况安排畜禽养殖用地	中华人民共和国畜牧法

续表

事项类别	具体规定及行政行为类别	法律渊源
	第十一条　……乡（镇）人民政府负责本行政区域内农村土地承包及承包合同管理。 第五十一条　因土地承包经营发生纠纷的，双方当事人可以通过协商解决，也可以请求村民委员会、乡（镇）人民政府等调解解决	中华人民共和国农村土地承包法
	一、关于农村居民非法占用城镇国有土地建住宅的，该城关镇政府可否实施行政处罚的问题，根据《土地管理法》第四十五规定："农村居民未经批准或采取欺骗手段骗取批准，非法占用土地建住宅的，责令退还非法占用的土地，限期拆除或者没收在非法占用的土地上新建的房屋。" 第五十二条还规定："本法第四十五条规定的行政处罚可以由乡级人民政府决定……"土地作为不动产，应由不动产所在地管辖，镇人民政府对本辖区内的国有土地行使管辖，对非法占用国有土地建住宅的行为实施行政处罚	关于如何适用《土地管理法》第四十五、十九条的复函
	第十五条　……农村居民非法占用土地建住宅的案件，可以由乡级人民政府处理	关于转发《安徽省土地监察规定》的通知
	三、收费标准和方法 …… 对交费确有困难的，可给予减、免、缓交的照顾，但要从严掌握。对确有困难的个别乡镇企业，由企业提出申请，报经乡镇人民政府审核批准；对确有困难的个别村办企业，由企业提出申请，经村民委员会审核，报乡镇人民政府批准。	关于转发济南市开展乡镇、村办企业有偿使用集体土地试点工作及土地使用费收费标准两个文件的通知
	第十五条　地质灾害易发区的县、乡、村应当加强地质灾害的群测群防工作。在地质灾害重点防范期内，乡镇人民政府、基层群众自治组织应当加强地质灾害险情的巡回检查，发现险情及时处理和报告	地质灾害防治条例
	第五条　自治县、乡（镇）人民政府应当有计划地推广利用沼气、小型水电、太阳能等可再生能源，推广使用省柴灶等节能项目和采用先进的节能工艺、技术、设备和材料，推进节能技术进步。 第十三条　自治县、乡（镇）人民政府应当制定具体办法，对治理水土流失、建设基本农田的单位或者个人，在资金、物资等方面予以扶持（行政给付）；对成绩显著的单位或者个人，给予奖励	湖北省长阳土家族自治县实施《中华人民共和国水土保持法》的补充规定

续表

事项类别	具体规定及行政行为类别	法律渊源
	第六条　……乡级人民政府、城市街道办事处应当组织群众协助做好本管辖区域内的动物疫病预防与控制工作。 第十四条　……乡级人民政府、城市街道办事处应当组织本管辖区域内饲养动物的单位和个人做好强制免疫工作	中华人民共和国动物防疫法
	第二十条　……血吸虫病防治地区乡（镇）人民政府应当在实施药物杀灭钉螺7日前，公告施药的时间、地点、种类、方法、影响范围和注意事项。 第二十一条　……乡（镇）人民政府应当在有钉螺地带设立警示标志，并在县级人民政府作出解除有钉螺地带决定后予以撤销。 第五十一条　单位和个人损坏或者擅自移动有钉螺地带警示标志的，由乡（镇）人民政府责令修复或者赔偿损失，给予警告；情节严重的，对单位处1000元以上3000元以下的罚款，对个人处50元以上200元以下的罚款	血吸虫病防治条例国务院
民政管理	第七条　享受农村五保供养待遇，……报送乡、民族乡、镇人民政府审核。 第八条　……农村五保供养对象死亡，丧葬事宜办理完毕后，村民委员会或者农村五保供养服务机构应当向乡、民族乡、镇人民政府报告，由乡、民族乡、镇人民政府报县级人民政府民政部门核准后，核销其《农村五保供养证书》。 第十四条　……乡、民族乡、镇人民政府应当为农村五保供养服务机构提供必要的设备、管理资金，并配备必要的工作人员。 第十七条　乡、民族乡、镇人民政府应当与村民委员会或者农村五保供养服务机构签订供养服务协议，保证农村五保供养对象享受符合要求的供养。 第十八条　……乡、民族乡、镇人民政府应当制定农村五保供养工作的管理制度，并负责督促实施。 第二十四条　违反本条例规定，……由乡、民族乡、镇人民政府责令限期改正；逾期不改正的，乡、民族乡、镇人民政府有权终止供养服务协议……	农村五保供养工作条例国务院
	第二十三条　……农村的老年人，无劳动能力、无生活来源、无赡养人和扶养人的，或者其赡养人和扶养人确无赡养能力或者扶养能力的，由农村集体经济组织负担保吃、保穿、保住、保医、保葬的五保供养，乡、民族乡、镇人民政府负责组织实施	老年人权益保障法
	第四条　县级人民政府民政部门以及街道办事处和镇人民政府负责城市居民最低生活保障的具体管理审批工作	城市居民最低生活保障条例
	第十条　街道办事处或镇人民政府收到当事人的申请后，应对申请人的家庭经济状况和实际生活水平进行核查…… 第十五条　地方各级人民政府及其有关部门对享受城市居民最低生活保障待遇的对象，应当优先安排其就业，扶持其开展生产经营，并在子女义务教育、医疗、住房、用水、用电等方面制定社会救助政策，减免有关费用	湖北省城市居民最低生活保障实施办法

续表

事项类别	具体规定及行政行为类别	法律渊源
民政管理	第四条　扶贫工作应贯彻执行开发式扶贫的方针。省人民政府和贫困县（市）、乡（镇）人民政府应制定扶贫计划，纳入本行政区国民经济和社会发展计划	湖北省扶贫条例
	第七条　农村医疗救助的享受对象及救助金额，由个人提出申请，村民代表会议评议，乡镇人民政府审核…… 第八条　……经县级民政部门批准的救助对象大病医疗费用补助资金，由县级财政部门按时将医疗救助资金核拨至民政部门农村医疗救助基金专账，由县级民政部门支付给乡镇人民政府发放……	农村医疗救助基金管理试行办法
	第二条　内地居民办理婚姻登记的机关是县级人民政府民政部门或者乡（镇）人民政府……	婚姻登记条例
	第七条　上级人民政府与下一级人民政府（含街道办事处、农场）之间，……乡、镇人民政府和街道办事处、农场（以下简称乡、镇、街、场）与辖区单位之间，必须签订《计划生育目标管理责任书》，并监督实施。各级行政负责人为目标管理责任人。 第四十六条　计划外生育费由所在地的乡、镇、街、场作出决定（行政决定）并组织征收（行政征收）	武汉市计划生育管理办法
	第二十三条　村民委员会、居民委员会应当开展群众性的消防工作，组织制定防火安全公约，进行消防安全检查。乡镇人民政府、城市街道办事处应当予以指导和监督	中华人民共和国消防法
其它	第八条　……乡、民族乡、镇人民政府负责本行政区域内的乡道的建设和养护工作。 第十四条　……乡道规划由县级人民政府交通主管部门协助乡、民族乡、镇人民政府编制，报县级人民政府批准	中华人民共和国公路法
	第九条　民族乡（镇）的国家机关除行使《中华人民共和国地方各级人民代表大会和地方各级人民政府组织法》第九条和第六十一条所赋予的职权外，还可以行使下列职权： （一）制定管理和开发本民族乡（镇）境内自然资源的规划和发展少数民族经济及社会事业的特殊措施； （二）制定本民族乡（镇）民族团结进步公约。 第十条　……民族村的建立，由该村村民委员会提出申请，乡（镇）人民政府审核同意……	湖北省散居少数民族工作条例

说明：①法律渊源如从名称上即可明确法规范形式，不再注明立法主体；

②如相类似规定体现在不同法规范中，会在表格相关处进行说明。

综观表格所列乡镇政府法定行为权限及主要行政行为，有以下几个特点：

第一，乡镇政府行政行为所涉及的面非常广泛。表格所列法规范关于乡镇政府行政行为所涉范围几乎覆盖了农村社会的各个领域，包括政治、经济、教育、农林牧业、民政等。正如乡镇干部对乡镇政府的工作所作的形象比喻，“上面千条线，下面一根针”，来自国家及国家各个职能部门对农村社会所要完成的工作任务都须依乡镇政府来进行，所以乡镇政府行政行为涉及面宽泛应在情理之中了。

第二，乡镇政府行政行为的种类繁多。从表格对法条中乡镇政府行政行为所作的注明来看，乡镇政府行政行为既有抽象行政行为，更有具体行政行为，既有依申请行政行为（行政确认、行政许可），也有依职权行政行为（行政征收、行政征购等）；既有单方行政行为（行政命令、行政处罚等），也有双方行政行为（行政合同）；既有强制性行政行为（行政命令、行政处罚等），更有柔性行政行为（行政指导、行政合同、行政奖励、行政扶助）。

第三，乡镇政府行政行为权限比较有限。虽然乡镇政府行政行为所涉领域广泛，行政行为种类繁多，但其行政行为权限相较县级以上国家行政机关及职能部门而言是极其有限的。比如，关于乡镇政府所拥有的行政处罚行政行为，不仅实施行政处罚的情形只是在一些有限场合（“单位和个人损坏或者擅自移动有钉螺地带警示标志的”、“关于农村居民非法占用城镇国有土地建住宅的”等），而且拥有行政处罚的力度也是十分有限的（警告、罚款（单位3000元以下，个人200元以下））。还有很多行政行为对属于其管辖的事项不具最终行政处理权限，须获得县政府或其职能部门的审核或批准，如关于土地（林地、草原等）个别经营者之间承包合同的调整在经乡（镇）批准后还须获得县级人民政府农业行政主管部门的批准；还有如农村村民申请住宅用地，经乡（镇）人民政府审核后由县级人民政府批准，等等。

第四章

乡镇政府依法行政的现实状况

行政法治的要义在于政府守法，政府依法行政是行政法治的核心内容和关键要素，行政法治的发展水平最终是通过依法行政的实际运行状况反映出来的。从形式上讲，法治与人治的区别不在于有无法律，而在于法律是否得到全面、正确、严格的贯彻执行。因此，如果政府不严格依法行政，就不可能实现真正意义上的行政法治。基于此，本章将对改革开放以来乡村行政法治化转型中乡镇政府依法行政的实际运行状况进行全面的考察与分析。

第一节　乡镇政府依法行政的初步成效

改革开放以前，乡村行政是一种典型的高权行政和人治行政。一方面，广大农民群众在命令——服从的单向性强制逻辑之下受到国家行政权力的严密控制与支配；另一方面，政治压力之下的乡村行政主体的权力行使因缺乏统一、明确、具体的规则约束和制度化、程序化的监督，呈现出很大的随意性。改革开放以后，上述状况逐渐发生改变。随着国家法治化宏观背景的日渐清晰，乡村行政权力的运行正逐渐步入依法行政的法治轨道。从乡镇政府施政行为的角度分析，依法行政的成效主要表现在如下几个方面。

一、法律在乡镇政府行政中的地位与作用逐步加强

从字面上看，所谓依法行政，就是依据法律实施行政，即行政机关实施行政管理必须以国家颁布的法律为依据，严格按照法律的规定处理行政事务。因此，政府实施行政是否以法律为依据，是否严格依法办事，这是衡量和检验政府依法行政及其发展水平的基本标准。

由于多种原因，新中国成立以后，政府行政管理并没有及时纳入法治轨道，而是长期处在政治的直接推动、支配与控制之下，是一种政治化的行政。政治支配与控制行政的主要工具，一是组织，二是政策。组织保证行政系统的步调一致与顺畅运行，政策则决定行政的目标、方向与路径。因此，政治化行政在很大程度上表现为依政策行政——政府实施行政管理的主要依据不是法律，而是各级党政机关制定的政策，执行上级的政策既是政治化行政的外在表现形式，也是其基本使命和主要内容。虽然当时国家也制定了一些法律，但法律对行政的重要性远不及政策：政策是行政的“灵魂”，处于支配地位，而法律最多只具有参考价值。

以历史唯物主义的观点看，依政策行政具有历史的必然性和一定的合理性。在法制建设刚刚起步，国家法律还很不完备的历史条件下，依政策行政对于维护国家政令的统一和社会的稳定有序，保证党和国家确定的改革与建设目标的实现，具有重要意义。而且，从统治效率的角度讲，依政策行政为执政者推行其意志提供了最为便捷的方式和途径，对于新中国成立以后意欲迅速实现国家整合的中国共产党来说，这一点是十分重要的。然而，当新中国成立初期的改革任务基本完成，国家和社会走上正常轨道以后，继续延用依政策行政的治理模式，其合理性就不复存在了。因为理论与实践均已经证明，现代国家治理的最佳模式是法治而非人治，而依政策行政归根结底是一种人治行政。尽管政策在形式上表现为执政党或政府机构的组织意志，但是，在“书记挂帅”和行政首长负责制的体制下，政策往往成为少数领导人推行其个人意志的工具。政策的上述特点决定了它必然会因领导人的改变而改变，因领导人注意力的改变而改变，人们关于政策多变的印象正好印证了这一点。

依政策行政的人治特征决定了它必将在国家和社会走向法治的过程中逐渐弱化并最终被依法行政的法治运行方式所取代。事实上，改革开放以来，我国的行政运行机制正在经历从依政策行政向依法行政的转变。从乡村行政的具体情况看，这种转变的重要标志，在于法律在乡镇政府行政中的地位与作用的逐步提升和加强，法律正在从“办事的参考”上升为乡镇政府实施行政的基本依据和行为准则。

（1）依法行政的观念开始渗入乡镇公务员的意识

法律在行政中的地位与作用很大程度上取决于公务员的思想观念。只有当公务员认识到依法行政的正当性和必要性，真正从思想上树立了依法行政的观念的情况下，依法行政才会成为公务员的自觉行动和政府行政的常态形式。调查表明，改革开放以来，随着行政法治建设的不断深入，法律在乡镇公务员心目中的地位也在不断提升，依法行政的观念逐步渗入乡镇公务员的意识。本课题组在湖北省部分乡镇进行的问卷调查充分说明了这一点。在回答“你是否知道政府必须依法行政?”的问题时，所有被调查的乡镇公务员均选择了“是”。为了进一步了解乡镇公务员对依法行政基本内涵的理解，我们在问卷中设计了两个与“法律保留”原则相关的问题。“法律保留”，是指“行政权的作用仅在法律有授权的情况下，才可以为之。换言之，如果没有法律授权行政机关即不能合法地作成行政行为。行政欲为特定的行为，必须有法律授权的依据。在法律保留下，行政行为不能以消极的不抵触法律为满足，而必须有法律授权的依据”①。简言之，“法律保留”就是行政机关实施影响行政相对人权利义务的行政行为必须有法律依据，没有法律依据，行政机关不得作出影响相对人权利义务的行政决定。下表是我们围绕法律保留原则提出的问题及调查统计结果：

表 4－1　　乡镇公务员对“法律保留”原则的认知情况

问题1　没有法律、法规、规章的规定，乡镇政府不得限制农民的自由，增加农民的负担				
完全同意	比较同意	不清楚	比较不同意	完全不同意
89.2%	8.1%		2.7%	
问题2　凡是法律没有明确禁止政府做的事情，政府都可以去做				
完全同意	比较同意	不清楚	比较不同意	完全不同意
8.1%	24.3%		35.1%	32.4%

“没有法律、法规、规章的规定，乡镇政府不得限制农民的自由，增加农民的负担”，这是依法行政之法律保留原则内含的逻辑结论，因为法律保留原则的基本含义就在于政府只有在得到法律授权的前提下，才能采取限制公民自由和增加公民负担的行政措施。换言之，乡镇政府采取限制农民的权利、增加农民的义务的行政措施必须有明确的法律依据。调查结果显示，对所调查的问题持完全同意和比较同意的公务员的比例分别达到89.2%和8.1%，这说明绝大多数乡镇公务员已经初步具备了“法律保留”的观念。与第一个问题一样，表中的第二个问题也与法律保留原则密切相关。根据法律保留原则，至少在干涉行政领域，对政府而言，法律没

①　应松年主编：《中国当代行政法》，中国方正出版社2005年版，第89页。

有授权的就是禁止的，政府不得擅自采取行政措施。调查结果显示，比较不同意和完全不同意“凡是法律没有明确禁止政府做的事情，政府都可以去做”这一命题的乡镇公务员分别占被调查公务员总数的 35.1% 和 32.4%。这进一步印证了法律保留原则被乡镇公务员普遍接受和认同的事实。

乡镇公务员对法律保留原则的认同，实质上是他们对法律之于行政重要性的认同，也即他们对法律在政府行政中地位的认同——在涉及行政相对人权利义务的问题上，法律不是可有可无的，而是必不可少的；缺少法律依据，行政就丧失了最基本的保障。对于生活在法制土壤极度贫瘠环境中的农村基层公务员来说，能够意识到这一点，实在是一种不小的进步。

（2）依法行政逐步成为乡镇政府的自觉行动

依法行政的关键在于政府在履行行政管理职能过程中自觉守法，严格依法办事。调查显示，改革开放以来，乡镇政府依法行政的意识逐步增强，依法办事的习惯初步养成，依法行政开始成为乡镇政府行政的常态。主要表现在：

首先，乡镇政府对依法行政工作的重视程度普遍提高，采取多种措施积极主动地推进依法行政，不断提高依法行政的水平。综合各地的情况，乡镇政府在推进依法行政方面采取的主要措施包括：加强组织领导，将依法行政纳入乡镇政府的重要议事日程；健全工作机构，明确工作职责；制定工作规划，加强检查监督；开展法制培训，提高人员素质。例如，湖南省龙山县里耶镇在推进依法行政中成立了依法行政工作领导小组，党政一把手分任正副组长，其他班子成员为领导小组成员，负责推进依法行政的指导、协调和督促工作。为了把依法行政工作落到实处，该镇设立了依法行政工作办公室，配备主任 1 名，科员 6 名；在办公设施配备上，不仅有专门的场所，并且购置了数码相机、电脑等现代办公设备，在工作经费安排上，日常工作经费为 1000 元/月，其他专项行动另外列支；在工作职责和工作任务的明确上，为切实保障工作效率，该办公室人员实行专抓专管专责。为了保证依法行政工作的稳定推进，逐步提高广大干部依法行政的自觉性，里耶镇还制定了《全面推进依法行政工作五年规划》和《全面推进依法行政工作实施方案》。①

其次，乡镇政府在实施行政行为的过程中自觉遵循合法性原则，守法

① 龙山县里耶镇人民政府：《坚持依法行政，构建和谐社会》，湘西州人民政府法制信息网。

意识明显增强。例如，湖北省恩施市白果乡政府在2007年人口和计划生育工作方案中明确提出，计划生育工作必须坚持“依法行政，文明执法，维护群众合法权益”，“各村（居）委会要公示计生执法依据、执法标准、办证程序、收费标准，对每起计生案件，要认真落实，坚持做到程序合法，行为合法，法律运用适当，证据确凿充分，无错假案件，档案管理规范，原始资料保存完整”。过去，乡镇政府为了完成计划生育的工作任务，经常会对一些拒绝履行计划生育义务的当事人直接采取强制措施。2001年12月，九届全国人大常委会第二十五次会议通过了《中华人民共和国人口与计划生育法》，为计划生育管理提供了基本的法律依据，以往农村计划生育管理中存在的“无法无天”现象开始得到改变，乡镇政府开始有意识地依法办事，在法律授权的范围内，自觉运用法律手段来达到行政管理目标。例如，据2006年4月5日的《眉山日报》报道，四川人寿县凤陵乡民生村村民王某夫妇和玉河村农民陈某夫妇非法超生二胎后，乡村干部及乡计生办工作人员曾先后6次上门宣传计生政策，让其主动认识错误，自觉交纳依法征收的社会抚养费，但这两对夫妇以种种借口拒交合理合法的社会抚养费，在群众中影响极坏。于是，凤陵乡政府依据《人口与计划生育法》第41条关于“不符合本法第十八条规定生育子女的公民，应当依法缴纳社会抚养费。未在规定的期限内足额缴纳应当缴纳的社会抚养费的，自欠缴之日起，按照国家有关规定加收滞纳金；仍不缴纳的，由作出征收决定的计划生育行政部门依法向人民法院申请强制执行”的规定，向仁寿县人民法院申请强制执行。2006年3月23日，仁寿县人民法院执行庭依法对此案进行了强制执行。

罚款和收费是乡村行政中矛盾比较突出的问题，以往，罚款和收费的随意性比较大，乱罚款、乱收费的现象相当普遍。在推行依法行政的过程中，一些乡镇政府自觉对罚款和收费的项目进行了清理，并将有法律依据的罚款和收费项目及其标准公示出来。以下是湖北省长阳土家族自治县榔坪镇关于法定收费项目和标准的公示：

明确公示行政行为的法律依据，表明如今乡镇政府越来越重视依法行政。公示的意义在于：第一，对基层干部执法行为的一种约束，可以促使其严格依法办事；第二，有利于群众对政府行为的监督；第三，有利于增强乡镇政府实施相关行政行为的正当性与权威性。

表 4－2　榔坪镇涉农收费公示表

单位	收费项目	收费依据	收费标准
计划生育	流动人口生育证明	鄂价费［2002］206 号 长价费［2002］17 号	5 元/证
	生育服务证	鄂价费［2003］201 号	5 元/证
	生育证	鄂价费［2003］202 号	5 元/证
	社会抚养费	湖北省人口与计划生育条例	违背《条例》生育一孩征收双方当事人各 500 元。
			未达到间隔期出生的二孩每提前一年征收双方当事人各 500 元。
			违背《条例》生育二孩分农村户口、城镇户口：农村户口按所在县上一年度农村居民人均纯收入对当事人双方三倍分别征收；城镇户口按所在县上一年度城镇居民人均可支配收入对当事人双方三倍分别征收。
			违背《条例》生育多孩分农村户口、城镇户口：农村户口按违背《条例》生育二孩标准的二倍征收；城镇户口按城镇违背《条例》生育二孩标准的二倍征收；一方属农村，另一方属城镇的应分别计算、征收。对重婚生育、有配偶与他人同居生育的，按违背《条例》生育的多孩标准征收。
民政	结婚证工本费 离婚证工本费	鄂价费字［95］94 号	9 元/证
土地管理	土地证书工本费	鄂价房服［2001］300 号	5 元/证
教育	课本费	长价费［2007］12 号	课本费：农村中小学课本费为初中 70 元/生·学期，小学 35 元/生·学期；城镇中小学课本费：初中 130 元/生·学期，小学 1—2 年级 45 元/生·学期、3—6 年级 70 元/生·学期。
	作业本费		作业本费：农村初中 10 元/生·学期，小学 5 元/生·学期。
	住宿费		住宿费：初中 60 元/生·学期，小学 50 元/生·学期（保育制学校 60 元/生·学期）。
派出所	身份证	发改价格［2003］2322 号	一次申请 20 元/证，丢失补证 40 元/证。
	户口簿	鄂价费［1998］220 号	6 元/证
	暂住证	鄂价费［2003］137 号	5 元/证
	特种行业许可证	鄂价费［1999］341 号	10 元/证
	迁移证、准迁证	收费许可证	6 元/证

资料来源：长阳土家族自治县榔坪镇人民政府：《湖北省农村综合改革考核验收（2006 年度）资料汇编》。

乡镇政府的守法还表现在严格遵守法定权限。在法治条件下，行政主体的权力来源主要有两种：一是直接来源于法律的授权；二是来源于其他行政主体的依法委托。近年来，为了解决乡镇政府执法权力不足的问题，提高乡村行政管理的效率，一些地方通过权力委托的方式，将上级行政机关的某些涉农执法权委托给乡镇政府。例如，根据从2007年1月1日起实施的《重庆市人民政府关于改革乡镇执法监管，强化公共服务试点工作的决定》，区县（自治县、市）行政执法机关和市级行政执法机关在区县设置的具有独立执法权的分支机构可以将三个领域的行政执法权委托给乡镇政府：一是公共安全监管领域。主要涉及企业安全生产管理、销售与燃放烟花爆竹管理、乡村道路交通安全、内河交通运输安全、煤矿与非煤矿山安全、农业机械安全的执法职权；二是市场秩序监管领域。主要涉及食品卫生、药品监管的执法职权；三是人口资源环境监管领域。主要涉及村镇规划建设管理、殡葬管理、人口和计划生育管理、环境保护管理、动植物检疫监管的执法职权。权力委托本身就体现了依法行政的进步。因为，在人治条件下，乡镇政府只会考虑自己需要什么权力，而不用考虑满足权力需求的途径和方式是否合法。

（3）乡镇政府违法行政受阻的现象日渐普遍

依法行政的基本内涵之一是法律优位。法律优位，是指“一切行政权之作用或行使，不论其为权力的或非权力的作用，应受现行法律的拘束，不得有违反法律的行为，否则其行为无效并应承担相应的责任”①。法律优位的实质在于确立法律对于行政权的优越地位，行政权的行使必须服从法律，不得违反法律。一切违反法律的行政行为均应受到追究。法律在政府行政中的地位与作用不仅可以通过政府行政对法律的遵从体现出来，也可以通过对违法行政行为的追究体现出来。从某种意义上讲，违法行政的受阻更能体现出法律的权威性，因为它直接昭示了法律对专横权力的胜利，并且随着这种胜利的不断积累，法律在行政中的地位与作用也将不断得以提升和增强。从农村的实际情况看，在没有确立依法治国和依法行政原则的条件下，行政行为是否具有法律依据，是否符合法律规定，都不会影响其效力，只要能够实现既定的行政目标。改革开放以后，尤其是中央确立依法治国方略和依法行政原则以后，行政合法成为行政行为有效成立的必要条件。而行政诉讼制度与行政复议制度的正式建立，则为行政合法原则的贯彻落实提供了制度保障，为违法行政设立了难以逾越的法律障碍。在这种背景下，对于乡镇政府

① 应松年主编：《中国当代行政法》，中国方正出版社2005年版，第89页。

实施的违法行政行为，行政相对人可以通过申请启动行政复议和行政诉讼的机制加以纠正，从而使违法行政难以达到其预期的目的。改革开放以来，乡镇政府实施的违法行政行为通过法制监督的途径被纠正的案件不胜枚举。我们的问卷调查也表明，违法行政受追究正在成为乡镇政府行政中的重要机制。在回答“如果乡镇政府在行政管理过程中违法，肯定会受到追究”的问题时，选择“完全同意”和“比较同意”的人分别占30.5%和22.2%，二者合计超过五成。这些情况从一个侧面反映了法律对乡镇政府行政的约束力在增强，法律在乡镇政府行政中的地位在提高。

二、非强制性的服务行政正在成为乡镇政府施政的主要形态

政治化行政的年代，乡村行政的基本使命在于有效的社会控制和充分的资源汲取，这种使命决定了传统乡村行政必然表现出高度的强制性特征。事实上，新中国成立以后，建立在强迫命令基础上的管制行政就一直是乡村行政的基本形态。强制性的管制行政虽然在一定程度上适应了城市与工业优先的国家发展战略的需要，但同时也造成农村社会的各种紧张关系不断累积，而与人治背景密切相关的强制行政的滥用则进一步加剧了农村的紧张关系，导致了严重的后果。

改革开放以后，乡村行政从内容到形式都发生了明显的变化。一方面，家庭承包经营和村民自治的普遍推行大大压缩了强制行政的生存空间，而以废除农业税为主要内容之一的农村综合改革则进一步从根本上改善了政府与农民之间的紧张关系，降低了乡村行政对强制手段的依赖程度。同时，在依法治国和依法行政的条件下，必要的强制行政也越来越多地受到法律的约束和规范，其负面影响已经有所减弱。另一方面，随着服务型政府理念进入国家主流意识形态，以构建服务型政府为目标和导向的行政改革开始成为乡村行政改革的主旋律，而社会主义新农村建设任务的提出与推进，则大大促进了乡村行政从管制行政向服务行政的转变。

从法治发展的视角看，传统的依法行政观念片面强调对行政权力的约束和控制，而现代的依法行政观念则在肯定控制权力的同时，还强调应当充分发挥行政权力的积极作用，使政府能够积极主动地为人民谋福利。近年来，这种现代依法行政观念开始渗入我国的乡村行政法制建设中。在推进依法行政的过程中，中央明确要求各级政府转变职能，强化公共服务。国务院发布的《全面推进依法行政实施纲要》明确指出：“必须把推进依法行政与深化行政管理体制改革、转变政府职能有机结合起来”，“强化公共服务职能和

公共服务意识，简化公共服务程序，降低公共服务成本，逐步建立统一、公开、公平、公正的现代公共服务体制。”另一方面，乡镇政府也开始自觉地将为农民提供各种公共服务作为自己的主要任务，并且在行政资源的配置上开始向公共服务倾斜。

例如，在徐莉芳对浙江台州X镇服务型政府构建的调查中，在回答“你认为目前乡镇应从哪些方面进行改革”的问题时，60%以上的被调查对象（基层干部）认为乡镇改革首选转变政府职能，增强公共服务能力。① 该项调查还表明，随着改革的不断深入，提供公共服务正逐步成为乡镇政府行政的主要内容和基本方式。如X镇在改革过程中设立的经济发展办公室的主要工作是为企业引进资金、人才、技术，为农民提供信息，负责做好人畜饮水，动植物防疫检疫，以及森林防火抗洪救灾等。调查记录了2007年春耕备耕期间该镇经济发展办公室采取的一项措施。

> 在春季到来，村民们准备开展村耕备耕之际，发挥党员电教的作用，为村民们传经送宝。一是有针对性地多渠道组织片源。通过下载网上资料、刻录远程教育节目、利用县委组织部下发电教片资料，以及到市场购买实用科技电教片等途径组织电教片源，建全镇电教站片库，更好满足党员群众学习的需要，如镇电教站结合农时，采购了《现代农业及其发展趋势》、《家禽畜病害防治》、《如何防治禽流感》、《如何用名、优、特、新农产品占领市场》等一些有关春耕备耕、种养殖的电教片。二是组织收看。事前组织村级电教播放员和种养殖大户在镇电教育站进行集中收看和培训，写出教案，发放了资料，要求各村电教育播放员坚持“播前提示，播中讲解，播后讨论”的做法，即在播放前由播放员预播一次，了解该片基本内容，再向大家作有关重要内容的提示，使大家对该片有一个大致的了解；在播放过程中，播放员结合该片的特点、主要内容作有关解说，增强大家对该片的理解；播放后，组织大家进行讨论，谈体会，并认真做好记录，增强收看效果。三是服务到田头。结合各村党员群众生产实际，除播放一些农科技术的片子外，还专门组织镇农技人员，以及聘请农科专家来讲解授课，提高党员群众的致富技能，对操作性强的知识，实行现场互动答疑，突破难点，帮助村

① 参见徐利芳《后农业税时代基层服务型政府的构建——以台州X镇改革为例》，《中共浙江省委党校学报》2007年第5期。

民解决一些生产中碰到的问题，确保村民实实在在地掌握技术。①

笔者2007年主持进行的一项农村问卷调查结果显示，当前农民对乡镇政府在为民办事方面的表现给予了良好的评价。对乡镇干部履行服务职能的情况给予肯定或基本肯定评价的比例合计占到被调查对象总数的54%（参见表4-3）。上述比例虽然离人们的期许还存在较大距离，但相比管制性行政条件下基层干部的行为表现，我们还是有理由为这种调查结果感到欣慰，因为它从一个侧面反映了乡镇政府正在经历由管制型政府向服务型政府的转变。

表4-3　乡镇干部履行服务职能情况

在为老百姓办事方面，大多数乡镇干部的表现是（限选一项）				
积极主动提供服务	办事缺乏主动性，但能够做到有求必应	能推则推	其他	不清楚
14 %	40%	39%	1.28%	5.1%

与乡镇政府的行政功能由管制向服务的转变相适应，乡镇政府的行政方式也在经历由以强制性手段为主向非强制性手段为主的转变。因为，服务行政的内在规定性决定了它不以强制为必要，服务能否实现取决于服务对象是否愿意接受服务，而服务对象的态度又直接取决于其对接受或不接受服务所作的利害权衡，而从根本意义上说则取决于服务是否能够满足以及能够在多大程度上满足对象的需求。为此，对政府而言，要实现服务行政的预期目标，一方面必须努力提高和保证公共服务的质量；另一方面，则需要学会运用与服务行政相适应的非强制性的行政手段和方式，如行政指导，行政合同，行政调解等。对于长期实施管制行政的乡镇政府而言，对行政方式由强制转向非强制，一开始必然会有一些不习惯，甚至存在某种阻力。然而，在推进民主法治和政府职能转变的大背景下，乡镇政府行政方式的转变是历史的必然，而且已经取得了明显的成效。

例如，在乡镇综合配套改革的过程中，不少地方的乡镇政府根据“以钱养事”的原则，通过与有关的服务机构签订行政合同的方式来履行公共服务的职能。如2004年湖北省襄樊市谷城县石花镇政府与镇计划生育服务

① 徐利芳：《后农业税时代基层服务型政府的构建——以台州X镇改革为例》，《中共浙江省委党校学报》2007年第5期。

中心、城建建设服务中心、福利院、文化体育服务中心、农业机械化服务中心、农业技术服务中心、农业水利服务中心签订了服务事项委托协议书，明确规定了镇政府购买服务中心2004年公共服务（公益服务）。以下是石花镇政府与该镇建设服务中心签订的服务行政合同：

甲方：乡镇人民政府（以下称甲方）。

乙方：乡镇城镇建设服务中心（以下称乙方）。

为加快集镇建设步伐，切实搞好集镇的建设管理服务工作，塑造集镇形象，经甲、乙双方协商，由甲方对乙方所从事的城镇事项进行政府购买，有关协议如下：

一、甲方对乙方从事的2004年城镇建设服务事项全年购买60万元。

二、甲方委托乙方工作内容：

1. 抓好集镇的环境卫生管理，坚持每天对集镇道路和公共场所进行清扫保洁，确保无积存垃圾。

2. 抓好集镇公共秩序的管理，车辆定点停放，人车分流，各行其道，秩序井然。

3. 抓好集镇占道摊点的管理，所有占道摊点必须在确定的范围内经营，无乱摆乱设、随意占道现象。

4. 抓好集镇的园林绿化管理，适时栽植行道树和集镇公共景点的花卉苗木，确保行道树和花卉苗木完好无损，无死株、缺株。

三、资金拨付和考核办法：

甲方先按全年购买金额的60%拨付给乙方服务资金，另40%作为乙方的风险抵押金由甲方暂扣，并由甲方视考核乙方全年服务事项完成任务情况给予拨付或扣减。

四、本协议一式两份，甲乙双方各执一份。

五、本协议未尽事宜，由甲乙双方另行协商解决。①

再例如，在调整农业生产结构、促进农民增收的过程中，一些地方的乡镇政府摒弃了通过强迫命令“逼民致富”的传统做法，采取教育、引导、示范、扶持等方式推行政府的主张，收到了良好的效果。湖北省长阳县火烧坪乡引导农民发展高山反季节蔬菜就是一个很好的例证。

① 参见左然《乡镇公共服务中的行政合同研究》，《行政法学研究》2006年第1期。

火烧坪地处武陵山脉尾部冻土带，全乡平均海拔1800米，年平均气温为摄氏7.6度，一年中是冬长春短，即使在夏季，平均气温在二十几度，而且昼夜温差大，白天阳光充足，平均气温在摄氏35度左右，晚上平均气温在摄氏十几度。该乡传统的农作物主要是土豆和玉米，这种单一的农业生产结构使当地农民长期处于极度贫困的生活状态。当地流传的“种的野鸡啄（老品种玉米），吃的洋芋果，烤的蒿子火，住的茅草窝，穿的补巴砣（衣）”民谣就是当时农民贫困生活的真实写照。为了使农民从根本上摆脱贫困状态，乡政府根据当地的地理、气候等自然条件特点，决定利用宜昌市实施“菜篮子”工程的机会，大力发展反季节蔬菜（主要有白萝卜、大白菜、结球甘蓝等）。在高山反季节蔬菜发展初期，由于多数农民对改种反季节蔬菜心存疑虑，因此乡政府的号召并没有得到积极的响应。为了打消农户的疑虑，火烧坪乡乡政府动员部分农户率先种植了300亩的蔬菜作为示范。在示范区里，菜苗由政府统一购买，并一律施用生物肥，确保蔬菜的安全。针对白萝卜种植期间容易出现的“根肿病”，乡政府请来专家帮助农户解决。此外，政府还为示范田修建了田间作业道（用于田间作业）、生物梗（用于牢固土壤，隔离种植物）和U型排水管（用于分离雨水和泥沙），这些工作有效地防止了蔬菜种植地的水土流失问题，减轻了农民的后顾之忧。在蔬菜产品出产时，政府无偿为蔬菜种植户们提供市场供求信息，让农户们更加准确地把握市场行情，顺利出售自己的产品。第一期高山反季节蔬菜标准试验田的蔬菜丰收后，市场销售情况非常好，蔬菜种植户获得了很好的经济效益。通过示范，彻底消除了农民的疑虑，提高了农民种植反季节蔬菜的积极性，从而实现了乡政府确定的调整农业生产结构、增加农民收入、改善农民生活的行政目标。目前火烧坪高山反季节蔬菜种植面积已经发展到50000亩，当地农民的生活有了明显的改善，不再像以前那样住茅草屋、吃洋芋了，一些农户还盖起了三层楼的小洋房，日子过得有滋有味。①

总之，近年来，非强制行政方式越来越多地运用到乡村行政中，成为乡镇政府实施行政的基本方式。除了上述例证之外，乡镇政府在推进村民自治的过程中普遍运用了行政指导的方式，在化解社会矛盾、维护农村社会稳定方面普遍运用了行政调解的方式等。非强制性方式的运用，不仅适应了管制

① 参见易凤兰等《长阳土家族自治县乡镇政府职能转变调查报告》（2007），未刊稿。

型政府向服务型政府的转变，促进了行政目标的实现，而且改善了政府的形象，缓解了基层政府与农民之间的紧张关系，在一定程度上提升了基层政府的政治合法性。

三、正当程序的现代法治理念开始在行政过程中得到体现

受传统文化的影响，新中国的行政管理一直存在着“重实体，轻程序；重结果，轻过程”的倾向。在经济文化相对落后的农村，这种倾向表现得更加突出。长期以来，国家对农村行政主体只有笼统的授权，而无权力行使的统一程序规制。在这种情况下，乡村行政通常表现为行政主体在执行党的政策和完成国家任务的名义下，为了实现单方确定的行政目标，以行政命令的方式强迫农民服从国家意志的过程。站在行政主体的立场上看，遵循命令—服从的逻辑推行行政，实在是一种简单便捷的途径和方式。然而，从民主法治的视角看，以单向强制为特征的命令—服从的行政运行模式是缺乏正当性的，因为，在这种行政运行模式中，政府的权力与人民的权利严重失衡，权力不受约束，权利缺乏保障。因此，改革开放以来，在推进民主法制建设的过程中，国家开始对行政权力的运行机制进行改造，其中采取的一个重要举措，是将正当法律程序的观念、原则和制度引入行政过程，使行政权力在正当法律程序的规制下运行。

正当程序原则是现代法治的一项基本原则，其基本含义是要求公权力主体遵循体现正当性的法律程序行使权力。从一般的意义上说，程序的“正当性”主要是指程序应当包含的中立性、程序理性、排他性、可操作性、平等参与性、程序自治性、程序法律行为的及时终结性和程序法律的公开、透明性等程序价值。[①] 如前所述，改革开放以后，正当法律程序的理念逐步被国人所接受，并在行政立法中得以贯彻和体现。1996 年颁布的《行政处罚法》首次以法律形式将作为正当法律程序之核心的听证制度引入我国的行政权力运行过程。2004 年国务院颁布的《全面推进依法行政实施纲要》则进一步将“程序正当”作为依法行政的六项基本要求之一，使正当法律程序成为规范政府行政权力运行的普遍性原则。

正当程序原则的确立以及相关制度的不断完善，为乡村行政权力的运行建构了一种新的机制，而农村干部群众民主法制观念的增强则促使这种新机

---

① 参见李玲、徐亚文《正当法律程序的法理分析》，《河南省政法管理干部学院学报》2000 年第 3 期。

制从文本制度变成现实制度。我们的调查表明，随着民主法制建设的深入发展，正当法律程序的现代法治观念在不知不觉中走进了乡村，被越来越多的农村干部群众所接受和认同。例如，回避、听证和公开是正当法律程序的基本要求，也是程序正当性的重要体现。为了了解农村基层干部群众对回避、听证和公开的认知程度，我们在调查问卷中设计了如下问题（表4－4）：

表4－4　　农村基层干部对正当法律程序的认知情况

问题1：根据规定，履行职责的公务员与行政管理相对人存在利害关系时，应当回避。如果履行职责的公务员被公认能够像包公那样大义灭亲、秉公执法，是否也有必要回避？

有必要	没有必要	说不清楚
49.5%	19.3%	24%

问题2：你是否同意如下观点和看法：行政机关在进行听证会以后依然维持原来作出的行政处罚决定，听证实际上就毫无意义。

完全同意	比较同意	不清楚	不太同意	完全不同意
22%	17.4%	16.9%	27.5%	12.8%

问题3：行政机关实施行政管理，除涉及国家秘密和依法受到保护的商业秘密、个人隐私外，都应当公开。

完全同意	比较同意	不清楚	不太同意	完全不同意
51.4%	23.3%	7.8%	9.17%	6.4%

上述统计结果表明，正当法律程序的现代法治观念正在进入乡土社会。观念支配行动，正当法律程序观念对乡村的渗透正逐步影响和改变着乡镇政府行政的运行过程。遵守法定行政程序，关注行政过程的正当性，正在成为乡镇政府实施行政管理的普遍准则。我们对另一组问题的问卷调查结果从一个侧面支持和印证了这里的判断（表4－5）：

表4－5　　乡镇政府遵守法定程序的情况

现在乡镇政府实施行政管理越来越重视遵守法定程序了。

完全同意	比较同意	不清楚	不太同意	完全不同意
34.8%	27.5%	19.2%	13.3%	3.66%

现在乡镇政府给老百姓办事都有明确的期限规定。

完全同意	比较同意	不清楚	不太同意	完全不同意
16%	22.5%	25.6%	25.67%	7.8%

乡镇干部一般都会在规定的期限内为农民把事情办好。

完全同意	比较同意	不清楚	不太同意	完全不同意
17%	28.4%	13.8%	28.4%	13.8%

许多具体的事例也表明了正当法律程序原则在乡镇政府实施行政管理的过程中得到了较好的贯彻和体现。例如，公开和听取相对人意见（听证）是正当程序的基本要求和重要体现。《全面推进依法行政实施纲要》规定："行政机关实施行政管理，除涉及国家秘密和依法受到保护的商业秘密、个人隐私的外，应当公开，注意听取公民、法人和其他组织的意见。"上海市南汇区惠南镇通过建立和实施"实事工程代表'点菜'"制度，很好地贯彻和体现了正当法律程序的上述要求。①

2007年7月16日，上海市南汇区惠南镇二届人大二次会议通过了《惠南镇实事工程实施办法（试行）》（草案），这不仅是三年来全体人大代表的心愿，更是20多万惠南人民民心所向。

惠南镇历来是南汇区的中心镇。2003年，上海实施新一轮乡镇撤并，撤销惠南镇、黄路镇建制，设立新的惠南镇。2004年5月，部分行政村区划调整，祝桥镇陆楼村、永乐村和工业园区4个行政村整建制划归惠南镇管辖。然而各镇合并后，却面临着发展"高低脚"的状况。镇政府想为百姓做更多实事，但却发现由政府领导拍板的实事项目往往同群众的视角和想法有着不少"误差"。于是，从2003年年底以来，镇实事工程建设在广泛征求群众意见的基础上，采取了工程立项由代表"点菜"，实施过程由代表监督，建设结果由代表评估的做法，不仅扩大了基层群众的民主参与度，而且让镇政府直面群众，直接为老百姓谋"看得见、摸得着"的福利。

这样的"草根"民主一坚持就已三年。在这期间，由代表"点菜"确定的实事项目共32项，涉及村镇基础设施建设、劳动就业、社会保障、教育卫生、新农村建设、平安建设和精神文明建设等多方面，镇财政共投入资金14960万。其中，除惠南敬老院因土地审批速度问题暂未实施外，其余31项都如期完成。黄路地区的农村水网得到了改造，3.2万黄路地区人民群众用水得到了改善；提高了行政区域内65岁以上农民的养老金，提高了农民的合作医疗报销比例，解决了因病致贫的困惑；全镇的村宅道路全部浇铸了水泥路面，使几十座危桥得到了维修或翻新，大大改善了村民的出行条件；让大部分失地农民和失业居民重新就业……

---

① 参见朱琦《代表"点菜"制度化》，《上海人大月刊》2007年第8期。

镇人大主席周华忠亲眼目睹了政府实事工程由代表“点菜”这个“金点子”的诞生和成长。但经过三年的实践，他也对记者坦言，这项工作还存在一定的差距。尽管在实事工程的信息征集、代表“点菜”、组织实施等方面进行了一些探索，但并没有可借鉴的经验，也缺乏理论的支撑和规范操作的程序。而且，在监督上还不够全面、透明。比如，对使用财政资金实施的政府实事项目，还未全部由代表组成专门监督组，对资金的使用、预决算过程、项目评估等，实行全面的跟踪监督；在评估项目结果时，局限于部分代表的参与，没有采取全体代表参加的办法，因此无法做到客观、全面地评估项目实施的结果。而更让周华忠担心的，是将来人事变动可能给代表“点菜”工作带来的“变数”。而将代表“点菜”制度化、规范化，是让这项工作能长期延续下去的关键。

《实施办法》中的制度设计，解除了周华忠的忧虑。比如，明确了实事工程所需资金，在镇财政中列支，并应占镇财政当年预算总支出15%以上的比例。对下年度需要实施的实事工程项目，每年10月中旬始，由镇人大办公室与镇人民政府通过听证会、座谈会、问卷调查、个别访谈、政府网站等方式，公开征求人大代表和社会各界的意见，公开征求意见的时间应不少于20日。举行镇人民代表大会15日前，镇人大办公室应将拟实施的实事工程汇总材料，印发给各位人大代表，并组织全体代表确定下一年度拟实施的实事工程项目。镇人民代表大会表决通过的镇实事工程，直接列入本年度镇财政总预算。必要时，镇人民代表大会主席团应组建人大代表督查组，推进项目实施，评估实施效果。每年实事工程完成后，应当接受人大代表的视察和测评，参加测评的代表人数应占全体代表总数的1/2以上，测评结果应当向社会公开……

正当法律程序的引入极大地促进了乡村行政的法治化。通过正当法律程序的实践，乡村行政管理过程变得更加文明、理性、和谐，行政实体权力因为受到行政相对人程序权利一定程度的制约而不再表现得那么专横，农民的合法权益则因为有了正当法律程序的屏障而在一定程度上减轻或降低了遭受行政权力侵害的可能性。此外，正当法律程序还在一定程度上消解或缓和了权力行使过程中可能产生的紧张关系，降低了行政过程中存在的阻力，从总体上提高了政府行政的效率。

四、不断强化的责任机制正在成为乡镇政府行政的基本要素

权责统一是依法行政的基本要求，也是依法行政的重要体现。依法行政的核心在于控制政府权力，防止政府的懈怠和权力滥用。而要实现这一目的，就必须依据权责统一原则构建有效的责任机制，将行政权力置于经常性的责任状态。从本质上讲，责任是对权力的一种约束，没有责任约束的行政权力就像脱缰之野马，随心所欲，恣意妄为，公民的权利与自由就会失去保障。只有将权力与责任紧密挂钩，使任何违法行使权力的行为都受到严格追究，才能有效防止和及时纠正违法行政，维护公民的权利与自由，实现依法行政的宗旨。

在政治化行政年代，乡村行政主体的权力与责任尤其是法律责任基本上是脱钩的。作为一种政治统治的工具，行政权的基本和唯一的使命是完成各种被赋予政治意义的行政任务。在“政治挂帅”的制度环境中，只要以完成政治化行政任务为归旨，乡村行政主体采取的任何措施都被视为是“合法”的，因而也就不存在任何法律责任问题。这种情况使行政主体在行使权力时无所顾忌，滥用权力、侵犯农民权益的现象时有发生。

改革开放以来，伴随着政治化行政向法治化行政的转型，乡镇政府行政逐渐结束了权责分离、有权无责的时代，在权责统一的法治原则的指导下，行政责任机制被引入乡镇政府的行政过程之中，成为乡镇政府行政运行体系不可分割的组成部分和基本的构成要素。

1. 行政考核制

在乡镇政府的行政责任机制中，涉及面最广、影响最大的莫过于自上而下的考核。国务院发展研究中心乡镇机构改革课题组对 10 省（区）20 个乡镇的调查表明，我国的乡镇政府生存在一个庞大而严密的考核体系中，对上要接受上级考核，对内要考核工作人员，对下要考核村庄干部。对乡镇的考核指标体系庞大而且细密，通常主要有三方面内容。一是经济发展方面的指标；二是精神文明建设方面的指标；三是党的建设方面的指标。在乡镇工作的考核体系中，居于中心地位的是一票否决。在众多的考核指标中，如果一票否决的指标没有达到，那么无论其他工作怎么好，这个乡镇就不能评先，乡镇领导也不得晋升。① 从依法行政的视角分析，乡镇政府考核体系的积极

---

① 国务院发展研究中心乡镇机构改革课题组：《从 10 省（区）20 个乡镇的调查看弊端严重的乡镇政府问责体系》，《科学决策》2005 年第 3 期。

意义在于，它通过将乡镇政府的法定职能具体化为乡镇政府的工作职责，明确规定了乡镇政府权力的作用方向与现实目标，从而在一定意义上实现了权力与责任的统一。当然，目前乡镇政府的考核体系还存在指标体系不合理、考核方式不科学等诸多弊端，但我们认为，作为一种普遍的行政责任机制，乡镇政府的考核体系在促进依法行政方面具有不可替代的独特作用，正确的态度应当是在实践中不断加以完善，而不是从根本上予以否定。

2. 行政问责制

乡镇政府行政责任机制不断强化的另一个表现是行政问责制的普遍推行。一般而言，“行政问责制是关于法定主体对行使公共权力的组织与个人在履行法定职责以及绩效等方面实施监督、质疑与责任追究的制度规范”。[①]从狭义上讲，行政问责主要是指行政体系内部上级对下级的问责。近年来，随着依法治国和依法行政的推进，乡镇政府行政中的问责制普遍得以建立，行政问责已经成为乡镇政府依法行政的重要保障机制。从具体情况看，乡镇的行政问责包括两个层面：一是上级政府对乡镇领导的问责；二是乡镇政府对内部公务员以及村干部的问责。问责内容主要包括对是否依法行使职权，是否正确履行法定职责，是否达到行政绩效等；问责的方式主要表现为责任追究，同时也体现职权规范、过程监督与控制以及绩效的评价。以下是云南省宣威市杨柳乡的行政问责办法：

宣威市杨柳乡问责办法[②]

第一章　总则

第一条　为坚持依法行政，严肃行政纪律，建立廉洁勤政、务实高效、行为规范的行政运行管理机制，强化行政责任，提高行政执行力和公信力，根据《中华人民共和国行政许可法》、《中华人民共和国公务员法》等相关法律、法规和《宣威市人民政府关于印发〈宣威市人民政府关于市政府部门及乡（镇）街道行政负责人问责办法〉的通知》（宣政发［2008］27号）精神，结合杨柳实际，制定本办法。

第二条　各村各单位负责人（包括副职在内）（以下称行政负责人），不履行或不正确履行法定职责，造成不良影响和后果的，依照本办法问责。乡、村干部职工、教师依照本办法问责。

① 姜晓萍：《行政问责的体系构建与制度保障》，《政治学研究》2007年第3期。

② 资料来源：宣威市人民政府信息公开网，访问时间：2009年8月8日。

第三条 本办法坚持权责统一、实事求是、公平公正和追究责任与改进工作相结合，教育与惩处相结合的原则。

第二章 问责事项

第四条 有令不行、有禁不止，有下列情形之一的，应当问责：

（一）不履行法律法规规定的义务的；

（二）不认真贯彻执行党和国家的方针、政策和上级的指示、决定、命令，政令不畅的；

（三）违反法律法规禁止性规定的；

（四）对上级明令禁止的行为置若罔闻，不停止、不纠正的；

（五）违反乡党委、政府有关规定，不认真贯彻执行乡党委、政府决定、决议和重要部署的。

第五条 独断专行、决策失误，有下列情形之一的，应当进行问责：

（一）不依照规定程序进行科学民主决策，致使决策失误，造成不良影响和后果的；

（二）不请示报告擅自离开工作岗位或不委托有关人员代行其职责，而耽误行政管理相对人办事，损害行政管理相对人合法权益的。

第六条 滥用职权、违法行政，有下列情形之一的，应当进行问责：

（一）违法设定或者违法实施行政许可、行政处罚、行政事业性收费或者行政强制措施的；

（二）违反规定干预建设工程、政府采购项目招投标或者金融机构信贷活动的；

（三）违反规定划拨、出让、出租土地，或者擅自降低征地补偿标准，拖欠、截留、挪用征地补偿费的；

（四）违反规定对非本地区、本行业的企业、客户、产品、服务事项实施封锁或者实行歧视待遇的；

（五）干预司法机关依法独立行使审判权、检察权，或者干预执纪机关行使执纪、执法权的。

第七条 办事拖拉、推诿扯皮，有下列情形之一的，应当进行问责：

（一）对上级来文、来电、来函，要求办理的事项不及时办理，或无正当理由拖延不办，贻误工作的；

（二）对工作中需要与其他有关部门共同研究解决的事项，当与有关部门协商不能取得一致时，未及时报请领导裁决，久拖不决，造成严重影响的；

（三）对涉及人民群众生产、安全、生活等切身利益的重大问题不及时解决，或者群众反映强烈的问题不及时改进的。

第八条　不求进取、平庸无为，有下列情形之一的，应当进行问责：

（一）对纪律涣散、衙门习气、官僚主义作风等听之任之，致使整体工作效能低下，贻误工作的；

（二）对存在的突出问题，不调查，不过问，不研究，致使问题长期得不到解决，造成干群关系紧张，影响社会安定的；

（三）对职责范围内的事项无正当理由不在规定时限内完成或作出明确答复，造成不良影响和后果的。

第九条　态度冷漠、作风粗暴，有下列情形之一的，应当进行问责：

（一）对不属于本单位范围或不能由本单位办理的事项，不解释、不说明，置之不理，造成不良影响和后果的；

（二）对前来办事的人员进行刁难、粗暴对待，甚至言行不文明而导致发生冲突的；

（三）对乡党委、政府交办的事项，消极对待，措施不力，未能按时完成的。

第十条　欺上瞒下，弄虚作假，有下列情形之一的，应当进行问责：

（一）瞒报、谎报、迟报公共突发事件、重大公共安全和生产安全事故、重大疫情或其他重要情况的；

（二）不落实政务公开制度，或不按时，不按规定公开，或搞假公开，应付上级，蒙蔽群众，引发群众上访的；

（三）对突发公共事件处置不当，措施不力，致使国家和人民利益、行政管理相对人合法权益及人身安全等遭受严重损害的；

（四）对所辖部门或身边工作人员存在的铺张浪费、以权谋私、贪赃枉法等严重违法违纪问题，瞒案不报，压案不查的。

第三章　问责方式

第十一条　问责方式：

（一）诫勉谈话；
（二）取消当年评优评先资格；
（三）责令作出书面检查；
（四）责令公开道歉；
（五）通报批评；
（六）调整工作岗位；
（七）停职检查；
（八）劝其引咎辞职；
（九）责令辞职；
（十）建议免职。

以上问责方式可以单独使用或并用。

采用前款第（六）项至第（十）项问责方式的，按照干部管理权限和相关的程序办理。

被问责的情形构成违反党纪政纪应追究纪律责任的，由乡纪委立案查处；涉嫌犯罪的，移送司法机关依法处理。

第十二条 根据被问责情形的情节、损害和影响，决定问责方式。

（一）情节轻微，损害和影响较小的，对被问责人采用诫勉谈话、取消当年评优评先资格、责令作出书面检查的方式问责；

（二）情节严重，损害和影响较大的，对被问责人采用责令公开道歉、通报批评、调整工作岗位、停职检查的方式问责；

（三）情节特别严重，损害和影响重大的，对被问责人采用劝其引咎辞职、责令辞职、建议免职的方式问责。

第十三条 有下列情形之一的，应当从重问责：

（一）1年内出现2次以上被问责的；

（二）在问责过程中干扰、阻碍、不配合调查的；

（三）打击、报复、陷害检举人、控告人、证人及其他有关人员的；

（四）采取不正当行为，拉拢、收买、恐吓、打击问责调查人员，影响公正实施问责的。

第十四条 发现并及时主动纠正错误，未造成重大损害和影响的，可从轻或减轻问责。

第十五条 有下列情形之一的，可免予问责：

（一）因相关单位和人员弄虚作假，致使难以作出正确判断，造成未能正确履行职责的；

（二）因适用的法律、法规、规章和有关内部管理制度未作出具体、详细、明确规定或要求，无法认定责任的；

（三）因不可抗拒因素难以履行职责的。

第四章 问责程序和要求

第十六条 对行政负责人投诉，行政管理相对人可以向其主管部门或乡纪委投诉。也可向投诉中心投诉。

（一）所投诉的问题应当具体、客观、真实。投诉者要告知本人真实姓名、工作单位、联系方式；

（二）承担投诉办理的机关或单位，要及时、认真组织对投诉事项进行调查核实，根据调查结果提出处理意见；

（三）投诉事项办结后，应当及时将办理结果告知投诉者。

第十七条 通过以下渠道反映第二章规定情形的，由乡纪委进行初步核实。

（一）乡党委和上级纪检监察机关及其领导的指示、批示和通报；

（二）乡政府及其领导的指示、批示意见、通报和建议；

（三）乡人大代表、政协委员通过议案、提案等形式提出的意见、建议；

（四）公安和司法机关提出的意见、建议；

（五）公民、法人和其他组织的检举、控告；

（六）有关工作考核中的意见建议；

（七）新闻媒体的报道；

（八）审计、信访、政府法制办、政府督办科等部门提出的意见建议；

（九）其他渠道反映的。

第十八条 经初步核实，反映的情况存在，乡纪委向乡人民政府提出书面建议。

第十九条 由乡人民政府决定启动问责程序：

（一）组成调查组进行调查；

（二）被调查的被问责人应当配合调查，阻挠或干预调查工作的，调查组可以按照干部任免程序的有关规定，提请暂停其职务；

（三）调查组应当听取被调查人的陈述和申辩，并进行核实，如其成立，应当采纳。不得因被调查人申辩而从重问责；

（四）调查组一般应在30个工作日内完成调查工作，并向乡人民政府提交书面调查报告，调查报告包括问责情形的具体事实、基本结论和调查建议；

（五）调查终结后，由乡人民政府作出行政问责决定；

（六）问责决定书应当自作出之日起10个工作日内送达，并告知被问责人享有的权利；

（七）问责情况应及时告知提出问责批示、建议的有关单位或个人。

第二十条 被问责人对问责决定不服的，可自收到决定之日起15个工作日内向乡人民政府提出申诉。申诉期间，问责决定不停止执行。

第二十一条 乡人民政府收到被问责人的申诉，应当组织相关部门进行复查，在30个工作日内作出维持、变更、或者撤销原决定的决定。

第二十二条 调查组成员与被调查人有利害关系、可能影响公正处理的，应当依法回避。调查人员滥用职权、徇私舞弊、玩忽职守，作出的调查结论与事实出现重大偏差，致使乡政府作出错误的问责决定，应当依照有关规定追究其责任。

第五章 附则

第二十三条 本办法由乡人民政府负责解释。

第二十四条 本办法自发文之日起实施。

乡镇政府行政问责不仅有明确的制度规范，而且已经成为一种实实在在的行政责任机制。近年来，乡镇干部被问责的事例经常出现在各类媒体的报道中。如2008年10月6日出版的徐州日报报道，新沂市新店镇针对年初制订的工作责任目标，对22名镇干部进行了问责。广西纪检监察网报道，2007年2月28日，天等县对6名计生工作不力的乡镇领导干部进行问责，其中4人被诫勉，1人被行政警告，1人被免职。新华网2009年5月9日报道，河南省林州市陵阳镇为突击修路，在未向当地群众提前“打招呼”的情况下，由镇干部带人连夜用铲车强行铲平几十亩小麦。接到群众举报后，林州市委、市政府责成陵阳镇政府迅速对被毁麦田全部进行复耕，同时，对相关责任人实施了问责，一名主管副镇长被免职。四川在线网2009年8月9日报道，因环境治理不力，泸州市合江县大桥镇原党委书记龙启权被给予党内警告处分，镇长程涣超、副镇长周小平均受到行政记大过和按程序免职处理。

将行政问责制引入乡镇政府行政运行过程，实现了权力与责任的有机统一，使权力的行使主体能够清楚地预见甚至切身感受到权力的懈怠与滥用可能导致的不利后果。当行政问责制将政府守法的情况纳入其中作为问责事项时（如上述杨柳乡政府行政问责办法所规定的问责事项就包括“不履行法律法规规定的义务”，“违反法律法规禁止性规定”，“滥用职权、违法行政”等），它无疑可以起到增强法律权威性、促进乡镇政府依法行政的作用。

3. 行政复议与行政诉讼

行政复议和行政诉讼是现代行政法治的重要内容。对行政相对人来说，行政复议和行政诉讼具有权利救济的性质；对行政主体来说，行政复议和行政诉讼则属于行政监督范畴，具体表现为依照法定程序追究违法行政的法律责任。与行政考核和行政问责相比，行政复议与行政诉讼与依法行政的关系更直接、更明显、更紧密。行政考核制与行政问责制中的责任主要是行政责任或政治责任，而行政复议与行政诉讼中涉及的责任则是严格意义上的法律责任。从形式上看，法律责任是由法律明确规定的责任；从内容上看，法律责任是与一定的法律义务（职责）联系在一起的；从构成要件上看，法律责任以义务人不履行或不正确履行具体的法律义务（职责）为必要条件；从程序上看，法律责任的确认和实现过程遵循正当、严格、规范的法律程序。因此，行政复议和行政诉讼在维护法律权威、促进依法行政方面具有不可替代的作用。

我国在20世纪80年代末90年代初全面建立了行政复议和行政诉讼制度。此后，乡镇政府的行政权力与严格意义上的法律责任明确挂起钩来，并且有了制度化、法治化的责任追究和实现机制。根据规定，乡镇政府违法或不当行政，行政复议机关或人民法院可以撤销或者变更其作出的具体行政行为，或者责令其限期履行法定职责，给行政相对人的人身和财产造成损失的，可以责令其依法予以赔偿。如河南省荥阳市乔楼镇镇政府十五个月内三次行政不作为，相对人通过提起行政诉讼，迫使镇政府改正了错误。①

2004年11月11日，家住荥阳市乔楼镇东郭村的陈老汉，时年已65岁，在村里既是残疾人又是“双女户”。根据该市的有关规定，他当年就可享受不低于600元的计划生育奖励金。但到了年底，镇政府却没有批准陈老汉享受该项待遇。陈老汉认为，镇政府的不作为侵犯了自己的合法权益，遂将镇政府告上了法庭。随后，在法官的协调下，问题很快得到了解决。

① 井长水等：《倔老汉三告政府屡战屡胜》，法制网，2006年5月23日。

时隔月余，陈老汉再次将自己的父母官告上了法庭。原来，上次陈老汉因要“双女户”奖励之事让政府吃了官司。事后，镇政府就以陈既然已享受“双女户”奖励，就不应再享受残疾人低保待遇了。为此，陈老汉正在享受的残疾人低保金被停发。陈在找政府反映问题未果的情况下，只好再次通过法院要回自己本应享受的324元低保金。

2006年2月，一个没有正式行文的决定让陈老汉懵然无知，他家竟然不是低保对象了，去年四季度的低保金被取消。对此，陈老汉认为本人的低保待遇是依据有关政策，经市政府审核批准的。如要取消其低保待遇，镇政府应当作出具体行政行为，应事先告知本人。但被告在没有作出任何具体行政行为时，就取消低保待遇，实属行政不作为。,

陈老汉为使自己的合法权益不再受侵犯，毅然第三次拿起法律武器，向荥阳市人民法院提起行政诉讼，请求判令被告支付原告低保金324元，并保证今后不再出现此类行政不作为的行为。后原、被告双方经法官明理说法的协调，这起“民告官”案最终以乔楼镇政府第三次履行完法定职责、原告才撤回起诉而终结。

行政复议和行政诉讼制度的实际运行情况表明，乡镇政府实施的行政行为在行政复议和行政诉讼的案件中占有相当的比例。如1996年10月14日出版的《南阳晚报》报道，1996年1月至8月，在南阳市各级人民法院受理的8135件行政诉讼案件中，壮告乡政府的就达5000多件。据海门市政府法制办统计，2003年全市行政机关共涉及行政复议和行政诉讼案件131件，其中涉及乡镇政府的案件为25件，占19%。[①] 社会科学文献出版社出版的2007年法治蓝皮书《中国法治发展报告NO.5》显示，2006年发生的52792件行政诉讼应诉案件中，被告是乡镇政府的2986件，占案件总数的5.65%。2007年8月2日出版的《人民日报》报道，国务院法制办的一项调研显示，2006年各省区市和国务院部门合计收到行政复议申请91667件，受理81197件。全部行政复议申请中被申请人是乡镇政府和县级政府部门的占52.17%。在涉及乡镇政府的行政争议案件中，以乡镇政府承担法律责任而结案的占到相当高比例。如1995年1月至10月，山东省潍坊市审结被告是乡镇政府的行政案件138件，其中被告直接或间接败诉的108件，占

① 参见海门市政府法制办网站，http：//www.hmfzb.gov.cn/，2004年4月8日。

78%。[①] 2008年10月23日《齐鲁晚报》报道，菏泽市牡丹区法院对该院2003—2008年五年来所审结的行政案件进行了分析，结果显示，五年来该院审理乡镇政府为被告的案件69件，其中土地裁决29件，行政强制28件，行政赔偿12件。结案69件，撤诉案件为31件，占总结案数的44.9%。扣除原告撤诉案件，审查具体行政行为的38件案件中，撤销和确认乡镇政府具体行政行为违法的案件为28件，败诉率达73.3%。

将乡镇政府实施的行政行为纳入行政复议与行政诉讼的范围，本身就表明乡镇政府行政正在从政治化行政向法治化行政转变。通过行政复议与行政诉讼的实际运行，尤其是通过对违法和不当行政行为的否定评价和强制纠正，明确地彰显了法律对于行政的统治地位，表明在依法治国的背景下，乡镇政府只有坚持依法行政，才能使自己实施的行政行为产生实际的效果，顺利达成预期的行政目标。

第二节　乡镇政府依法行政存在的主要问题

从发展的眼光看，改革开放以来，我国乡镇政府在推进依法行政方面取得了明显的进展，政治化行政背景下畅行无阻的只看动机与效果、不择方式和手段的行政模式在依法治国的条件下遭遇了极大的困难和挑战，结果是乡镇政府行政对法律的依赖越来越强，依法行政越来越多，法外行政或违法行政的现象大为减少。我们对农村干部群众的问卷调查结果从一个侧面印证了上述判断。在回答是否同意“与过去相比，乡镇政府在依法行政方面有明显进步”的判断时，40.6%的被调查对象表示“完全同意”，33.5%的人表示“比较同意”，而表示“不太同意”和“完全不同意”的人分别只占7.1%和3.3%，另有15.1%的人表示“说不清楚”。

不过，我们在充分肯定乡镇政府依法行政取得成绩的同时也应当清醒地认识到，乡镇政府依法行政的成效只是初步的，与构建法治政府和法治国家的目标要求还存在很大的距离，也明显落后于依法治国和依法行政的总体进程。概括起来，当前乡镇政府依法行政主要存在以下突出问题。

---

① 徐金江：《从108起乡镇政府败诉行政案件看当前基层行政执法》，《山东审判》1996年第2期。

一、超越权限实施行政管理

遵守法定权限是依法行政的基本要求，也是行政合法的必要条件。行政法治的要旨在于对行政权的合理有效控制，这种控制首先表现为对行政权限的控制。根据行政法治原则，行政主体的权力只能来源于法律的授权，行政主体只能在法律授权范围内实施行政管理，超出法律的授权范围行使权力便构成行政越权，而越权实施的行政行为是不具有法律效力的。

乡镇政府作为身处农村的行政主体，也有自己特定的权限范围。根据依法行政原则，乡镇政府必须严格遵守法定权限，在法律的授权范围内实施行政管理。然而，在现实生活中，乡镇政府超越法定权限实施行政管理的现象仍然比较突出。徐金江对 1995 年 1—10 月山东潍坊市法院审结的以乡镇政府为被告的行政案件分析显示，在乡镇政府败诉的 108 起案件中，法院认定乡镇政府越权的案件达 31 件，占败诉案件总数的 29%。[①] 根据我们掌握的材料分析，当前乡镇政府的行政越权主要集中在以下几个方面：

1. 非法干涉村民自治

村民自治是农村民主政治的有效形式。从宏观上讲，作为农村最基层的一级政权组织，乡镇政府具有推进民主政治的法定职责。从微观上讲，乡镇政府在推进农村村民自治的过程中必须遵守法定权限。现行《村委会组织法》对乡镇政府在推进村民自治方面的权限作了原则规定，即“乡、民族乡、镇的人民政府对村民委员会的工作给予指导、支持和帮助，但是不得干预依法属于村民自治范围内的事项”。这一规定从正反两个方面界定了乡镇政府在推进村民自治的过程中的职责权限。从正面说，乡镇政府应当对村委会的工作给予指导、支持和帮助；从反面说，乡镇政府不得干涉依法属于村民自治范围内的事项。然而在现实中，一些乡镇政府出于多方面的考虑，明显违反上述规定，超越法定权限，非法干涉村民自治。

（1）操纵和控制村委会选举

《村委会组织法》第 2 条规定：“村民委员会是村民自我管理、自我教育、自我服务的基层群众性自治组织，实行民主选举、民主决策、民主管理、民主监督。”根据这一规定，村委会只能通过村民民主选举产生，乡镇政府应当服从村民的意愿，尊重民主选举的结果。然而，在实践中，一些地方的乡镇政府为了使村委会的选举结果符合自己的意愿，超越法定权限，通

---

① 徐金江：《从 108 起乡镇政府败诉案件看当前基层行政执法》，《山东审判》1996 年第 4 期。

过多种方式非法操纵和控制村委会选举。如 1998 年 12 月，浙江省上虞市某镇用红头文件任免村委会干部，文件大意说：经镇党委研究决定，提名林炳华等 16 人为林岙村等村的村委会主任，建议卢兴饶等人不再担任村委会主任职务，还建议各村的村委会主任改任主任助理等。[①] 同年，海南省琼海市大路镇党委的做法则更为荒唐，只因该镇云满村 16 名党员联名推举的村委会主任候选人与镇领导心目中的人选不一致，镇党委便动用警力，以党委书记挂帅，出动 3 辆汽车，将签名推荐候选人的部分选民连夜带走，并以"企图推翻村委会"的罪名对他们实施了变相拘禁。[②] 1999 年 11 月，河南省济源市某镇在村委会换届选举时，由镇党委决定选举委员会的组成，当村民告诉镇党委书记说这种做法不符合村民委员会组织法时，镇党委书记却说：组织法刚刚施行，不一定那么严格，再说咱镇有咱镇的实际情况。你村的选举委员会之所以由镇党委决定，主要是为了维护村里的稳定局面，防止在选举当中出乱子。[③] 江苏省姜堰市某乡不顾群众反对，以强制手段任命村委会干部。[④] 进入 21 世纪以后，此类现象仍然频频出现。据山西省沁县段柳乡白家沟的党员和村民反映，这个村十多年来从来没有进行过村委会的选举，只是由乡党委任命村长，村长再任命村委会干部。[⑤]

肖唐镖对江西省 40 个村委会换届选举的调查分析表明，基层政府行为倾向于"暗箱操作"乃至违规操作的村占三成。基层政府违法操作的手段和方法形形色色，常见的有：①对选举信息与规则进行控制，或仅作有选择的发布，以使选民与组织意图之外的候选人不熟悉规则以便控制选举；②对候选人资格作灵活设定，以便组织中意的人选入围，并将不中意的其他人挡在外；③在正式候选人确立中采取灵活方法，尽可能地将最有竞争和挑战实力的其他人员排除，而不是简单地按票数来确立正式候选人；④诱导选民投票，如以表扬的口吻介绍中意的人员，称其很得乡镇的支持而其他人都得不到上面的支持，即使选上来了以后也干不了；⑤以与村干部的关系、能否忠实贯彻组织意图为标准选择村委会民主选举委员会成员和选举工作人员；⑥让已是正式候选人的原村干部作为工作人员，拎着票箱上门搞流动投票；主要采用流动票箱投票以便现场引导选民填票，甚至于以代票等方式搞舞

---

① 《人民日报·华东版》1998 年 12 月 30 日。

② 《广州日报》1998 年 11 月 11 日。

③ 《乡镇论坛》2000 年第 1 期。

④ 参见《乡镇论坛》1999 年第 8 期。

⑤ 参见《乡镇论坛》2001 年第 6 期。

弊；⑦简化对正式候选人的介绍程序；⑧在选票统计中对有效票与废票的认定，往往倾向于组织中意的候选人。① 乡镇政府操纵和控制村委会选举，本质上是对村民民主权利的侵犯，从这个意义上说，它显然超于了法律对乡镇政府的授权范围，属于行政越权行为。

（2）直接撤换村委会干部

《村委会组织法》第11条规定：村民委员会主任、副主任和委员，由村民直接选举产生。任何组织和个人不得指定、委派或者撤换村民委员会成员。这一规定一方面是对村民的授权；另一方面则是对政府权力的限制，它明确禁止包括乡镇政府在内的各级行政机关直接指定、委派或者撤换村委会成员。违反此规定，即构成行政越权。但是，在实践中，一些乡镇政府为了达到有效控制村委会的目的，往往置法律的禁止性规定于不顾，寻找种种理由直接撤换经过民主选举产生的村委会成员。2002年9月12日出版的《南方周末》报曾报道，全国村民自治先进市——湖北省潜江市，自第四届村委会换届以来，被乡镇党委、政府非法撤换的村委会干部达619人，涉及269个村，占全市的81.75%，其中187个村的村主任被非法撤换，占56.8%。“潜江样本”中的村主任何先贵两年间经历4次被免、5次复职。民政部一位负责信访接待的工作人员告诉《南方周末》记者，1998年村民委员会组织法开始正式实施，乡镇上一些“传统的做法”在法律面前纷纷“现形”，随意罢免、撤换村官就很典型。②

（3）直接插手村务管理

根据《村委会组织法》的规定，村庄内部的公共事务和公益事业的管理权属于村民自治组织，乡镇政府可以对村民自治组织的管理进行必要的指导、支持和帮助，但不能越俎代庖，随意限制或剥夺村民自治组织的管理权。但是，从实际情况看，乡镇政府越权干涉村务管理的现象相当普遍。以村级财务管理为例，针对村级财务管理混乱的状况，除了在全国范围内大张旗鼓地推行村务公开，依靠村民自下而上的监督以外，各地也都在探索和研究通过乡镇政府自上而下的监督方法。在此过程中，一些地方的乡镇政府就不自觉地干涉了村里的财政权。如在一些地方受到推广的“村账乡管”方法的某些形式，就模糊了村级财产产权的主体，为乡镇政府侵吞村级资产提

① 肖唐镖、唐晓腾：《基层政府在村委会选举中的角色——对江西省40个村委会换届选举的综合分析》，《国家行政学院学报》2001年第6期。

② 《村官被撤能否诉讼 最高法院将给说法》，《南方周末》2007年9月5日。

供了条件，同时也强化了乡村之间传统的行政关系，与村民自治的精神背道而驰。[①] 这种做法的典型是在一些地方兴起的“2528”工程，要求每月25日由村民会议或村委会讨论本村财务事项，28日上报乡镇政府批准，乡镇政府批准了方可执行。另据2000年6月湖北某县的调查，发现所调查的六个乡镇中，都存在着财务上的“以上挤下”现象。有的挤占共同生产费，镇、区按比例上提，村级所剩无几；有的挤占村级三项提留，作为镇、区两级管理费；有的挤占教育附加费，致使民办教师工资无着落等。[②] 这就完全违背了村民自治的精神和《村民委员会组织法》的规定，剥夺了村民和村民委员会对村级财务的决策权和管理权。当然，这并不是说乡镇政府不能或无权监督村级财政，而是说乡镇政府对村级财务的监督必须要符合村民自治的精神和《村民委员会组织法》的规定，要有合理而适当的方式，在进行监督的过程中不能超越自己的法定权限。[③]

2. 非法干涉农民的经营自主权

在“政社合一”的计划经济年代，农业生产处在政府的直接控制之下，农民生产什么、如何生产都必须听命于政府的计划安排。如果说计划经济体制下政府直接控制和安排农民的生产经营具有其必然性的话，那么在实行市场经济以后，政府直接掌控生产经营权就不再具有任何正当理由。从行政法治的角度说，现代行政法治追求的基本目标是构建法治政府，法治政府的一个基本特征是政府权力的有限性，因此，实行行政法治，必须正确处理政府与市场、政府的行政管理权与市场主体的经营自主权之间的关系，政府不得非法干涉市场主体的经营自主权，否则便构成行政越权。改革开放以后，随着农村家庭联产承包经营制的普遍推行和逐步完善，农民重新获得了生产经营自主权，可以自行决定生产什么以及如何生产。生产关系的这种变化极大地调动了农民的生产积极性，促进了农村经济社会的迅速发展。从乡镇政府的角度看，随着对市场经济和政府职能认识的逐步深化，以及法治观念的不断增强，乡镇政府总体上已经从农业生产指挥者的位置上退下，走上为农民提供公共服务的新岗位。然而，这一转变过程并非是一帆风顺的，事实上，尽管中央不断强调乡镇政府应当转变职能，但乡镇政府超越权限、非法干涉农民经营自主权的事件仍然经常发生。

---

① 程同顺：《当代中国农村政治发展研究》，天津人民出版社2000年版，第213—214页。

② 饶自复：《农民拒缴费的背后》，《乡镇论坛》2000年第5期。

③ 参见程同顺《村民自治中的乡村关系及其出路》，《调研世界》2001年第7期。

吉林省梨树县多年来一直是全国五大产粮县之一。由于中央出台了关于发展粮食生产、增加农民收入的政策措施，因此，当地农民种粮的积极性非常高。然而，2004 年春耕时节农民却被要求购买县里强行摊派的“绿光牌”有机肥，农民对此有一定抵触情绪。据调查，农民们不愿意接受的主要原因一是农民们此前从未用过此肥，对于它是否适合农作物及土地存有疑虑；二是农民们对于县里采用行政手段强行摊派的方式十分反感。据调查，北京一家化肥厂准备在梨树县投资建厂生产化肥，梨树县为了招商引资，争取这个项目，因此采用行政手段强行推广该厂生产的“绿光牌”有机肥。虽然县里一再强调不搞硬性摊派，然而事实上全县 26 个乡镇都有分配销售任务，最多的 500 吨，少的也有 200 吨。由于老百姓对购买这种化肥积极性不高，为了完成任务，各个乡镇只得各自想办法，有的村社干部实在推广不下去，只好自己承担。①

云南省临沧地区永德县永康镇勐底村是云南省推广水稻示范区，村里 1500 亩水田都是高产良田。然而 2004 年所有的村民都没有种水稻。因为镇里强迫他们种甘蔗而不允许种水稻。据记者调查，该镇政府正在进行一项甘蔗下田工作，从镇政府制定的文件可以看到，勐底村今年被规划为春蔗下田规划区，这一决定是经云南永德糖业集团康甸糖业公司和永康镇人民政府作出的。同时他们出台了包括补助化肥、大米在内的一系列的扶持奖励政策，要把甘蔗作为一项产业来发展，看来甘蔗下田不是一件坏事。可是，记者在采访时却发现，村民们都不愿意把甘蔗种到田里。大家反映，这是因为如果种甘蔗，农民们的收入将远远低于种水稻，每亩地平均将少收 2700 元左右。此外，在卖甘蔗给糖厂的时候，还会被扣一定的肥料钱。收入减少，农民们的生活将大受影响。因此大家的抵触情绪比较高。根据记者进一步调查，镇里要求村民必须种甘蔗的原因是镇政府和糖业集团有协议在先，根据协议规定，糖业集团为当地修建一个河堤，作为交换，镇政府要求村民种植 1500 亩甘蔗。为了落实这一目标，镇里采取了村干部层层下指标，切断水稻水源，不种甘蔗就没收土地等各种措施。②

据我们观察，近年来，乡镇政府侵犯农民经营自主权的案件多发生在调整农业产业结构的过程中。随着社会主义市场经济体制的逐步确立，传统的农业生产经营模式已不适应新形势下经济发展的需要，为此，中央及时作出

---

① 中央电视台 2004 年 4 月 14 日焦点访谈报道。

② 同上。

把调整农业生产结构作为农业增产、农民增收的经济增长点的决策，这无疑是正确的。但一些地方的乡镇政府在执行这一政策时，没有很好处理调整产业结构与尊重和保护农民经营自主权之间的关系，采取强迫命令的方式推进产业结构调整，明显违反了中央的政策精神。早在1999年7月，国务院办公厅转发的农业部《关于当前调整农业产业结构若干意见》就明确规定：调整农业产业结构，必须“坚持尊重农民的意愿和生产经营自主权。要稳定党在农村的基本政策，切实尊重、依法保护农户自主经营、自负盈亏的生产经营主体地位，保护农民的生产积极性，把调整农业生产结构的自主权真正交给农民。各级政府要加强信息引导和示范指导，严禁行政干预、强迫命令和搞‘一刀切’”。

乡镇政府侵犯农民的生产经营自主权，明显超越了其法定权限范围，不仅严重地挫伤了农民的生产积极性，导致了农民与政府之间的对立情绪，破坏了党群、干群关系，而且阻碍了乡镇政府行政法治化的发展进程。

3. 越权实施行政执法

在我国，行政执法的概念有广义和狭义两种理解。广义的行政执法泛指行政主体实施法律的行为，既包括抽象行政行为，也包括具体行政行为，实际上等同于行政行为的概念。狭义的行政执法是指行政主体针对特定的人和事适用具体的法律规范的行为，其含义基本上与具体行政行为的概念相当。在法治背景下，行政执法是行政主体履行行政职能、实现行政目标的基本方式，也是行政主体负有的一项重要的行政职责。随着乡村行政由政治化行政向法治化行政的转型，行政执法开始成为乡镇政府施政的重要内容和基本方式。

根据行政法治原则，遵守法定权限是行政执法行为合法有效的首要条件，越权实施的行政执法行为不具有法律效力。从现实情况看，现行法律法规从执法的事项范围和方式手段等方面对乡镇政府的行政执法权限作了明确的规定，乡镇政府在行政执法过程中必须严格遵守法律规定，不得以任何理由超越法定权限。然而，近年来的各种调查显示，乡镇政府超越法定权限执法的现象相当普遍。

以农村土地管理为例，根据《中华人民共和国土地管理法》的规定，乡镇政府在土地管理方面的执法权限主要包括：土地承包经营期限内调整个别承包经营者之间承包土地的审批权（第14条）；农民集体所有的土地由本集体经济组织以外的单位或者个人承包经营的审批权（第15条）；个人之间、个人与单位之间的土地权属争议的处理权（第16条）；乡（镇）村公共设施、公益事业建设用地的审核权（第61条）；农村村民住宅用地的审核权（第62条）。但是，一些乡镇政府在土地管理中往往超越上述法定权限进行执法，结果导致行政违法。

2003年9月，山东省泗水县某村村民于擅自建西厢房、猪圈和厕所，违法建设面积共计116.42平方米。该村所在的镇政府以张某违反了国务院《村庄和集镇规划建设管理条例》有关规定为由，作出处理决定，限其15日内自行拆除违法建筑，恢复土地原状。张某不服，将镇政府告上法庭，要求撤销该处理决定。2004年4月，一审法院认定镇政府具有责令辖区内村民拆除违法建筑的法定职责，判决维持镇政府作出的处理决定。张某不服判决，上诉到中级人民法院。中级人民法院审理后认为，根据《中华人民共和国土地管理法》的规定，村民未经批准非法占用土地建住宅的，由县级以上人民政府土地行政主管部门限期拆除违法建筑。镇政府作出要求张某拆除违法建筑的处理决定，超越其法定职权，属于不合法的具体行政行为。①

内蒙古土右旗萨拉齐镇所属的“南瓦窑滩”地由于大面积为水滩地，多年不能耕种。2007年4月，旗政府决定征用“南瓦窑滩”水滩地近400亩作为敕勒川湿地生态治理项目，这一决定得到了大东村全体村民赞成。这本来是旗政府为治理生态环境，同时也是从群众利益出发办的一件大好事。可是当征地补偿费划拨到萨拉齐镇政府时，问题出现了。原来大东村第二村民小组对征地补偿款的分配提出了异议，他们认为“南瓦窑滩”地一直以来都归二组所有，因此征地补偿款也应归二组。对这种说法其他村民小组不以为然，因此村民之间发生争执。关键时候大东村村委会出具证明，证明“南瓦窑滩”地应归二组，于是萨拉齐镇政府据此作出了《关于敕勒川湿地生态治理项目占地涉及大东村土地权属的决定》（以下简称《土地权属决定》），将“南瓦窑滩”374.33亩土地中的334.33亩土地划归二组所有，40亩土地划归大东村村委会集体所有。大东村其他村民小组的一千余名村民不服该决定，到处上访告状，他们认为“南瓦窑滩”地一直属于村委会集体所有，该地从未给任何小组划分过，多年来属集体撂荒地。现萨拉齐镇政府作出的错误决定侵害了他们的合法权益，无奈之下向法院提起行政诉讼，请求撤销该决定。

该案历经两审，经过多方查证，最终法院认为，镇政府作出的《土地

---

① 索清华：《镇政府越权执法人民法院判其败诉》，泗水县政府门户网站，访问时间：2009年8月11日。

权属决定》是行政机关作出的具体行政行为。大东村千余名村民作为行政相对人，有权对萨拉齐镇政府提起行政诉讼。本案争议是大东村第二村民小组与大东村委会及其他几个村民小组之间对该宗土地权属的争议，不是个人与个人、个人与单位之间的土地权属争议，根据《中华人民共和国土地管理法》的规定，萨拉齐镇政府无权对该争议土地作出《土地权属决定》，其行为属越权行政。另外，当事人对有关人民政府的处理决定不服的，应在30日内向人民法院起诉，而萨拉齐镇人民政府作出的《土地权属决定》只给了行政相对人15天的诉讼期限，显然与法律规定不一致。同时萨拉齐镇人民政府在作出《土地权属决定》时未告知行政相对人可先行复议，属程序违法。因此法院最终判决撤销萨拉齐镇人民政府于2007年9月11日作出的《关于敕勒川湿地生态治理项目占地涉及大东村土地权属的决定》。①

二、滥用行政自由裁量权

滥用自由裁量权是指行政主体违背法律的目的、精神和原则，不正当地行使法律赋予的自由裁量权的各种情形。概括起来说，滥用自由裁量权的行为具有两方面的基本特征：其一，具有“合法”的外表，既没有超越法定权限范围，也没有明显违反具体的法律规定。其二，不符合法律的目的、原则和精神，违背合理行政的基本原则。在现实生活中，行政主体滥用自由裁量权的具体表现是多种多样的，主要包括：背离法定目的；不相关的考虑；违反可行性原则；违反均衡性原则；违反平等对待原则；违反惯例原则；违反遵守行政规则原则；结果显失公正。②

行政主体滥用自由裁量权直接违反了依法行政原则，是与行政法治的方向背道而驰的。在现代依法行政观念中，行政行为不仅应当具有合法性，而且还要具有合理性或正当性。所谓行政合理，是指行政主体在法定范围内基于自由裁量权作出的决定或采取的措施应当符合法律的目的、原则和精神。可见，行政合理实际上是给行政主体行使自由裁量权定下的“一定之规”③，目的在于有效地控制行政自由裁量权，防止其被行政主体滥用。在依法行政原则中，行政合理是对行政合法的必要补充。因为，只有在合法行政基础上

---

① 参见《镇政府越权执法终败诉 法院依法判决护民益》，《包头日报》2009年4月4日。

② 参见应松年主编《中国当代行政法》，中国方正出版社2005年版，第1534—1536页。

③ ［美］施瓦茨：《行政法》，弁言译，群众出版社1986年版，第568页。

进一步做到合理行政，才能实现依法行政之宗旨——全面控制行政权、有效保护公民的权利与自由。

与所有的行政主体一样，我国的乡镇政府在行政管理方面也享有广泛的自由裁量权。从总体上看，乡镇政府在行使自由裁量权的过程中基本上能够做到合理行政，但滥用自由裁量权的现象也时有发生。在韩雪梅等人对青海农村行政执法状况进行的问卷调查中，有59.5%的被调查者认为自己偶尔受到不公正对待；37.1%的人认为自己经常受到不公正对待；还有3.4%的人认为自己总是受到不公正对待。[①] 在我们对农民进行的一项问卷调查中，35%的被调查者对“现在乡镇政府在为农民办事方面基本上是公平、公正的”的判断表示不太同意，7%的人表示完全不同意，二者合计达42%。有22.7%的被调查者表示完全同意“乡镇政府有时候说话不算数，作出的决定以后又反悔”的判断，37%的人表示比较同意，二者合计近六成。依法行政要求行政主体在行使自由裁量权时坚持公平、公正原则，平等对待行政相对人，乡镇政府行使自由裁量权背离公平公正原则，实质上是对自由裁量权的滥用。依法行政还要求行政主体恪守诚信，乡镇政府不遵守自己的承诺，随意改变或收回已经作出的决定，不仅违反了诚信原则，同时也是滥用自由裁量权的一种表现。除了上述情况之外，乡镇政府滥用自由裁量权的具体表现还包括在采取行政措施时过度使用强制力、以权谋私等。总之，乡镇政府在行政管理过程中滥用行政自由裁量权的现象还相当普遍，表明合理行使行政自由裁量权的问题在乡镇政府行政中尚未引起足够的重视，这种情况在司法审查中得到了进一步的印证。徐金江对1995年1—10月山东潍坊市108件乡镇政府败诉的案件的统计分析显示，乡镇政府因滥用职权而败诉的案件有33件，占败诉案件总数的31%。[②]

三、怠于履行法定的行政职责

依法行政的基本要求之一是权责统一。行政主体依法享有行政职权的同时，也必须承担相应的行政职责。行政职权，是行政主体实施国家行政管理活动的资格及其权能；行政职责，是行政主体在行使行政职权过程中所承担

① 韩雪梅、张智渊：《青海农村行政执法状况的调查与思考》，《青海社会科学》2009年第1期。

② 徐金江：《从108起乡镇政府败诉案件看当前基层行政执法》，《山东审判》1996年第4期。

的义务。从法律上讲，行政职权与行政职责是一对“孪生兄弟”，二者是不可分割的，是一个事物的两个方面。行政职权与行政职责的统一，意味着行政主体在获得法律授予的行政职权的同时，也承担着依法积极行使这种职权的责任或义务，换言之，行政主体不能随意放弃或搁置其法定职权，否则就构成行政失职。从这个意义上讲，“依法行政应该包含着依法必须行政的涵义在内”。①

改革开放以来，乡镇政府总体上能够依法履行宪法和法律赋予乡镇政府的各项职责，为促进农村的改革发展作出了重要的贡献。但是，由于多方面的原因，乡镇政府在履行法定职责方面也还存在不少问题，集中表现为对法定职责的懈怠，具体表现在宏观和微观两个方面。

第一，从宏观层面说，乡镇政府对法定职责的懈怠突出表现为对公共产品供给职责履行不力。

现代法治政府应当是以民生为本的政府，法治政府必须高度关注民生，将公共产品的有效供给作为政府职责的首要内容和行政资源配置的重点领域。事实上，我国现行法律对乡镇政府的公共产品供给责任作了明确规定，如《中华人民共和国地方各级人民代表大会和地方各级人民政府组织法》第61条第（2）项规定：乡镇政府享有“执行本行政区域内的经济和社会发展计划、预算，管理本行政区域内的经济、教育、科学、文化、卫生、体育事业和财政、民政、公安、司法行政、计划生育等行政工作”的职权。根据职权与职责统一的原理，这里所规定的职权实际上也是乡镇政府应当履行的职责。从内容上看，这些职权或职责大多属于公共产品供给的范畴。这表明，为农村居民提供公共产品是乡镇政府必须切实履行的基本职责。然而，由于多种原因，提供公共产品的法定职责在乡镇政府行政中的地位远不及其在法律规定中的地位。农村税费改革以前，对农民的控制与汲取处于乡镇政府工作的中心；取消农业税以后，发展经济则成为乡镇政府职责履行的重中之重。② 相比之下，提供公共产品的法定职责似乎从来没有引起乡镇政府的足够重视，更未成为乡镇政府的自觉行动，公共产品供给职责的弱化是乡镇政府行政中的普遍现象。

① 应松年主编：《行政法学新论》，中国方正出版社1999年版，第50页。

② 四川省委党校师丽教授对710位乡镇党委书记进行的问卷调查结果显示，当前有83%的乡镇领导认为发展经济是乡镇政府的主要职能。参见《710位乡镇“一把手”心声：忙什么忧什么预期是什么》，新华网，2009年2月4日。

由于乡镇政府没有高度重视和认真对待公共产品供给职责，加上其他方面的原因，导致我国农村社会公共产品供给的严重短缺。主要表现是：①

（1）公共基础设施建设不能适应农村经济发展和农民生产生活的需要。截至2006年年初，全国有261个乡镇、5.4万个村不通公路；在全国104.3万公里的砂石土路面及无路面里程中，农村公路就有92.3万公里，占88.5%。部分地区人畜饮水困难，基本生存条件无法保障。同时，农田水利基础设施老化失修，抵御自然灾害能力减弱。

（2）公共卫生事业停滞不前。目前农村人均卫生事业费只有十几元，这种状况使得农村基本医疗条件严重落后，机构凋零，设备陈旧，卫技人员短缺而且素质偏差，服务水平低下，乡、村两级卫生保健网几乎处于瓦解状态，公共卫生和各项预防保健工作难以落实。

（3）农村教育现状不容乐观。长期以来，农村基础教育经费主要来自县乡财政和农民集资，虽然近几年来特别是农村税费改革试点以来，中央和省市加大了投入，但仍然只占很小比重。此外，农村教师队伍的现状令人担忧，不少中小学的骨干教师由于工资、住房等原因，或离开教学岗位，或流向城市，师资队伍难以保证，教育质量下降。

（4）社会保障处于停滞不前的境地。农村社会保障仍是我国社会保障体系中最薄弱的环节，尽管各级政府采取各种各样的社会保障、救济制度等措施，但目前农村社会保障的覆盖面相对还很低，远远解决不了农村现有的贫困状况。

（5）文化设施缺乏，文化科技“三下乡”活动流于形式，没有发挥其真正作用。民间文化在低谷徘徊。

（6）农村技术支持服务体系处于瘫痪状态。农业推广资金投入不足和推广体系不够完善，严重制约着推广力度。部分地方政府借机构改革“卸包袱”，使一些地方的推广服务部门被推向市场，有的甚至撤销，造成人员离岗或流失，出现“线断、网破、人散”的局面。此外，基层推广队伍中整体知识水平低，现代农业新技术的熟悉程度和操作能力不够，影响了农业新技术、新品种的推广转化，无法适应当前现代高效农业发展的需要。

农村公共产品供给是一个复杂的系统工程，导致目前农村公共产品供给严重不足的原因也是多方面的，将责任完全归咎于乡镇政府是不公正的。然

① 参见肖文涛、黄保成《我国乡镇政府职能履行面临的问题及对策研究》，《中国行政管理》2006年第3期。

而，乡镇政府长期忽视甚至遗忘公共产品的供给职责，在公共产品供给方面无所作为或者不充分作为，无疑是导致农村公共产品供给不足的重要原因之一。

第二，从微观层面说，乡镇政府对法定职责的懈怠主要表现为程序上的消极不为。

乡镇政府承担的行政职责是一个多层次的概念，它既包括宏观层面或抽象意义上的行政义务，如管理本行政区域内的经济、教育、科学、文化、卫生、体育事业和财政、民政、公安、司法行政、计划生育等行政工作（《地方政府组织法》第61条），也包括微观层面或具体意义上的义务，如对集体经济组织以外的单位或个人承包农村土地进行审批（《中华人民共和国土地承包法》第48条）；既包括积极作为义务，如对村民委员会的工作给予指导、支持和帮助（《中华人民共和国村民委员会组织法》第4条），也包括消极的不作为义务，如不得干预依法属于村民自治范围内的事项（《中华人民共和国村民委员会组织法》第4条）。

依法行政原则要求乡镇政府全面正确地履行上述各项职责。但是，从行政法律机制的实际运行来看，行政法治关注的重点在于保证微观或具体行政义务的履行。因为，从一般的意义上讲，宏观的行政职责通常需要微观化为具体的法定义务才能落实。

从微观层面说，乡镇政府不履行法定义务均构成具体意义上的违法，但乡镇政府违反禁止性义务常表现为超越职权或滥用职权，而违反作为义务，则表现为程序上的消极不为，也即行政法上所称的不履行法定职责或行政不作为违法。在现实生活中，乡镇政府在具体作为义务履行上的懈怠主要有以下表现：

（1）不履行或者拖延履行行政相对人申请其履行的法定职责

这是乡镇政府怠于作为义务履行最突出、最典型的表现，它主要有如下特征：第一，行政相对人向乡镇政府提出了合法的申请；第二，乡镇政府对申请人负有履行职责的特定义务；第三，乡镇政府不履行或者拖延履行法定职责且无正当理由。不履行，是指乡镇政府以明示或默示的方式拒绝行政相对人的申请，它通常表现为乡镇政府在法定期限内对相对人的申请不予答复，或者推脱责任不予受理，或者受理后不作出明确的处理决定。拖延履行，是指乡镇政府在合理的时间内不履行行政相对人申请其履行的法定义务，不对行政相对人的申请作出明确的答复或处理。在农村行政管理的实践中，乡镇政府不履行或者拖延履行法定职责的情况时有发生。例如：

北京海淀区居民吴越壬称，位于海淀区青龙桥厢红旗20号的院落是其祖父和父亲留下的遗产，有房产证为证。1970年，院落出借给同乡农民吴铁汉暂时居住。2004年5月她想要回房子时才知道，海淀乡政府的前身海淀乡人民公社22年前曾批准吴铁汉对房屋进行翻建，吴铁汉以这个批件作为依据不肯返还。2004年9月29日，吴越壬邮寄行政审查申请书给乡政府，要求对建房许可证的依据和合法性进行审查。然而，时隔3个多月，乡政府一直置之不理。吴越壬将乡政府告上法庭。法院审理后认为，根据《信访条例》，如果海淀乡政府认为吴越壬的信访申请是自己可以直接办理的，就应该在30天内办理完毕，并将结果答复吴越壬；如果认为自己无权做出决定，就应在60天内及时报送上级行政机关或转给其他行政机关。海淀乡政府既没对信访进行办理，也没有说明需要延期，已经构成了怠于履行职责，隧判决海淀乡政府30日内履行职责。①

（2）对违法现象放任不管或查处不力

根据职责的履行是否需要以行政相对人提出申请为条件，乡镇政府承担的行政职责大致可以分为两种：依申请履行的职责和依职权履行的职责。依申请履行的职责是指乡镇政府履行职责必须以行政相对人的申请为前提，行政相对人提出申请是乡镇政府的抽象作为义务转化为现实作为义务的必要条件。依职权履行的职责是指乡镇政府履行职责不需要以相对人提出申请为条件，只要发生特定的法律事实，抽象的法定义务即转化为现实的作为义务，乡镇政府必须主动采取措施，积极作为。

在乡镇政府承担的依职权履行的职责中，查处行政相对人的违法行为是一项重要的行政职责。从理论上讲，维护良好的社会秩序、保护公民的合法权益不受侵犯，这是政府的基本使命和职责所在，而依法查处违法行为则是实现政府使命和职责的重要方式和途径。从法律上讲，现行法律、法规对乡镇政府查处违法行为的职责作了明确的规定。例如，《中华人民共和国农业法》第95条规定："违反本法第73条第二款规定，强迫农民以资代劳的，由乡（镇）人民政府责令改正，并退还违法收取的资金。"《中华人民共和国义务教育法》第58条规定："适龄儿童、少年的父母或者其他法定监护人无正当理由未依照本法规定送适龄儿童、少年入学接受义务教育的，由当地乡镇

① 参见《京华时报》2005年5月23日。

人民政府或者县级人民政府教育部门给予批评教育，责令限期改正。”《村庄和集镇规划建设管理条例》第37条规定：“在村庄、集镇规划区内，未按规划审批程序批准或者违反规划的规定进行建设，严重影响村庄、集镇规划的，由县级人民政府建设行政主管部门责令停止建设，限期拆除或者没收违法建筑物、构筑物和其他设施；影响村庄、集镇规划，尚可采取改正措施的，由县级人民政府建设行政主管部门责令限期改正，处以罚款。农村居民未经批准或者违反规划的规定建住宅的，乡级人民政府可以依照前款规定处罚。”

在我国，由于农民普遍缺乏法制观念，导致各种违法现象时有发生，这种状况客观上要求乡镇政府积极主动地履行法定职责，依法查处和纠正行政相对人的违法行为，只有如此，才能保证国家的法律法规在农村得到有效的贯彻执行，才能使社会公共利益和农民群众的合法权益得到切实的维护。然而，我们的研究表明，乡镇政府在履行行政执法职责方面的表现不尽如人意。以农村义务教育为例，中央党校经济学教研部2005年1月公布的一项关于农村九年义务教育的调查报告显示，我国南方几个省区农村辍学率达30%，个别地方竟达50%；北方一些地区实际辍学率也达40%。这些实际辍学比重都远远高于国家控制的3%的标准。中国民主促进会中央委员会的一份调查也显示，农村平均辍学率接近40%。河北省威县每年初一入学学生保持在1000多人，但在初三中考时，参加考试的只剩下4000来人，三年里流失6000多名学生。贺营中学三年总辍学率近90%。关于辍学的原因，人们的目光通常集中在经济方面，如家庭贫困、教育负担过重、政府投入不足等。我们认为，从总体上分析，经济因素确实是造成农村学生辍学的主要原因，但从个案的角度看，并非所有学生辍学都是出于家庭贫困的原因。事实上，有些学生辍学不是因为上不起学，而是因为其他原因。比如，一些学生家长认为，自己的孩子天生不是读书的料，读不出来，即使能完成九年义务教育，毕业了还是当农民，与其这样还不如辍学早点帮家里干活挣钱。一位东北农民在接受“普九”调查时明确表达了这样的观点：“你说我们农村孩子上学还有啥用？花好几万元钱，不照样回来种地吗？不如在家养一栏猪，一年到头还能卖个千儿八百块钱花！”① 从现实情况看，的确有一些农村学生家长在“读书无用论”的影响下选择了让孩子辍学回家干活，而一些地方的乡镇政府对此却视而不见，听之任之，致使少数家长违反义务教育

① 徐宜军、杨守勇：《人大代表呼吁警惕农村“读书无用论”回潮》，新华网，2003年3月12日。

法的行为得不到及时的查处和纠正，从而影响了义务教育法在农村的贯彻落实。据此，我们认为，如果乡镇政府都能够积极主动地履行义务教育法赋予的职责，对学生家长不履行义务教育法的违法行为进行认真的查处和纠正，农村学生的辍学问题至少可以在一定程度上得到缓解。现实生活中有许多事例可以证明这一点。例如：

2005 年 12 月，广西融水苗族自治县安太乡在对义务教育阶段学龄儿童进行调查时，发现安太中学有部分学生辍学。乡政府及学校教师根据未到校的学生情况，挨家挨户进行调查，劝导学生返校上课。至 2006 年 4 月，仍有 16 名学生不听劝导，没有返回学校。而他们的家长，也以学生“不愿上学”、“已经外出打工”、家庭经济困难等理由，不积极动员学生返校。为此，安太乡政府以政府的名义，对不送子女上学、违反《义务教育法》的梁某、伍某等 16 名学生的家长，给予行政处罚。

但是，这 16 名学生家长在接到处罚通知之后，既不提起行政诉讼，也不履行处罚决定。为依法保障辍学（失学）学生重返校园，完成九年义务教育，2006 年 5 月初，安太乡政府又向融水法院申请执行。

融水法院受理该申请后，执行法官对这些违法家长进行了逐个走访及调查，发现他们主要由于自身所受教育有限，送子女上学读书、普及九年义务教育的责任意识不强。法官们分析后认为，执行处罚不是根本目的，最重要的是通过执行促进《义务教育法》在偏远山区得到有效的贯彻落实，保障义务教育段儿童的受教育合法权利。因此，法官们走进农家、田间地头，向当事人讲法析理，告诉他们从 2006 年春季开始，西部农村义务教育段儿童已实行全免学杂费的免费教育，“没有钱，读不起书”已不再是不送孩子上学的理由……通过一个多月耐心细致的工作，至 6 月 26 日，16 名违法家长，均已依法接受处罚，并通过劝导、寻找等方式，将 16 名辍学儿童全部送回学校学习。①

除了上述情况之外，乡镇政府在履行法定职责方面的懈怠还表现为办事拖拉，互相推诿，行政效率低下。我们的问卷调查表明，目前乡镇政府的行政效率比过去有明显的提高，在回答你是否同意“与以往相比，乡镇政府

① 罗素玲等：《16 名家长不送孩子上学被罚——柳州首起“义教案”》，新华网，2006 年 6 月 28 日。

的办事效率提高了”的问题时，表示完全同意的人占28.5%，比较同意的人占36.6%，不清楚的占14.5%，而表示不太同意和完全不同意的人分别占14.5%和14.9%。说明大多数人对乡镇政府近年来在行政效率方面的进步持肯定态度。但是，调查结果也显示，目前人们对乡镇政府行政效率的满意度并不是很高，有些方面的总体评价甚至呈现负面特征。例如，对于“现在乡镇政府给老百姓办事都有明确的期限规定”的判断，表示完全同意的人占14.2%，比较同意的占23.2%，不清楚的占28.3%，不太同意的占26.6%，完全不同意的占7.7%。对于“乡镇干部都会在规定的时间内为农民把事情办好”的判断，表示完全同意的人仅占9.9%，比较同意的人占27.2%，不清楚的12.9%，不太同意的占35.3%，完全不同意的占14.7%。对于“农民到乡镇政府办事通常要跑好几次才能够办成”的说法，有38.6%的被调查对象表示完全同意，表示比较同意的人占32.2%，不清楚的占5.5%，比较不同意的占16.9%，完全不同意的占6.6%。

乡镇政府行政效率低下，除了与行政体制不合理、乡镇公务员的素质不高等原因有关之外，也与乡镇政府的工作作风有关，它在很大程度上还是乡镇政府怠于职责履行的反映和表现。例如，在回答我们提出的“您认为目前影响乡镇政府办事效率最主要因素是什么”的问题是，24.1%的被调查对象选择了“办事人员故意刁难、拖延”。在回答“在为老百姓办事方面大多数干部的表现如何”的问题时，选择“积极主动提供服务”的人只占21.4%，而选择“办事缺乏主动性，但是能够做到有求必应”和“能推则推”的比例分别达36.8%和37.6%。这些情况说明，目前乡镇政府在履行行政职责过程中的懈怠问题是相当突出的。

办事拖拉、互相推诿虽然不一定直接构成明显的违法，但它不符合权责统一原则的基本精神，因为权责统一的本质是要求乡镇政府积极主动地履行职责，反对任何职务懈怠行为。另外，办事拖拉、互相推诿也与依法行政原则之高效便民的基本要求格格不入，因而它直接导致了行政效率的降低，从根本上损害了行政相对人的合法权益。

四、忽视行政过程的正当性与合法性

遵循正当合法的程序是依法行政原则的基本要求之一。如前所述，改革开放以来，正当程序的现代法治理念开始影响乡镇政府的行政过程，并在乡镇政府的行政行为中得到一定的体现。然而，重实体而轻程序，重结果而轻过程的历史传统和行政文化对乡镇政府的消极影响不可能在一夜之间就消失殆尽，而具有强烈现代法治色彩的正当程序观念也不可能在一夜之间就深入乡村行政的骨髓，全面化为自然的行政过程。这种情况决定了目前乡镇政府行政在过程上呈现出专制与民主、人治与法治，传统与现代等矛盾因素相互交杂的复杂形态。在依法治国和依法行政的大背景下，乡镇政府行政过程的规范性明显增强，严格遵守法定程序正逐步成为乡镇政府实施行政行为的基本准则。但另一方面，由于程序法治观念的根基尚不牢固，乡镇政府在行政过程中违反正当程序原则的现象仍时有发生，尤其是在完成某些时间紧、任务重的工作时，乡镇政府往往会自觉不自觉地将正当程序原则抛在一边，重蹈重实体、轻程序，重结果、轻过程的覆辙。概括起来，乡镇政府行政程序存在的问题主要表现在以下两个方面。

1. 违反法律、法规规定的强制性行政程序

行政程序是指行政主体依照一定的方式、步骤、顺序和时限行使行政权的过程。根据行政程序受法律约束的程度的不同，行政程序大致可分为强制性行政程序和裁量性行政程序。强制性行政程序，是指法律、法规对行政的方式、步骤、顺序和时限有明确具体规定，行政主体没有选择余地，必须严格按照法律、法规的规定执行的行政程序。而裁量性行政程序，是指法律、法规允许行政主体根据实际情况和自己的判断对具体的行政方式、步骤、顺序和时限进行选择的行政程序。改革开放以来，随着法治建设的逐步深入，立法中有关行政程序的规定越来越多，其中有不少是乡镇政府必须遵守的强制性行政程序。例如，《中华人民共和国行政处罚法》规定："公民、法人或者其他组织违反行政管理秩序的行为，依法应当给予行政处罚的，行政机关必须查明事实；违法事实不清的，不得给予行政处罚"（第 30 条）；"行政机关在作出行政处罚决定之前，应当告知当事人作出行政处罚决定的事实、理由及依据，并告知当事人依法享有的权利"（第 31 条）；"当事人有权进行陈述和申辩。行政机关必须充分听取当事人的意见，对当事人提出的事实、理由和证据，应当进行复核；当事人提出的事实、理由或者证据成立的，行政机关应当采纳。行政机关不得因当事人申辩而加重处罚"（第 32 条）。根据这些规定，乡镇政府在行使行政处罚权时必须履行调查、告知、听取相对人意见等程序。然而，在现实生活中，对于法律、法规规定的强制性行政程序，乡镇政府并非总是能够自觉地严格遵守。尤其严重的是，当法定程序被认为会影响行政效率和政绩的时候，一些乡镇政府甚至会毫不犹豫地公然违反强制性程序。近年来，此类事件经常见诸各类媒体的报道中。以下是新华网 2001 年 6 月 16 日的一则报道：

深圳市宝安区观澜镇政府为了配合全市统一大行动，违反法定程序，对违章建筑实施“突然袭击”强行拆除，近日遭遇“民告官”，并被深圳市中级人民法院终审判决向业主赔偿经济损失。

原告杨先生是观澜镇普通村民，未经政府环保部门和土地规划部门审批，擅自在深圳一级水源保护区内租赁土地开办养猪场。去年4月13日，深圳市观澜镇政府向杨先生发出了《拆迁通知》，要求杨先生在4月20日前自行清撤养猪场。杨先生对此并无异议，并联系客户出售猪只，筹备搬迁。但是，此时深圳市、宝安区两级政府部署全市清拆违章建筑统一行动，观澜镇政府为了与上级“同步”，提前于同月18日清晨组织队伍将杨先生的养猪场强行拆毁，养猪场内尚未迁出的猪只、设备、饲料等物品被毁坏。杨先生遂起诉镇政府违反执法程序，要求赔偿。

观澜镇政府辩称，虽然镇政府的强制行为确有违反法定程序之嫌，但杨某的养猪场属于违章建筑，不受法律保护，不予赔偿。

法院审理认为，被告观澜镇政府既然已向原告杨先生发出拆迁通知，限期自行拆迁，在限期内又组织队伍提前强制拆除，其行为违反法定程序，也有损政府的威信。判决确认被告观澜镇人民政府强制拆除原告养猪场的行政行为违法，赔偿杨先生直接经济损失4040元。

杨先生的胜诉，又引出新的官司——与杨先生情况相似的当地其他村民，也准备起诉镇政府“违法”。

此间法律人士指出，市民违章违法，政府也决不能以违法手段对付。现代法治一个核心精神是程序，即使全部行为符合法律，但只要没有严格依照法定程序，也属违法。观澜镇政府的“执法变违法”，也许能给正在准备各式各类执法“统一行动”的各地政府提个醒。

像这样明显违反强制性程序的现象在乡镇政府的行政过程中并不少见。徐金江对1995年1月至10月山东省潍坊市审结的以乡镇政府为被告的138件行政案件的统计分析表明，在乡镇政府直接或间接败诉的108件中，因违反法定程序而败诉的有17件，占被告败诉案件总数的16%。①

2. 违反行政公开原则，实施暗箱操作

行政公开，是指行政管理的相关信息和及运行过程都以行政相对人和社

① 徐金江：《从108起乡镇政府败诉行政案件看当前基层行政执法》，《山东审判》1996年第2期。

会公众看得见的方式进行。行政公开是正当程序的内在要求和重要表征。英国上议院大法官休厄指出："公平的实现本身是不够的，公平必须公开地、在毫无疑问地被人们能够看见的情况下实现。这一点至关重要。"[①] 这就是说，只有公开的程序，才可能是正当的程序；正当的程序必定是公开进行的程序。

基于对行政公开在实现法治中的重要性的深刻认识，党和国家在推进乡镇政府依法行政的过程中对行政公开问题给予了高度重视。2000 年 12 月，中共中央办公厅和国务院办公厅就联合下发了《关于在全国乡镇政权机关全面推行政务公开制度的通知》，要求乡镇政务公开要从人民群众普遍关心和涉及群众切身利益的实际问题入手，对群众反映强烈的问题、容易出现不公平、不公正甚至产生腐败的环节以及本乡镇经济和社会发展的重大问题，都应当公开。2007 年 4 月 5 日，时任国务院总理温家宝签发第 492 号国务院令，公布了《中华人民共和国政府信息公开条例》，该《条例》对政府信息公开的原则、范围、方式和程序、监督保障等内容作了明确具体的规定。可见，行政公开是我国政府行政的一项基本原则，也是行政改革的一项重要内容。

近年来，在中央的大力推动下，乡镇政府的行政公开取得了明显的进展。我们对农村干部群众进行的问卷调查印证了这一点。在被问及你是否同意"近年来乡镇政府在推行政务公开方面取得了明显的成绩"的观点时，27.1% 的人表示"完全同意"，31.4 的人表示"比较同意"，二者合计达 58.5%。但是，我们也应当清醒地看到，由于乡镇政府对行政公开的必要性、重要性与正当性缺乏充分的认识，加之农村特殊的政治、经济和社会环境的影响，乡镇政府的行政公开与依法治国和依法行政的要求以及广大农民群众的期望还有相当大的差距。主要表现在以下几个方面：

首先，行政公开中的形式主义盛行。有调查表明，不少乡镇干部内心并不认同行政公开，他们认为，乡镇政府推行行政公开主要是迫于上级的压力。[②] 既然如此，乡镇政府必然会将完成上级布置的工作，让上级领导满意作为行政公开的出发点和落脚点。换句话说，乡镇政府的行政公开主要是为了做给上级看的，是为了应付上级的考核检查。这种情况导致乡镇政府在推行行政公开的过程中热衷于做表面文章，追求形式上的完美，而对行政公开

① ［英］彼得·斯坦等：《西方社会的法律价值》，王献平译，中国人民公安出版社 1990 年版，第 97 页。

② 参见谭剑《被动的行政公开——农村基层政府税费征收公开的尴尬》，《国家行政学院学报》2003 年第 4 期。

的实际效果则弃之不顾。

其次，对行政公开采取实用主义的态度。有些乡镇政府完全从方便行政管理的角度来考虑和决定行政公开的事项范围和推进速度，如果认为公开对政府实施行政管理有利的，就公开；而认为公开以后可能对政府实施行政管理带来麻烦的，往往就不公开，或者不完全公开，或者尽量拖延公开的时间，有时甚至会提供虚假的信息。例如，在我们对农村干部群众的调查中，有 32. 1% 的人对“乡镇政府发布的信息是全面、准确、真实的”观点持否定态度，其中 7. 6% 的人表示完全不同意这种看法。对于“乡镇政府有时候会对老百姓隐瞒信息或者事实真相”的说法，22. 1% 的被人表示完全同意，34% 的人表示比较同意。

最后，被动公开的多，主动公开的少。调查显示，乡镇政府普遍缺乏推行行政公开的内在动力，目前有限的行政公开主要是在外在压力推动之下的“被动型”公开。乡镇政府行政公开的外在压力主要来自两个方面：一是国家法律、法规以及上级文件的硬性规定；二是农民群众的强烈要求。[①] 由于是外在压力之下的被动公开，因此，在缺乏外在压力的场合，或者外在压力减弱或者消失的情况下，乡镇政府的行政公开就会大打折扣。

3. 乡镇政府行政过程缺乏行政相对人的充分有效参与

行政相对人的参与是法治条件下政府行政的基本特征，也是确保行政过程之正当性的重要条件。根据正当程序原则，那些权益可能会受到行政行为直接影响的相关当事人应当有充分的机会富有意义地参与行政行为的过程，从而对行政法律结果的形成发挥其有效的影响和作用。具体说，行政相对人的参与权主要包括以下内容：一是获得通知的权利，即行政相对人在符合参与行政程序的法定条件下，有要求行政机关通知其何时、以何种方式参与行政程序的权利。二是进行陈述的权利，即行政相对人就行政案件所设计的事实通过书面或口头的方式向行政机关作陈述的权利。三是抗辩的权力，即行政相对人针对行政机关提出的不利指控，依据其掌握的事实和法律向行政机关提出反驳，旨在法律上消灭或者减轻行政机关对其提出的不利指控的权利。四是提出行政申请的权利，即行政相对人请求行政机关启动行政程序的权利。[②] 从行政主体的角度来说，正当程序原则要求其充分尊重行政相对人

---

① 参见谭剑《被动的行政公开——农村基层政府税费征收公开的尴尬》，《国家行政学院学报》2003 年第 4 期。

② 参见应松年主编《当代中国行政法》，中国方正出版社 2005 年版，第 1328—1334 页。

对行政管理的参与权，积极主动地创造各种机会和条件，帮助行政相对人充分有效地实现行政参与权。

从现实情况看，改革开放以来，广大农民群众对乡镇政府行政的参与意识明显增强，乡镇政府行政的可参与性也有了明显的改善，通过群众的参与，在一定程度上改善了乡镇政府与农民之间的紧张关系，同时也使乡镇政府行政的质量与效果得到提升。不过，由于我国缺乏民主行政的传统，高权行政一直是农村基层政权管理社会的基本方式和手段，因此，改革开放以后，在乡村行政向民主法治行政转型的过程中，乡镇政府和农村基层干部普遍表现出对农民参与政府行政的不理解、不习惯、不适应，甚至产生排斥和抵触情绪，对群众的参与设置种种障碍。比如，在新农村建设中，很多县乡的新农村建设都是规划部门设计出来的，有些地方的项目建设就凭个别领导一句话，“手指一条路，头点一幢楼”，根本就没有征求农民的意见，大多数农民没有说话的机会，政府官员和专家学者成了农民建设家乡的“代言人”。[①] 2008 年 5 月 12 日，人民网以《富民工程难讨百姓欢心　新农居农民“不服水土”》为题，刊登了《中国经济周刊》记者包锐、李天琪的一篇报道。报道称，在新农村建设过程中，甘肃省庄浪县南坪乡在某村最好的一块地上建起了一排排整齐的水泥房。刚开始，许多村民跃跃欲试都想住进这个所谓的“新农居”，但后来听说住这样一栋“楼房”要交 6 万块钱，一些农民就打消了想法，最终住进去的是村里那些“有钱人”，苏树海就是其中一员。但是，因为在新建的“新农居”水泥砖房里住不惯，苏树海又从刚刚搬进去住了没多久的房子里搬了出来，“还是土房子住着舒坦”，今年 57 岁的苏树海这样告诉记者。据了解，和苏树海一同住进去的农民不少都有类似的想法。“不仅仅是习惯问题，而且房子太小，几代人住在一起转不过身。农具也没地方放，更为重要的是巴掌大的一点牲舍，让给牛，猪就没地方去；让给猪，鸡又无处藏。很不方便。”一位村民这样告诉记者。“很不方便”，是农民们对新农居的最大感受。据了解，农民对新农村“水土不服”，不仅表现在住房，而且表现在农民们赖以生存的农业生产方面，“一刀切”式的做法，也在伤害着他们的合理诉求。在一些西部偏远农村，在以发展特色产业为指导的思路下，政府的好心和农民的想法正在发生激烈的碰撞。政府的好心之所以没有收到好的结果，一个重要原因在于将新农村建设的真正主体——农民排除在决策过程之外。而缺乏农民参与，新农村建设是难以达到预期效果的。

---

① 高伟：《新型农民才是新农村建设的脊梁》，财政部网站，2009 年 8 月 19 日。

第五章

乡镇政府行政法治化的阻却因素

乡镇政府行政法治化，是中国农村走向现代化的必然选择，也是当前农村改革发展的现实要求。改革开放以来，乡镇政府行政正朝着法治化的方向不断迈进，乡镇政府依法行政取得了明显进展。但是，毋庸讳言，当前乡镇政府行政法治化还处在初始的发展阶段，总体上看，乡镇政府依法行政的水平还比较低，乡镇政府的行政轨迹还不够稳定，时常在法治与人治之间摇摆。我们的调查分析表明，乡镇政府行政法治之所以没有取得人们所期待的理想效果，是因为乡镇政府行政法治化进程中还存在诸多阻却因素，这些因素的综合作用，形成了乡镇政府行政法治化的现实障碍。

第一节　农村基层民主欠发达

“从根本上说，民主与法治是一个硬币的两面，互为条件，不可分离，它们共同构成现代政治文明的基础。”[①] 在亚里士多德看来，人类选择法治的重要理由之一是因为法治是“众人之治”，而“众人之治”要“优于一人之治”。[②] 这说明，法治本质上是专制的对立物，与民主密不可分。近代以来人类的社会实践进一步证明，法治的生成及运作都离不开民主，需要以民主为基础和前提；没有发达的民主，就不可能有真正意义上的现代法治。

改革开放以来，我国农村基层民主有了较大的发展，突出表现在广大农民的民主意识明显增强，以民主选举、民主决策、民主管理和民主监督为基本内容的村民自治制度在全国农村普遍推行并取得了实际的成效。但是，从总体上看，当前农村基层民主还是一种欠发达的民主。一方面，作为现阶段

---

① 俞可平：《民主与法治是硬币的两个面》，《政府法制》2009年第12期。

② ［古希腊］亚里士多德：《政治学》，吴寿译，商务印书馆1965年版，第169页。

农村基层民主主要形式的村民自治，其形式意义大于实际意义，村民自治的民主性除了在村委会选举过程中有所体现之外，更多地还只能从国家的制度供给以及专家学者的著述中去品味。从村民自治的实际运作中我们很容易看到这样的情况：经过村民民主选举产生的村委会，本应是为村民提供公共服务的公仆，实际上却成了村民的主宰和统治者；本应对村民负责，但实际上更多地需要对乡镇政权负责，法律所规定的乡镇政府与村委会之间的指导与被指导关系，在现实中往往变成了领导与被领导的关系，甚至命令与服从关系。

另一方面，更为重要的是，作为农村基层民主重要内容的乡镇政权民主建设严重滞后。从乡镇政权的产生机制看，虽然有法律设定的民主选举制度，但在实际操作过程中，乡镇人大代表尤其是政府主要官员的候选人，基本上处在领导和上级组织部门的掌控之中，对于组织认可的候选人，组织上通常会通过一定的方式来保证其当选。这种情况使民主性本来就比较有限的乡镇选举制度的作用受到进一步的削弱。从乡镇政权的实际运行情况看，无论是重大问题的决策，还是具体事务的管理，都很难看见民主的真实身影。根据宪法规定，乡镇人民代表大会是乡镇民主的根本性制度表现，是广大人民代表参与乡镇政府民主管理、民主决策、民主监督的主要渠道。乡镇人民代表大会作用的发挥程度，是判断和评价乡镇政权民主建设成效的重要标准。但遗憾的是，由于多种原因，目前乡镇人大并没有很好地履行宪法赋予的民主职能。由于乡镇人大通常不设常设机构，而人大会议一般一年只有一次，每次时间只有一两天，在这种情况下，乡镇人大的作用很难有效发挥，人民也很难通过乡镇人大来有效行使民主管理、民主决策和民主监督的权利。乡镇政权运行不仅缺乏开放性民主机制的制约，从乡镇政府的内部运行来看，同样缺乏民主，具体表现为权力高度集中，缺乏内部制衡，民主决策制度形同虚设，常常沦为主要领导个人专断的工具。

对民主宪政问题深有研究的美国学者罗伯特·达尔说过："如果说美国是因为有了宪法才保持民主，这对我来说是本末倒置。如果说因为这个社会基础上是民主的，宪法才保持下来，这听起来似乎不对，但实际上却正确得多。"① 这段话揭示了一个深刻的道理：法治离不开民主，民主是法治的基础和前提，只有在民主的制度背景下和社会环境中，才能实现法治的价值目标。由此，我们认为，农村基层民主不发达，是妨碍和制约乡镇政府行政法

① 转引自雷天太《民主在法治化进程中的地位和作用》，《发展论坛》2000年第3期。

治化的重要因素。行政法治化的核心和关键在于政府依法行政，从根本上讲，迫使政府依法行政的力量源泉在于民主。离开了民主，再完备的法律也不可能自动将政府的行为纳入依法行政的轨道。很多事例表明，乡镇政府之所以公然置法律规定于不顾，违法行政，侵犯农民的合法权益，一个重要原因是民主机制的缺位或失效。例如，现行农村基层政权选举机制的局限性，使得乡镇政府在很大程度上摆脱了人民的实际控制，成为单纯对上级负责的官僚机构。为了完成上级布置的任务，乡镇政府往往会全力以赴，甚至不惜以违法损害农民利益为代价，因为它不用担心给选民一个交代。再以村民自治为例。目前不少乡镇政府通过各种方式将法律规定的指导与被指导的乡村关系变成领导与被领导的关系，它们自觉不自觉地把村委会作为自己的下级机构，经常对村委会下达各种指令，甚至越俎代庖，直接代行村委会的权力。由于当前村民自治中的民主机制还很不健全，村民的民主权利基本处于分散状态，很少能够聚合形成可以对公共权力进行制衡的整体力量。这种状况，一方面使村委会在与乡镇政府的交道中可以根据个人政治经济报酬的有无及大小来选择行动策略；另一方面，也使村委会在乡村关系中的弱势地位进一步弱化，因民主机制的缺失而导致的政治合法性不足，使村委会在维护自治权利时往往缺乏足够的底气，在多数情况下不得不选择对乡镇政府的顺从，而正是这种顺从，为乡镇政府以指导之名行领导之实的违法行政的畅行提供了机会和条件。

第二节　农村市场经济生长缓慢

改革开放以来，通过废除人民公社，确立以家庭承包经营为基础、统分结合的双层经营体制，全面放开农产品市场，取消农业税，对农民实行直接补贴，初步形成了适合我国国情和社会生产力发展要求的农村经济体制，极大地促进了农村经济社会的发展，使农村的面貌发生了巨大而深刻的变化。但是，从总体上看，目前我国农村经济的市场化水平还不高，普遍实行的家庭联产承包责任制与中国历史上长期存在的一家一户的农业经济制度有很多相似之处，带有明显的小农经济的色彩。尽管近年来通过土地经营权流转和专业合作社的建立在一定程度上使小农经营的状况有所改观，但从总体上看，规模小、经营分散、专业化、组织化和市场化程度低依然是当前我国农村经济的基本特征。以种植业的经营规模为例，2006 年全国农业普查数据显示，我国有农业生产经营户 2 亿户，住户农业从业人员 3.42 亿人。共有耕地 18.27 亿亩，户均耕地 9.13 亩，劳均 5.3 亩。由于各地人口和土地占有不均等，户均和劳均耕地有很大差别。

表 5－1　　部分省市人均耕地情况表

	户均耕地	劳均耕地
全国	9.13 亩	5.3 亩
北京	2.4 亩	5.25 亩
江苏	5.1 亩	5.85 亩
浙江	3.3 亩	6 亩
黑龙江	42.3 亩	20.6 亩
云南	11.1 亩	5 亩

上述情况从一个侧面反映出我国农村市场经济发展缓慢，经过 30 多年的改革发展，我国农村经济依然没有从根本上走出分散经营的传统小农经济模式。

农村市场经济发展缓慢，必然在一定程度影响乡镇政府行政法治化的发展进程。因为，历史表明，法治只能在市场经济的土壤和环境中形成和发展，市场经济是法治的现实经济基础。“翻开法治的历史，我们不难发现，无论是法治的最初提出，还是法治的最终实现，都与市场经济或商品经济有着紧密的联系。商品经济越发达的地方，法律的作用覆盖面越大，而商品经济越不发达的地方，法律越是式微，甚至成为专制的代名词和工具。”①

市场经济之所以能够构成法治的现实经济基础，一个重要原因在于它为法治的实现提供了一种不可或缺的重要的社会推动力量——市民社会。市民社会是近代资本主义的产物，是商品（市场）经济对社会结构改造的历史产物。市场经济不仅造就了市民社会的主体，塑造了市民社会的意识形态，而且开拓了市民社会的活动空间，培育了市民社会的自治机制。因此，从一定意义上可以说，“市民社会乃是市场经济的同构体”。② 事实证明，产生于市场经济基础之上的市民社会是推动和保证法治实现的重要的社会力量。作为个人利益的总和，市民社会是与国家相抗衡的社会实体，它有足够的力量制约国家对公共权力的行使。而对国家的控权则是法治社会的重要标志。在法治社会，不仅人民必须守法，政府更必须守法。然而，自古以来，要民众

① 王雨本主编：《法制·法治》，中国人民公安大学出版社 1998 年版，第 50 页。

② 《马克思恩格斯全集》第 46 卷（上），人民出版社 1979 年版，第 50 页。

守法相对比较容易些，要政府守法则较为困难。因为国家是权力的行使者。因此，必须有一种力量或权力来制约国家对权力的行使，使其有一定的边界。也就是说，以权力对抗、控制权力才是有效的。市民社会则正是这样一种社会力量。[①]

从我国农村的现实情况看，由于市场经济发展缓慢，严重制约了社会自身的发展。虽然农村的经济体制改革使农民在一定程度上获得了市场主体的地位，拥有了一定的独立于政治国家的自主活动空间，但是，如前所述，当前农村总体上仍然处在一家一户分散经营的状态，组织化程度很低，缺乏与市场的紧密联系，这样就难以形成一种可以与国家权力相抗衡的社会力量。因此，除了一些特殊场合之外，乡镇政府在行政过程中经常面对的仅仅是个体意义上的农民（农户），而不是群体或一般意义上的农民（农户），在这种关系中，双方力量的高度悬殊是显而易见的，个体农民无法完全凭借自身的力量与乡镇政府抗衡，这种情况在一定程度上制约了乡镇政府依法行政的进程。

第三节　农村基层行政体制不合理

行政体制，是指政府系统内部行政权力的划分、行政机构的设置以及运行等各种关系和制度的总和。[②] 在现代社会，行政体制与行政法治具有十分紧密的关联。一方面，现代国家的行政体制通常是法律的形式加以确立，并且行政体制的改变和调整也是在法律框架内依法定程序而实现的；另一方面，行政体制是行政法治的重要基础，行政法治必须以一定的行政体制为依托。科学合理的行政体制是行政法治得以顺利运行的重要保证；而行政体制上的缺陷和弊端则会阻碍行政法治的正常运行和价值目标的实现。

改革开放以来，我国农村基层行政体制经历了多次改革，取得了明显的成效，对农村经济社会的发展起到了积极的促进作用。但是，由于长期受计划经济的影响，加之政府本身运行的巨大惯性作用，农村基层行政体制至今仍未完全理顺，特别是政府职能转变滞后、责任与权力失衡、事权与财权脱节等关键问题尚未得到根本性解决。这些问题的存在对乡镇政府行政法治化进程形成了明显的阻滞作用。

---

① 参见王雨本主编《法制·法治》，中国人民公安大学出版社 1998 年版，第 50 页。

② 齐明山主编：《行政学导论》，中国人民大学出版社 2006 年版，第 58 页。

一、乡镇政府职能转变滞后

职能，泛指一定的人员或者组织所具有的职责和功能。政府职能，是指政府在国家和社会中所扮演的角色以及应起的作用，也即政府行使行政权力的范围、干预社会的程度和方式。[①] 为了适应经济社会发展的需要，我国早在20世纪80年代就明确提出了转变政府职能的任务，而且，此后的行政体制改革一直将转变政府职能作为改革的核心和重点。1980年代以来中央关于三农问题的文件也反复强调乡镇政府必须加快转变职能。然而，时至今日，乡镇政府职能转变仍未到位，正如时任总理温家宝2006年在《求是》杂志上撰文指出的，当前农村基层行政管理体制仍不适应农村生产力发展的要求，“取消人民公社、设立乡镇以后，乡镇政府职能转变一直没有到位。表现在政企不分、政社不分，乡镇政府仍然把主要精力放在兴办企业、招商引资上，社会管理和公共服务薄弱。在市场经济条件下，按照公共行政的原则，乡镇政府应该履行哪些职责，如何有效地发挥作用，已经成为一个重大课题”。[②]

近年来的多项调查结果充分证明了乡镇政府职能转变滞后的判断。例如，吴理财2007年在安徽、湖北、重庆三省（市）的7个县（区）进行的问卷调查表明，农村税费改革后，人们普遍赞成乡镇政府职能应当从“管治”为主转向“服务”为主，有高达92.74%的被访者认为乡镇政府的职能主要是“公共服务”，仅有6.94%的人认为是“管治”。然而，在现实中，乡镇政府的这种职能转变却进行得极其缓慢。关于当前乡镇所存在的问题的调查统计结果显示，除了人们常常谈到的“乡镇财政困难”和“乡镇政府权小事多”问题以外，最突出的问题主要集中在乡镇政府职能方面：分别有42.02%、41.01%、27.65%和20.38%的被访者反映乡镇政府“工作作风老一套，行政命令多”、“乡镇政府的公共服务能力差”、“乡镇政府职能没有转变”、“在保障农民民主权利和经济利益方面做得不够”。因此，对于乡镇改革，高达61.01%的被访者认为应将改革的着力点放在“转变政府职能，增强公共服务能力”上，其次才是优化乡镇权力结构、进行竞争性民主选举和乡镇机构改革等。而且，在所列的众多改革选项中，“转变政府职

---

① 齐明山主编：《行政学导论》，中国人民大学出版社2006年版，第34页。

② 温家宝：《不失时机推进农村综合改革 为社会主义新农村建设提供体制保障》，《求是》2006年第18期。

能，增强公共服务能力”被认为是最关键的改革内容。[①] 另一项针对乡镇党委书记进行的问卷调查结果显示，发展经济是当前乡镇政府最主要的职能。在回答“你所在的乡镇的工作重点是什么”的问题时，710 位乡镇党委书记中，有 63.52% 的人选择了“产业结构调整”，20.42% 的人选择了“招商引资”。[②] 2005 年张永亮等对 100 位乡镇主要领导的问卷调查中，16% 的人认为当前乡镇政府从事的主要职能是“上传下达”，认为是“乡镇的社会治安与计划生育”的占 67%，认为是“农村的管理与服务”的占 17%。而在回答“当前乡镇政府职能转变的主要趋向”的问题时，认为是“保持上传下达”的占 1%，认为是“搞好辖区管理”的占 17%，认为是“为三农提供管理与服务”的占 82%。[③] 这说明，乡镇政府职能转变的目标与现实之间存在明显的差距。

乡镇政府职能转变滞后，客观上阻碍了乡镇政府行政法治化的发展进程。行政法治化的基本价值目标是要建设法治政府，而现代法治政府在行政职能上的表现，则是职能范围的有限性和职能内容的服务性。职能范围的有限性，是指政府的作用范围应当有确定的边界，从原则上讲，凡是公民、个人或者其他组织能够自主解决的，就不需要政府解决，就不属于政府的职能范围；凡市场竞争机制能够自行调节的，政府可以不必干预；凡社会组织能够自我管理和自律的，政府可以不必干预。职能内容的服务性，是指政府应当将为国民提供公共服务作为职能的重点。以此看来，目前乡镇政府职能转变显然还没有到位，在这种情况下，乡镇政府行政法治化的进程必然受到很大影响。

二、乡镇政府的权责配置失衡

权责统一，是科学合理之行政体制的重要特征，也是现代行政法治的基本要求。然而，从乡镇政府的视角看，权责统一原则似乎从来就没有真正实现过。相反，自 20 世纪 80 年代乡镇政府重建以来，权责失衡一直是困扰乡镇政府行政的一大难题。虽然 80 年代以来的几次乡镇行政体制改革都注意到权责统一问题，并且在这方面做了一些有益的尝试和努力，也取得了一些

---

① 吴理财：《从“管治”到“服务”——关于乡镇政府职能转变的问卷调查》，《中国农村观察》2008 年第 4 期。

② 《710 位乡镇“一把手”心声：忙什么忧什么预期是什么》，新华网，2009 年 2 月 4 日。

③ 张永亮、李云：《从基层的视角看乡镇政府职能转变》，《领导之友》2005 年第 6 期。

积极的进展，但是，由于多方面的原因，这个问题时至今日仍未得到根本解决。总体上看，当前乡镇政府的权责配置明显失衡，这是各界普遍认同的基本事实。而权责失衡，对乡镇政府行政法治化构成了严重的障碍。

1. 责任大，权力小

乡镇政府的权责失衡，首先表现为责任大，权力小。从责任方面看，我国的乡镇政府在某种意义上几乎承担着无限的责任，除了要履行法律规定的职责之外，还必须完成上级党政机关以各种形式交办的任务。所谓“上面千条线，下面一根针”，几乎所有直接或间接涉及“三农”问题的行政事务都会以某种方式经乡镇政府过手。而从权力方面看，也许是出于对乡镇政府滥用权力的担心，国家在对乡镇政府进行授权时显得格外小心谨慎，有时甚至小心谨慎到了有些“吝啬”的地步。结果导致乡镇政府责任与权力的严重失衡。正如有研究者所指出的，“在现有的政府体系中，乡镇是一级权力构造残缺的政府，一方面政府内部的个人集权程度非常之高，监督制约甚为单薄，另一方面体制上安排给这级政府的权力又非常有限，能够调动的权力资源非常贫乏。但是，乡镇政府承担的责任却非常沉重，权力与使命之间很不平衡。乡村社会里许多匪夷所思甚至骇人听闻的事情，就是在这样的背景下衍生出来的”。①

对于权责失衡的问题，身处一线的乡镇领导有着更为深切感受。一位乡镇党委书记在论及乡镇政府权责不对等问题时写道：

> 乡镇政府实际担负的行政职责多而繁重，概括起来大致包括以下四个方面：一是管理本区域的社会事务，如民政、教育、文体、卫生、计划生育、国土资源管理等；二是发展经济方面，如调整农村产业结构、招商引资、建设小城镇、加强农田水利基本建设、推广普及科学技术等；三是确保稳定方面，包括综合治理社会治安、保护公民和单位的合法权利、确保镇村公务正常运转、加强思想道德和精神文明建设等；四是完成上级政府交办的其他事项，如完成税收任务、完成偿债任务等。这些行政职责，一部分是《地方人大和地方政府组织法》所规定的，但更多都是上级政府为了确保改革、发展、稳定工作目标的实现，而以目标责任书、会议部署甚至是按“工作目标完成情况与干部考核挂钩”等形式加于乡镇之头上的。履行这些行政职责需要直接面对千家万户的

① 赵树凯：《乡镇政府的权力体系——10省（区）20乡镇调查》，人民网，2010年7月31日。

单位和个人，其每一件公务都是十分微观和具体的，不可能仅靠作号召、发文件就能完成。必须授予相应的行政职权，如行政许可、行政处罚的权力。但是按我们现行法律法规体系，特别是地方性法规之规定，乡镇政府在与上述很多行政职责相对应的方面，都不具有相应的行政职权。《国土管理法》、《税法》、《计划生育法》、《教育法》、《森林法》、《水法》等法律法规都没有授予乡镇政府或其下属站所相应的行政处罚权。而行政处罚权，是保障行政目标实现的重要的权力。在行政许可方面，有的法律法规授予了乡镇政府一定的权力，但都十分有限，有的是委托执法权。这样，乡镇政府十分为难，既增加了行政成本，又降低了行政效率。比如：由于上级政府工作目标的推动和自身开支的需要，乡镇政府不得不把税收作为一件大事来抓，但是乡镇政府没有权力去发纳税通知、去收纳税人的税款，更不要说处罚偷逃税款的纳税人。乡镇政府怎么办？选择之一是违法行政，利用乡镇干部强制收缴税款，这样的话，如果纳税人诉至法院，必然是乡镇政府败诉。选择之二是听之任之，但是，若乡镇政府完不成税收任务，批评是小事，镇里收入不到位，不能正常运转可就麻烦大了。选择之三就是打“擦边球”，派镇干部去收税，但凡遇到要纳税文书或给予行政处罚时，把税务机关请到。可这样实在太麻烦，不仅耽误时间，而且成本高，在收农业税这种税源分布广、税基小的税款时，更是事倍功半。①

从依法行政的角度看，法律授权的不足将导致两种后果：一方面，如果严格遵循“法无授权不可为”的法治原则，乡镇政府可能会因为缺乏必要的执法权力和执法手段而无法有效完成执法任务或实现行政目标。以计划生育管理为例，根据法律规定，对于不履行法定义务的相对人，乡镇政府无权直接对其采取强制措施，而只能依法申请人民法院强制执行。但实践表明，这种权力配置和程序安排虽然可以对防止权力滥用发挥一定的作用，但其运行成本太高，而且实际效果也并不十分理想。另一方面，在“压力型体制”的作用下，一些乡镇政府为了实现行政管理目标不得不违法执法，超越法律规定行使行政权力。无论是上述哪一种后果，都与行政法治的原则背道而驰。

导致乡镇政府权力过小的原因不仅在于国家授权不足，而且还在于乡镇

① 石成银：《乡镇依法行政中非规范问题浅析》，宜宾司法行政网，访问时间：2005年8月23日。

政府固有的法定职权存在流失或被挤占的现象。现实生活中，对乡镇政府法定职权的挤占主要来自两个方面：一是上级政府的越俎代庖。上级政府及其职能部门时常以统一的工作部署的形式变相挤占或间接剥夺乡镇政府因地制宜的决策权，以个案指导的形式挤占或剥夺乡镇政府的具体行政处理权。二是乡镇党委的权力分享或共享。现阶段中国的宏观政治体制背景以及乡镇一级政权运行的特殊性，造就了目前乡镇"党政一体"的政权组织体制。在这种体制下，乡镇党委的作用并不仅仅停留在管方向的政治领导和管干部的组织领导的层面，而是直接介入乡镇行政管理，对乡镇各方面的工作实施全面掌控。从法律上分析，乡镇的行政管理权属于乡镇政府，乡镇党委并不享有具体的行政权，因此，乡镇党委参与行政管理只能解释为对政府法定职权的分享或共享。尽管人们可以对乡镇党委与乡镇政府的"合力行政"中所包含的权力挤占的合理性作不同的解读和评价，但在对依法行政之权责统一原则的背离上，乡镇党委的权力挤占与上级政府的权力挤占只有表现程度的不同，而无根本性质的差别，因为二者都可能造成乡镇政府"替人受过"的结果。前些年一些地方流传的"书记拍板，乡长挨板"的说法就是对这种结果的一种形象反映。

除了上述两种情况以外，近年来乡镇体制改革也在某种程度上加剧了乡镇政府的权责失衡。比如乡镇改革中机构设置与职能变更的"垂直运动"所导致的乡镇政府权力虚化问题。"在20世纪80年代，乡镇政府的各项管理职能都非常集中，属于集权状态。随着部门立法的兴起，为了强化某一项职能，一些部门，特别是具有收费和处罚职能的执法部门，如国税、地税、派出所、土管所、工商所等部门实际上上收到县市主管局，纷纷从乡镇政府独立出去，而同时一些原先属于县市管理的义务性权力又纷纷下放到乡镇政府，实际上是甩包袱给乡镇政府，如农机、农技、文化等站所。时至今日，乡镇法定的职能仅存计划生育、民政救灾、武装动员等。权力的垂直运动使乡镇政府权力弱化，给乡镇政府依法行政、协调工作上带来了诸多不便。"①

责任与权力的脱节常常使农村的依法行政陷入尴尬的境地，严重影响了依法行政的实际效果。法制网2008年6月11日刊登的一篇记者采访报道从一个侧面反映了这个问题，现摘录如下：

---

① 魏继华：《农村乡镇政府依法行政问题探析》，《甘肃政法成人教育学院学报》2007年第6期。

浙江省台州市新桥镇政府在被当地电视台曝光后，求解执法困境的心情更加迫切了。起因很简单：当地居民一直在反映，新桥镇颇具规模的废旧塑料加工业，造成环境污染不是一天两天了，大家怨气很大。情急之下，新桥镇政府组织了一次对这些加工点的清理，结果一些污染户被清理了，但镇政府也被推上了曝光台，理由是“镇政府没有执法权”。

“不得不管，但又无权去管，这就是乡镇执法的现状。”新桥镇一位干部满脸愁云地说。

记者了解到，近年来，乡镇政府行政执法权问题日益凸显。不少乡镇政府干部感到，他们基本上是有责无权。“上面千条线，下面一根针”，乡镇管理很具体，任务重、事情杂、头绪多，但其实法律、法规授予乡镇的执法权很少，一方面无权执法，另一方面却责任有加。

据台州市路桥区政府法制办调查，目前乡镇执法主要涉及三个方面：一是公共安全管理，涉及安全生产、乡村道路安全、农业机械安全、消防安全等；二是人口资源环境监管，涉及城镇管理、市政（包括村镇规划建设）、国土资源、民政、环境保护等；三是农村市场管理，包括产品质量、食品卫生、医疗卫生、农资等。

“这些领域中，乡镇拥有的授权很少。除了乡镇政府受人口与计划生育局委托征收社会抚养费，以及按照城乡规划法第四十一条第一款和第六十五条规定乡镇政府具有执法权外，乡镇政府基本上无权执法。比如说消防，乡镇只管救火，一些日常检查监管，乡镇政府是没有权力的。”台州市路桥区政府法制办的一位负责人说。

此种情形之下，出现的问题便是“看得见的管不着，管得着的看不见”。

这位负责人说，乡镇政府即使及时发现违法现象，大多只能劝阻，轻微的不了了之，对于实在不听劝阻的严重违法行为，只有联系有执法权的单位处理。但实际上，面对点多、线长、面广的农村，等执法人员赶到，违法人员早已不知去向，乡里乡亲间要找目击证人也不容易，于是，大多只好不了了之。

据台州当地人介绍，一个区级的行政执法部门的稽查队，如果每天跑一个村，一年下来，是跑不完全区所有行政村的，因此要做到日常巡回监管很难，只能是突击检查突击执法。

一位乡镇干部告诉记者，尽管法律法规都明确乡镇政府不具有执法主体资格，但实际执法实践中，乡镇政府总是被推到最前面去“冲锋陷阱”，乡镇政府败诉率高自然就成为了一个社会问题。①

为了改变这种局面，近年来一些地方采取了委托执法的方式，由县级政府的执法部门将一部分行政执法权委托给乡镇政府行使。然而，委托执法显然不能从根本上解决乡镇政府的权责失衡问题，不仅如此，它还有可能带来一些新的问题，比如，有执法权的，坐在办公室不愿动，聘用其他人员去执法。有专家将此称为行政执法的“贵族化”。

2. 事权大，财权小

乡镇政府权责失衡的另一突出表现是事权与财权明显不匹配，事权大，财权小。从事权方面看，乡镇政府不仅要承担宪法和组织法规定的广泛的行政管理职责，而且还必须承担上级政府交办的各种各样的事项。在实行分税制的背景下，上级政府为了减轻本级财政的压力，经常会以任务分解的方式将本级政府的事权强制性地转移给下级政府，这些转移的事权大部分最终都落到了乡镇政府头上，导致乡镇政府的事权范围不断扩大。另外，从管制型政府到服务型政府的行政改革，要求乡镇政府强化公共服务职能，增加农村公共产品的供给，这也在一定程度上增加了乡镇政府事权膨胀的压力。从财权方面看，分税制改革体现出明显的财权集中取向，越往下实际拥有的财权越小。在这种财政体制下，身处农村的乡镇政府尤其是以农业为主的乡镇政府的财政收入十分有限。此外，由于乡镇的直接上级——县政府也经常面临财政困境，而其摆脱财政困境的重要途径之一便是凭借政治与行政的强势地位强制挤压乡镇政府的财政空间，具体方式包括加大本地财政收入的控制和减少向下的财政转移支付等。这种情况使乡镇政府本来就十分有限的财权进一步受到削弱。现实情况表明，当前乡镇政府的财政状况十分紧张，成为困扰乡镇政府的突出矛盾。在师丽等人对710位乡镇“一把手”进行的问卷调查中，72.82%的被访者认为“当前农村基层工作的主要困难”是“财政周转困难”，在各项选择中排列第一。②

乡镇政府事权与财权的非对称状况严重制约了依法行政在乡村的全面推进。一方面，事权与财权的矛盾是导致乡镇政府实施违法行政征收行为的重要原因。“在县乡财政都十分困难的情况下，县级政府通过增强控制收入的权力和下放事权的责任两种办法来摆脱困境，而乡镇财政在无路可走的情况

① 李立：《“不得不管却又无权管”乡镇政府行政执法何去何从》，法制网，2008年6月11日。

② 《710位乡镇“一把手”心声：忙什么忧什么预期是什么》，新华网，2009年2月4日。

下，只好向辖区的居民筹集收入来弥补财政的缺口。”① 巨大的财政压力往往使乡镇政府将依法行政原则抛在一边，不择手段地实施行政征收行为，税费改革以前乡镇政府的滥施强制和暴力行政大都与此有关。“行政强制不仅体现在发展经济方面的努力或所谓的‘强迫致富’方面，更体现在税费及各种摊派的‘强制征收’上。在当前的乡村，完成税费征缴任务已经成为乡村政府的‘中心工作’，也是基层干部的‘头等大事’。……为了完成税费征缴任务，一些地方不仅采取层层定任务、定时间、定奖惩的方式督促乡村干部完成征缴任务，对一些不能按时完成上缴的农民则采取抬东西、搬粮食、牵牛赶猪以至拆房、抓人等赤裸裸的暴力手段。有的地方还动用公安司法力量加强征缴，还有的则胁迫学校老师下乡收款，将征缴任务与教师工资挂钩，并以学生停学甚至开除学生相威胁，要求学生家长完成上级规定的税费任务。”② 另一方面，乡级财政的捉襟见肘使乡镇政府在履行公共服务的法定职责方面常常陷入失职的违法困境。现代法治政府必然是服务型政府，法治政府的民主本质要求政府将为人民提供高品质的公共服务作为自己的一项基本的和重要的职责，并切实履行。然而，多年来，我国乡镇政府财政从总体上说是一种“吃饭财政”，而不是“办事财政”，不少地方的乡镇财政甚至连人员工资和政府的日常运行都难以保证，根本无力负担公共服务开支。樊瑛华等人对陕西 L 县及其所辖的 T 镇的调查表明，近几年，国家实施“两个确保”（保工资，保稳定）以后，县乡政府自身运转的经费矛盾有所缓解，但公共服务支出缺口依然很大。“L 县 T 镇财政的 80% —90%，有时甚至更多，都用于公职人员工资的发放，再加上每人每年 400 元的公用经费，除某些特别情况外，基本维持了政府运转，‘保证开门’。但对于公共支出而言，L 县和 T 镇的领导都反映‘财政根本无力负担’。除了借改革之机，精减人员外，更多的考虑便是减少公共支出项目，降低公共服务水平。即便做，也只是做一些常规性公共服务。政府组织公共服务职能的缺失由此产生。”③ 面对财政压力，乡镇政府的“一种最常见的反应就是减少公共服

① 陈锡文主编：《中国农村公共财政制度》，中国发展出版社 2005 年版，第 68 页。

② 项继权：《短缺财政下的乡村政治发展——兼论中国乡村民主的生成逻辑》，《中国农村观察》2002 年第 3 期。

③ 樊瑛华等：《从财政困境看中国县乡两级政府公共服务职能的缺失——以陕西省 L 县为案例的分析》，《西北大学学报》（哲学社会科学版）2007 年第 2 期。

务”。[①] 这种状况在以农业为主的乡镇是十分普遍的。“财政是行政的基石。一级行政必须有一级相应的财政，才能为行政运行提供相应的财力支持。”[②]对于服务行政而言道理同样如此。必要的财力是乡镇政府履行公共服务职能的基础。在缺乏正常财政保障的情况下，乡镇政府在履行公共服务职能方面必然陷入两难境地：要么以各种名义从农民口袋里掏钱来支撑公共服务的运行，结果是导致积极的违法行政；要么心安理得地放弃公共服务职能，而这样结果又涉嫌构成不履行法定职责的消极不作为违法（行政失职）。

三、县乡政府的层级关系严重失衡

我国的乡镇政府主要是在县级政府直接领导下开展工作的。县乡政府之间的关系对乡镇政府行政具有重要的影响。从理论上讲，县级政府和乡级政府作为我国政府体系中两个不同层级的政府，应当维持一种相对平衡的层级关系。这种相对平衡的关系具体包括两个方面：一方面是上级领导下级，下级服从上级；另一方面是上下级之间的相对独立性。缺少这两个方面的任何一个方面，都会导致县乡政府之间层级关系的失衡，从而对政府行政产生不利的影响。由于我国的行政体制历来具有集权的特征，因此，县乡两级政府之间关系的不平衡，常常发生在县级政府对乡镇政府的过度控制的情况之下。

考察改革开放以来的县乡政府关系不难发现，乡镇政府在这种关系中几乎完全丧失了独立性和自主性，不仅少有话语权，而且几乎没有任何与上级讨价还价的筹码。这种格局虽然有利于县级政府的政令畅通和行政目标的实现，却对乡镇政府行政的正常运行产生了诸多不利影响，其中的一个突出表现便是在一定程度上阻碍了乡镇政府行政法治化的进程。

导致县乡关系失衡的原因可以从两方面进行分析：一是我国行政层级关系的制度设计上存在缺陷；二是县级政府在具体构建和处理县乡关系过程中的行为偏差。

（1）自上而下的单向层级连接模式

现代国家的行政系统是一种金字塔式的组织结构，行政系统内部或多或少分为不同的层级，各层级之间通过一定的规则联结起来，构成一个有机的

---

① 项继权：《短缺财政下的乡村政治发展——兼论中国乡村民主的生成逻辑》，《中国农村观察》2002 年第 3 期。

② 徐勇：《精乡扩镇、乡派镇治：乡级治理体制的结构性改革》，《江西社会科学》2004 年第 1 期。

整体。有学者认为，行政系统各层级之间的连接主要有两种模式，一是双向连接模式。在这种模式中，从金字塔的顶部到金字塔的底部是通过两套相互对应的规则把各层级的机构有机地黏合在一起的，既有从上至下的命令指示规则，也有自下而上的请示汇报规则。从上至下的规则和从下至上的规则都有着独立存在价值。如果说从上至下的规则给予了上属机构对下属机构命令指挥权的话，那么从下至上的连接规则则给予了下属机构独立的服从法律和服从管理事态的权力。二是单向连接模式，在这种模式中，行政机构层级之间的连接线路上是单向的，即强调从一个方向至另一个方向的连接线路。就通常情况而言，这种模式的特点在于自上而下的连接规则是明显的，而自下而上无明显的规则。具体说，上对下的指挥命令权是绝对的，下对上的服从义务同样是绝对的。双向连接模式和单向连接模式最大的区别在于下层机构是否有法律上的或者合法的独立意志、独立服从法律、服从管理事务的权力。后一种模式，下层机构除了选择服从上层机构的命令外，不能有别的、法律范围之内的选择，当然其在法律之外的选择则是另外一回事情。①

从制度上分析，我国行政机构体系在不同层级的连接方式上显然选择了自上而下的单线路连接模式，县乡政府之间的关系当然也不例外。具体说，在县级政府与乡镇政府的层级关系中，往往突出强调县级政府对乡镇政府的绝对领导地位。县级政府不但能够决定、约束乡镇政府的行为，而且能够决定、制约乡镇政府本身的结构、构成和具体的行为过程。有人甚至认为，我国的上下级行政机关之间是一种包容关系。以此推论，乡镇政府是不能具有独立于上级行政机关的意志的。因此，乡镇政府在行使职权时，当行政法规范与上级的意志发生冲突时，自然会选择执行上级的行政命令而舍弃法律规范。“依法行政的顺利实现有一个行政执法人员对法律规范的认同问题，这在某种意义上讲，是依法行政的关键环节。我国目前的单向连接模式下，行政执法人员在法律认同、行政事态认同、上司命令认同上是以认同上司意志为根本取向的，无疑是依法行政顺利实现的障碍。以此而论，层级关系中连接模式的单向选择是依法行政的内在阻却因素之一。”②

（2）压力型的层级行政运行机制

我国行政系统层级关系中的单向连接模式决定了县乡关系从其产生之日起就具有不平衡性，而县级政府在决定和处理其与乡镇政府的关系时的高压

---

① 参见张淑芳、关保英《依法行政内在阻却因素析》，《湖北民族学院学报》1999年第2期。

② 同上。

态势，则进一步加剧了县乡关系的失衡。改革开放以来，为了实现加速推进现代化的目标，县级政府从各个方面不断给乡镇政府施压，随着压力的不断重复，在县乡政府之间逐渐形成了一种压力型的层级行政运行机制。这种压力型的层级行政运行机制，实际上就是学界经常所提及的“压力型体制”。[①]

“压力型体制”是进行县乡两级政治体制改革研究时提出的一个概念，其最基本的内涵是指一级政治组织（县、乡）为了实现经济赶超，完成上级下达的各项指标而采取的数量化任务分解的管理方式和物质化的评价体系。压力型体制总体上源于20世纪80年代开始的分权改革，具体地说与两项改革密切相关：一是中央将人事管理从“下管二级”变为“下管一级”。“下管一级”使地方获得了独立的人事任免权，如在县一级，各职能部门的负责人和乡镇负责人都由县委任免。这就加强了地方上直接上司的权力和权威，下级的乌纱帽提在上级的手中，下级对上级只好更加顺从；二是岗位目标责任制在行政过程中的广泛推行。岗位目标责任制是中国科层制规则实质化、密致化的产物。在计划经济时代，实行的是党委的集体领导负责制，这种责任制往往存在无章可循、无人负责的弊病，正如邓小平在1980年所指出的：“我们的党政机构以及多种企业、事业领导机构中，长期缺少严格的从上而下的行政法规和个人负责制，缺少对于每个机关乃至每个人的职责权限的规定，以至事无大小，往往无章可循。”[②] 为了改变名曰集体负责，实则无人负责的科层制缺陷，从80年代中后期开始，严格的岗位目标责任制在行政过程中广泛推行开来。责任被具体落实到个人身上，依靠行政责任压力推动现代化的压力型体制由此形成。从实际运作情况看，压力型体制的作用机制表现为：在从“下管一级”的行政改革中获得行政权力资源后，各地的上层领导开始充分利用政府内部的行政权力作为动力资源来驱动经济发展。他们给下级政府下指标、下任务，给后者“加温加压”。这些指标和任务在行政等级中层层下达，直至最基层的乡镇、村一级，并且再通过岗位目标责任制细化分解到各个政府工作人员身上。这样，责任指标就实现了“横向到边，纵向到底”的分解。于是，经济上的承包制被复制到政治上，形成了一种独特的主要通过压力驱动的“政治承包制”。在上级的多项指标中，有年工业产值、财政收

① 我们认为，“压力型体制”的概念所反映的内容与其说是一种行政体制，不如说主要是一种层级行政机制，因此，用“压力型层级行政运行机制”取代“压力型体制”的概念似乎能够更准确地反映对象的本质。但考虑到约定俗成的关系，本书在下面的讨论中暂时延用“压力型体制”的概念。

② 《邓小平文选》第2卷，人民出版社1993年版，第328页。

入、上交税款等经济指标，也有计划生育、社会综合治理工作、卫生等其他社会性工作指标。这些指标的压力程度是不同的，其中较重要的工作指标往往被赋予了“一票否决权”，如计划生育、社会综合治理等工作指标。这些拥有“一票否决权”的指标对下级干部的压力最为沉重。如果一个下级干部不能完成这些“戴帽”（加上了一票否决）指标，那么不论该干部的其他工作有多出色，全年的综合考核他都将被判为不合格，甚至可能因此而丢掉头上的“乌纱帽”。可见，从完整的意义上讲，压力型体制实际上是一种在现代化压力下利用行政垂直权力、以责任制为网络并以政治经济奖惩为动力杠杆将压力层层向下渗透、扩散的行政决策和执行模式。①

客观地讲，“压力型体制”对改革开放以来我国经济社会的高速发展发挥了重要作用。然而，从更广泛和更长远的意义上分析，“压力型体制”也导致诸多弊端，其中重要表现之一就是“压力型体制”对依法治国与依法行政的阻滞。首先，“压力型体制”在导致“选择式政策执行”现象的同时，也直接导致了乡村行政主体的“选择性执法”。欧博文（Kevin O'Brien）和李连江在对地方行政的研究中发现，中国地方行政中形成了一种“选择式政策执行”的现象。所谓“选择式政策执行”是指基层官员在执行上级指令时，倾向于“硬指标”，而忽视、漠视“软指标”的现象。② 压力型体制下，上级利用行政权力下达的任务指标可以区分为“硬指标”和“软指标”两类。“硬指标”多为经济增长、计划生育、社会综合治理等技术性事务性指标，它们不仅可以计量，而且在政绩考核中占据重要地位，甚至直接关系干部的仕途，因此基层干部一般都会使出浑身解数去完成。而那些关涉干部的工作作风和与群众关系的约束性指标尽管常常是一些对群众有利的衡量标准，但是由于其考核内容主观，难以量化，所以变成了缺乏有效保障的“软指标”，难以迫使基层干部严格执行。在提出依法治国和依法行政以后，“选择式政策执行”与执法发生了联系，导致了“选择性执法”现象，即，那些与“硬指标”直接相关的法律往往受到基层政府的重视，得到比较严格的贯彻执行；而那些与“硬指标”没有关系或者关系不大的法律则不受重视，得不到认真的贯彻执行。其次，“压力型体制”是导致基层行政主体

---

① 参见荣敬本等《从压力型体制向民主合作体制的转变——县乡两级政治体制改革》，中央编译出版社 1998 年版，第 17—83 页；唐海华《“压力型体制”与中国的政治发展》，《宁波党校学报》2006 年第 1 期。

② Kevin O'Brien, Lianjiang Li, "Selective Policy Implementation in Rural China", *Comparative Politics*, Fed, 1999.

滥用权力和违法行政的重要原因。在硬性任务指标的压力之下，一些乡镇政府和基层干部很容易过度运用行政权力，甚至滥用权力，违法行政，不惜侵犯行政相对人的合法权益去完成像计划生育、征收税款这样的硬指标。再次，“压力型体制”在增加上级对下级的“驱动力”的同时，削弱了上级对下级的“制动力”，导致政府体制内部的层级监督功能逐步弱化。一方面，“压力型体制”赖以维系的干部任命制与其催生的干部关系网络，在监督机制与监督对象之间形成了一种遮蔽或阻隔，“干部任命制往往是一种人治，只要同上级关系好，即使做了违背法律和政策的事，也可以不受惩罚，或者可以把罪责转移给别人”①。另一方面，在“压力型体制”下，对下级的“越轨”行为，上级并非总是采取坚决“纠偏”的立场，而是要进行权衡。如果认为采取“纠偏”措施可能会对“压力型体制”的正常运行构成不利影响，则往往会选择大事化小，小事化了，或者睁一只眼，闭一只眼的行动策略。上级所采取的这种行动策略多次反复以后，就会在上级与下级之间形成某种默契，这种默契必然助长乡村中的违法行政。最后，“压力型体制”在一定意义上阻碍了法律权威性的提升，压抑了法治观念和法律意识的成长。“压力型体制”下，完成上级下达的任务指标比依法行政、严格执法对乡镇政府和基层干部来说无疑更为重要，国家最高权力机关制定的法律不如直接上级下达的任务指标具有权威性。在完成任务指标的过程中发生的违法行为往往可以得到开脱和原谅或者从轻发落，但如若不能完成硬性的任务指标，则有可能断送仕途。这种行政实践只能强化农村基层干部对上级权力的敬畏，而无法培养他们对法律的忠诚与崇敬。

虽然近年来开展的农村综合配套改革在一定程度上缓解了乡镇政府的压力，但是并没有从根本上改变“压力型体制”的基本格局。随着新农村建设的推进，各种建设达标活动又会随之而来，造成新压力。而在压力之下，依法行政必然会经常走样。

第四节　行政文化中的“政策优先”传统

现代法治奉行法律优先的原则。法律优先被誉为“法治的精髓和灵

① 荣敬本、赖海榕：《关于县乡两级政治体制改革的比较研究——从村到乡镇民主制度建设的发展》，《经济与社会体制比较》2000 年第 2 期。

魂”。[1]“法律优先”一词为德国行政法鼻祖奥托·迈耶（Otto Mayer）首创。迈耶在其所著《德国行政法》中指出，法律“是国家意志依法最强烈的表现形式，……以法律形式出现的国家意志依法优先于所有其他形式表达的国家意志；法律只能以法律的形式才能废止，而法律却能废止所有与之相冲突的意志表达，或使之根本不起作用。这就是我们所说的法律优先”[2]。后来的学者从法律与行政的关系上进一步阐述了法律优先的含义。如德国学者哈特穆特·毛雷尔（Hartmut Maurer）认为，“法律优先原则是指行政应当受现行的法律的拘束，不得采取任何违反法律的措施”[3]。日本学者南博方みなみ ひろまさ指出：“法律的优先，即一切行政行为都不得违反法律，且行政措施不得在事实上废止、变更法律。这一原理适用于权力性行为、非权力性行为，侵益行为、授益行为，以及事实行为等一切行政活动。”[4] 可见，法律优先原则的实质在于确立和实现法律在控制行政运行中的至上地位。只有切实贯彻法律优先原则，才能有效实现依法行政。

由于多种原因，在我国的政治生活中，事实上存在着两种国家意志的普遍表达形式：一是国家立法机关制定的法律；二是党和政府制定的政策。对于法律与政策的关系，人们往往乐于从理论上阐述和论证二者的统一性，却很少关注因为二者的并行所导致的矛盾和问题。笔者以为，长期以来，我们在处理法律与政策的关系方面存在着明显的错位现象，实然上的政策优先取代了应然上的法律优先，形成了一种“政策优先”的行政文化。

如前所述，新中国成立以后，我们在相当长的时期实行的是“依政策治国”和“依政策行政”的方针，法律只不过是“办事的参考”。改革开放以后，虽然法制开始受到党和国家的重视并不断地被强调，后来还明确提出依法治国和依法行政的方针，但是多种迹象表明，政策的受重视程度明显超过了法律，政策优于法律的格局并没有根本改变。首先，重大问题的决策总是以政策形式首先公布出来，并要求全社会遵照执行。由于政策可以在法律之先发挥普遍的约束力，成为全社会的行动准则，法律的有无就不重要了。即使后来根据政策制定出相关的法律，也不会在社会上引起大的反响，因为

① 黄锦堂：《依法行政原则》，载台湾行政法学会主编《行政法争议问题研究》，台湾五南图书出版公司2000年版，第39页。

② ［德］奥托·迈耶：《德国行政法》，刘飞译，商务印书馆2002年版，第70页。

③ ［德］哈特穆特·毛雷尔：《行政法学总论》，高家伟译，法律出版社2000年版，第103页。

④ ［日］南博方：《日本行政法》，杨建顺等译，中国人民大学出版社1988年版，第10页。

法律总体上不过是政策内容的重复，其意义主要限于修饰——为政策缝制合法的外衣。不仅如此，政策先于法律出台与贯彻，还不断地造成政策突破法律的表象，并且使现实生活中许多“违法”行为得以“合法”地存在。这些情况对法律权威造成了严重的负面影响。其次，比较重视政策的时效，注意根据客观形势的变化及时地对政策进行调整，使之经常保持与实际情况的一致性，这当然没有什么问题。问题在于，与此同时我们过分强调了法律的稳定性，对一些已不适应新形势的法律不及时进行修改和补充，致使法律常常落后于现实的发展，结果导致人们对法律信心的降低，损害了法律的权威。再次，在对干部的要求方面，长期是重政策轻法律。虽然中央反复强调各级干部要努力学习法律知识，增强法律意识，但事实上各级组织对法律的宣传教育力度远远比不上对政策的宣传力度。干部使用和提拔的重要依据之一是其政策水平的高低，而是否知法、懂法和自觉守法对干部仕途的影响甚微。因此，在不少干部的心目中，法律可以不懂，政策却不能不熟，这就难怪会出现有的干部对有关的政策文件能倒背如流，而在法律常识考试中却不知从何下笔的现象。最后，由于多种原因，我们对违反政策的行为和违反法律的行为实际上采取了不同的态度。对违反法律的行为，只要不是严重触犯刑律，我们一般都表现出令人难以理解的宽容。比如，以言代法、以权压法甚至公然践踏法律的人，有时不仅可以不受任何追究，而且有可能官越做越大。但是，如果违反了政策，则可能引起严重后果，受到严格追究，轻者做检查，重者受处分，甚至可能因此断送个人的政治前途。这种做法实际上无异于是向人们宣示：法律可以犯，政策不能违。于此之下，哪来法律的权威?①

“总的来说，行政官员和政客都不是从法律而是从政策中寻求他们的授权的。换句话说，他们是以政策为中心的。积极地看，行政官员视法律为一套挂衣钩，将政策挂在上面；消极地看，法律也许是在政策能够得以贯彻实施之前要跨越的一连串栏架，法律在此意义上就是一种控制。如果法律与政策相冲突，行政官员会设法改变法律，而如果这样做不可能的话，有时候他就有可能（不适当地）将法律搁置一旁或者根本不理睬法律。……有很多证据表明，行政官员……优先遵循政策指令，而不是法规；往往不知道还有

① 参见姚锐敏《略论政策对法律权威的负面影响》,《南京社会科学》1994 年第 5 期。

判例法或者往往认识不到判例法的重要性。”①

就农村的情况而言，“政策优先”的行政文化影响更大。长久以来，中央文件一直是指导和推动农村工作的主要依据和最高准则，改革开放以来中央制定的几个涉农“一号文件”在干部群众中的影响远远超过包括宪法在内的任何一部法律。政策相对于法律的强势必然会影响农村基层干部的行动逻辑。对他们来说，政策是不能触犯的“高压线”、“生命线”，必须严格执行，而法律则可以缓行甚至不行。

分析表明，“政策优先”的行政文化严重制约着依法治国和依法行政的深入发展。从一定意义上说，“依靠政策、崇尚政策就不可能依靠法治、崇尚法治，法律只能作为政策的随从和附庸；有政策的最高权威和地位，就不可能有法律的最高权威和地位”②。

第五节　涉农行政立法不完备

完备的行政立法是实现行政法治的基础和前提。改革开放以来，随着我国行政法治建设步伐的加快，涉农行政立法取得了很大的成绩，国家先后制定了一大批相关的法律、法规，使农村基层行政中无法可依的状况得到了明显的改善，为实现乡镇政府行政的法治化转型奠定了比较坚实的法制基础。然而，由于改革开放以来我国农村一直处在不断地发展变化之中，农村的政治、经济和社会关系还不是十分稳定，各种矛盾和问题需要有一个逐渐暴露的过程，对新形势下农村社会的发展规律人们也需要有一个认识过程，因此，我们不可能在一夜之间就制定出十分完备的涉农行政立法。事实上，与其他领域的立法一样，改革开放以来我国的涉农行政立法经历了一个由点及面、由不完备到相对比较完备的发展过程，而且这个过程至今仍未结束。从当前的情况看，我国的涉农立法依然还不是很完备，还存在诸多问题。涉农行政立法的不完备，在很大程度上制约着乡镇政府行政法治化的发展进程。

择要而论，涉农行政立法不完备主要表现在以下几个方面。

一、乡镇政府的职权与职责缺乏明确清晰的法律边界

目前我国乡镇政府的职权与职责的法律规定主要来自宪法和政府组织

① ［英］卡罗尔·哈洛、理查德·罗林斯：《法律与行政》（上卷），杨伟东等译，商务印书馆2004年版，第164页。

② 张德友、翟印礼：《法与农村社会变迁》，人民出版社2007年版，第223页。

法。《中华人民共和国宪法》第107条第二款规定："乡、民族乡、镇的人民政府执行本级人民代表大会的决议和上级国家行政机关的决定和命令，管理本行政区域内的行政工作。"《中华人民共和国地方各级人民代表大会和地方各级人民政府组织法》第61条规定："乡、民族乡、镇的人民政府行使下列职权：（一）执行本级人民代表大会的决议和上级国家行政机关的决定和命令，发布决定和命令；（二）执行本行政区域内的经济和社会发展计划、预算，管理本行政区域内的经济、教育、科学、文化、卫生、体育事业和财政、民政、公安、司法行政、计划生育等行政工作；（三）保护社会主义的全民所有的财产和劳动群众集体所有的财产，保护公民私人所有的合法财产，维护社会秩序，保障公民的人身权利、民主权利和其他权利；（四）保护各种经济组织的合法权益；（五）保障少数民族的权利和尊重少数民族的风俗习惯；（六）保障宪法和法律赋予妇女的男女平等、同工同酬和婚姻自由等各项权利；（七）办理上级人民政府交办的其他事项。"根据职权与职责统一的原理，上述职权规定同时也是乡镇政府的职责规定。

宪法和组织法的上述规定，从宪政意义上为乡镇政府的活动确定了一个大致的范围。然而，从乡镇政府实际运行或者规范乡镇政府行政的角度看，仅仅有宪法和组织法的上述规定显然是不够的。因为，这些原则性规定并不能为乡镇政府在具体行使职权和履行职责过程中指明行为的界限。原因在于，从抽象的意义上看，乡镇政府的行政职权与上级政府及其他主体（如人大、村民自治组织等）的职权具有一定的同质性和重叠性。例如，管理农村的计划生育、义务教育、社会治安等事项，既是乡镇政府的职责范围，同时也是乡镇所属的县级政府的职责所在。乡镇政府负有"保障少数民族的权利"的职责，而这同时也是乡镇人大的法定职责（地方人大组织法第9条第（12）项）。因此，为了给乡镇政府的行政活动提供清晰明了的规范指导，同时也为了保证宪法和组织法规定的职责能够落到实处，必须通过制定各种单行的法律法规，将乡镇政府的职权与职责具体化、明晰化、规则化。然而，遗憾的是，改革开放以来，我们的涉农行政立法并没有很好地解决这方面的问题。除了少数几部法律具体规定了乡镇政府的职责权限外，乡镇政府的职责权限依然缺乏明确具体的法律依据。例如，根据地方政府组织法第61条第（2）项的规定，食品安全管理理应属于乡镇政府的职责范围，然而，在2009年2月颁布的《中华人民共和国食品安全法》中，我们却找不到乡镇政府在食品安全监督管理方面负有何种职责的任何规定，似乎此项工作与乡镇政府毫无关系。这种状况使乡镇政府依法行政陷入两难的尴尬境地：如果直接依据宪法和组织法的规定全面履行管理职责，很可能会因为缺乏行为法上的具体依据而被追究违法行政的责任；如果严格坚持无法律（行为法）即无行政的原则行事，则又有违反组织法之嫌，在压力型体制之下，这将导致行政问责，甚至使乡镇主要领导丢掉乌纱帽。

我们的调查结果从一个侧面反映了目前乡镇政府行政的法律边界不明晰。在被问及你是否同意“乡镇府可以管什么，不能管什么，法律上规定很清楚”的观点时，在全部被调查对象中，有 22. 1% 的人表示完全同意，而乡镇干部表示完全同意的只占 18. 9%；14. 6 的人表示比较同意，而乡镇干部的比例为 13. 5%；32. 9% 的人表示不清楚，乡镇干部的比例为 3. 3%；24. 4 的人表示不太同意，乡镇干部的比例为 46%；5. 1% 的人表示完全不同意，乡镇干部的比例为 16. 2%。

二、有关乡镇政府职责权限的法律规定可操作性不强

在现行的涉农立法中，虽然有些法律、法规规定了乡镇政府在某项农村公共事务中的具体管理职责，但是，乡镇政府在实际履行这些职责时往往会导致行为失范或者陷入不知所措的困境之中，原因在于这些规定往往缺乏必要的可操作性。具体说，这里的立法缺陷主要表现在以下两个方面：

首先，对乡镇政府职责权限的规定过于原则、抽象，实际操作中难以把握。以乡镇政府在村民自治中的作用为例，《中华人民共和国村委会组织法》第 4 条规定：“乡、民族乡、镇的人民政府对村民委员会的工作给予指导、支持和帮助，但是不得干预依法属于村民自治范围内的事项。”这一规定从总体上概括了乡镇政府在村民自治中的职责权限。然而，在实践中，围绕这一规定的争议却始终不绝于耳，争议的焦点之一在于，究竟哪些事项属于乡镇政府不得干预的“村民自治范围内的事项”？从理论上讲，村民自治范围内的事项主要是指本村的公共事务和公益事业，从《村委会组织法》的具体规定分析，村庄内部的治安保卫、文化教育、基础设施建设、计划生育、民间纠纷的调解等似乎都属于村民自治范围内的事项，但问题在于，根据政府组织法和其他相关法律的规定，这些事项又在乡镇政府的职责范围之内，为乡镇政府的职责所系，乡镇政府不能放任不管。由于上述原因，乡镇政府在处理乡村关系时，往往感到难以准确把握具体的界限，不知道究竟哪些事务自己可以管，哪些事项不能管。这种情况很容易使乡镇政府陷入行政侵权与行政失职的双重指责之中。再有，根据上述规定，乡镇政府在村民自治中的基本职责是对村委会的工作给予指导。但是，“指导”的内涵是什

么？“指导”与“领导”有何本质区别？乡镇政府与村委会之间除了指导与被指导的关系之外，是否在某些方面还存在一定的领导与被领导的关系？这些问题从立法上看也不是十分清楚，在实践中也很难把握。

其次，现行立法在规定乡镇政府职责的同时，没有规定履行职责的方式和手段。仍以《村委会组织法》为例，根据《村委会组织法》的相关规定，对村民自治过程中发生的违法行为，乡镇政府享有进行调查和处理的权力和责任。如该法第 15 条规定：“以威胁、贿赂、伪造选票等不正当手段，妨害村民行使选举权、被选举权，破坏村民委员会选举的，村民有权向乡、民族乡、镇的人民代表大会和人民政府或者县级人民代表大会常务委员会和人民政府及其有关主管部门举报。有关机关负责调查并依法处理。”第 22 条第 2 款规定：“村民委员会不及时公布应当公布的事项或者公布的事项不真实的，村民有权向乡、民族乡、镇人民政府或者县级人民政府及其有关主管部门反映，有关政府机关应当负责调查核实，责令公布；经查证确有违法行为的，有关人员应当依法承担责任。”但是，乡镇政府如何行使调查权？调查核实以后采取什么措施对违法行为进行处理？比如，乡镇政府在调查过程中是否可以采取封存票箱和选票等强制措施？在责令村委会公布财务收支情况遭抵制时，乡镇政府是否可以组织查账，然后直接向村民公布？对严重违反村委会组织法的村委会干部，乡镇政府如何处理？是否可以建议召开村民会议将其罢免？等等。这些涉及乡镇政府履行职责的方式和手段的问题，现行法律基本上都没有作出明确具体的规定，从而对乡镇政府履行法定职责造成了一定的困难。有的乡镇政府担心吃官司，对村民自治的相关事务采取消极态度，尽可能地避免介入其中。也有一些乡镇政府在履行村委会组织法赋予的职责的过程中，为达到目的而不择手段。

三、乡镇政府行政管理的法律依据不健全

改革开放以来，国家制定了一大批涉农行政立法，使农村行政管理无法可依的局面得到明显改观。但是，从总体上看，当前乡镇政府行政管理无法可依的问题并未得到彻底解决，农村行政管理依然存在不少法律盲区。以乡镇政府与农村集体经济组织的关系为例，自 20 世纪 80 年代初人民公社被废除以后，农村基层政权组织与农村集体经济组织从体制上被分开，但是，二者之间的关系长期以来一直没有理顺。从理论上讲，作为农村最基层的政权组织，乡镇政府与集体经济组织之间具有一定的管理和被管理的关系，换言之，乡镇政府对农村集体经济组织负有一定的管理职责，这一点是不可否认

的。但问题是，乡镇政府应当如何对农村集体经济组织进行管理，这种管理是一种什么性质的管理，管理的内容和方式如何确定，这些问题在现行涉农行政立法中很难找到明确的答案。按理说，农村集体经济组织从农村基层政权中分离出来以后，国家就应当通过专门的立法来明确其法律地位和权利义务，并为农村基层政府对集体经济组织的管理提供法律依据。然而遗憾的是，在政社分离体制运行的20多年间，国家并没有制定《农村集体经济组织法》或者类似的法律，导致乡镇政府与集体经济组织之间的关系长期游离于法律规范之外。由于乡镇政府在这种关系中具有天然的优势，在无法可依的情况下，它便可以根据自己的认识和理解对集体经济组织进行管理。由此必然导致二者之间关系的扭曲和失范。在现实中我们经常可以看到，一些乡镇政府自觉不自觉地将集体经济组织视为其下属组织，对集体经济组织进行全方位的严密控制，将行政权直接运用到集体经济组织的经营管理之中。比如，某镇政府在其制定的《农村集体经济组织财务管理制度》中规定，各村集体经济组织编制的预算方案必须由镇经管站审核后，报镇政府审批。集体经济组织发生的费用支出超过1000元的，由村干部和理财小组集体讨论批准，并报镇经管站审核同意；重大项目要经镇政府批准同意后方可实施。由镇政府对集体经济组织的财务管理事项行使行政审批权是否合理我们暂且不论，但至少有一点是可以肯定的，那就是镇政府的这种审批行为是没有法律依据的。

除了农村集体经济组织的管理之外，乡镇政府行政管理中的法律盲区或法律缺失还涉及农村基层民主政治建设、公共安全、农村社会保障、村镇环境卫生管理、农民权益保障、农业投资保护等诸多方面，其中，有些领域的立法至今完全是一片空白，还有一些领域虽然制定了一些法律，但不系统、不配套、不完整。

乡镇政府行政管理法律依据不足的一个重要证据，是乡镇政府依法行政与依政策行政的并行。改革开放以来，党和政府为解决三农问题制定了大量的政策，内容几乎涵盖了农村工作的各个方面。这些政策通常都需要通过乡镇政府的行政活动来加以贯彻落实。这样，政策就与法律一起成为乡镇政府行政的重要依据。从目前农村的实际情况看，乡镇政府执行政策明显多于执行法律，可以不夸张地说，与法律相比，政策事实上已经成为乡镇政府行政最主要（甚至也是最权威）的依据。政策主导乡镇政府行政的事实，从一个侧面反映了乡镇政府行政的法律依据的不足，因为在涉农行政立法已经十分完备、乡镇政府行政全面纳入法制轨道的情况下，党和政府就没有必要大量运用政策来指导和规范乡镇政府的施政行为，至少乡镇政府行政不会面临如此庞大的涉农政策体系。

四、涉农行政立法在实体价值上存在偏差

现代法治追求的是良法之治。良法的核心在于法律的内容具有正当性，符合公平正义等道德价值标准。然而我国现行的涉农行政立法中，有不少内容恰恰在实体价值上出现了偏差，突出表现在两个方面：

其一，立法上的权利（权力）与义务（责任）失衡。具体说，政府依法享有的权力多，而承担的责任少；农民则是承担的法律义务多，享有的法定权利少。这种权利（权力）与义务（责任）失衡的情况在计划经济年代制定的行政立法中表现得尤为明显。随着市场经济改革的深入以及民主法治建设的发展，行政立法中权利（权力）与义务（责任）失衡的现象逐步减少或得到一定程度的缓解，但是，并没有彻底改变或完全消失。在现行的涉农行政立法中，我们仍可以发现传统的以政府行政为中心的制度设计理念，这种理念要求将方便政府管理、保障政府行政目标的实现作为立法的出发点和落脚点。为此，对政府的授权便构成行政立法的基本内容，与此相对应的是，行政立法为农民规定了多方面的义务，而农民应当享有的权利，则往往被忽视或者被淡化。有些行政立法虽然明确规定了农民的权利，却没有规定相应的权利实现和保障机制。权力与责任的脱节以及权利义务的不对等，折射出涉农行政立法实体价值上的缺位或偏差，而这种制度上的不合理必然导致实践中的矛盾和问题。例如，20 世纪 80 年代后期以来我国农村粮棉生产中出现的波动，在一定程度上可以说就是上述制度设计失衡所导致的一种后果。一方面，政府从实现行政目标出发，通过各种方式，要求和鼓励农民多种粮棉；另一方面，农民响应政府号召获得粮棉丰收后，“卖粮难”和“卖棉难”使他们遭受惨重损失，使其合法权益难以得到切实有力的法律保护。① 类似的情况在近年来农村产业结构调整的过程中也有明显的表现。

其二，立法在进行有关利益的分配时没有对农民的利益给予充分的考量和足够的关照。以现行土地征收补偿制度为例，根据《中华人民共和国土地管理法》的规定，我国现行征地补偿的基本原则是“按照被征土地的原用途给予补偿”和“使需要安置的农民保持原有生活水平”。征收耕地的补偿费包括三项：一是土地补偿费，具体标准为土地被征收前 3 年平均年产值

---

① 参见俞少君《我国农村立法问题研究》，《中国农村经济》2000 年第 6 期。

的6—10倍。二是安置补助费，每一个需要安置的农业人口的安置补助费标准，为该耕地被征收前3年平均年产值的4—6倍。但是，每公顷被征收耕地的安置补助费，最高不得超过被征收前3年平均年产值的15倍。如果支付前两项费用，尚不能使需要安置的农民保持原有生活水平的，经省级人民政府批准，可以增加安置补助费。但两项总和不得超过土地被征收前三年平均年产值的30倍。三是地上附着物和青苗补偿费，标准由省级人民政府规定。从征地补偿的实际情况看，目前我国工商业用地对农民的补偿一般是每亩2万—3万元，而高速公路和铁路征地给农民的补偿只有每亩5000—8000元。一些重大基础设施建设项目的征地款占总造价的比重很低，一般只有3%—5%。[①] 而2004年全国土地使用权招标拍卖收入平均每亩为43.2万元，[②] 是工商业征地对农民补偿的14.4—21.6倍，是高速公路和铁路征地给农民补偿的54—86.4倍。被征收土地的市场价值与失地农民的补偿收入之间的巨大差异，意味着现行土地征收补偿制度在一定程度上是对失地农民利益的无形掠夺。有人尖锐地指出，当今中国的土地征收，实际上是在利益驱动下进行的中国特色的“政府圈地运动”。[③] 据统计，近年来，国家向农民征地约1亿亩，利用垄断一级市场制度与征地费价剪刀差，从农民那里获得土地资产至少2万亿元。[④] 另有专家估计，在城市化过程中，农民失地而流失的利益至少近5万亿元人民币，比新中国成立后30年工农业产品价格“剪刀差”所积累的几千亿元超出很多。[⑤] 即使单从失地农民生活保障的角度看，现行土地征收补偿制度的不公正也是显而易见的。在我国，土地是农民的命根子，失去土地，就意味着农民失去了最基本的生存条件。因此，国家在对农民的土地进行征收时，应当充分考虑失地农民的基本生活保障。然而，根据现行的征地补偿制度，一亩平均年产值1000元的土地，补偿费最高也只有3万元。而且，由于农民所拥有的只是土地的使用权，土地的所有权属于集体经济组织，因此，本来就很低的征地补偿费通常都是经集体截留后才能部分交到被征地农民的手中。有人对杭州、温州等5个城市225个农户的问卷调查结果显示，农民获得的征地补偿人均才1万多元，只能维持基

① 韩俊：《质疑行政强制性土地国有化》，《财经》2004年第18期。

② 《中国统计年鉴》，中国统计出版社2005年版，第234页。

③ 阮兴文：《土地征收的制度性批判与法治模式构建》，《河南科技大学学报》（社会科学版）2008年第3期。

④ 罗必良：《土地新政：宏观经济平稳运行的迫切要求》，《南方日报》2006年9月20日。

⑤ 谌彦辉：《大陆六千万农民失地线路图》，《凤凰周刊》2005年第4期。

本消费2—3年。[①]

有学者在评价我国涉农立法时写道："从某种视角看，任何法律如果在施行过程中一旦发生偏差和滥用，那么，一部涉农法律的出台都是给农民头上加了一层紧箍咒，是给执法部门提供了一种向农民要钱的工具，是给某些执法者提供了一块寻租的天地，对农民利益进行或大或小的侵害……""一部《森林法》，对某些农民而言，则是林业规费多如牛毛，林农造林连砍伐工资都赚不到。一部《土地管理法》，耕地照占不误，甚至占得更严重，所不同的是，农民建房审批税费较之20世纪80年代上涨了100—1000倍，几乎是那个时代建一栋房子的代价。一部《城市建设规划法》使农民在山寨上盖个木瓦房也少不了要交几百元的'城市规划费'，可农村的脏、乱、差却不见有丝毫的改观。一部《母婴保健法》，孩子还是那样生，那样养，可凭空就来了什么每胎一百多元的所谓'母婴保健费'，不交你就休想上户口！一部《食品卫生法》，地还是那片地，水还是那方水，人还那些人，食品还是按老办法做，可一个小作坊每年也要交三五百所谓的水化验费、人体检费，但却只是收费，不见所谓的化验和体检。一部《义务教育法》，学生还是读那几本书，老师还是一天上那几节课，可学费却翻了无数倍，使山区农村孩子辍学率高居不下。一部《水法》，使农民山上那些祖祖辈辈耕种的'望天田'，也要每年上交每亩9—13公斤稻谷作为'水利工程水费'。水利部门的解释是：天上落下来的雨水就是国家的，当然要收费。一部《消防法》，使农民建房又多了一项从未听说过的'消防费'。每栋房子要收好几百元。一部《民事诉讼法》，使农民打个小官司也要花几百元，还要来回跑上三五趟。一部《计生条例》，使有钱人二胎四胎无妨，无钱人稍有违规就要课以重罚，好不容易盖起来的房子也因此拆得稀巴烂，有的还被迫流亡外地。"[②] 上述观点也许有些过于偏激，却在一定程度上反映了我国涉农立法实体价值上存在的偏差。

良法是内涵公平正义价值的法，体现公平正义是法之有效性的基础，也是法得到有效实施的前提。博登海默指出："一个法律制度之实效的首要保障必须是它能为社会所接受，而强制性的制裁只能作为次要的和辅助性的保障。一个合理的和令人满意的法律制度之所以会得到社会大多数成员的遵守，乃是因为它服务于他们的利益、为他们所尊重、或至少不会在他们的心

① 朱明芬：《浙江失地农民利益保障现状调查及对策》，《中国农村经济》2003年第3期。

② 肖唐镖、李昌金等：《中国乡村报告》，学林出版社2005年版，第62—63页。

中激起敌视或仇恨的情感。强制只能用来针对少数不合作的人，因为在任何正常并运行有效的国家中，须用制裁手段加以对待的违法者的人数远远少于遵纪守法的公民。”① 涉农行政立法实体价值上的偏差，必然会在一定程度上引起农民的不满，从而增加法律执行的难度，对政府依法行政形成阻力。近年来农村土地征收中发生的各种矛盾和冲突就是明证。

第六节　农村干部群众的法律意识相对落后

通过改革开放以来持续不断的普法宣传教育以及多种形式的法治实践的锻炼与熏陶，农村干部群众的法律意识和法治观念明显增强，为在农村切实贯彻依法治国方针、全面推进依法行政奠定了基础。但是，近年来进行的多项问卷调查结果显示，从总体上看，当前农村干部群众的法律意识和法治观念总体上依然不容乐观。

一、乡镇干部的法律意识与行政法治的进程不相适应

调查显示，乡镇干部的法律意识和法治观念明显不适应依法治国和依法行政的法治实践。主要表现在以下几个方面。

1. 乡镇干部的法律知识普遍不足

由于受自身素质以及工作性质和工作环境等因素的影响，乡镇干部的法律知识明显不足。对此，一位乡镇党委书记的切身感受也许是最有说服力的论据：“近几年来，我国的法律法规体系在不断完善。不断有新的法律法规颁布施行或对旧的法律法规修改完善，但由于缺乏培训，乡镇干部往往知之甚少或一知半解。尤其是对行政程序法学习得少，掌握得很差。这样执起法来，行政违法自然就在所难免。诸如听证的含义、适用条件和一般操作办法，知之者甚少。”② 一些针对农村基层干部法律意识的调查结果不同程度地印证了这位乡镇领导的判断。韩雪梅等人对青海农村行政执法状况的调查显示，有72.3%的被调查对象认为当地行政执法人员法律素质一般，对执法中的法律问题时常搞不清楚，认为执法人员法律素质很低，对执法中的法

---

① ［美］博登海默：《法理学—法哲学及其方法》，邓正来译，华夏出版社1987年版，第344页。

② 石成银：《乡镇依法行政中非规范问题浅析》，宜宾司法行政网。

律问题总是搞不清楚的占 9.7%。[①] 孟大川在对四川成都农村基层领导干部进行的调查中，表示系统学习过《全面推进依法行政实施纲要》的对象只占总数的 9.8%；表示单位组织学过的占 50.4%；表示没有学过的占 42.1%。表示“系统学习过行政诉讼法、行政处罚法、行政复议法和行政许可法”的对象比例分别只占总数的 36.3%、37.12%、20.8% 和 49.5%。[②] 禹政敏等人在辽宁进行的问卷调查结果显示，乡镇领导中对《中华人民共和国行政诉讼法》、《中华人民共和国行政处罚法》等相关法律的内容比较熟悉的，仅占 11.85%。[③] 现实生活中发生的一些案例也真实地反映出乡镇干部法律知识的贫乏。

> 1996 年 6 月 25 日上午，某乡党委书记丁某怒气冲冲地来到县法院院长办公室，问法院讲不讲理。待院长问明丁书记是为昨天下午法院当庭宣布撤销张集乡党委对周某罚款 5000 元的决定而恼火时，便叫丁书记谈谈他们的决定为什么是正确的。丁书记振振有词列了三条：第一，周某违反我乡集镇规划，擅自在规划区的市场修建牛棚的事实是存在的；第二，我们罚款是有法律依据的，根据国务院发布的《村庄和集镇规划建设管理条例》第 40 条规定，我们乡有权责令其拆除，并可以罚款；第三，如果我们不处罚周某，以后别人也这般做，那集镇还不乱了套?
>
> 院长说，你说的三点理由都成立，可问题就出在你那个罚款通知加盖的印章上。你盖党委的章，说明这份通知是党委下达的，而依照《村庄和集镇规划建设管理条例》第 40 条的规定，对违法人“由乡级人民政府责令限期拆除，并可处以罚款”，这里说的是“人民政府”而不是党委。因此，你们以党委名义作出的决定是以党代政，当然没有法律效力。
>
> 丁书记这才无言以对。旁边的一位副书记喃喃自语道：“我们还以为以党委名义作出决定，效力会更高呢。”[④]

---

① 韩雪梅、张智渊：《对青海农村行政执法状况的调查与思考》，《青海社会科学》2009 年第 1 期。

② 孟大川：《基层法治政府建设实践现状与制度创新——以成都县、乡两级政府依法行政实践为例》，《成都行政学院学报》2009 年第 1 期。

③ 禹政敏、耿秀坤：《我国乡镇政府依法行政问题及其对策的思考》，《辽宁行政学院学报》1999 年第 3 期。

④ 李传水：《乡镇政府缘何“有理”输了官司》，《政府法制》1997 年第 1 期。

在乡镇政权中，只有乡镇政府才能依法行使行政管理权，作出行政决定，这是最基本的法律常识。但在这个案例中，作为乡镇主要领导的党委书记竟然对此一无所知，甚至还误以为以党委名义作出决定效力会更高，乡镇干部法律知识的贫乏由此可见一斑。

2. 乡镇干部对现代法治理念的认知水平不高

乡镇干部法律意识存在的问题，不仅表现在法律知识的贫乏，而且表现在法治观念的陈旧落后。调查显示，尽管经过多年的普法宣传教育和法治实践的锻炼，我国乡镇干部的法治观念有了明显的进步，但仍有相当比例的乡镇干部还没有接受和树立现代法治理念。

法治的精义在于依法治权。然而，目前还有不少的乡镇干部对法治的本质缺乏清醒、正确的理解和认识，在他们的意识中，要么认为法治就是依法治民，要么认为法治就是依法管理，没有什么特别的意义。例如，在笔者早期的一项调查中，有81.82%的乡镇干部认为“依法治村对干部和群众的要求是一样的，没有主要和次要之分”；11.36%的干部认为“依法治村主要是针对村民而言的，它要求村民自觉遵守法律，严格依法办事”；而认为“依法治村主要是针对干部而言的，要求干部严格依法办事”的比例只占6.82%。①

2004年国务院颁布的《全面推进依法行政实施纲要》，明确提出了依法行政的六项基本要求，即合法行政、合理行政、程序正当、高效便民、诚实守信、权责统一。这些要求集中体现了现代行政法治的精神和理念。然而，调查显示，尽管近年来各级政府高度重视《纲要》的学习培训和贯彻落实，但乡镇干部对依法行政原则中所蕴含的现代法治理念的认知水平仍然不尽如人意。

在孟大川的调查中，当问及你对乡镇（街办）政府或县级政府部门工作人员的有限政府理念的评价是：回答“好”的占4.12%；“较好”的占58.57%；“一般”25.8%；“差”的占11.7%。

当问及你对乡镇（街办）政府或县级政府部门工作人员的责任政府理念的评价是：回答“好”的占8.6%；“较好”34.7%；“一般”46.5%；“差”8.2%。

当问及你对乡镇（街办）政府或县级政府部门工作人员的诚信政府理

① 参见姚锐敏等《乡村治理中的村级党组织领导》，中国社会科学出版社2004年版，第283页。

念的评价是：回答“好”6.5%；“较好”31.8%；“一般”42.4%；“差”9.4%。

关于对“合法行政”的理解，84.2%的人都能回答“主体合法、程序合法、依据合法”。但尚有6.8%的人回答合法的依据是“有上级明确的指示和要求”；有18.0%的人回答在适用执法依据时，当上下位法律规范发生冲突时“首先依据本级政府的具体规定”。

关于对“合理行政”的理解，回答“依法适当地自由裁量”占总数的85%。但有占6.0%的人，回答实施行政处罚时“一律顶格处罚是合理的”；12%的人回答“可以根据不同人的背景情况分别不同的处理”。

关于对“正当程序”的理解：有88.7%的人回答“遵循法定程序”；但回答“公开应当公开的信息”仅有51.1%，回答“给予对方知情权、参与权和救济权”仅有59.4%；回答“应当回避的必须回避”仅有51.9%。

关于“诚实守信”问题：在回答“你所在的政府或机关在诚信问题上”，67.7%的人认为“有一些不诚信行为”；6.8%的人认为“有较多不诚信行为”；只有27.1%的人回答“无不诚信行为”。有4.5%人认为“为了公共利益需要，行政决定的变更或撤销造成群众损失可以不予补偿”。[①]

我们的调查也表明，乡镇干部对现代法治理念的认知情况不容乐观。

在合法行政方面，对“凡是法律没有明确禁止政府做的事情，政府都可以去做”的观点表示完全同意的乡镇干部占8%；表示比较同意的占24.3%；表示不太同意的35.1%；表示完全不同意的32.4%。

对“没有法律、法规、规章的规定，乡镇府不得限制农民的自由，增加农民负担”表示完全同意的占89.2%；表示比较同意的占8%；表示不太同意的占2.7%。

以上两个问题涉及现代法治理念中的“法律保留”原则，对这两个问题的认识和回答都会直接影响政府的行政选择。统计结果表明，大多数乡镇干部对“法律保留”原则的精神持认同的态度，但仍有一部分乡镇干部对“法律保留”原则不理解，这种比例在两个问题的回答中分别占32.3%和10.7%。二者之间之所以会有明显的差距，是因为相比第一个问题，后一个问题的对错比较容易判断。

关于合理行政的观念，对“政府在自己的职权范围内对违反法律的规

① 孟大川：《基层法治政府建设实践现状与制度创新——以成都县、乡两级政府依法行政实践为例》，《成都行政学院学报》2009年第1期。

定人进行罚款，只要不超过法律规定的幅度，就是正确的”表示完全同意的比例为27%；表示比较同意的比例为32.4%；表示不太同意的比例为40.5%。

对“如果行政机关实施行政管理可以采取多种方式实现行政目的，应该避免采用损害当事人权益的方式”表示完全同意的比例为40.5%；表示比较同意的比例为51.3%；表示不清楚的比例为5.4%；表示完全不同意的比例为2.7%。

对“在计划生育管理中，无论老百姓犯了多大的错误，政府都不应该罚得他倾家荡产，无法生活”表示完全同意的比例为75.7%；表示比较同意的比例为19%；表示不太同意和完全不同意的比例均为2.7%。

在现代行政法治观念中，合理行政是比合法行政更进一步的要求。因此，从某种意义上说，对上述问题的回答更能反映乡镇干部对现代法治理念的认知水平。调查结果显示，在第一个问题的回答中，大多数被访者均选择了与合理行政理念要求相悖的答案，只有40.5%的人表示不太同意，而没有人表示完全不同意。在第二个和第三个问题的回答中，绝大多数乡镇干部选择了符合合理行政原则要求的答案，但仍有少数人缺乏合理行政的理念。第一个问题与后两个问题的调查结果存在明显的反差，原因在于后两个问题的对错比较容易判断，而第一个问题需要对合理行政有更深刻的理解。这种情况也说明目前乡镇干部已经有了合理行政的观念，但这种观念还不是很牢固。

关于程序正当的观念，对“行政机关在进行听证会以后依然维持原来作出的行政处罚决定，听证实际上就毫无意义”表示完全同意的比例为16.2%，表示比较同意的比例为8.1%，表示不太同意的比例为40.5%，表示完全不同意的比例为35.1%。

在回答“根据规定，履行职责的公务员与行政管理相对人存在利害关系时，应当回避。如果履行职责的公务员被公认能够像包公那样大义灭亲、秉公执法，是否也有必要回避”的问题时，56.7%的被调查对象认为有必要，40.5%的人认为没有必要，另有2.7的人认为说不清楚。

程序正当是现代行政法治的基本要求，而听证和回避是正当程序的重要内容。以上关于听证问题的调查表明，多数乡镇干部对听证的价值有比较深刻的认识，但仍有24.3的人对听证的意义缺乏全面正确的认识。而对回避的意义缺乏全面正确认识的乡镇干部的比例更是超过四成。这在一定程度上说明乡镇干部中重实体、轻程序的思想倾向并未彻底改变。

二、农民的法律意识与其应有的法治主体地位不相称

农民是农村法治的主体，农民对法治的态度以及在法治方面的表现直接关系农村法治的进程，对乡镇政府依法行政具有重要的影响。调查显示，改革开放以来，农民的法律意识虽然有了较大程度的增强，但总体上仍落后于法治实践的要求，与农民法治主体的地位明显不相称。

1. 农民对法律知识的了解和掌握程度仍然十分有限

史清华等人在山西农村进行的一项问卷调查中开列了24种常见的法律法规，结果被调查者“知道”面超过50%的仅8种，占全部24种法律法规的1/3，其中“知道”面超过60%的仅5种；绝大多数法律法规的“知道”面不足50%，其中低于30%的高达7种。与农户经济增长与发展直接相关的法律法规，诸如《农业法》、《基本农田保护条例》、《合同法》、《村民委员会组织法》等，“知道”面均不足50%。就了解程度看，绝大多数农民对国家的政策法规仅知道一个大概意思，知道主要条款或大部内容的比例相当低，知道全部内容的比例尤其低。① 任大鹏在更广的范围所作的调查得到了基本相同的结果。例如，1993年7月2日颁布实施的《农业法》，是我国在农业领域的第一部基本法，在该法中有许多内容是直接保护农民利益的，农民对这部法律应当比较了解。但从调查的结果看，仍然有高达52.4%的农民根本没有听说过这部法律。此外，调查结果显示，有53.4%的农民对目前实际承担的各项负担很不满意，但55%的农民对国务院1991年12月7日发布的《农民承担费用和劳务管理条例》中规定农民直接向集体经济组织缴纳的村提留和乡统筹费不得超过上一年农民人均纯收入的5%这一法定比例是不清楚的。②

2. 农民对法律缺乏信仰

清华大学法学院的一项问卷调查表明，当前农民对法律的信心普遍不足。在回答“如果您受到行政机关的非法处罚，到法院告行政机关的状，您相信法院会依法公正处理吗”这一问题时，“完全相信”、“比较相信”、“信心不足”和“不相信”的比例分别为22%、25%、40%和13%。“信心

---

① 参见史清华、陈凯《现阶段农民法律素质与法律意识分析——对山西省农民政策法规了解情况的问卷调查》，《中国农村观察》2002年第2期。

② 参见任大鹏《我国现阶段农民法律意识的调查与分析》，《中国农村观察》1999年第3期。

不足”与“不相信”两项合计比例超过了半数。[①] 由于对法律缺乏信心，加之其他原因，导致农民对法律的需求严重不足。多项调查表明，农民选择通过法律途径解决纠纷的比例相当低。我们2001—2002年组织的一项调查从一定程度上证实了这一点。在回答“在与他人发生纠纷时，村民最愿意采取什么方式解决”的问题时，只有3%的被调查者选择“到法院打官司”，还有4.5%的人选择“请上级政府裁决”，选择“在中间人的调解下与对方私了”比例为6.81%，而“找村干部解决”的比例则高达84.09%。[②] 其他人的调查同样显示了农民对法律需求不足的问题。如郑永流等人20世纪90年代初在湖北农村进行的一项有关法律意识的调查中，在回答“当您和本村人发生经济纠纷时，首先想到找谁”这个问题时，664个被调查对象中，有594人选择找乡村干部，占89.4%；27人选择找亲朋好友，占4.07%；而选择找法庭和法律服务所的只有38人，占5.72%。[③] 在回答“当您和外村人发生经济纠纷时，首先想到找谁”的问题时，选择找乡村干部的比例为45.78%，选择找亲朋好友的比例为6.17%，而选择找法庭和法律服务所的比例为47.14%。十多年以后，韦留柱就相同的问题在河南进行了问卷调查，结果回答“当您和本村人发生经济纠纷时，首先想到找谁”时选择找乡村干部的比例为49.57%，选择找亲朋好友的比例为28.61%，选择找法庭和法律服务所的比例为20.59%。在回答“当您和本村以外的人发生经济纠纷时，首先想到找谁”的问题时，选择找乡村干部的比例为23.33%，选择找亲朋好友的比例为23.90%，选择找法庭和法律服务所的比例为47.43%。[④] 对比两次调查的数据可以看出，虽然农民对法律的需求和信心在逐步增长，但总体上依然处在较低的水平。

3. 农民的法制观念总体上陈旧落后

调查表明，虽然近年来农民对法律的意识在不断增强，但是许多农民还停留在传统的法制观念上，现代法治观念对农民的影响依然有限，具体表现在：

一是对法律的本质缺乏正确的认识和理解。如在回答“你认为法律是

---

① 王晨光主编：《农村法治现状》，社会科学文献出版社2006年版，第152页。

② 姚锐敏等：《乡村治理中的村级党组织领导》，中国社会科学出版社2004年版，第278页。

③ 郑永流：《当代中国农村法律发展道路探索》，中国政法大学出版社2004年版，第221—222页。

④ 韦留柱：《农民法律意识的调查与分析——以河南农村为例》，《安徽农业科学》2008年第17期。

什么”这一问题时，有36%的被调查对象认为法律是“政府用来管老百姓的”，7%的人认为法律是“老百姓用来限制政府的”，13%的人认为法律“既管老百姓也限制政府”，11%的人认为法律是“保护老百姓的”，21%的人认为法律是“保护少数人的”，11.5%的人认为法律是“保护每一个人的”。①

二是法律至上的观念淡薄。在回答“您认为在处理本村事务时，由全体村民通过的村民公约和国家的法律、法规哪一个更有效”的问题时，有23.6%的村民认为村规民约更有效；41.2%的人认为国家的法律、法规更有效；33.9%的人认为二者一样有效。在回答“您认为在处理本村的事务时应当如何对待国家的法律、政策”的问题时，31.6%的人认为应当“必须不折不扣、无条件地贯彻执行”；49.2%的人认为“应当考虑本村的实际情况适当变通执行”；另有13.5%的人甚至认为“符合本村实际情况的应当执行，不符合本村实际情况的可以不执行。”②

三是行政法治观念淡薄。在我们的问卷调查中，有71%的村民知道政府应当依法行政，但还有29%的村民不知道政府应当依法行政，而当调查问题具体涉及依法行政的内涵时，村民的回答呈现出较低的认知水平。

如对“凡是法律没有明确禁止政府做的事情，政府都可以去做”的观点，表示完全同意的比例为11.6%，表示比较同意的为19.4%，表示不清楚的为21.9%，表示不太同意的为43.9%，表示完全不同意的为17.4%。这说明有近一半的农民对“法律保留”的行政法治原则缺乏了解。

对“政府在自己的职权范围内对违反法律的规定人进行罚款，只要不超过法律规定的幅度，就是正确的”这一观点，23.9%的人表示完全同意，27.3%的人表示比较同意，7.4%的人表示不清楚，27.3%的人表示不太同意，8%的人表示完全不同意。这一调查结果显示，农民对政府行为的关注重点停留在行政合法上，而对自由裁量行为的合理性问题则有相当大比例的农民没有意识到。

对“行政机关在举行听证会以后依然维持原来作出的行政处罚决定，听证实际上就毫无意义”的观点，表示完全同意的比例为26.1%，表示比较同意的比例为18.7%，表示不清楚的比例为18.2%，表示不太同意的比

① 王晨光主编：《农村法治现状》，社会科学文献出版社2006年版，第153—154页。

② 姚锐敏等：《乡村治理中的村级党组织领导》，中国社会科学出版社2004年版，第282—283页。

例为 27.8%，表示完全不同意的比例为 8%。这说明大多数农民对听证的意义缺乏全面深刻的认识。

在回答“根据规定，履行职责的公务员和行政管理相对人存在利害关系时，应该回避。如果履行职责的公务员被公认能够像包公那样大义灭亲、秉公执法，是否也有必要回避”的问题时，53.4% 的被访者认为有必要，但仍有 36.4% 的人认为没有必要，另有 10% 的人表示不清楚。这说明仍有不少农民将实现公正的希望寄托在官员个人身上，对正当程序的价值认识不足。

从根本上说，社会的法治实践决定社会的法律意识，法律意识是对法治实践的反映。但是，法律意识对法治实践也具有积极的反作用。在现实生活中，法律意识的反作用既可以表现为正向的促进作用，也可以表现为反向的阻碍作用。具体说，正确进步的法律意识可以推动法治实践的进程；而错误落后的法律意识则会阻碍法治实践的发展。改革开放以来，农村基层干部群众的法律意识有了明显增强，为农村法治的发展提供了强大的动力，极大地促进了乡镇政府依法行政。但是，正如以上分析所表明的，当前农村干部群众的法律意识的总体水平还不高，还存在诸多问题，这种状况在很大程度上制约甚至阻碍着乡镇政府行政法治化的进程。从行政相对人的角度说，农民法律意识低下，不仅会增加乡镇政府依法行政的阻力与成本，同时也使乡镇政府依法行政在某种程度上失去了发展的动力。从行政主体的角度说，乡镇干部的法律意识淡薄，则往往会导致违法行政的发生，直接阻碍或延缓乡镇政府行政法治化的进程。

第七节　乡镇政府依法行政的监督体系不健全

改革开放以来，随着人们监督意识的不断增强和各种监督制度的逐步完善，乡镇政府在行使行政权力的过程中受到越来越广泛和严格的监督，随着行政、违法行政的现象明显减少，依法行政正逐步成为乡镇政府行政的常态。但是，从现实情况看，对乡镇政府依法行政的监督效果并不是十分理想，监督缺位和监督失灵的现象时有发生，反映出现行的行政监督体系还不是很健全。在现行体制下，乡镇政府的行政监督体系主要由同级党委和人大的监督、上级党政机关的监督、司法机关的监督和社会舆论监督构成。分析表明，目前这些不同形式的监督都存在需要改进的问题。

一、同级监督因体制障碍而虚化

这里的同级监督，主要是指乡镇党委和乡镇人大对乡镇政府的监督。根据我国的宪政体制，乡镇政府由乡镇人大产生并对乡镇人大负责，乡镇人大有权听取和审查乡镇政府的工作报告，有权撤销乡镇政府作出的不适当的决定和命令。同时，乡镇政府还必须在乡镇党委的领导下开展工作，接受乡镇党委的监督。从理论上讲，同级监督具有身处现场、信息对称、监督及时、作用直接等优势，然而，从现实情况看，同级监督的效果并没有充分显现出来，一个具有说服力的证据是，在乡镇政府违法行政的情况下，人们很少看到乡镇党委和人大有不同的意见表达，更不用说采取措施纠正乡镇政府的违法行为。因此，我们认为，目前乡镇政府行政监督体系中的同级监督在很大程度上处于虚置状态，有的地方甚至可以说已经名存实亡。从体制的角度分析，导致同级监督虚化的一个重要原因，在于我国乡镇政权结构的高度一体化。在机构设置上，实行党政机关合署办公；在干部配备上，推行领导干部交叉任职，有些地方还实现了书记乡长（镇长）职务一肩挑；在职能履行上，实行各方面工作的齐抓共管。在这样一种高度一体化的政权结构中，乡镇政府行政在很大程度上已经失去了相对的独立性，因此，同级监督在某种意义上变成了乡镇政权自己对自己的监督。当然，在某些场合，对乡镇政府的同级监督仍然在形式上保留着相对的独立性，比如，乡镇人大对乡镇政府工作报告的审查，但是，这种监督不具有经常性，并且由于多种原因，其形式意义往往大于实质意义。

二、上级监督因利害与共而弱化

对乡镇政府的上级监督，主要来自其直接上级——县级党政机关。相对于更高层级的监督而言，县级党政机关与乡镇政府之间的空间距离更近，工作联系更密切，领导和管理关系更直接，因而，其在监督乡镇政府方面具有独特的优势。然而，从实际情况看，县级党政机关对乡镇政府的监督却经常发生缺位的现象，面对乡镇政府的违法行政，负有监督职责的上级机关有时会采取睁一只眼闭一只眼的态度，或者大事化小，小事化了。之所以会如此，一个重要原因在于压力型体制下县乡两级政府在某种意义上已经成为一种利益共同体和行为共同体。从利益方面看，县乡两级政府追求的目标同质性大于差异性，乡镇政府肩负的经济和社会发展任务，同时也是县级政府经济社会发展任务的一部分。而完成这些任务的程度，直接关系县乡两级政府的政治收益或政治报酬的多少。在这种情况下，县级政府在对乡镇政府进行监督时，就必然会考虑对完成既定行政目标任务的影响。如果县级政府意识到在某个具体问题上严格依法行政难以有效实现既定的行政目标，它就有可能会对乡镇政府在推进这项行政工作中的违法行为采取一定程度的容忍态度。当然，这样做的前提是其政治收益不会因此而受损。从行为方面看，县乡政府虽然在政治上和法律上是两个相对独立的行为主体，但是，在压力型体制之下，乡镇政府处于县级政府全方位的绝对控制之下，几乎没有任何独立的行政空间，俨然只是县级政府的“手”和“脚”。换言之，压力型体制下的乡镇政府在很大程度上是在县级政府的直接指挥和控制下实施行政的，很多情况下只是在执行县级政府的意志。此种情况下，县级政府对乡镇政府的监督某种意义上变成了自我监督或同体监督，这样的监督其力度可想而知。问题在于，如果否定乡镇政府的行为就等于自我否定，那么县级政府对乡镇政府的监督还会有多少动力。

三、司法监督因制度缺陷而受限

这里的司法监督，泛指通过争讼方式对乡镇政府行政行为实施的监督，主要包括行政复议和行政诉讼两种形式。行政复议和行政诉讼是法制化程度相对较高的行政监督方式，它们在促进乡镇政府依法行政方面发挥着不可替代的重要作用。但是，由于历史条件的限制，我国现行的行政复议制度和行政诉讼制度均存在一些不足和缺陷，使乡镇政府行政的司法监督力度受到一定程度的限制。比如，我国的行政复议制度和行政诉讼制度均是以具体行政行为和抽象行政行为的学理划分为基础而设计的。《行政诉讼法》将司法审查限制在具体行政行为的范围内，而将抽象行政行为排除在司法审查的范围之外。《行政复议法》虽然没有将抽象行政行为完全排除在复议审查标的之外，但规定行政相对人只能在提出具体行政行为的复议申请的同时一并提出对该具体行政行为所依据的抽象行政行为的审查申请。由此一来，乡镇政府制定的一些违法的“土政策”就可以在很大程度上避开司法监督。不仅如此，由于在实践中对于具体行政行为与抽象行政行为的区别并不像在理论上那么标准分明，那么容易掌握，使乡镇政府实施的一些界限并不十分明确的行政行为大都被抽象行政行为之列而逃避了法律监督，这种情况反过来又使得乡镇政府在实践中更多地选择那些可能逃避法律监督的行为方式，即以抽象行政行为之形，行具体行政行为之实。这种结果使行政复议和行政诉讼的监督功能进一步被削弱。另外，司法监督是一种被动型的监督机制，无论是行政复议还是行政诉讼，都需要在特定的行政相对人向监督机关提出审查请求以后才能启动。因此，司法监督的制度设计必须充分考虑方便当事人参与。然而，根据现行的法律规定，当事人要状告乡镇政府违法行政，最起码要到县级政府所在地的复议机关或人民法院，这对于那些身处偏远农村地区的农民来说，实在不是一件很容易的事情。加之受“民不与官斗”传统思想的影响，因此，对于乡镇政府的违法行政行为，农民通常会选择忍气吞声。这种情况进一步限制和削弱了司法监督的功能。

四、社会监督因信息失衡而受阻

这里所说的社会监督，是与权力监督相对的概念，它是国家政治体制之外各种非权力性监督方式和途径的总称。一般而言，社会监督主要包括社会团体和群众组织的监督、社会舆论的监督、人民群众的直接监督等形式。与体制内的权力监督相比，社会监督具有监督主体众多、监督覆盖面广、监督形式灵活等特点，这些特点使其在促进政府依法行政方面发挥着重要的作用。但是，由于社会监督是一种体制外监督，因此，监督主体与被监督主体之间往往存在着严重的信息不对称，从而在很大程度上妨碍了社会监督机制的有效运行。

从当前中国农村的实际情况看，对乡镇政府的社会监督主要表现为社会舆论的监督和农民群众的直接监督，这两种监督方式都不同程度地受限于信息的不对称。农民群众虽然享有监督乡镇政府的法定权利，但是，要使这种法定的监督权利变成现实的权利，必须让农民群众充分及时地了解和掌握乡镇政府行政的相关信息。在现实生活中，乡镇政府的信息公开是农民了解乡镇政府行政的最主要的甚至是唯一的渠道，而信息公开的主动权又掌握在乡镇政府手中。基于自身利益的考量，乡镇政府往往缺乏行政公开的内在动力。正如斯蒂格利茨所指出的，虽然信息公开有充分的理由，但事实上应当为公众服务的所谓公仆更愿意保守信息秘密。① 一方面，乡镇政府缺乏行政公开的主动性；另一方面，农民受自身素质的限制而缺乏必要的信息获取能力，在这种情况下，农民群众即使有强烈的监督意愿，往往也会因为相关信息的缺乏或不足而无法对乡镇政府实施有效的监督。相比较而言，社会舆论监督在信息获取方面要比个体农民强很多，因为，社会舆论监督主要是运用新闻媒体等舆论工具实施的监督，而新闻媒体由于自身的性质和特点具有较

① 斯蒂格利茨：《自由、知情权和公共话语》，《环球法律评论》2002 年秋季号。

强的信息获取能力。而且，从监督的力度和效果看，通过新闻媒体进行的社会舆论监督也要明显强于个体农民的监督。但是，新闻媒体的资源主要集中在城市尤其是大中城市，关注的重点通常也聚焦于城市生活，无论是从空间上看还是从心理层面看，新闻媒体与乡镇政府行政都存在相当的距离。此外，比较城市而言，目前我国农村总体上还是一个资讯欠发达、信息相对闭塞的社会，这又在客观上进一步限制了新闻媒体的信息来源。上述因素使社会舆论在监督乡镇政府行政方面同样面临信息不充分和不对称的问题，从而在一定程度上妨碍了新闻媒体对乡镇政府依法行政的有效监督。

第六章

推进乡镇政府行政法治化的路径

依法治国与依法行政是现代国家政治发展的基本趋向，也是中国执政党和国家的战略选择和既定方针。农村行政管理从传统的人治向现代的法治转型已经成为一种不可逆转的必然发展趋势。然而，如前章分析所表明的，目前乡镇政府依法行政还面临诸多现实阻却因素，这些因素以不同的方式、在不同程度上影响和制约着乡镇政府依法行政的全面推进和深入发展，甚至直接导致对依法行政机制的破坏和违法行政现象的发生。上述分析提醒和告诫我们：第一，乡镇政府行政机制由人治向法治的转型将是一个长期、复杂、曲折的过程，在这个过程中，乡镇政府行政不可避免地会呈现人治和法治并存的两面性特征，而转型本身就是不断地克服和减少行政运行中的人治因素，增加法治因素，逐步实现法治对人治的取代。由于中国经历了长期的封建专制统治，人治已经深深地渗入到社会的机体和国民的意识之中，农村尤其如此。这种情况决定了任何试图在短时间之内从根本上实现人治行政向法治行政转变的想法和做法都是不切实际的，必须充分考虑到这种转变的复杂性和长期性。只有如此，才不会在依法行政取得成绩时而盲目乐观，也不会因为依法行政推进的不顺利而感到气馁。第二，对乡镇政府依法行政问题的思考和研究不能就事论事，就法治论法治，而应当在一定程度上跳出法治，在更加广阔的视界探寻推进乡村依法行政的方式和途径。唯有如此，我们才能更加顺利地实现依法行政、建设法治政府的目标。

第一节　进一步发展农村基层民主政治

社会主义和谐社会首先是一个民主法治的社会。民主法治不仅是社会主义和谐社会的重要表征，也是构建社会主义和谐社会的必要条件。在社会主义和谐社会中，民主与法治是不可分割的，二者相辅相成。就法治对民主的依赖关系而言，民主是法治的基础和前提条件。美国学者罗伯特·达尔说过："如果说美国是因为有了宪法才保持民主，这对我来说是本末倒置。如果说因为这个社会基础上是民主的，宪法才保持下来，这听起来似乎不对，但实际上却正确得多。"这说明，离开了民主的政治氛围与制度结构，便不可能有真正意义上的法治国家和法治社会。改革开放以前我国的法治进程之所以历经艰辛，充满曲折，根本原因在于我们长期忽视了民主政治建设。改革开放以后，尤其是党的十五大以后，我国法治进程明显加快，这是我国民主政治发展的必然结果。就农村的情况而言，我们在前面的分析清楚地表明，改革开放以来农村基层民主的发展是促使乡镇政府行政从政治化行政向法治化行政转型的重要原因；而当前农村基层民主欠发达，则又在很大程度上影响和制约着乡镇政府行政法治化的深入发展。因此，推进乡镇政府行政法治化，必须不断地发展农村基层民主政治。

我国农村基层民主大致可以分为村和乡镇两个层面。在村级层面，发展基层民主的主要任务是要不断完善村民自治制度。在乡镇层面，发展基层民主的主要任务则是要建立健全乡镇民主治理机制。

一、健全村党组织领导的充满活力的村民自治机制

村民自治是在党的领导下亿万农民建设社会主义民主政治的伟大创造。作为一种民主管理机制，村民自治的广泛推行，在很大程度上改变了中国乡村公共权力结构，深刻影响着乡村两级组织之间的关系，并且构成乡镇政府行政从传统的政治化行政走向法治化行政的重要动因。不仅如此，村民自治的发展水平还以不同的方式影响和制约着乡镇政府行政法治化的进程和水平。比如，当前村民自治中的民主机制还不健全，村民的民主权利基本处于分散状态，很少能够聚合形成可以对公共权力进行制衡的整体力量。这一方面使村委会在与乡镇政府的交道中可以根据个人政治经济报酬的有无及大小来选择行动策略；另一方面，也使村委会在乡村关系中的地位进一步弱化，因民主机制的缺失而导致的政治合法性不足，使村委会在维护自治权利时往往缺乏足够的底气，在多数情况下不得不选择对乡镇政府的顺从，而正是这种顺从，为乡镇政府以"指导"之名行"领导"之实的违法行政的畅行提供了机会和条件。

因此，要继续推进乡镇政府行政法治化进程，提升乡镇政府依法行政的水平，就必须不断完善村民自治制度，健全村级民主治理机制。十七届三中全会通过的《中共中央关于推进农村改革发展若干重大问题的决定》指出：

"健全村党组织领导的充满活力的村民自治机制，深入开展以直接选举、公正有序为基本要求的民主选举实践，以村民会议、村民代表会议、村民议事为主要形式的民主决策实践，以自我教育、自我管理、自我服务为主要目的的民主管理实践，以村务公开、财务监督、群众评议为主要内容的民主监督实践，推进村民自治制度化、规范化、程序化。"这为村民自治的进一步发展指明了方向。

我们认为，从推进乡镇政府行政法治化的角度分析，完善村民自治机制，关键是要解决好以下两个方面的问题：

1. 进一步完善村庄公共权力的民主授权机制

村民自治改变了村庄一元权力结构，形成了一种由村级党组织与村民委员会为组织形式的二元权力结构，与这种二元权力结构相伴而生的，则是"两委"之间的矛盾与冲突。事实上，村党组织与村委会之间的关系一直是困扰村民自治实践发展的核心难题。尽管国家在进行村民自治的制度设计时已经将"两委"关系考虑在其中，但由于这种关系的错综复杂性和制度设计的原则性，现实中的"两委"关系远未实现规范协调运行的理想状态，在一些地方，"两委"之间的矛盾与冲突甚至成为村民自治的常态。

研究表明，导致"两委"关系不协调的原因是多方面的，其中，授权机制或权力来源上的差异是一个重要原因。村级党组织处在一种自上而下的授权机制之中，其权力实际上来源于上级党委和政府的授予；而村民委员会的授权机制是一种自下而上的授权机制，村委会的权力来源于多数村民的委托。授权机制的不同必然会导致"两委"行为方式与行动逻辑上的差异。当国家利益与村庄利益发生矛盾时，自上而下的授权机制决定了村级党组织往往会更多地站在国家的立场上考虑问题，将贯彻落实上级的政策意图，完成上级下达的任务放在工作的首位；而通过民主选举产生的村委会则可能更多地考虑本村村民的利益，与上级讨价还价，甚至凭借村民的支持抵制上级的不合理要求。我们的一项问卷调查结果证明"两委"在行为选择上的确存在一定的差异。在回答"在上级政府的利益与村民的利益发生矛盾时，党支部通常会维护哪一方的利益"的问题时，被调查对象中有 71.12% 的人认为党支部会维护上级政府的利益，认为会维护村民利益的人数比例只有 25.12%。而在回答"在上级政府的利益与村民的利益发生矛盾时，村委会通常会维护哪一方的利益"的问题时，选择维护上级政府利益的比例只有

45.62%，选择维护村民利益的比例则超过五成，达到50.25%。[①]

虽然“两委”在处理与乡镇政府的关系时主观态度与行动选择可能会存在一定的区别，但在通常情况下，村庄的公共意志只能通过一个权力中心对外表达。就目前的情况而言，无论是在人们的观念中，还是在实际运作过程中，党组织依然是大多数村庄的权力中心，党支部书记是各方公认的村里的“一把手”。在我们的问卷调查中，77.50%的被调查对象认为目前村党支部事实上是村里的领导核心，只有5%的人对此持相反的观点。有50%的人认为村里的重大问题由党支部（书记）最后说了算，44%的人认为村里的重大问题一般由党支部和村委会的干部集体讨论决定。[②]

从协调乡村关系的角度看，由村党组织主导村庄公共事务存在诸多便利，但这种状况与自上而下的授权机制联系在一起，其负面影响则是不容忽视的。一方面，可能引发“两委”之间的矛盾冲突，影响村民参与村民自治的积极性。在实践中，有些村委会主任认为党支部书记不是村民选出来的，没有代表性，而自己则是全村大多数村民直接选举出来的，合法性基础雄厚，能真正代表村民说话，于是与党支部书记争权，使“两委”矛盾公开化。而一些村民则认为，如果党支部书记铁定是“一把手”，那么选举村委会主任这个“二把手”就没有什么实际意义。另一方面，可能削弱对乡镇政府依法行政的监督制约。在村党组织掌控村庄公共权力的条件下，如果乡镇政府违法行政，在村级组织中遇到的阻力要小得多，甚至还有可能得到村级组织的协助和支持。因为从制度和机制上看，实际掌控和行使村庄公共权力的村党组织必须对上级党委和政府负责，而无需对村民负责。自上而下的授权机制和自下而上的责任机制使村党组织实际上成为政治国家的一部分，公民社会与政治国家之间的外部关系因此变成了政治国家内部的上下级关系，村民自治（公民社会）本应具有的监督制约国家公权力的功能必然因此而弱化。

要解决上述问题，完全割断村级党组织与政治国家之间的联系显然是不现实的，也是不可取的。通过明确“两委”的职能分工来保证村委会依法独立自主地行使法定的自治权，由此增强村民自治对抗国家权力非法侵入的能力，不仅存在可行性的巨大障碍，而且似乎也难以成为国家的目标选择。

---

① 姚锐敏等：《乡村治理中的村级党组织领导》，中国社会科学出版社2004年版，第272—273页。

② 同上书，第269页。

剩下来可供选择的路径只能是进一步改革和完善村级公共权力的授权机制，增强公共权力与村民之间的联系，强化村民对村级组织的监督制约。目前一些地方推行的村委会与党支部“两选联动机制”、党支部（书记）选举中的“两票制”等做法都属于这种思路。

“两选联动机制”就是将村党支部的选举与村委会的选举结合起来，实现“两委”组织一体化和书记主任“一肩挑”的目标。在具体做法上，有的地方是先进行村民委员会选举，允许村在任党支部书记参加村主任竞选，选好村委会主任以后，再根据村委会主任是否是在任党支部书记或共产党员来确定村党支部的选举。还有的地方是先进行村党支部的换届选举，选好村党支部书记后，再进行村委会换届选举，让村党支部书记作为村委会主任候选人参加村委会主任竞选，通过一些合理的方式，保证党支部书记当选为村委会主任。

“两票制”就是在村党支部（书记）选举过程中先由村民投信任票，根据得票多少确定候选人，然后召开党员大会，由党员投选举票，按得票多少确定当选者。

推行“两选联动机制”和“两票制”的出发点是为了协调“两委”关系，解决村民自治条件下村党组织权威性相对不足的问题。党和政府之所以对此种做法持积极的肯定态度，说到底，是因为这些措施有利于巩固村党组织的领导地位，从而保证政治国家对乡村社会的有效控制。然而，从授权机制的角度看，由于“两选联动机制”和“两票制”等改革举措在一定程度上改变了村级党组织的权力来源，村民的信任对于个人进入村庄权力核心具有至关重要的影响，这种情况可能会迫使村党组织改变在自上而下授权机制下形成的“一边倒”的行为方式，在“国家代理人”和“村庄守护人”的双重身份中寻求一种平衡，将对上级负责与对村民负责有机结合起来。换言之，民主授权机制可以对村级党组织形成一种新的制约，使其不能像以往那样随意牺牲村民的利益去换取上级的政治经济报酬，尤其是在面对乡镇政府的违法行政行为时，村党组织有条件也有可能进行必要的抗争，而不是像过去那样一味地顺从。正是在这个意义上，我们认为，完善村庄公共权力的民主授权机制，对乡镇政府依法行政具有积极的促进和推动作用。

2. 切实保障村民的民主权利

在村民自治中，村民与村级组织和村干部之间存在着一种委托—代理关系。由于村民与村干部之间的信息不对称，村民自治中的委托代理关系很容易产生所谓的“道德风险”，即村干部利用信息优势损害村民的利益。村民自治中的道德风险除了表现为一些村干部直接公权私用、以权谋私以外，还表现为一些村级组织和村干部为了从国家获取更多的政治经济报酬，放弃村庄利益守护者的责任，对上级政府非法干涉村民自治权利和损害村民合法权益的行为不仅不进行必要的抗争与抵制，而且还常常直接充当其代理人。在这种情况下，基于村民自治而产生的村庄公共权力在很大程度上丧失了相对于国家权力的独立性，村民自治本应具有的监督和制约国家权力的功能也因此而弱化。从促进乡镇政府依法行政的角度看，这显然不是一种理想的权力关系结构和运行环境。

因此，从优化乡镇政府依法行政的外部环境的意义上说，必须重视解决村民自治中的“代理问题”或“道德风险”；而解决“代理问题”或“道德风险”的根本途径则是健全村民自治中的民主机制。只有在民主选举、民主决策、民主管理和民主监督等民主权利得到切实保障和有效实现的情况下，才能最大限度地避免或减少村民自治中可能发生的“代理问题”或“道德风险”，使村民自治成为监督和制约乡镇政府权力的重要社会力量。

经过20多年的实践，我国的村民自治有了很大发展，但也存在不少问题，其中之一便是村民自治的民主机制发展不均衡。村民自治包括民主选举、民主决策、民主管理、民主监督四项基本内容。从总体上看，除了民主选举权利基本得到落实外，民主决策、民主管理和民主监督的权利在很多地方都还只是停留在制度文本上，没有得到切实的保障和正确的体现。因此，进一步推进村民自治，应当在继续完善民主选举制度的同时，把更多的精力投向民主决策、民主管理和民主监督的机制建设，探索保障村民有效参与村级民主治理的可行方式和途径，实现四项民主机制的协调发展。

以民主决策为例，民主决策是村民民主权利的重要内容之一，也是村级民主治理机制的重要组成部分。村民自治中的民主决策，就是在村民广泛参与的基础上通过民主协商的方式决定村级公共事务的过程。为了实现民主决策，《村委会组织法》专门设计了村民会议和村民代表会议制度。根据规定，凡是涉及村民利益的村内公共事务，都必须由村民会议或者村民代表会议讨论决定。村民会议由本村十八周岁以上的村民组成。召开村民会议，应当有本村十八周岁以上村民的过半数参加，或者有本村2/3以上的户的代表参加，所作决定应当经到会人员的过半数通过。人数较多或者居住分散的村，可以推选产生村民代表，由村民委员会召集村民代表开会，讨论决定村民会议授权的事项。村民代表由村民按每五户至十五户推选一人，或者由各村民小组推选若干人。但是从村民自治的实际运行情况看，《村委会组织法》规定的民主决策制度并没有得到很好的贯彻执行。例如，有的村庄长期不召开村民会议，法律规定必须由村民会议决定的事项，未经村民会议授权就由村民代表会议作出决定，以间接民主代替直接民主；还有的村庄在决定涉及村民利益的重大事项时，既不召开村民会议，也不召开村民代表会议，而是由村党组织或村委会，甚至主要领导人个人说了算，把村民自治变成了村干部自治。

导致上述问题的原因，除了农民的民主意识淡薄外，与民主决策制度不完善有很大关系。其一，《村委会组织法》规定的民主决策的基本形式——村民会议在很大程度上脱离了农村的实际，由于改革开放以后农民的流动性日益加大，加之村民的民主参与意识普遍淡薄，不少农村都存在村民会议召集难的问题。其二，民主决策缺乏明确的程序规范和具体的议事规则，常常流于形式，沦为走过场，这又进一步影响了村民参与民主决策的积极性。其三，民主决策权利的法律救济机制缺位。村民的民主决策权利受到侵害以后，可以通过何种方式和途径寻求法律救济？村级组织和村干部违反民主决策程序作出的决定如何能够得以纠正？违法决策导致村民利益受损时相关的组织和个人应当承担什么样的责任？由谁来追究责任？如何追究责任？这些问题在现行法律中都缺乏明确的规定。

因此，要真正实现民主决策，一方面有赖于农民民主参与意识的增强；另一方面必须完善民主决策的相关制度，为民主决策权利的实现提供可靠的保障。具体说，一是要创新民主决策形式。在村民会议和村民代表会议难以召开的情况下，民主决策形式的创新成为保障村民民主决策权利实现的关键所在。近年来，一些地方在这方面进行了积极的探索，如浙江温岭市农民创造的“民主恳谈”制度，山东日照市农民创造的“村务公决”制度等。这些做法在一定程度上弥补了现有民主决策形式的不足，对实现民主决策起到了积极的促进作用。现在的问题是，国家应当及时总结各地在推进民主决策中创造的成功经验，在此基础上通过完善立法将具有普遍价值的地方经验上升为国家意志，全面促进民主决策的实践发展。二是要规范民主决策程序。科学规范的程序是实现村务民主决策的重要保证。现行的《村委会组织法》规定的民主决策程序过于原则，难以起到保障民主决策权利的作用，需要根据民主、科学、高效的原则对村民自治中的决策程序进行重新设计，明确规定决策的动议、讨论、决定、公布、执行等每一个环节的操作规则。三是要建立健全违法决策的责任追究机制，强化民主决策制度的刚性约束。现实情况表明，村民自治中的民主决策制度之所以没有得到很好的贯彻落实，与村干部缺乏民主法制意识有直接关系。一些地方的村干部特权思想根深蒂固，在村级重大事务的决策中绕开民主程序，独断专行，以个人意志代替村民的集体意志；或者把经过民主程序作出的决策放在一旁，另搞一套。鉴于此，建立健全相应的责任追究制度就显得十分必要。如果违反民主决策程序，乱拍板、乱签约、乱决策，给村民和集体利益造成重大损失的村干部能够受到严格责任追究，就可以在很大程度上保证村级民主决策制度的顺利实施。四是要建立健全民主决策权利的法律救济制度。民主决策是法律赋予村民的一项重要政治权利。村民的民主决策权利能否真正得到实现，在很大程度上取决于是否有完善的权利救济机制。"无救济即无权利"，"有权利必有救济"，只有建立健全相应的法律救济制度，民主决策权利才能获得可靠的保障。目前我国村民自治的法律救济制度还很不完善，村民的民主权利受到侵害时往往只能通过信访渠道寻求救济，法律救济尤其是司法救济的大门还没有向村民自治敞开。这种情况是导致村民民主权利难以落实的重要原因之一，必须加以改变。当务之急是应当通过修改和完善相关立法，将村民自治权纳入司法救济的范围，为村民的民主权利提供有效的司法保障。

二、完善与农民政治参与积极性不断提高相适应的乡镇民主治理机制

促进乡镇政府依法行政，不仅需要健全村民自治制度，而且还需要完善乡镇民主治理机制。从某种意义上讲，乡镇民主治理机制建设与乡镇政府行政法治化之间的关系更直接，意义更重大。十七届三中全会通过的《中共中央关于推进农村改革发展若干重大问题的决定》首次明确地将完善乡镇治理机制作为发展农村基层民主的重要任务。这里所说的乡镇治理机制，是在党的领导下充分发挥政府、社会组织、公民等多方面的积极性，最广泛地动员农民群众依法管理乡镇事务的制度、手段、途径的总称。完善的乡镇治理机制应当包含民主和法治两个基本点。就乡镇政府而言，法治或依法治理就是要求其严格依法行政。只有乡镇政府严格依法行政，民主治理机制才能顺利运行。另外，只有健全民主治理机制，才能使乡镇政府受到有效的监督制约，保证其依法行使职权。从这个意义上说，完善乡镇民主治理机制，是促进乡镇政府依法行政的重要途径。

乡镇民主治理机制建设涉及的内容十分广泛，从监督制约行政权力、促进乡镇政府依法行政的角度说，完善乡镇领导人的民主选举制度具有特别重要的意义。

如前所述，当前制约乡镇政府依法行政的重要因素之一是所谓的“压力型体制”，而“压力型体制”得以形成与维系的前提和基础则是实际存在的干部委任制。因此，要全面推进乡镇政府依法行政，提高乡镇政府依法行政的水平，就必须改革现行的乡镇领导人的产生机制，切实推进乡镇领导人的民主选举，以此改变乡镇政府的授权来源和责任机制，使乡镇政府从“压力型体制”中逐步解放出来，从而为乡镇政府依法行政创造一个宽松的政治与行政环境。

1997 年党的十五大明确提出“城乡基层政权机关”要“健全民主选举制度”以后，一些地方开始探索乡镇领导人选举制度的改革，如深圳大鹏镇创造的两票选举制，四川步云乡创造的直接选举制，湖北杨集创造的海推直选制等。尽管这些改革还只是在局部进行的探索和实验，而且在社会上引起了许多争议和质疑，但我们认为，以扩大民主为价值取向的乡镇领导人选举制度改革是大势所趋，由此观之，这些改革试点无疑具有积极意义。从推进农村法治的角度分析，现有的改革试点至少有以下几点是值得肯定的：

第一，从保障农民民主权利出发推进乡镇选举制度改革。在改革乡镇选举制度的过程中，各地的具体做法不尽相同，但改革的出发点与落脚点都是扩大和保障农民的民主权利。例如，在乡镇长候选人的产生方式上，各种改革模式不约而同地改变了由上级组织内定候选人的传统做法，借鉴村委会选举的成功经验，将民主推荐、民主评议，甚至直接海选等方式纳入乡镇长候选人的产生机制，使普通农民群众都有机会直接参与乡镇长的选举过程，为农民充分行使当家作主的权利提供了机制保障。农民通过不同的方式直接参与乡镇领导人的选举过程，实际上是在一定程度上改变了乡镇政府的授权机制和责任机制。从理论上说，随着农民群众对乡镇领导人选举过程及选举结果的影响力逐步增大，乡镇政府为执行上级指令或者完成上级下达的任务而不惜违法行政，损害农民合法权益的现象也将逐步减少。

第二，将党政领导人的选举制度改革有机结合起来，同步推进。按照宪法规定，乡镇人大是乡镇的权力机关，乡镇长由乡镇人大选举产生，乡镇政府对乡镇人大负责并报告工作。但是，在我国现行的政治体制下，乡镇政府更多的是在乡镇党委的直接领导下开展工作，执行乡镇党委的决定，乡镇党委是乡镇政权的核心，党委书记是乡镇的“一把手”，乡镇的各种实权往往集中在乡镇党委书记手中。因此，如果在公选乡镇长的同时不对乡镇党委书记的产生方式进行改革，乡镇政府的运行状况很难有大的改观，而且，还可能因为民意基础的差异而在乡镇长与乡镇党委书记之间造成新的矛盾。在意识到上述问题以后，一些地方开始将乡镇长的选举制度改革与乡镇党委书记的选举制度改革结合起来，将“两票制”等民主形式引入乡镇党委书记的选举过程之中。这种改革产生的积极效应之一，是“从权力授予源头解决了‘对谁负责’的问题，促使乡镇党委书记‘眼睛向下’，增强干事创业、富民惠民的责任感和使命感，使‘群众满意’成为乡镇党委工作的根本价值取向”,[①] 有利于从根本上保证和促进乡镇政府依法行政。

第三，在法律框架内逐步推进乡镇选举制度改革。选举是民主的重要载体和有效实现形式。从民主与法治的关系上说，选举制度的不断完善可以丰富法治的内容，优化法治的运行环境。另外，选举作为一种具体的法治实践，应当在法律的规范下有序进行。尽管现代法治的内涵远远不是简单的守法能够全面体现的，但法律得到严格遵守和执行在任何时候都是法治不可或缺的内容和要求。因此，从推进乡镇法治的角度考虑，乡镇选举制度的改革应当在法律框架内逐步推进。事实证明，在依法治国，建设社会主义法治国家的宏观政治背景下，乡镇选举改革只有在不违反现行法律的前提下，才能得到国家的认同，才能顺利推进。例如，1998 年，四川省遂宁市步云乡通过直接选举产生了中国第一位直选乡长。此举产生了石破天惊的巨大影响，一些学者对此给予了高度的评价。然而，根据我国现行宪法与地方政府组织法的规定，乡镇长应当由乡镇人大选举产生。通过村民直接投票选举乡镇长虽然可以视为民主的发展，但在现行制度框架内，这种改革显然有违法之嫌。正因为此，步云乡直选乡长的做法备受争议，改革者也感受到来自各方的压力。为了继续推进改革，步云乡在后来的乡长换届选举中进行了重新设计，实行两票制。首先由全体乡民直接投票产生一个乡长候选人，然后由乡人民代表大会对直选出来的唯一的乡长候选人进行投票表决，正式选举乡长。这种方式既符合现行法律，又增强了乡镇长选举的民主性，因而得到各方的普遍认同，使一度陷入停顿的乡镇长选举改革得以继续推进。

第二节　深化乡镇行政管理体制改革

依法行政不仅是政府管理方式的重大变革，也是政府管理模式的深刻革命。作为政府管理基本要素的行政管理体制必须回应依法行政的要求，进行相应的调整和改革，以消除依法行政的体制性障碍。“依法行政有赖于建立

① 刘十庆：《“两票制”公推直选乡镇党委书记的实践与思考》，《领导科学》2010 年第 7 期。

一个廉洁高效、运转协调、行为规范的行政管理体制。我们原有的行政管理制度存在着机构庞大、政企不分、官僚主义严重等突出问题，不解决行政管理体制中存在的这些弊端，依法行政只能是一句空话。因此，要做到依法行政，就必须深化行政管理体制改革”。[①] 鉴于行政管理体制对政府依法行政具有至关重要的影响，2004 年国务院颁布的《全面推进依法行政实施纲要》将“转变政府职能，深化行政管理体制改革”作为全面推进依法行政的首要任务，并且对行政管理体制改革的总体目标和具体任务进行了明确的规定和阐述。该《纲要》指出，当前我国“行政管理体制与发展社会主义市场经济的要求还不适应，依法行政面临诸多体制性障碍”。因此，全面推进依法行政的重要任务，就是要转变政府职能，深化行政管理体制改革，通过改革，实现“政企分开、政事分开，政府与市场、政府与社会的关系基本理顺，政府的经济调节、市场监管、社会管理和公共服务职能基本到位。中央政府和地方政府之间，政府各部门之间的职能和权限比较明确。行为规范，运转协调，公正透明，廉洁高效的行政管理体制基本形成。权责明确，行为规范，监督有效，保障有力的行政执法体制基本建立”的目标，为政府依法行政提供体制保证。

乡镇政府是我国行政体系的重要组成部分，行政管理体制对乡镇政府的行政运行状况具有十分明显和直接的影响。改革开放以来，乡镇行政管理体制经历了多次改革和调整，取得了明显的成绩，但从全面推进依法行政的角度看，当前乡镇政府的行政管理体制仍存在许多不合理的因素，这些因素在很大程度上阻碍着乡镇政府行政法治化进程。因此，全面推进乡镇政府依法行政，必须深化乡镇政府的行政管理体制改革。

行政管理体制改革是一项宏大的系统工程，涉及诸多方面的内容。从有效推进乡镇政府依法行政的角度分析，深化乡镇政府行政管理体制改革需要重点解决好以下几个方面的问题。

一、切实转变乡镇政府职能，增强公共服务能力

转变政府职能，是乡镇政府行政管理体制改革的核心内容和关键环节。从乡镇行政体制改革的历史进程看，早在 1986 年 9 月，中共中央、国务院在《关于加强农村基层政权建设工作的通知》（草案）中就明确提出要“健全和完善乡政府的职能”。此后，党中央、国务院在有关农村工作的文件中

① 杨景宇：《依法行政必须深化行政管理体制改革》，《瞭望新闻周刊》2001 年第 17 期。

多次强调乡镇政府要切实转变职能，并且采取了多种有效措施推动和促进乡镇政府转变职能。从现实情况看，改革开放以来，随着行政管理体制改革的不断深入，尤其是农村税费改革的逐步推进，我国乡镇政府职能转变取得了一些积极的进展，乡镇政府的实际职能发生了明显的变化。然而，由于观念、体制、机制、环境等多方面因素的制约，乡镇政府职能转变的进展速度总体上看还相当缓慢。四川省委党校师丽教授对710位乡镇“一把手”的调查发现：83%的乡镇领导认为发展经济是乡镇政府的主要职能；关于目前所在乡镇的工作重点，被乡镇领导列在第一位和第二位的分别是“产业结构调整”（占63.52%）和“农田基础设施”（占42.96%）。华中师范大学中国农村问题研究中心的吴理财教授2007年在湖北、安徽、重庆等地农村进行的一项问卷调查显示，农村税费改革以后，人们普遍认为乡镇政府职能应当从“管治”为主转向“服务”为主，但是在乡镇政府的实际运行中，这种职能转变却极其缓慢。例如，在调查中，分别有42.02%、41.01%、27.65%、20.38%的被访者反映乡镇政府“工作作风老一套，行政命令多”、“乡镇政府的公共服务能力差”、“乡镇政府职能没有转变”、“在保障农民民主权利和经济利益方面做得不够”。对于乡镇改革，高达61.01%的受访者认为应当将改革的着力点放在“转变政府职能，增强公共服务能力”上。而且，在所列的众多改革选项中，“转变政府职能，增强公共服务能力”被认为是最关键的改革内容。[①]

乡镇政府职能转变滞后的现象引起了中央领导同志的高度关注。2006年，时任国务院总理温家宝在《求是》杂志上撰文指出：“我们对乡镇政府职能转变的认识和实践都还没有跟上形势的发展，乡镇政府存在着职能越位、错位和缺位的情况。各地在试点中普遍感到减人、减支都比较难，深层次的原因是对乡镇政府职能界定不清，事减不下来。在市场经济条件下，按照公共行政原则，乡镇政府应该履行哪些职责，如何有效地发挥作用，已经成为一个重大课题。”针对乡镇政府职能存在的问题，温家宝指出，“考虑乡镇政府职能问题，要从农村工作的现实状况出发，从农民群众的愿望出发，从社会主义市场经济条件下建立公共行政管理体制的要求出发。重点强化三个方面的职能：一是为农村经济发展创造环境，包括稳定农村基本经营制度，维护农民的市场主体地位和权益，加强对农村市场的监管，组织农村

① 吴理财：《从“管治”到“服务”——关于乡镇政府职能转变的问卷调查》，《中国农村观察》2008年第4期。

基础设施建设，完善农业社会化服务体系。二是为农民提供更多的公共服务，加快农村教育、卫生、文化、体育、环境保护等社会事业发展。三是为农村构建和谐社会创造条件，加强社会管理中的薄弱环节，开展农村扶贫和社会救助，化解农村社会矛盾，保持农村社会稳定。推动农村民主政治建设和村民自治，提高基层自治能力。在履行好政府职能的同时，要把不应该由政府承担的经济和社会事务交给市场、中介组织和村民自治组织”。[①] 温家宝的这些论述为乡镇政府转变职能指明了方向。

我们认为，加快乡镇政府职能转变，必须解决好以下两个方面的问题：

1. 科学合理的界定乡镇政府的职能

转变政府职能的前提是对政府职能进行科学合理的界定。只有对新形势下乡镇政府的职能进行明确界定，乡镇政府职能转变才会有清晰的目标，对乡镇政府职能转变绩效的评价也才会有统一的标准。

从目前的情况看，对新形势下乡镇政府职能转变的总体目标定位，人们已经基本形成共识，这就是建设服务型的乡镇政府。也就是说，人们普遍认为，新形势下乡镇政府的主要职能应当从过去的管治农民和汲取资源转变为为农民提供充足、优质的公共服务。这种对新形势下乡镇政府基本职能的定位无疑是正确的，与十七大以来中央确定的行政体制改革目标是相吻合的。现在的问题是，从实践操作层面看，切实推进乡镇政府职能转变，对乡镇政府的职能定位不能仅仅停留在方向和原则的规定上，而应当将职能转变的总体目标尽可能地具体化，以使乡镇政府在转变职能过程中能够有所依循。笔者在调查中发现，目前乡镇干部虽然都认同转变职能的必要性，也知道转变职能的最终目标是要建设服务型政府，增强乡镇政府的公共服务职能，但是对服务型乡镇政府究竟应当承担哪些具体职责以及应当如何履行自己的职责并不十分清楚，作出的回答呈现明显的差异。在理论界，研究者对新形势下乡镇政府职能的概括也并不统一，甚至存在明显分歧，有些概括似是而非，难以为实践提供科学的指导。上述情况是导致乡镇政府职能转变滞后的重要原因。因此，要加快乡镇政府职能转变，首要的任务是在认真分析后农业税时代我国农村的新形势以及乡镇政府的特点的基础上，根据建设服务型政府的总要求，结合各地的具体情况，对乡镇政府的职责作出具体明确的界定。唯有如此，才能实实在在地推进乡镇政府的职能转变。

---

① 温家宝：《不失时机推进农村综合改革，为社会主义新农村建设提供体制保障》，《求是》2006年第18期。

2. 完善地方政府组织法，为乡镇政府转变职能提供法律保障

政府职能法定是行政法治原则的重要内容，也是现代法治政府的基本特征。职能法定意味着政府必须依据法律来行使职权、履行职责，政府不能超出法律的授权范围从事行政管理活动。由此推理，政府的职能转变也应当依法进行。然而，纵观改革开放以来我国行政体制改革的历史，政府职能转变主要是依靠政治与行政的力量和手段来推动的，似乎并没有与法律直接发生关系。以乡镇政府职能为例，1982 年 12 月根据新宪法修订的《中华人民共和国地方各级人大和地方人民政府组织法》明确规定乡镇政府应当承担七个方面的职能：（一）执行本级人民代表大会的决议和上级国家行政机关的决定和命令，发布决定和命令；（二）执行本行政区域内的经济和社会发展计划、预算，管理本行政区域内的经济、教育、科学、文化、卫生、体育事业和财政、民政、公安、司法行政、计划生育等行政工作；（三）保护社会主义的全民所有的财产和劳动群众集体所有的财产，保护公民私人所有的合法财产，维护社会秩序，保障公民的人身权利、民主权利和其他权利；（四）保护各种经济组织的合法权益；（五）保障少数民族的权利和尊重少数民族的风俗习惯；（六）保障宪法和法律赋予妇女的男女平等、同工同酬和婚姻自由等各项权利；（七）办理上级人民政府交办的其他事项。1982 年以来，乡镇政府经历了多次机构改革，其实际履行的职能也发生了明显的变化（尤其是废除农业税以后），在这期间，国家立法机关对《地方政府组织法》进行了数次修改，但令人不解的是，乡镇政府的法定职能却没有发生任何变化。这种情况表明，乡镇政府职能转变并没有纳入法治轨道，而是游离于法律之外的政府自我完善的一种努力。

由于没有将改革与法治有机结合起来，从健全政府组织法的角度推进乡镇政府职能转变，结果在很大程度上影响了乡镇政府职能转变的绩效。乡镇政府必须转变职能，这样的口号我们已经喊了多年，但时至今日，人们依然普遍认为乡镇政府职能转变还不到位，一个重要原因在于我们没有根据形势的变化对乡镇政府的法定职能定位进行重新审视，通过完善行政组织法为乡镇政府转变职能提供明确的法律依据，这样就使乡镇政府职能转变因为缺乏法律的刚性约束而陷入很大的随意性，成为政府的“自选动作”。事实上，近年来乡镇政府的职能转变在很大程度上是乡镇政府根据对党中央国务院的相关文件精神的理解自由发挥的结果。认识水平和理解能力上的差距，难免会导致乡镇政府职能转变实践中的偏差。

因此，无论是从全面推进依法行政的角度考虑，还是从切实转变乡镇政府职能的角度考虑，完善地方政府组织法都是十分必要的。

有一种观点认为，现行地方政府组织法规定的乡镇政府的法定职能非常清楚，同先进国家的“惯例”也大体相同。长期以来，由于体制等方面的原因，上述法律规定被政府所忽视，没有得到严格的遵守和执行，结果才导致了实践中乡镇政府的职能错位、缺位和越位。如今农村的政治经济环境已经发生了深刻变化，因此，“乡镇工作应当回归《地方人大和政府组织法》第61条规定的职责。也就是说，所谓‘转变职能’，应该是‘回归法定职能’”。[①] 我们认为，这种观点有一定的道理，但是它将政府转变职能完全等同于回归法定职能，则是我们所不敢苟同的。因为，《地方政府组织法》第61条规定的乡镇政府的职能虽然具有较强的适应性，乡镇政府转变职能也的确具有回归法定职能的意义，但这些规定毕竟是在20多年以前制定的，姑且不论当年的规定本身是否完善，在我国的政治经济体制以及乡镇政府的行政环境已经发生了巨大而深刻变化的今天，依然原封不动地照搬这些规定来规范乡镇政府的职能行为，显然是难以服人的。一个很简单的道理是，在管治型政府理念下规定的政府职能如何能够适应建设服务型政府的需要呢？事实上，仔细分析不难发现，《地方政府组织法》第61条关于乡镇政府职能的规定中，有不少地方是需要进一步完善的。例如，乡镇政府的第二项职能是“执行本行政区域内的经济和社会发展计划、预算，管理本行政区域内的经济、教育、科学、文化、卫生、体育事业和财政、民政、公安、司法行政、计划生育等行政工作”，这里虽然也涉及公共服务的内容，但规定中所体现的对乡镇政府的角色定位主要是管理者，而非服务者。而且，从乡镇政府法定职能的总体结构看，并没有突出公共服务的核心职能。再有，现有的职能规定过度强化了上级政府对乡镇政府的行政控制，不仅将“执行上级国家行政机关的决定和命令”列为乡镇政府的首要职能之一，而且还将“办理上级人民政府交办的其他事项”单独作为一项职能明确列出来。这些规定使乡镇政府在很大程度上失去了自主性，完成上级政府下达的任务事实上成了乡镇政府的工作重点，如果这种状况不加以改变，以建设服务型乡镇政府为目标的乡镇政府职能转变就很难顺利推进。

二、规范县乡政府关系，增强乡镇政府行政自主性

县乡政府关系是在探讨乡镇行政管理体制改革问题时无法回避的重要课

① 潘维：《后农业税时代乡镇政府“回归法定职能”》，《凤凰周刊》2006年第12期。

题。因为乡镇政府是在县级政府领导下开展工作的，县乡政府之间的关系对乡镇政府行政的影响甚大，乡镇政府行政存在的许多问题都与县乡两级政府之间的关系有关。

从总体上看，改革开放以来，我国县乡两级政府之间是一种控制与支配关系：县级政府直接通过财政、人事、考核等方式和途径控制和支配乡镇政府。也有学者使用“压力型体制”的概念来表述县乡政府之间的这种控制支配关系。县乡政府之间的控制支配关系或者压力型体制与现行法律对乡镇政府的职能配置具有内在的关联性。根据《地方政府组织法》第61条的规定，“执行……上级国家行政机关的决定和命令”，“办理上级人民政府交办的其他事项”是乡镇政府的重要职能。这些规定为县级政府控制与支配乡镇政府提供了立法上的依据，使县乡之间的压力型体制具有一定的“合法性”。

站在上级政府（尤其是县级政府）的立场上看，县乡政府之间的控制支配关系或压力型体制是必要的，也是合理的，因为它能够保证政令的畅通，有效实现上级政府确定的行政目标。然而，改革开放以来的实践证明，县乡之间的控制支配关系或压力型体制对乡村治理（尤其是对乡镇政府的行政行为）产生了明显的负面影响。“一方面，上级只关心下级任务和指标的完成结果，却不管下级采取何种方法、何种途径——合理的或不合理的，合法的或不合法的——来完成这些任务和指标，这就在体制上促使乡镇政府向‘国家型经纪人’的蜕变；另一方面，则是自下而上地逐级集中财税资源和自上而下地逐级将事权下移（或下压），层层向下‘甩包袱’。最终承接‘包袱’的乡镇政府，为了完成上级压力性考核指标，并利于自身利益，只有变相地将‘包袱’转移给农民群众。这两个方面不但都不能促使乡镇政府向服务型政府转型，而且使得乡村治理不断趋向恶化。”① 在我们看来，问题的关键在于压力型体制对我国宪政体制造成的冲击，在压力型体制的作用下，乡镇政府几乎完全丧失了作为一级政府所理应具有的相对独立地位和行政自主性，已经成为县级政府事实上的派出机构，执行县级政府的决定和命令，完成县级政府下达的各项任务，几乎构成乡镇政府行政的全部内容。

目前，改革县乡关系已经成为人们的共识。但在如何改革的问题上，则存在不同甚至完全对立的主张，如有人主张撤销乡镇政府；也有人认为乡镇

---

① 吴理财：《从“管治”到“服务”——关于乡镇政府职能转变的问卷调查》，《中国农村观察》2008年第4期。

政府不仅不能撤销，反而应当加强；还有人建议将乡政府改为乡公所，作为县级政府的派出机构。我们原则上赞同保留乡镇政府的主张，同时认为，应当采取有效措施消解压力型体制的影响，保证乡镇政府能够依法独立自主的履行职能，为乡镇政府转变职能和依法行政创造有利条件。具体说，一是要改革乡镇政府的授权机制，不断完善乡镇领导人的民主选举制度，用自下而上的压力消解或减轻自上而下的压力；二是要健全乡镇治理的民主参与机制，增强乡镇政府行为的民意基础；三是通过完善立法，进一步明确县乡政府各自的权力与职责范围，将县乡政府关系纳入法治轨道。我们认为，按照法治原则改革县乡政府关系，逐步实现县乡政府关系的法治化，是解决县乡政府关系困境的根本出路和关键所在。县乡之间的压力型体制和支配性关系之所以能够形成和维持，一个重要原因在于县乡政府之间的权责关系不清，两者的职责权限缺乏明确清晰和具体的法律界限。上述状况加上行政体系实行的民主集中制原则，使县级政府随意决定其与乡镇政府之间关系的具体内容成为可能。因此，要规范县乡政府之间的关系，就必须从法律上具体明确县乡政府各自的职责权限，并且通过建立健全相关的制度，防止和避免县级政府的随意破坏或改变县乡政府之间的法定职责权限关系。

三、调整乡镇政府的权责配置，增强乡镇政府的行政权能

行政权能也即政府权能，“是政府行使权力的能力与结果的综合体现，它表明政府权力在实施过程中的权、势、威及能的综合情形，即政府的权力、职能、能力、功能及权威的综合实现状态和它们之间的统一性关系”。[①] 乡镇政府是直接面对广大农民的最基层政府，在推进农村经济社会发展，维护农民合法权益，提供农村公共服务等方面担负着重要的使命，本应具有较强的行政权能。然而，从实际情况看，改革开放以来，经过多次机构改革，乡镇政府的行政权能却不断弱化。其一，社会主义新农村与社会主义和谐社会等新的经济社会发展目标的提出，使乡镇政府担负的责任越来越大，而乡镇政府履行法定职能所应当享有的权力不仅没有相应扩大，相反却在以权力集中为基本取向的权力配置改革中逐步缩减和虚化；其二，财政体制改革使乡镇政府的财政能力不断弱化，而乡镇政府的事权却没有相应减少，相反，服务型政府的建设目标要求乡镇政府强化公共服务职能，为农民提供充足优

① 崔浩：《论政府权能在政府理论研究中的基础地位》，《中共浙江省委党校学报》2006 年第 2 期。

质的公共产品，从实质上说，这必然进一步增加乡镇政府的事权。除此之外，如前所述，在不合理的县乡关系中，县级政府常常会通过各种途径向乡镇政府转移事权，与此同时又通过各种方式挤压乡镇政府有限的财政空间，这种情况进一步加剧了乡镇政府事权与财权的失衡。

乡镇政府行政权能不足，不仅直接影响乡镇政府全面正确地履行法定职能，同时也在很大程度上妨碍了乡镇政府行政法治化的发展进程。因此，在深化乡镇行政体制改革，全面推进乡镇政府依法行政的过程中，应当根据权责统一的基本原则合理调整乡镇政府的权责配置，切实增强乡镇政府的行政权能。

1. 加强对乡镇政府的立法授权，使乡镇政府尽快摆脱“有责无权”的困境

解决乡镇政府责权失衡主要可以从两个方面进行：一方面是合理减轻乡镇政府的责任，尤其是要采取有效措施防止和纠正上级政府将自己的法定责任强制性转移给乡镇政府的现象；另一方面是增加对乡镇政府的立法授权。为了从根本上解决乡镇政府的责权失衡问题，我们建议对乡镇政府享有的法定职权进行全面清理，在合理界定乡镇政府职能的基础上明确乡镇政府有效履行法定职能的权力需求，然后根据乡镇政府的权力缺损情况完善相关立法，对乡镇政府进行必要的和充分的授权，使乡镇政府享有的行政权力与其作为一级政府的法律地位及其承担的法定职能相匹配。

以环境保护为例，随着经济社会的高速发展，我国的环境问题日益凸显，农村环境也面临严峻局势，客观上要求强化乡镇政府的环境保护职责。从立法上分析，保护环境是乡镇政府的重要职责。例如，《环境保护法》第16条规定：“地方各级人民政府，应当对本辖区的环境质量负责，采取措施改善环境质量。”《水污染防治法》第3条规定：“国务院有关部门和地方各级人民政府，必须将水环境保护工作纳入计划，采取防治水污染的对策和措施。”上述规定中所说的“地方各级人民政府”当然也包括乡镇政府。1996年河北省人大常委会通过的《河北省乡镇人民政府工作暂行条例》则明确地将保护环境纳入乡镇政府的职责范围，该条例第6条规定，乡镇政府负有“加强水利建设、土地使用管理和环境综合整治，合理开发、利用自然资源，保护耕地，改善生态环境和生活环境”的职责。河南省政府以规范性文件的形式规定了乡镇政府在农村环境保护方面的职责，《河南省人民政府关于加强农村环境保护工作的意见》（豫政［2010］64号）规定：“乡镇政府要做好辖区内饮用水安全、农业和农村水污染防治、环境基础设施建设等相关工作。”从现实情况看，近年来，一些地方通过完善政府目标责任考核体系等方式，不断强化乡镇政府的环境保护职责。例如，湖北省神农架林区人民政府从2010年开始，将环境保护执行情况纳入乡镇政府综合目标责任状考核指标中，具体考核建设项目环评“三同时”制度执行情况、饮用水源安全、重大环境污染事故控管和排污企业监管等方面的情况。相关领导明确表示，乡镇出现环境污染事故的，将被“一票否决”，年度内该乡镇政府及主要负责人不得参与评先表优。①

上述情况足以表明，乡镇政府在环境保护方面承担着重要的职责。然而，与此形成明显反差的是，现行法律并没有赋予乡镇政府履行环境保护职能所必需的权力和手段，尤其没有赋予必要的强制性权力（如行政处罚权、执行检查权、行政强制权等），结果造成乡镇政府环境保护方面的职责与权力的不平衡，特别是将其放置在20世纪90年代以来的分权改革，财权上收、事权下放的大背景之中来看待时，这种不平衡感更为明显。② 职责与职权失衡使乡镇政府在环境保护中处于两难境地：不管可能被上级追究失职之责；管了又可能因越权而被推上被告席。一位乡镇干部深有感触地说：“不得不管，但又无权去管，这就是乡镇执法的现状。”③

为了摆脱这种局面，有必要对环境保护中的行政权力进行重新配置，赋予乡镇政府必要的权力。具体说，可以考虑修改《环境保护法》，适当增加符合乡镇政府实际工作情况及特点的权力，比如可以赋予乡镇政府对本辖区内实施污染行为的个体工商户、农户的监督检查权和限期治理权；规定编制环境与资源保护规划，环境影响评价等文件时必须征求当地乡镇政府的意见等。④

除了加强对乡镇政府的立法授权以外，还可以通过行政委托的方式解决乡镇政府权力不足的问题。这里所说的行政委托，主要是指县级政府及其职能部门将其法定权限内的部分权力委托给乡镇政府，乡镇政府以委托机关的名义行使被委托的权力。这种方式既可以在一定程度上解决农村行政执法中普遍存在的“有权管的看不见，看得见的无权管”的问题，有效提高政府

---

① 参见神农架林区人民政府环保局《环境保护成为神农架各乡镇政府目标责任考核的重要指标》，湖北环境保护网，访问于2010年7月31日。

② 陈懿：《乡镇政府环境保护职权的立法考察——兼论〈环境保护法〉与相关法律的完善》，武汉大学环境法研究所网站，访问于2009年10月25日。

③ 李立：《“不得不管却又无权管”乡镇政府行政执法何去何从》，法制网，访问于2008年6月20日。

④ 参见陈懿《乡镇政府环境保护职权的立法考察——兼论〈环境保护法〉与相关法律的完善》，武汉大学环境法研究所网站，访问于2009年10月25日。

行政管理和执法的效率，同时也可以在一定程度上缓解乡镇政府职责与权力失衡的矛盾。目前，这种方式已经引起地方政府的重视，如2006年10月，重庆市人民政府颁布了《关于改革乡镇执法监管强化公共服务试点工作的决定》，明确规定区县行政执法机关可以在以下三个领域委托乡镇政府实施行政执法：一是公共安全监管领域，主要涉及企业安全生产管理、销售与燃放烟花爆竹管理、乡村道路交通安全、内河交通运输安全、煤矿与非煤矿山安全、农业机械安全的执法职权；二是市场秩序监管领域，主要涉及食品卫生、药品监管的执法职权；三是人口资源环境监管领域，主要涉及村镇规划建设管理、殡葬管理、人口和计划生育管理、环境保护管理、动植物检疫监管的执法职权。根据上述决定，重庆市质监局在《关于实行部分委托乡镇行政执法权有关事宜的通知》中明确规定了委托给街镇乡特种设备安全、食品安全、煤矿强检计量器具安全监管三个方面的部分行政执法权。包括：（一）监督检查权；（二）责令整改权；（三）调查取证权；（四）登记保存权；（五）当场处罚权（对公民处以50元以下、对法人或者其他组织处以500元以下罚款或者警告）。我们认为，重庆市的上述做法值得借鉴。

有人担心，增加乡镇政府的权力可能会造成农村滥用行政权力的现象更加严重。我们认为，这种担心有一定道理。但是，这种担心显然不能成为使乡镇政府长期处于责任与权力严重失衡状态的理由。权责统一是行政法治的基本原则，也是全面推进依法行政、建设法治政府的必然要求。《全面推进依法行政实施纲要》明确规定："行政机关依法履行经济、社会和文化事务管理职责，要由法律、法规赋予其相应的执法手段。"既然党和国家要求乡镇政府在乡村治理中发挥重要作用，并且通过宪法和法律为乡镇政府规定了内容广泛的职责，那么就应当赋予乡镇政府相应的行政权力，唯有如此，才能保证乡镇政府依法有效地履行其法定职责。因此，不能因为担心乡镇政府滥用权力而将其与应当享有的权力隔绝，这样做也许可以防止和减少权力滥用现象，但从国家和社会的整体利益分析，乡镇政府权责失衡所导致的后果可能会更严重。关于这个问题，亨廷顿的观点也许对我们有一定的启发意义，他认为，对于处于现代化之中的国家来说，"首要的问题不是自由，而是建立一个合法的公共秩序。人当然可以有秩序而无自由，但不能拥有自由而无秩序。必须先存在权威，而后才谈得上限制权威"。① 其实，滥用权力

① ［美］亨廷顿：《变化社会中的政治秩序》，王冠华译，生活·读书·新知三联出书店1989年版，第7页。

并非乡镇政府行政中特有的现象，“一切有权力的人都容易滥用权力，这是万古不易的一条经验”。[①] 因此，问题的关键不在于给乡镇政府授予多少权力，而在于授出的权力是否能够受到有效的监督。关于乡镇政府的监督问题，我们将在后面具体讨论。

2. 努力改善乡镇财政状况，为乡镇政府全面履行法定职能提供可靠保障

农村税费改革以来，乡镇政府面临前所未有的财政压力，一些研究者甚至用“财政危机”来形容目前乡镇的财政状况。概括来说，乡镇政府面临的财政困难集中表现为乡镇财政存在的巨大缺口。这种财政缺口在很大程度上限制了乡镇政府法定职能作用的全面充分发挥，严重时甚至影响到乡镇政权的正常运行。从体制上分析，导致乡镇财政陷入困境的一个非常重要原因是乡镇政府的事权与财力配置失衡，事权大，财力弱。因此，合理调整乡镇政府的事权与财力配置，实现事权与财力的协调统一，是乡镇行政体制改革面临的一项重要任务。

概括起来说，解决乡镇政府事权与财力不匹配的主要途径有二：一种途径是要科学合理界定乡镇政府的事权，进一步明确乡镇政府的事权范围。从现实情况看，凡是与本地农村经济社会发展相关的事务，乡镇政府都需要承担不同程度的责任，而履行责任需要有相应的财力支撑，承担的事务越多，财政需求也就越大。因此，改善乡镇政府财政状况的一条重要途径就是为乡镇政府“减负”。我们认为，目前乡镇政府实际承担的事务明显超出了其作为农村最基层一级政府的实际能力，国家应当通过适当调整各级政府的事权划分，减少乡镇政府的事权负担，使乡镇政府承担的事务与其实际能力相适应。这样不仅有利于提升乡镇政府的行政绩效和农村公共服务质量，也可以在一定程度上减轻乡镇财政压力。为了切实有效地减轻乡镇政府的事权负担，在划分政府事权时，应当尽可能具体地明确乡镇政府与上级政府之间的事权界限，尤其是乡镇政府的职能与上级政府的职能存在交叉重叠的领域，必须对各级政府在其中承担的具体责任进行明确划分，以立法形式加以规定。只有这样，才能防止和避免上级政府随意向乡镇政府转移自己事权的现象发生。现行《地方政府组织法》规定，乡镇政府负有“完成上级人民政府交办的其他事项”的职责。我们认为，这一规定过于宽泛，在现行的体制之下，它为上级政府向乡镇政府随意转移事权开了方便之门，是导致乡镇

---

① ［法］孟德斯鸠：《论法的精神》（上册），张雁生译，商务印书馆 1982 年版，第 154 页。

政府事权过大的制度性根源。尽管这种制度安排对于保证政令畅通和行政体系的统一具有积极的作用，但从总体上看，其弊大于利，应当予以废除，或者加以适当的限制。

解决乡镇政府事权与财力失衡的另一种途径是扩大乡镇政府的财权，增强乡镇政府的财力。当前学术界有不少人把解决乡镇财政问题的希望寄托在乡镇政府转变职能上，认为只要乡镇政府能够切实转变职能，乡镇财政面临的困难和问题就会迎刃而解。我们认为这种观点是站不住脚的。虽然从理论上说政府职能越位和错位有可能增加财政负担，但乡镇政府的职能转变滞后是如何导致或加剧了乡镇财政困难的，我们并没有看到基于客观事实的具有充分说服力的分析论证。在我们看来，导致乡镇财政困难的主要原因也许并非乡镇政府职能转变滞后，而在于财政体制不合理。20 世纪 90 年代以来，随着国家财政制度改革的推进，乡镇政府的财政职能呈不断衰减的趋势。全面取消农业税以后，乡镇政府的财政职能进一步弱化，一些地方的乡镇财政几乎变成了名副其实的“讨饭财政”。在乡镇财政收入缺乏可靠保障的情况下，即使乡镇政府彻底实现了职能转变，乡镇财政困难状况依旧会存在，除非国家政权完全退出乡村，重新回到“皇权止于县政”的传统体制。况且，乡镇政府转变职能并不等于简单地减少职能，而是有增有减，有进有退。从建设服务型政府的角度分析，乡镇政府转变职能以后，它所承担的事务不是减少了，而是增加了，任务不是减轻了，而是更重了。从这个意义上说，乡镇政府转变职能需要有充分的财力支持。因此，破解乡镇财政面临的困局，不能倒果为因地将希望寄托在乡镇政府转变职能上，而应当改革不合理的财政体制，按照事权与财力一致的原则，根据乡镇政府承担的事权，适当扩大乡镇政府的财权，增强乡镇政府的财政能力。

首先，要进一步完善分税制的财政体制，合理调整各级政府之间的利益分配关系，适当扩大乡镇政府在国家财政收入分配中的比例。实行分税制的财政体制以后，各级政府之间的利益分配关系发生了很大变化，中央财政收入比例大幅上升，而地方政府尤其是基层政府的收入比例则明显下降，加之地方政府之间的收入分配关系缺乏明确的制度规范，下级政府的财权基本上都是由上级政府决定的，在财权层层上收的整体环境下，作为最低一级政府的乡镇政府的财政收入空间被大大挤压。全面取消农业税以后，许多以农业为主的乡镇几乎没有任何稳定像样的税收收入。在事权和支出没有明显减少的情况下，财政收入的大幅减少必然使乡镇财政陷入困境。因此，要使乡镇财政走出当前的困境，有必要进一步完善分税制，改变税权过度集中的现象，适当下放税权，调整税种划分，尤其是应当认真研究乡镇一级主体税种或当家税种的设置与培育，保证乡镇财政拥有相对稳定可靠的收入来源。另外，要进一步理顺和规范县乡两级政府的利益分配关系，按照“分税制”的原则，合理确定乡镇收入基数和收支范围，把属于乡镇的收入以及有利于乡镇征管的税种作为乡镇财政的固定收入；同时，县级政府应当根据农村税源的实际状况，合理分配税收基数，改变不顾实情、收入指标年年硬性增加的做法，避免乡镇为完成任务而“摊税”、贷款“堵税”等现象的发生。①

其次，要进一步完善财政转移支付制度，加大对乡镇的财政转移支付力度。实行分税制以来，政府财力呈现明显向上集中的趋势，与此同时，各级政府的事权并没有作相应的调整，相反还呈现不断下移的趋势。为了解决分税制改革导致的事权与财权脱节的问题，国家建立了财政转移支付制度。事实证明，财政转移支付在一定程度上缓解了基层政府尤其是乡镇政府面临的财政困难，但是由于制度本身存在一定的缺陷，加之执行过程中存在的偏差，财政转移支付在解决乡镇财政困难方面所起的作用受到很大的限制。其一，财政转移支付数额确定方法不合理。财政转移支付数额主要采取“基数法”确定，导致发达地区得到了较多的返还收入，而不发达地区则由于基数较小而得到较少的返还收入。其二，缺乏规范的转移支付方法。省以下地方的转移支付相当一部分是通过纵向单一的专项补助形式进行的，而补助量的多少没有明确严格的事权界限和合理规范的测算标准为依据，导致转移支付的随意性和不公平。② 其三，转移支付的链条过长，缺乏透明度，经过多级次的转移支付后，到乡镇一级往往已经所剩无几。③ 其四，转移支付力度不足，对于缓解乡镇政府的财政困难是杯水车薪。因此，为了更好地发挥财政转移支付的作用，增强乡镇政府的财力，缓解乡镇财政困难，必须对现行的财政转移支付制度进行改革，使其更加完善。具体说，一是要加大中央对地方特别是农业地区乡镇的转移支付力度，应确定转移支付资金在中央财政收入增量中的比例与增长速度，并制订一个中长期的增长目标和资金来源扩展计划，逐步扩大均等化转移支付。二是要对现行中央专项拨款进行合理分类，简化和归并目前过多的专项拨款种类，尽快改进其拨款办法。三是要

① 刘建华：《乡镇财政困境的外部环境与对策分析》，《农村观察》2008 年第 1 期。

② 易志坤：《从农村税费改革看乡镇财政的困境和出路》，价值中国网，访问于 2010 年 6 月 12 日。

③ 黄世界：《后税改时期的乡镇公共财政的影响及对策分析》，《理论月刊》2009 年第 2 期。

增强转移支付的透明度，提高转移支付的科学性、公正性。四是要尽量减少转移支付的中间环节，特别是转移支付给乡镇财政的资金，应当尽量直接到乡镇财政的账，以避免层层截留。①

第三节　完善涉农行政立法

完善的行政立法是现代行政法治的基本要素，也是政府依法行政的基础和前提。因此，要全面推进乡镇政府依法行政，实现乡镇政府行政法治化，就必须加强和改善涉农行政立法，为乡镇政府履行职能提供充分而优良的行政法律规范。从目前的情况看，我国涉农行政立法存在的突出问题归纳起来说主要表现在两个方面：一是乡镇政府行政的法律规范供给不足；二是没有体现公民权利本位的现代法治精神。鉴于此，我们认为，完善涉农行政立法应当重点解决好以下两个方面的问题。

一、进一步明确乡镇政府行政的法律依据

依法行政要求行政机关必须经由法律授权并依据法律规定行使行政权力，管理公共事务。因此，全面推进乡镇政府依法行政，首要的问题是必须健全和完善涉农行政法制，为乡镇政府行使行政权力，管理农村公共事务提供完备充分的法律依据。离开了健全、完备的行政法制体系，全面推进乡镇政府依法行政就只能是一句空谈。

从全面实现依法行政的意义上说，乡镇政府实施行政管理需要具有行政组织法和行政行为法两方面的依据。

1. 乡镇政府行政的组织法依据

行政组织法是现代行政法的重要组成部分，是“规范行政的组织过程和控制行政组织的法”。② 从内容上看，行政组织法主要涉及两方面的问题：一是建立怎样的行政组织以及如何建立行政组织；二是为行政组织设定什么样的行政权力以及如何配置和调整行政权力。对于依法定程序产生的乡镇政府而言，行政组织法最主要的功能和意义就在于明确其职责权限，在控制乡镇政府行政的同时，为乡镇政府实施行政管理提供基本的法律依据。

---

① 易志坤：《从农村税费改革看乡镇财政的困境和出路》，价值中国网，访问于 2010 年 6 月 12 日。

② 应松年、薛刚凌著：《行政组织法研究》，法律出版社 2002 年版，第 14 页。

目前，乡镇政府行政的组织法依据主要是《地方政府组织法》，该法第61条规定乡镇政府享有七项职权。然而，分析表明，现行《地方政府组织法》存在诸多缺陷，比如乡镇政府的职权范围与上级尤其是县级政府的职权范围存在许多重叠之处，导致权限不清，责任不明；对乡镇政府职权的规定过于原则、笼统，实践中往往难以准确把握界限；改革开放以来尤其是农村税费改革以来，乡镇政府行政发生了明显的变化，而《地方政府组织法》却没有对这种变化作出及时的回应，导致法律规定与客观实际的脱节等问题。从依法行政的角度看，《地方政府组织法》的上述缺陷直接影响到乡镇政府依法行使职权和履行职责。职权法定是依法行政的基本原则和本质要求，在法定职权的内容不够具体明确，界限不够清晰确定的情况下，乡镇政府何以能够在其行政过程中遵循和体现职权法定原则呢？事实上，乡镇政府行政在很大程度上已经摆脱了职权法定原则的约束，乡镇政府管什么，不管什么，怎么管，管到什么程度等，主要是由“压力型体制”决定的，而不是取决于法律的规定。由此一来，乡镇政府行政便失去了应有的确定性和规范性，增加了随意性和违法行政的风险。

因此，要全面推进乡镇政府依法行政，必须完善行政组织法，着力解决乡镇政府行政的组织法依据不足的问题。具体说，第一，要改变行政权力的配置原则。现行的政府组织法实际上体现的是行政分权原则，突出表现为上下级政府之间的职权范围重叠，上级政府的职权范围覆盖下级政府的职权范围，上级政府不仅有权改变和撤销下级政府作出的不适当的决定、命令，而且可以“合法”地决定下级政府实际职权范围的大小。实践证明，行政分权弊大于利，应当加以改变，以法律分权取而代之。从一般的意义上讲，所谓法律分权，是指采用分散的方式组织行政，行政权分别由不同的组织体或不同的行政机关承担，各组织体的权利、义务由法律规定，它们之间的关系由法律调整，发生争议时也主要通过法律途径解决。① 相对于行政分权而言，法律分权的最大特点在于将政府之间的权属关系完全纳入法治轨道，使各级政府的职权具有清晰明确的法律界限和相对的独立性。实施法律分权制，一方面可以进一步明确乡镇政府的职责权限，使其在依法行政时行有所据；另一方面也有利于防止上级机关随意加重乡镇政府的事权负担和侵占乡镇政府的法定权力。第二，制定专门的乡镇政府组织法。目前，我国的地方

---

① 杨欣、刘勇峰：《论行政权力的重构与行政组织法的完善》，《辽宁警专学报》2004年第6期。

政府组织法采取的是统一立法的模式。我们认为，从总体上说，相对于其他层级政府而言，乡镇政府所处的地位、承担的任务和所处的环境具有很大的特殊性，有必要制定一部专门的法律来规范乡镇政府的组织和职责权限。制定专门的乡镇政府组织法至少有以下好处：其一，可以使行政组织法律规范更加符合乡镇政府的实际；其二，可以提高乡镇政府组织法的地位，增强乡镇政府组织法的实际约束力；第三，在统一的乡镇政府组织法的框架内，各地可以根据当地的具体情况制定乡镇政府组织条例，进一步明确乡镇政府的组织和职责权限，这样可以在一定程度上弥补乡镇政府组织法的不足，适应不同地区乡镇政府行政面临的情况差别；第四，注意乡镇政府组织法与其他涉农行政立法之间的协调与配套。政府的职责权限是分层次的，乡镇政府组织法通常只能从一般的意义上规定乡镇政府的职责权限，组织法中列举的职责权限往往需要通过其他立法加以落实和具体化、明晰化。例如，政府组织法规定乡镇政府享有管理本行政区域内的经济、教育、科学、文化、卫生、体育事业的职权，那么，国家就应当在经济、教育、科学、文化、卫生、体育等方面的立法中对乡镇政府的上述职权加以具体化，明确这些职权的具体内容。这样一方面是保持法律协调统一的需要，更重要的是可以为乡镇政府依法行政提供明确具体的法律依据。

2. 乡镇政府行政的行为法依据

为了保证乡镇政府正确、合法、有效地履行行政职能，不仅需要从行政组织法的角度明确界定其职责权限，而且还需要从行政行为法的角度具体规定其履行职能的方式和程序。乡镇政府组织法只是明确了乡镇政府的事权范围，即乡镇政府可以管什么，应当管什么，不能管什么。只有在通过完善组织法明确事权的基础上，以法律形式进一步明确规定乡镇政府管理公共事务的方式、手段和程序等，才能将乡镇政府的行政行为完全纳入法治轨道，使乡镇政府能够通过严格的依法行政有效发挥其职能作用，实现预期的行政目标。

从现实情况看，行为法依据的缺失是乡镇政府推进依法行政过程中面临的一个突出问题。从行政组织法上看，乡镇政府享有广泛的事权，“上面千条线，下面一根针”，可以说，凡是与“三农”直接或间接相关的公共事务，乡镇政府或多或少都承担着一定的责任。然而，在许多领域，法律并没有对乡镇政府履行职能的方式、手段和程序作出明确具体的规定，换言之，乡镇政府的行政管理活动只有组织法上的依据，而无行为法上的依据，或者行为法的依据不足。一些地方的乡镇干部表示，许多事情明显属于乡镇政府的职能范围，乡镇政府应该管，也必须管，但就是不知道该如何管。我们认为，单纯以乡镇干部素质不高来解释这种现象是缺乏说服力的，事实上，这种现象很多情况下正是上述组织法与行为法脱节在现实中的反映。行为法依据的缺失对乡镇政府依法行政造成的不利影响是显而易见的，它使乡镇政府经常陷入两难境地：因为有组织法上的规定，它必须有所作为，否则可能因不作为而被问责；又因为缺乏明确具体的行为法依据，它不能采取实际的行动，否则就是“用非法的手段履行合法的职能”，会因越权或乱作为而被问责。

为了使乡镇政府摆脱上述两难境地，全面实现依法行政，必须在完善行政组织法的同时，完善相关的行政行为法。具体说，应当在科学合理地界定乡镇政府法定职能的基础上，根据履行法定职能的实际需要，通过制定相关的行政行为法，赋予乡镇政府必要的行政管理手段，明确规定乡镇政府履行法定职能的具体程序，使乡镇政府的法定职权具体化为可供操作的行政规范。实践证明，只有当行政主体既知道自己依法该做什么，又清楚依法该如何做的情况下，依法行政才能全面顺利推进。

二、增强涉农行政立法的公正性、科学性与民主性

行政法治要求政府行使行政权力必须获得法律的授权，所实施的行政行为必须符合法律的规定。但是，我们应当清楚地认识到，政府守法不是法治的全部意义。换言之，对于现代法治而言，仅仅做到政府守法是不够的。正如哈耶克所指出的：认为只要政府的一切行为都经过立法机关正式授权，法治就会保持不坠的信念是“对于法治意义的完全的误解。法治和政府的一切行动是否在法律的意义上合法这一问题没有什么关系，它们可能很合法，但仍可能不符合法治。……如果法律规定某一部门或当局可以为所欲为，那么，那个部门或当局所做的任何事都是合法的——但它的行动肯定地不是在受法治原则的支配”。[①] 现代法治应当是良法之治。良法不仅是现代法治不可或缺的重要内涵，同时也是现代法治得以顺利运行和实现的基本条件之一。因此，要实现乡镇政府行政法治化的目标，必须高度重视涉农行政立法的质量，增强涉农行政立法的公正性、科学性和民主性，使涉农行政立法充分反映客观规律和广大农民群众的根本利益。具体说，提高涉农行政立法质

① ［德］弗雷德里希·奥古斯特·哈耶克：《通往奴役之路》，王明毅等译，中国社会科学出版社 1997 年版，第 82—83 页。

量，需要重点解决以下问题：

1. 确立正确的立法指导思想

政府权力与农民权利之间的关系，是涉农行政立法的核心问题。长期以来，我国的涉农立法所表现出的是一种政府权力保障的价值取向，立法者在处理政府权力与农民权利关系时，往往将政府权力摆在优先位置，从强化和方便政府管理的立场出发来进行相关的制度安排。而农民权利则受到严格限制，只有在不与国家利益发生矛盾和冲突的前提下才有存在的空间和实现的可能。很明显，这种权力本位的指导思想不仅背离了现代法治的原则和精神，也与当今我国的民主法治实践格格不入，它使我国的涉农行政立法在一定程度上偏离了正确的方向，在许多场合成为行政专横与权力滥用的“合法”依据。

因此，要从根本上保证涉农行政立法的良法品质，必须彻底抛弃政府权力本位的错误观念，树立公民权利本位的现代民主法治理念。根据权利本位理念，涉农行政立法应当以实现和维护农民的正当权益为根本的出发点和落脚点，全面正确地反映广大农民群众的根本利益；应当将政府行政权力作为实现和维护农民合法权益的工具进行科学合理的配置，并纳入农民群众的有效监督之下。只有从权利本位理念出发，才能保证涉农行政立法真正成为体现民意，维护民权，保障民生的善法或良法。

2. 实现从“行政管治型”立法到“权益保障型”立法的转变

从传统意义上说，我国的乡镇政府是一种典型的管治（管制）型政府，乡镇政府与农民之间的关系本质上是一种行政管治关系。与这种情况相适应，我国的许多涉农行政立法也常常表现出管治性的特征，因此总体上可以称之为“行政管治型”立法。从内容结构上看，“行政管治型”立法主要表现为对农民设定繁多的义务，给政府赋予广泛的权力，通过政府权力的行使，保证农民切实履行义务，从而实现使农民利益服从于国家利益的目的。从某种意义上说，“管治型”涉农行政立法的作用就是使政府与农民之间的管治关系固定化、“合法”化。

党的十七大明确提出建设服务型政府的目标任务以后，乡镇政府职能应当从“管治”向“服务”转变逐渐成为人们的共识。乡镇政府职能从“管治”向“服务”转变以及由此引起的乡镇政府与农民之间关系的变化，客观上要求我们对涉农行政立法的内容结构作出相应的调整，将发展和保障农民权益作为涉农行政立法的核心和重点，并且应当根据发展和保障农民权益的需要合理调整乡镇政府的职责权限配置，使我国的涉农行政立法从“行政管治型”立法向“权益保障型”立法转变。具体说，一方面，在相关涉农行政立法的“立”、“改”、“废”的过程中，应当强化农民权益保障观念，具体的制度设计应当合理平衡国家利益与农民利益，尽可能地保障农民的正当权益，避免对农民利益的过度甚至无限挤压；另一方面，应当尽快制定专门的《农民权益保障法》。关于是否应当制定专门的《农民权益保障法》，社会上一直存在不同的意见和看法，我们认为，制定专门的《农民权益保障法》是必要的，主要理由有二：其一，农民属于我国社会中的弱势阶层，其权益比较容易受到侵害，而且，从现实情况看，近年来，侵害农民合法权益已近成为突出的社会问题，亟待通过加强立法予以解决；其二，虽然现行法律法规中已经包含有不少保护农民合法权益的内容和条款，但这些规定比较分散，缺乏系统性，难以引起社会的重视，不能很好地适应保护农民合法权益的客观需要。《农民权益保障法》至少应当包含以下几个方面的内容：第一，系统规定农民应当享有的主要权利。为了使农民的合法权益得到更好的保护，应当在《农民权益保护法》中对农民依法享有的权利作出系统化的规定，使农民的合法权益得以集中和全面的反映。具体说，在政治权利方面，应进一步明确农民的选举权和被选举权、结社权、参政权以及申诉、控告检举权等项权利，以解决农民所享有政治权益缺失的问题。在经济和社会权利方面，应当进一步明确农民的财产权、土地承包权、劳动权、休息权、受教育权和社会保障权。在人身权方面，应当进一步明确农民的人身自由权、迁徙权，人格尊严不受侵犯权。第二，系统规定和明确划分各级政府在保护农民合法权益方面的职责权限。任何一部法律都是由权利和义务两类规范共同构成的。从法理上说，权利与义务是对立统一的，这种对立统一关系在很多情形中具体表现为法律关系一方的权利需要通过另一方履行义务而实现。在《农民权益保障法》所构建权利义务体系中，农民作为主要的权利主体，其权利的实现在很大程度上取决于对政府义务或责任的设定情况，只有明确规定政府在保障农民合法权益方面应当承担的责任和义务，并授予政府相应的权力，才能使农民的法定权利变成现实的权益。第三，明确规定相关的法律责任，包括侵害农民合法权益应当承担的民事责任、行政责任和刑事责任，同时，还应当明确规定政府及其公务员不依法履行保护农民合法权益之法定职责所应当承担的责任。

3. 切实保障农民的行政参与权

在实行民主与法治的现代社会，国家行政不再是政府单方行使权力，强制推行公共政策，管理公共事务的封闭过程，而是越来越多地表现为政府与行政相对方平等参与，协商互动，共同推进公共管理的过程。行政相对方的平等参与，是现代社会国家行政的基本特征。

行政相对方参与具有多重意义和功能。[①] 首先，彰显公民的主体地位，促进行政民主。由政治民主向行政民主拓展，是现代民主实践发展的显著标志之一。行政民主正在成为一个国际性的话语和潮流。行政民主强调行政主体与相对人的互动，主张相对人对行政活动的参与。相对人参与是行政民主的本质要求，也是行政民主的具体体现和基本保证。行政相对人在公共行政中参与机会的多寡，对行政决定影响力的大小，是衡量行政民主化程度的重要标尺。其次，发挥权利对权力的制约作用，促进依法行政。行政相对人广泛参与行政活动，可以加强对政府行使行政权力的监督，减少违法行政行为的发生，促进依法行政目标的实现。最后，增强政府行政的正当性、合理性和可接受性，提高公共行政的绩效。政府实施行政管理行为往往会对行政相对人的权利义务产生直接和重要影响，通过一定的方式和途径让行政相对人参与行政管理过程，可以使政府行政的正当性得以彰显，使行政决定更加理性，更加符合实际，也更加容易被行政相对人认可和接受。正是因为行政相对人参与政府行政具有重大的理论与现实意义，使得行政相对人的参与权受到人们的普遍关注与高度重视，许多国家将保障公民的行政参与权作为行政法治的重要内容和目标追求，通过健全与完善立法，为行政参与权的实现提供有效的途径与形式。

从我国农村行政管理的实际情况看，改革开放以来，在党和政府的领导和推动下，农民有序参与国家事务与社会公共事务的广度与深度都有较大的发展，但总体上看是还十分有限的，农民对乡镇政府行政过程的参与更是明显滞后于农村民主政治与法治建设发展的进程。

由于缺乏农民的参与，乡镇政府的行政管理不仅容易在形式上表现得专横武断，而且在内容上违反依法行政原则，背离政府的根本宗旨，损害农民的合法权益。可以说，现实生活中乡镇政府实施的许多违法行政行为都与行政过程缺乏农民参与有一定关系。

农民行政参与不足的原因是多方面的，比如，农民本身的民主参与意识与参与能力不强，乡镇政府对农民参与乡镇治理重要性的认识不到位，缺乏积极有效的引导，等等。从制度层面分析，我们认为农民的行政参与权缺乏充分有效的法制保障是影响农民行政参与的重要原因。长期以来，我们的涉

① 参见石佑启《论平等参与权及其行政法制保障》，《湖北社会科学》2008 年第 8 期。

农行政立法常常将保证行政管理效率作为主要甚至唯一的目标追求，为了实现这一价值目标，在许多具体的制度安排中，农民往往被置于行政管理对象或客体的地位，只能消极被动地接受和服从政府单方作出的行政决定。在这种制度条件下，农民的行政参与权是很难实现的。

因此，解决农民行政参与不足的问题，不仅需要增强农村干部群众的民主参与意识，更重要的是应当完善涉农行政立法，建立健全农民参与农村行政管理的法律制度，为实现农民的行政参与权提供可靠的法制保障。首先，应当将行政参与权作为农民的一项基本政治权利以法律形式明确固定下来，具体可以考虑在制定《农民权益保护法》时对农民的行政参与权作出概括性规定。其次，建立健全农民有效参与农村行政管理的法律机制。一是要科学合理的规定农民行政参与的范围，并根据参与事项的性质与目标诉求等选择适当的参与模式；二是要建立多渠道的农民利益表达机制，拓展乡村民意征集途径，把农民群众的利益诉求纳入制度化、规范化、法制化的轨道；三是要创新农民行政参与的方式、方法，建立乡镇政府对农民诉求的回应机制，加强乡镇政府与农民的交流与沟通；四是要大力推行乡镇政府行政公开，为农民有效参与乡镇行政提供信息保障。最后，完善农民行政参与权的法律救济机制。保障农民的行政参与权，不仅有必要从立法上明确农民的行政参与权，并为农民的行政参与权设定具体的实现机制，而且有必要建立健全相应的法律救济机制，使农民在其行政参与权受到侵害时，能够通过法律途径获得充分有效的救济。没有相应的法律救济机制，即使从立法上明确规定了农民行政参与的范围、方式和途径，农民的行政参与权也难以获得充分有效的保障。

第四节　增强农村干部群众的法律意识

依法行政，建设法治政府是一项伟大的事业。“在任何一项伟大事业的背后，必然存在着一种无形的精神力量。”[①] 从某种意义上讲，支撑依法行政与法治政府建设这一伟大事业的精神力量主要是社会成员的法律意识。在任何一个国家，国民的法律意识都是法律制度得以产生、运作和发展的必要

① ［德］马克斯·韦伯：《新教伦理与资本主义精神》，于晓、陈维纲译，陕西师范大学出版社 2002 年版，第 3 页。

的精神条件，是法律得以高效益实现的内在精神动力。①

当前，我国农村干部群众的法律意识普遍不强，行政法治建设缺乏主体精神力量的支撑，乡镇政府依法行政的能力与水平因此受到很大的影响。从一定意义说，努力提高农村干部群众的法律意识，对于加快乡镇政府行政法治化进程，提高乡镇政府依法行政的能力和水平，具有决定性的关键意义。

一、提高乡镇公务员的法律意识

相对于农民的法律意识而言，乡镇公务员的法律意识对乡镇政府依法行政具有直接的影响。公务员是乡镇政府职能的实际履行者，在通常情况下，乡镇政府需要通过具体公务员的职务行为来实现行政管理的目标。同普通人一样，公务员的职务行为也是受一定的意识支配的。在不同的意识支配下，公务员的职务行为会呈现出不同的特征，产生不同的结果。按照这种逻辑，要保证乡镇公务员在履行职务时作出符合依法行政要求的行为选择，就必须使其具有较高的法律意识。乡镇公务员是否具有较高的法律意识，将直接决定乡镇政府依法行政的能力和水平。事实上，近年来我国乡镇政府依法行政工作所取得的成绩在很大程度上正是得益于乡镇公务员法律意识的提高。从反面说，当前乡镇政府依法行政中存在的许多问题，也与乡镇公务员法律意识上的欠缺有很大关系。因此，要全面深入地推进乡镇政府依法行政，必须进一步提高乡镇公务员的法律意识。

根据法律意识的一般概念，乡镇公务员的法律意识主要包括法律情感、法律知识和法治观念三个方面。全面提高乡镇公务员的法律意识，需要培养他们的法律情感，丰富他们的法律知识，增强他们的法治观念。按照我们的认识和理解，提高乡镇公务员的法律意识，关键在于帮助其树立正确的法律理念，增强现代行政法治观念。当公务员真正从内心接受和树立了现代法治理念，他们就会主动地去学习和了解法律，逐步培养对法律的情感，并且在日常的工作和生活中自觉遵守法律，依法办事。相反，如果一个公务员法治观念淡薄，即使其掌握了很多法律知识，甚至精通法律，人们也很难期望其在自己的行动中自觉遵守和严格执行法律，现实生活中一些乡镇公务员的知法犯法充分证明了这一点。

行政法治观念包含十分丰富的内容，针对乡镇政府依法行政过程中暴露出的问题，我们认为，当前和今后一段时间，应当着重帮助乡镇公务员树立

① 刘旺洪：《法律意识论》，法律出版社2001年版，第4页。

以下法治观念：

（1）职权法定观念。在法治社会，政府的权力源于法律的授予，法律授权是政府权力的唯一合法来源。政府只能行使法律授予的权力，而不能超越法律授权享有和行使权力。因此，政府公务员在行使权力作出决定时，必须首先考虑法律是否明确授予了这种权力。如果没有法律的明确授权，公务员就不能行使权力，作出决定，否则就是超越职权，所实施的行政行为就是违法的和无效的。

（2）法律至上观念。法治与人治的本质区别并不在于有无法律，而在于法律在社会调整机制和规范系统中是否居于至高无上的地位。在法治社会，宪法和法律是调整社会关系最基本、最权威的行为规范，具有至高无上的地位，任何其他形式的社会行为规范都不得与宪法和法律相抵触，任何个人和组织都必须遵守宪法和法律，不得凌驾于宪法和法律之上。

（3）官民平等观念。在法治社会，政府与老百姓在法律上是平等，都要受到法律的限制和约束，都有遵守和执行法律规定的义务。因此，公务员实施行政管理，在要求老百姓守法的同时，首先自己要做到严格守法，依法办事，而不能只将法律作为管治老百姓的工具，自己置于法律之外，甚至凌驾于法律之上。

（4）正当程序观念。行政法治要求政府及其公务员行使行政权力，处分行政相对人的权利义务，应当遵循正当的程序。遵循正当程序不仅有利于实现公正的行政结果，而且直接体现了行政过程的民主性、合理性、公正性。根据正当程序观念，公务员应当改变程序虚无主义思想，严格遵守法定的行政程序规则，在没有法定程序的情况下，也应当尽可能地通过正当程序（如行政公开、听取对方意见等）来实施行政行为。

（5）权责统一观念。现代法治强调权责统一。对乡镇公务员来说，树立权责统一观念，一是要认识到职权与职责具有不可分割性，二者是一个事物的两个方面。因此，公务员必须依法积极行使法律赋予的职权，而不能随意放弃，否则就是失职。二是要认识到在行使职权履行职责方面的任何乱作为和不作为都需要承担相应的责任，包括政治责任、行政责任和法律责任。

（6）接受监督的观念。“一切有权力的人都容易滥用权力，这是万古不易的一条经验。”为了防止权力的滥用，行政机关和公务员作为行政权的享有者和行使者就必须接受监督，包括人民监督、代议机关的监督，也包括司法监督、行政系统内部监督和社会监督等。

提高乡镇公务员的法律意识，一方面需要全面深入地推进农村行政法治进程，使乡镇公务员在依法行政的实践中丰富自己的法律知识，培养依法办事的习惯，感受依法治理的优势，体会现代法治的精神，提高依法行政的能力和水平。此外，鉴于政策优先的行政文化对乡镇公务员法律意识的消极影响，需要从政治上厘清政策与法律的关系，逐步改变“政策优先”的政治与行政运行逻辑，切实树立宪法和法律的至上权威。如前所述，由于历史和现实多方面的原因，党和政府的政策在中国政治与行政的实际运行中处于一种优于国家法律的地位，这种状况在很大程度上妨碍了公务员法律意识的提高。因此，要有效提高乡镇公务员的法律意识和法制观念，必须对政策与法律的关系予以重新认识和界定，并在此基础上对二者在国家和社会治理中的作用进行重新定位。从总体上讲，重构政策与法律的关系的核心与关键在于依据现代法治的本质要求，彻底改变政策与法律位序颠倒的现象，实现行政运行由“政策优先”到“法律优先”的转变。根据政策制定主体的不同，政策可以分为党的政策和政府的政策。就政府政策而言，“法律优先”至少在理论上不会引起太大的争议。而党的政策与法律的关系相对要复杂得多，理论上存在多种不同的解读。为了厘清党的政策与法律的关系，我们比较赞成一些学者提出的对党的意志与党的政策作必要的区分的观点。根据这种观点，政策是一种需要通过国家机器的运行加以推行和贯彻的意志表现形式，因此，从一般的意义上讲，党的意志不能径直以政策形式表达出来，直接作用于社会生活。“从党的意志到党的政策中间应当具有法律的间隔，即意志在法之前，政策在法之后。党的意志不能径直贯彻，需要通过立法途径转换成法律形式才具有合法效力。党领导人民制定法律后，为了使法律得到实现，可以制定具体政策作为贯彻法律精神的细则和指导意见。”① 按照这样的逻辑来处理党的政策与国家法律的关系，既充分体现了党在宪法和法律范围内活动，又贯彻了“法律优先”的法治原则，对于树立宪法和法律的极大权威、推动依法治国与依法行政具有重大而深远的意义。

另外，需要在乡镇公务员中深入持久地开展法治宣传教育活动。第一，要结合乡镇工作的特点，建立健全乡镇公务员学法制度，保证学法时间，突出学法重点，创新学法方式，增强学法效果。第二，乡镇领导干部应当带头学法用法，上级组织应当定期不定期地对乡镇领导干部进行依法行政知识的培训，在条件成熟时，应当实行乡镇领导干部任职前的法律知识考试的制度。第三，要加强和改善乡镇公务员法律意识培育的绩效考核，考核评价标

① 张德友、翟印礼：《法与农村社会变迁》，人民出版社2007年版，第224页。

准应当从重在宣传教育力度向宣传教育效果转变。第四，要建立和完善乡镇公务员依法行政情况考核制度，把依法行政的学习培训情况和实践情况作为考核乡镇公务员的重要内容。

二、提高广大农民群众的法律意识

从一定意义上说，乡镇政府依法行政的过程，实际上就是在法治框架内通过乡镇公务员与农民实现互动的过程。因此，乡镇政府依法行政的状况不仅与乡镇公务员的法律意识直接相关，而且必然要受到农民法律意识的影响。改革开放以来，我国农民的法律意识有比较明显的提高，但与农村法治发展的客观要求相比仍然不相适应。因此，全面推进乡镇政府依法行政，除了要提高乡镇公务员的法律意识以外，还必须努力提高广大农民群众的法律意识。

首先，要进一步加强和改进对农民的法制宣传教育。提高农民的法律意识，教育是最基本的途径。邓小平同志指出："加强法制重要的是要进行教育，根本问题是教育人。"[①] 只有通过长期坚持不懈的普法宣传教育，才能使农民逐步增加对法律的了解和信任，学会用法律方式思考和处理问题，培养依法办事的习惯。为了增强农村普法宣传教育的实际效果，我们认为，对农民进行法治宣传教育应当特别注意以下几下两点：一是应当结合农村的实际需要，选择与农民的经济、政治、社会生活密切相关的法律、法规作为普法宣传教育的基本内容。农民的文化素质普遍偏低，生存压力较大，即使与农村有关的法律法规，也不可能要求农民全部了解。政府应当在认真了解农民法律需求的基础上，选择与农民生活关系密切、具有普遍的现实需求的法律法规开展法制宣传教育。只有这样，才能激发农民学习法律知识的兴趣，也才能达到学以致用的目的。二是应当不断改进法制宣传教育的方法和形式。我们认为，要使农村法制宣传教育取得比较好的效果，关键在于提高农民学法的积极性与主动性，使农民从被动接受法律的灌输变为自觉主动地学习法律。而要提高农民学法的积极性与主动性，除了法制宣传的内容要有较强的针对性之外，还必须改进法制宣传的形式。农村的经济相对落后，农民的素质总体偏低。因此，在农村开展法制宣传教育应当与城市有所区别，必须更加贴近农村生活，采取更加灵活多样和富有成效的宣传手段和方式，做到准确、生动、通俗易懂。针对农民更容易接受直观教育的特点，应当及时

---

① 《邓小平文选》第3卷，人民出版社1993年版，第163页。

抓住发生在农民身边的法律事件进行剖析和宣讲，使农民从中受到深刻的法制教育。

其次，努力培育农民对法律的信仰。法律信仰是“社会主体对社会法的现象的一种特殊的主观把握方式，是社会主体在对社会法的现象理性认识的基础上油然而生的一种神圣体验，是对法律的一种心悦诚服的认同感和依归感，是人们对法的理性、情感和意志等各种心理因素的有机综合体，是法的理性和激情的升华，是主体关于法的主观心理状况的上乘境界”①。著名法学家伯尔曼指出：“法律必须被信仰，否则将形同虚设。”② 这说明法律信仰是实现法治的重要社会基础，一个国家能否真正实现法治，关键就在于国民对法律是否信仰，法律是否得到国民的普遍敬重认同。信仰“是一个人的基本态度，是渗透在他全部体验中的性格特性，信仰能使人毫无幻想地面对现实并依靠信仰而生活”。③ 当一个人对法律具有虔诚的信仰时，他就会自觉自愿地守法、行法、护法。

培育农民的法律信仰是一项十分艰巨的任务，需要经过长期坚持不懈的努力才能达到预期的目标。从一般的意义上说，以下三点对于培育农民的法律信仰是十分有益的：其一，通过严格执法，切实增强法律的权威性。伯尔曼指出：“法律与宗教共享的四种要素，仪式、传统、权威、普遍性。这四种要素赋予了法律价值和宗教神圣，并且因此强化了民众的法律情感。”④ 只有真正树立了法律的至上权威，才能使农民对法律产生崇敬与信服之心理。而法律权威最重要的体现在于权力对法律的遵从。因此，要使农民产生对法律的信仰，关键在于正确处理法律与权力的关系，使权力的运行严格保持在法律轨道上，这样不仅可以从一般意义上体现法律的权威性，而且还可以通过依法行政，使行政法律关系主体直接感受到法律的力量和权威。这就要求乡镇政府及其公务员带头遵守法律，并且尽可能地运用法律方式和手段处理农村的各项公共事务，逐步减少对纯粹行政手段的依赖，长此以往，就会使农民对权力的敬畏逐步转化为对法律的敬畏。其二，加强和改善涉农行

① 姚建宗：《信仰：法治的精神意蕴》，《吉林大学社会科学学报》1997 年第 2 期。

② ［美］伯尔曼：《法律与宗教》，梁治平译，生活·读书·新知三联书店 1991 年版，第 28 页。

③ ［美］埃·弗洛姆：《为自己的人》，孙依依译，生活·读书·新知三联书店 1998 年版，第 26 页。

④ ［美］伯尔曼：《法律与宗教》，梁治平译，生活·读书·新知三联书店 1991 年版，第 39 页。

政立法。现代法治所追求的是良法之治。从最一般的意义上讲，良法应当是代表和体现社会公平正义的普适性价值的法。从农民的角度说，良法应当是体现正当性、科学性、民主性，能够充分反映农民群众的正当要求，有效地维护他们的合法权益，成为农民“保护神”的法律。通过这种体现公平正义的良法的实际运作，农民可以从切身体验中逐渐产生对法律的信任感和亲近感，从而主动地学习和了解法律，自觉遵守和服从法律，以至于最后虔诚地信仰法律。潘恩指出：“法律必须靠原则的公正及国民对它的兴趣才能获得支持。”① 一旦法律获得农民的认同和支持，强制的必要性和作用空间将会大大减小，因为“确保尊崇规则的因素如信任、公正、可靠性和归属感，远较强制力更为重要”。② 其三，重视对农民进行现代法律观念或法治理念的教育。从培育法律信仰的角度说，对农民的普法宣传教育的内容不能长期停留在简单的法律知识或法律常识的层面，而应当拓展到现代法律观念或法治理念上。要改变以往就案论案、就法说法的单一普法方式，把法律常识的普及与法律理念、法治精神的传播结合起来，使农民逐步树立权利本位、法律至上、官民平等现代民主法治观念，使他们认识到法治的理想在于制约权力、保护权利、实现利益，认识到法律应当是最高权威的规范标准和价值尺度，认识到法律不仅是“治民”的，更是“治吏”的。通过现代法治观念的普及传播，可以诱发并强化农民对法律的认同感、依归感。

第五节 加强对乡镇政府依法行政的监督

对行政主体行使行政权力的活动进行有效的监督，是我国法治政府建设的一项重要内容，也是实现行政法治和依法行政的重要保证。现代法治理论与各国的法治实践都证明，离开了有效的监督和制约，行政权力的运行就会脱离法治轨道，最终演变成专制和腐败的权力，成为危害国家和人民的力量。因此，在推进依法行政、建设法治政府的过程中，我国十分重视对行政权力的监督。国务院颁布的《全面推进依法行政实施纲要》明确将“有权必有责，用权受监督，违法受追究，侵权须赔偿”作为依法行政的基本要求，并且提出了“完善行政监督制度和机制，强化对行政行为的监督”的

① ［英］托马斯·潘恩：《潘恩选集》，马清槐等译，商务印书馆 1991 年版，第 265 页。

② ［美］伯尔曼：《法律与宗教》，梁治平译，生活·读书·新知三联书店 1991 年版，第 58 页。

法治政府建设任务。因此，加快乡镇政府行政法治化的发展进程，保证和促进乡镇政府严格依法行政，必须加强对乡镇政府行使职权和履行职责的监督。

一、完善乡镇内部监督制度和机制

乡镇内部监督主要是指乡镇党委和乡镇人大对乡镇政府依法行政的监督。相对于其他形式的监督，乡镇内部监督具有得天独厚的优势，这就是监督主体与被监督主体处在同一个工作环境中，对相关情况十分熟悉，能够及时准确地发现问题。然而，从实际情况看，乡镇内部监督机制并没有发挥应有的作用，“虚监”、“弱监”、“不监”的现象普遍存在，在有些场合，内部监督主体甚至成为违法行政的直接参与者或“共谋”。导致这种状况的一个重要原因是乡镇内部监督主体与被监督主体在人员组织、工作机制以及各种利益上的同质化。从组织机构上看，目前乡镇的内部机构中有不少都具有党政合一的性质，如一些乡镇设置的党政综合办公室、纪检审计办公室、组织人事宣传办公室等。从工作人员上看，乡镇公务员之间基本不存在组织的界限，有的地方还普遍实行了乡镇党委书记与乡镇长“一肩挑”的做法，将党政直接“捆绑”在一起。从工作内容和工作机制上看，乡镇一级的党政工作在很多情况下是“齐抓共管”，尤其是在乡镇主要领导实行“一肩挑”的地方，党政工作实际上已经“融为一体”。从利益上看，乡镇干部经济上“同甘共苦”，吃的是同一口锅里的饭，花的是同一个袋里的钱；政治上也是“荣辱与共”，有了成绩是大家的，出了问题谁也跑不了。上述同质化现象使乡镇内部监督在很大程度上变成了自我监督，其功能大大弱化。

由于乡镇政府处在“山高皇帝远”的特殊环境，因此，充分发挥乡镇内部监督的作用具有十分重要的意义。从根本上讲，解决乡镇内部监督存在的功能障碍问题需要深入推进政治体制改革，就目前的情况而言，可以通过完善乡镇内部监督制度和机制来改善内部监督状况。

首先，要明确乡镇党委对乡镇政府依法行政工作的监督职责。从理论上讲，乡镇党委作为乡镇各种组织和各项工作的领导核心，理所当然地应当监督乡镇政府依法行政。然而，现行的《中国共产党农村基层组织工作条例》所规定的乡镇党委的职责中并不包括这项内容。虽然该《条例》已经把对干部的监督纳入到乡镇党委的职责中，但从保障乡镇政府依法行政的监督说，这显然是不够的。以此，我们建议在修改上述《条例》时，将监督乡镇政府依法行政明确纳入乡镇党委的职责范围，这样有利于乡镇党委适应依法治国与依法行政的新形势，实现角色的调整和职能的转换，在一定程度上改变乡镇内部监督虚化和弱化的状况。为了保证乡镇党委监督职能的发挥，有必要改变目前存在的乡镇党政机构“一体化”和书记与乡镇长“一肩挑”的做法，虽然这些做法可以在一定程度上降低乡镇治理成本，提高工作效率，却是以牺牲监督为代价的，从根本和长远看是弊大于利。

其次，进一步完善乡镇人民代表大会制度。乡镇人大是乡镇的权力机关，对乡镇政府依法实施监督是乡镇人大的基本职能之一。根据《地方人大组织法》第15条规定，乡镇人大享有选举乡镇长、听取和审查乡镇政府工作报告和撤销乡镇政府的不适当的决定和命令等法定职权，这些规定为乡镇人大监督乡镇政府行政提供了法律保障。然而，从现实情况看，乡镇人大的监督作用并没有得到充分的发挥。我们认为，改变目前乡镇人大监督中存在的“无为”、“无力”和“无效”的状况，关键在于进一步完善和落实乡镇人民代表大会制度。一是要理顺乡镇人大与同级党委和政府的关系，树立乡镇人大的权威。乡镇党委应当树立依法执政的观念，正确认识人大的性质、地位和作用，尊重人大的法律地位，支持人大依法行使职权；乡镇人大应当自觉接受党委的领导，坚持重大问题向党委请示汇报，保证党委的合法意志能通过人大的法定程序得以实现，并善于在党委的领导下大胆监督乡镇政府的工作；乡镇政府要摆正位置，自觉接受乡镇人大的监督，支持乡镇人大开展工作。[①] 二是要改革乡镇人大代表的选举机制。有学者认为，我国现行的乡镇人大代表选举制度是一种非竞争性的选举。乡镇人大代表选举带有浓厚的计划指派色彩，选举活动成了变相的组织安排活动。[②] 由于缺乏竞争机制，一些没有当代表的意愿或没有议政能力的候选人被选为代表，把当代表作为一种荣誉，而缺乏应具备的代表意识，很难胜任代表人民监督政府的使命。为此，可以考虑在乡镇人大代表选举中实行竞争性选举，把具有强烈代表意识和较强议政能力的人选为代表，这样有利于增强乡镇人大代表的使命感和责任感，促使他们积极履行监督职责。三是要适当增加乡镇人大会次和会期。由于乡镇人大没有常设机构，因此，乡镇人民代表大会会议是乡镇人大行使权力的唯一形式。《地方组织法》第11条规定，“地方各级人民代

---

① 杨志勇、陈爱华：《乡镇人大监督工作的难点与对策》，常德市人大网，访问于2010年8月17日。

② 周青松：《论乡镇人大民主建设的路径及其拓展》，《社会主义研究》2009年第5期。

表大会会议每年至少举行一次”。从实际情况看，许多乡镇基于多方面的考虑每年都只召开一次人大代表会议，而且会议期限也很短。这种情况在很大程度上限制了人大监督作用的发挥。因此，有必要根据实际情况，适当增加乡镇人大会议的会次和会期，使人大代表有比较充分的时间履行监督职责。当然，增加会次和会期的同时，还需要完善乡镇人大的会议制度，提高会议的质量，这样才能真正收到强化监督的效果。在这方面，浙江省温岭市新河镇的改革实践为我们提供了可资借鉴的经验。四是要完善相关立法，进一步明确乡镇人大监督的方式和程序，保障乡镇人大依法有效行使监督职权。我国的宪法和地方组织法虽然对乡镇人大的监督权作出了规定，但这些规定一般都比较原则，乡镇人大行使监督权的具体内容和方式程序都不够明确，缺乏可操作性。2006 年颁布的《中华人民共和国各级人民代表大会常务委员会监督法》也没有涉及乡镇人大的监督。这种情况在一定程度上乡镇人大监督职能的发挥，需要通过完善相关的立法加以解决。

二、加强县级政府对乡镇政府的监督

在我国的五级政府构成的行政体系中，县乡两级政府之间的联系要比任何其他两级政府之间的联系更密切。虽然宪法规定乡镇政府由乡镇人大选举，对乡镇人大负责，但事实上县级政府才是乡镇政府的实际控制者。近年来，一些地方通过实行“乡财县管”的财政管理制度，进一步加强了县级政府对乡镇政府的控制。这种特殊的紧密联系，决定了县级政府在对乡镇政府依法行政的监督中能够发挥独特的作用，具有不可替代的优势。在现行法律制度框架内，县级政府不仅可以监督乡镇政府的具体行政行为，而且可以监督乡镇政府的抽象行政行为；不仅可以监督乡镇政府的行为是否合法，而且可以监督乡镇政府的行为是否适当；不仅可以通过受理行政复议案件查处乡镇政府的违法不当行为，而且可以主动检查乡镇政府的行为是否合法适当并作出相应处理；不仅有权撤销乡镇政府作出的违法行政行为，而且有权改变乡镇政府作出的不适当的行政决定。可见，从制度设计上看，县级政府对乡镇政府的监督是一种全面而彻底的监督。因此，在推进乡镇政府依法行政的过程中，应当高度重视并充分发挥县级政府对乡镇政府的监督作用。就当前的情况而言，县级政府对乡镇政府的监督应当重点解决好以下两方面的问题：

1. 加强对乡镇政府制定的规范性文件的监督

制定规范性文件，是乡镇政府的一项法定权力，也是其履行法定职能的重要形式。根据行政法治原则，乡镇政府制定规范性文件的行为必须合法。然而，现实中乡镇政府制定的规范性文件内容违法或者与上位法相抵触的情况却相当普遍的存在，不仅侵犯了农民群众的合法权益，而且也严重损害了党和政府的形象。因此，加强对乡镇政府规范性文件的监督是十分必要的。

从县级政府的角度说，加强对乡镇政府规范性文件监督主要是要建立和完善并严格执行规范性文件的备案审查制度。具体说，首先，要做到“有件必备”，即乡镇政府制定的所有规范性文件都应当报送县级政府法制机构备案，不能有例外。其次，要做到“凡备必审”，即对乡镇政府报送备案的规范性文件，县级政府法制机构应当依法对其合法性和适当性进行严格审查，并及时作出结论。最后，做到“有错必纠”，对审查中发现的乡镇政府规范性文件中存在的违法和不当的问题，县级政府必须依法予以纠正，改撤销的撤销，该改变的改变。

2. 建立健全对乡镇政府具体行政行为实施经常性监督的制度

具体行政行为是乡镇政府实施行政管理的主要方式，也是直接涉及农民权利义务的行为，农村中许多行政纠纷都是因为乡镇政府违法实施具体行政行为而引起的。因此，县级政府对乡镇政府的监督，应当将对具体行政行为的监督摆在突出的位置。县级政府有权而且能够对乡镇政府实施的具体行政行为进行监督，这是毫无疑问的。现在的问题是如何更有效地发挥这种监督机制的作用。我们认为，加强县级政府对乡镇政府具体行政行为的监督，关键在于建立健全相关的监督制度，使县级政府对乡镇政府具体行政行为的监督经常化、规范化。具体说，一是要健全监督机构。要使县级政府对乡镇政府的监督经常化，首先必须要有相应的组织保证，即必须要有一定组织机构来具体承担县级政府的监督职责。目前，县级政府普遍设有专门的法制机构，从理论上讲，政府法制机构理所当然地应当承担法制监督的职责。但问题是，县级政府法制机构人员编制少，又承担着为政府起草规范性文件和审查下级机关报送备案的规范性文件的繁重任务，实际上很难履行对乡镇政府具体行政行为进行经常性监督的职责。为此，有必要加强和充实县级政府法制机构的力量。二是要建立健全对乡镇政府具体行政行为实施经常性监督的制度和机制。如何对乡镇政府的具体行政行为实施经常性监督，现行法律、法规并没有十分明确具体的规定，这就需要各地政府在实践中积极进行探索，并且在总结成功经验的基础上，以制度的形式对监督的权限、方式、手段、程序等问题作出统一明确的规定，以保证对乡镇政府具体行政行为的监督能够规范有序地进行。从长远来讲，则需要从国家层面进行立法，将政府的层级监督全面纳入法治轨道。

三、强化对乡镇政府依法行政的司法监督

在我国，依法行政的司法监督主要是指人民法院通过受理和审理行政诉讼案件的方式对行政机关实施的行政行为进行的监督。以 1989 年《中华人民共和国行政诉讼法》的颁布为标志，我国全面建立了“民告官”的诉讼制度。行政诉讼的基本宗旨在于保障和监督行政机关依法行使职权，保护公民、法人、其他组织的合法权益。20 多年的实践证明，行政诉讼是一种行之有效的行政监督机制，在监督和纠正行政机关及其工作人员的违法行为方面，发挥着不可替代的特殊作用。从农村的情况看，近年来，面对乡镇政府的违法行政行为，许多农民选择了通过行政诉讼的途径来维护自己的合法权益。随着农民法律意识的不断增强，行政诉讼必将成为监督乡镇政府依法行政的基本形式和重要手段。

我国的《行政诉讼法》是 20 多年前制定的，随着社会的发展，其中的一些规定已经明显滞后，不适应全面推进依法行政和建设法治政府的客观需要。因此，为了更好地发挥行政诉讼在监督政府依法行政中的作用，有必要对《行政诉讼法》进行修改完善。

从监督乡镇政府依法行政的角度说，完善行政诉讼制度需要重点解决的问题是扩大行政诉讼的受案范围。具体说，一是应当把乡镇政府制定规范性文件的抽象行政行为纳入行政诉讼的受案范围。根据现行的《行政诉讼法》规定，人民法院有权受理的行政案件限于相对人针对具体行政行为起诉的案件，相对人针对行政机关实施的抽象行政行为起诉的案件，人民法院不能受理。这种规定使乡镇政府制定的规范性文件成为司法监督的盲区，既不利于促进监督乡镇政府依法行政，也不利于保护农民群众的合法权益。事实上，乡镇政府制定的规范性文件违法，其危害性往往大大超过一个违法的具体行政行为。而且，实践中有的乡镇政府以抽象行政行为的形式实施具体行政行为，以达到规避法律、逃脱司法监督的目的。当然，在现行的制度下，乡镇政府的规范性文件可以通过多种方式和途径进行监督，比如乡镇人大和上级政府都有权对乡镇政府制定规范性文件的行为进行监督，行政相对人也可以在对具体行政行为申请行政复议时一并申请对具体行政行为所依据的规范性文件进行审查，但由于多种原因，上述这些监督方式的实际效果都不是十分理想，现实中乡镇政府的规范性文件违法的现象相当普遍，严重影响了乡镇政府行政法治化的进程。因此，将乡镇政府制定规范性文件的行为纳入行政

诉讼范围，使其受到有效的司法监督是十分必要的。我们有理由相信，通过行政诉讼方式解决乡镇政府规范性文件违法的问题，其产生的社会影响将大大超过其他监督方式。二是应当将乡镇政府非法干涉村民自治的行为纳入行政诉讼的受案范围。根据《中华人民共和国宪法》第111条的规定，我国在农村基层实行村民自治制度。实行村民自治，意味着村庄的公共事务和公益事业不再由政府直接管理，而是交由农民自己通过民主的方式进行管理。为了保障农村村民实行自治，国家专门制定《村委会组织法》，明确规定："村民委员会是村民自我管理、自我教育、自我服务的基层群众性自治组织，实行民主选举、民主决策、民主管理、民主监督"（第2条）。"乡、民族乡、镇的人民政府对村民委员会的工作给予指导、支持和帮助，但是不得干预依法属于村民自治范围内的事项"（第4条）。然而，在现实生活中，一些地方的乡镇政府却习惯于采用行政命令的方式处理乡村关系，经常对村民自治范围内的事项指手画脚，甚至横加干涉，严重侵犯了村民的民主自治权利。但是，由于现行法律没有将行政机关非法干涉村民自治的案件明确纳入行政诉讼的受案范围，因此，尽管现实中政府侵犯村民民主自治权利的现象相当普遍，但此类案件正式进入行政诉讼程序的却是凤毛麟角。以村委会选举为例，《村委会组织法》第11条明确规定："村民委员会主任、副主任和委员，由村民直接选举产生。任何组织或者个人不得指定、委派或者撤换村民委员会成员。"而在现实生活中，乡镇党委和政府非法撤换村委会干部的情况在全国各地都时有发生，有的地方还相当普遍。据2002年9月12日的《南方周末》报道，全国村民自治先进市——湖北省潜江市，自第四届村委会换届以来，被乡镇党委、政府非法撤换的村委会干部达619人，涉及269个村，占全市的81.75%，其中187个村的村主任被非法撤换，占56.8%。有的村主任两年间经历4次被免、5次复职。面对这种情况，有的当事人选择了向法院起诉，而结果大多是法院以案件不属于行政诉讼的受案范围为由裁定不予受理。由此可见，将乡镇政府非法干涉村民自治的行为明确纳入行政诉讼的诉案范围，对于保障村民自治的顺利运行，促进乡镇政府依法行政是十分必要的。据悉，最高人民法院有意通过相关的司法解释解决这方面的问题，但我们认为，更妥帖的办法还是应该修改相关立法，明确行政机关非法干涉村民自治行为的可诉性。

四、强化对乡镇政府依法行政的社会监督

社会监督，主要是指人民群众的监督和新闻舆论的监督等监督形式。我

国是社会主义国家，人民是国家的主人，政府及其公务员是人民的公仆，这一根本宗旨决定了社会监督是行政监督体系中不可缺少的组成部分。相比其他监督形式，社会监督具有覆盖面广、成本低、影响大等独特优势，充分发挥社会监督的作用，对于促进政府依法行政具有重要的意义。因此，《全面推进依法行政实施纲要》将强化社会监督作为完善行政监督制度与机制的重要内容，明确规定："各级人民政府及其工作部门要依法保护公民、法人和其他组织对行政行为实施监督的权利，拓宽监督渠道，完善监督机制，为公民、法人和其他组织实施监督创造条件。要完善群众举报违法行为的制度。要高度重视新闻舆论监督，对新闻媒体反映的问题要认真调查、核实，并依法及时作出处理。"

针对乡镇政府依法行政存在的问题，我们认为，强化社会监督的关键在于进一步完善政务公开制度，切实保障农民的知情权。

政务公开与行政监督具有内在的本质联系，这种联系不仅表现为政务公开制度本身就是一种能够直接产生监督效应的机制，同时还表现为政务公开是其他监督机制发挥作用的基础和前提条件。任何一种监督都需要以掌握必要的信息为条件，否则将形同虚设。社会监督尤其如此。很明显，如果没有健全的政务公开制度，行政权力的运行都在暗箱或保密状态进行，农民群众和新闻媒体就根本无法对乡镇政府实施有效的监督。所以，强化对乡镇政府的社会监督，必须大力推进乡镇政务公开。

在党和国家的高度重视和积极推动下，近年来我国乡镇政务公开无论是制度建设还是实践活动都取得了明显的成绩，产生了比较好的反响和效果。但是，由于观念、体制、机制等多方面的原因，乡镇政务公开的实际运行还存在不少问题，与中央的要求和社会的期望还有不小的差距，有待于在今后的实践中进一步完善。我们认为，就当前的情况而言，进一步推进乡镇政务公开，需要重点解决以下两个方面的问题：

健全和完善乡镇政务公开的相关制度。我国的乡镇政务公开从一开始就被纳入制度化、规范化的轨道。2000 年 12 月，中共中央办公厅和国务院办公厅联合发布了《关于在全国乡镇政权机关全面推行政务公开制度的通知》，明确要求在全国乡镇政权机关和派驻乡镇的站所全面推行政务公开制度，并且对乡镇政务公开的指导思想、基本原则和基本要求、主要内容和工作方法、监督保障和组织领导等问题作出了具体规定。根据该《通知》的精神，一些地方和部门结合实际，制定了乡镇政务公开的具体实施办法。2007 年 4 月 5 日，时任国务院总理温家宝签发第 492 号国务院令，公布了

《中华人民共和国政府信息公开条例》。《政府信息公开条例》不仅对政府信息公开的组织领导、基本原则、方式和程序、保障监督等问题作出了明确统一的规定，而且还具体规定了乡镇政府信息公开的范围。《政府信息公开条例》的颁布实施，标志着乡镇政务公开开始走上法治化的轨道。然而，从现实情况看，乡镇政务公开的总体运行状况还不是十分理想，与制度设定的预期目标还存在明显的差距。我们认为，造成这种局面的一个重要原因在于乡镇政务公开制度本身还不是很健全。虽然《政府信息公开条例》对政府信息公开作了比较全面系统的规定，但是该《条例》属于国务院制定的行政法规，相对于全国人大及其常委会制定的法律而言，其权威性与强制力有限，此其一。其二，更为重要的是，该《条例》的许多规定还不够具体，过于原则，对乡镇政府信息公开活动约束作用有限。当然，我们不可能要求国务院制定的政府信息公开条例提供政府信息公开活动需要的所有具体行为规范，要把《条例》的规定落到实处，需要各级政府和相关部门结合本地区本部门的实际，将《条例》的规定具体化。但问题是，目前这方面的工作进展并不理想。比如，一些地方和部门虽然制定了《条例》的实施办法或实施细则，但内容基本上是重申《条例》的相关规定；作为乡镇政务公开主体的乡镇政府，也很少结合自己的实际制定政务公开的具体办法。在缺乏具体制度约束的情况下，乡镇政务公开必然表现出很大的随意性，也很容易流于形式。比如有些乡镇政府主动公开的信息，要么是早已众所周知的，要么是与农民群众没有直接关系或者关系不大的；而与农民群众的实际利益直接相关、农民群众普遍希望详细了解的信息，则要么不公开，要么在公开时避实就虚，避重就轻。

因此，要扎实推进乡镇政务公开，必须在制度建设上下功夫，健全和完善乡镇政务公开的相关制度。一是要进一步明确乡镇政务公开的范围。虽然《政府信息公开条例》已对乡镇政府信息公开的范围作了统一规定，但从操作层面看，这些规定还需要进一步细化。比如，《政府信息公开条例》规定，“涉及公民、法人或者其他组织切身利益的”政务和“需要社会公众广泛知晓或者参与的”政务，乡镇政府应当主动公开相关信息。那么，涉及农民切身利益的事务主要包括哪些方面？哪些事务是需要农民群众广泛知晓或参与的？又如，根据《政府信息公开条例》的规定，“执行计划生育政策的情况”属于乡镇政府应当重点公开的内容，但计划生育执行情况具体应当公开哪些内容？公开到什么程度？是只公开各村的相关数据，还是要包括每一个计划生育管理对象的具体情况？类似这些问题都需要有更加具体明确的规定。乡镇政府应当根据相关的法律法规和上级的文件精神，结合本乡镇的实际，对政务公开的范围和内容作出尽可能具体明确的规定。在具体规定政务公开范围时，应当坚持农民信息需求导向原则，认真分析研究广大农民群众对政务公开的要求，将农民普遍希望了解的信息作为政务公开的重点，以避免出现乡镇政务公开中的"供需脱节"现象，使乡镇政务公开真正成为实现农民知情权的有效途径。二是要进一步完善乡镇政务公开程序。乡镇政务公开离不开规范科学的程序保障，只有建立健全完善的程序制度，才能把乡镇政务公开工作落到实处。当前乡镇政务公开的程序还不是很规范，虽然《政府信息公开条例》等相关的法律法规对政府信息公开程序作了统一的规定，但有一些具体的程序问题需要由乡镇政府结合实际加以规定。如申请公开的信息涉及第三方权益时，乡镇政府应当采取何种形式征求第三方意见？时间如何确定？为了保证信息公开的依法顺利进行，乡镇政府还应当制定内部工作流程，使信息公开工作制度化、规范化、程序化。另外，除了政府信息公开以外，政务公开还包括政务活动的公开，如在农民群众的直接参与下通过民主的方式进行公共事务的决策等。如何有效组织和实施这样的政务公开活动，也需要乡镇政府制定相关的制度加以规范，以保证政务公开活动的有序进行。

其次，强化乡镇政务公开的监督机制。《中共中央办公厅国务院办公厅关于在全国乡镇政权机关全面推行政务公开制度的通知》指出："推行政务公开制度，核心是加强监督。"只有建立健全有效的监督机制，才能保证政务公开制度的顺利推行。目前，乡镇政府不依法履行信息公开义务的情况在许多地方都有不同程度的存在，有些乡镇政府不按规定主动及时公开政务信息；有的乡镇政府在信息公开中弄虚作假，公开的信息不真实、不全面；还有的乡镇政府为申请人申请信息公开设置种种障碍，等等。上述情况的存在，反映出乡镇政务公开的监督机制还不到位，没有发挥应有的作用。因此，推进乡镇政务公开，必须采取有效措施强化监督。一方面，要建立健全政务公开的监督制度和机制，包括政府信息公开工作考核制度、社会评议制度和责任追究制度，政府信息公开工作年度报告制度，政府信息公开的实施情况的监督检查制度，政府信息公开违法行为的举报制度，等等。另一方面，在强化自上而下的权力监督的同时，建立健全相关的民主监督机制，充分发挥民主监督在推进乡镇政务公开中的作用。为此，需要积极探索民主监督的组织形式和监督方式。

除了完善政务公开制度，保障农民知情权之外，强化社会监督还需要进一步疏通和拓宽社会监督的渠道，完善社会监督机制，为农民监督乡镇政府创造条件。根据现行法律规定，农民群众可以通过多种渠道和途径对乡镇政府实施监督，强化社会监督，首先需要充分发挥现有监督渠道的作用。由于观念、体制和机制等方面的原因，现有的监督渠道还不是很畅通，存在诸多障碍，这就需要我们努力提高认识，转变观念，完善制度，使现有监督渠道发挥其应有的作用。另外，还应当采取积极有效措施，探索社会监督的新形式、新方法，大力拓宽社会监督的渠道，使农民群众的建议、意见、投诉等能够通过各种方便快捷畅通的渠道上达有关部门和领导者。此外，还要通过完善监督机制，降低社会监督的“门槛”和成本，使农民群众能够有效地启动监督程序，启动以后能够顺利地进行下去。

第六节　大力培育农民新型合作经济组织

一、培育农民新型合作经济组织的法治意义

历史和现实都表明，不仅市场经济离不开法治，法治同样也离不开市场经济，法治只能在市场经济的土壤和环境中形成和发展，市场经济是法治的现实经济基础。从中国农村的情况看，党的十一届三中全会以后开始的改革开放，使农村率先告别了计划经济，逐步建立起适应社会主义市场经济要求的政治经济体制，从而为“行政法治下乡”奠定了基础。同时，虽然改革开放已经过了 30 多年，但目前农村经济总体上仍处在一个比较低的市场化水平。农村市场经济发展缓慢，在很大程度上制约了乡镇政府行政法治化的进程。因此，要加快乡镇政府行政法治化进程，必须深化农村经济体制改革，全面提升农村经济的市场化水平，促进农村经济的持续稳定发展。

改革开放以来，我们在农村实行了以家庭承包经营为基础、统分结合的双层经营体制。这种适应社会主义市场经济体制、符合农业生产特点的农村基本经营制度极大地调动了农民的生产积极性，促进了农村经济的快速发展。然而，由于在“统分结合的双层经营”体制中，相当多的村队集体只是发包土地，没有经济实力，无力组织农产品加工和运销，加之中介组织发展滞后，大多数农民处于无组织状态，“统分结合的双层经营”在很大程度上实际变成了“有分无统的单层经营”。20 世纪 90 年代以来，随着统一市场的建立与发展，我国农产品的供求状况发生了根本性变化，由卖方市场变

成了买方市场。面对瞬息万变和竞争激烈的市场，以家庭为单位的分散经营是很难适应的，结果导致农村经济发展速度明显放缓，农民增产不增收的局面。为了从根本上改变这种情况，中央明确提出了完善以家庭承包经营为基础、统分结合的双层经营体制的任务。党的十七届三中全会通过的《中共中央关于推进农村改革发展若干重大问题的决定》在强调稳定以家庭承包经营为基础、统分结合的双层经营体制的同时，明确指出：要推进农业经营体制机制创新，加快农业经营方式转变。家庭经营要向采用先进科技和生产手段的方向转变，增加技术、资本等生产要素投入，着力提高集约化水平；统一经营要向发展农户联合与合作，形成多元化、多层次、多形式经营服务体系的方向转变，发展集体经济、增强集体组织服务功能，培育农民新型合作组织，发展各种农业社会化服务组织，鼓励龙头企业与农民建立紧密型利益联结机制，着力提高组织化程度。按照服务农民、进退自由、权利平等、管理民主的要求，扶持农民专业合作社加快发展，使之成为引领农民参与国内外市场竞争的现代农业经营组织。2010 年中央一号文件（《中共中央 国务院关于加大统筹城乡发展力度　进一步夯实农业农村发展基础的若干意见》）进一步明确提出，要着力提高农业生产经营组织化程度，推动家庭经营向采用先进科技和生产手段的方向转变，推动统一经营向发展农户联合与合作，形成多元化、多层次、多形式经营服务体系的方向转变。壮大农村集体经济组织实力，为农民提供多种有效服务。大力发展农民专业合作社。可见，培育农民新型合作组织，提高农民的组织化程度，是新形势下推进农村改革发展面临的一项重要任务。

农民新型合作组织，主要是指农民自愿参加的，以农户家庭承包经营为基础，以某一产业或产品为纽带，以增加成员收入为目的，实行资金、技术、生产、购销、加工等方面的互助合作，按照平等、民主原则进行生产、经营和服务活动的互助性经济合作组织。改革开放以来各地农村出现的社区合作经济组织、专业合作经济组织、股份合作经济组织等都属于新型合作组织，其中农民专业合作经济组织被普遍认为是最具发展潜力的合作经济组织形式。

大力培育农民合作经济组织，提高农民的组织化程度，不仅有利于促进农村经济发展和农民增收，而且可以逐步改变农村行政法治的社会环境，有效促进乡镇政府依法行政。

首先，农民组织化程度的提高，为乡镇政府行政法治化提供了重要的社会推动力量。因为，农民组织化程度提高的过程，实际上也是农村市民社会逐步形成和发展的过程。在农民合作经济组织中，农民是具有独立人格的财产所有者，他们完全按照自己意愿，自主开展劳动合作、资本合作、技术合作、营销合作，组织起来共闯市场；在管理上，按照现代企业组织管理架构，实行民主决策、民主管理和民主监督，充分保障成员对组织内部各项事务的知情权、决策权和参与权；在利益分配上，组织成员共商利益分配办法和利益联结机制；同时，合作组织不仅关心经济目标的实现，还积极参与社区治理。经过合作组织的历练，农民的视野会变得开阔，规则意识会提高，学会双赢思考，从合作中实现自己的利益追求，从而不断提高自身的综合素质。① 有学者认为，农民合作经济组织是培养新型农民的大学校。"广大农民通过这样的合作制运动，经受市场经济竞争环境的锻炼和熏陶，从自发到自觉，开阔视野，打破传统小生产者的狭隘眼界，树立起市场经济的新观念，方能从经济上真正觉醒，真正成为主宰自己命运的主人；不仅认识在市场经济中自己的利益所在，而且成长为一种制衡力量，学会运用组织的、政策的和法律的文明手段来维护自己的正当权益。"② 随着农民思维方式、行为方式及生活方式的改变，中国农村必然实现由传统的乡土社会向现代市民社会的转变。而市民社会是推动法治实现的重要社会力量。"作为个人利益的总和，市民社会是与国家相抗衡的社会实体，它有足够的力量制约国家对公共权力的行使。"③ 当分散的农民通过合作经济组织的整合产生共同的利益诉求时，乡镇政府与农民之间的力量对比就会发生变化，乡镇政府违法行政的阻力与成本就会增加。从依法行政的角度看，这无疑是一个利好。

其次，农民合作经济组织的发展，为乡镇政府通过依法行政实现行政管理目标创造了有利条件。一方面，由于有了合作经济组织的介入，乡镇政府与农户之间可以进行有效的沟通与协商，不仅有利于乡镇政府制定更加切合本地农村实际的公共政策，而且可以在很大程度上减少贯彻落实国家法律法规和方针政策的阻力。另一方面，农民合作经济组织可以分担乡镇政府的工作压力，有效地促进乡镇政府转变职能。在中国现有的政府体制下，乡镇政府出于政绩及财政税收的考虑，都把发展地方经济、促进农民增收作为工作重心。但由于没有良策，往往过多地依靠行政手段去实现这个目标，造成农民不满乃至干群关系紧张等问题。而农民合作经济组织的出现，使农民依靠

① 郑卫东：《发展农民专业合作经济组织的战略思考》，《改革与战略》2007 年第 5 期。

② 牛若峰：《再论市场经济与农民自由联合》，《中国合作经济经营管理》1999 年第 1 期。

③ 王雨本主编：《法制·法治》，中国人民公安大学出版社 1998 年版，第 50 页。

自身的力量实现了农业的产业化经营，增强了农民抵御市场风险的能力，增加了农民收入和地方政府的财政税收，从而大大缓解了乡镇政府的工作压力，使乡镇政府从强迫命令的行政方式中解放出来，变“逼民致富”为“助民致富”，为乡镇政府转变职能和依法行政创造了一个更加宽松的环境。

二、培育农民新型经济合作组织的主要对策

1. 确立科学的指导原则

以农民专业合作社为代表的新型农民经济合作组织是改革开放以后我国农村出现的一种新的经济组织形式，对大多数农民来说还是一种新事物。为了保证新型农民经济合作组织的健康顺利发展，需要确立正确的指导原则，主要包括：[①]

（1）基本准入条件原则。农民合作经济组织建立应满足：以依法享有家庭承包经营权的农户为主体，建立了民主管理机制，有成员自主制定的章程，按照加入自愿、退出自由、民主管理、盈余返还的原则依法开展农业生产经营和服务活动。只有符合这个基本条件，政府才能从政策上给予鼓励和支持。

（2）坚持以家庭承包经营责任制为基础的原则。家庭承包经营责任制是我国农村必须长期坚持的一项基本经济制度。农民合作经济组织发展不能损害家庭经营制度，不能随意改变土地承包经营权，不能改变生产经营自主权，不能改变家庭财产所有权等。防止和杜绝借发展农民合作经济组织之名，将农民财产“归大堆”的做法。

（3）坚持农民自愿的原则。是否建立经济合作组织，建立什么形式的经济合作组织，农民是否加入经济合作组织，是否退出经济合作组织等，都应当尊重农民自己的意愿，要防止政府通过行政命令强迫农民实行新一轮的“合作化”运动。

（4）坚持“民办、民管、民受益”的原则。农民合作经济组织是社员民主控制的组织，合作组织的治理结构简而言之就是“民管”，即按照合作组织的民主管理体制，由社员（代表）大会选举理事会和监事会，进行民主选举、民主决策、民主监督。合作社的内部活动，合作社与社员的关系等问题，均由社员按照合作社的章程去解决，政府不能操办农民经济合作

---

① 参见庄小琴《农民合作经济组织发展与政府角色定位》，《兰州大学学报》（社会科学版）2006 年第 6 期。

组织。

2. 合理发挥政府的作用

20世纪90年代以来，经过10多年的发展，我国农民新型经济合作组织初具规模，并开始在农村经济发展及社会治理中发挥自己的独特作用，引起了国内外的广泛关注。然而，多项调查显示，农民新型经济合作组织的发展现状还不尽如人意，与农村经济社会发展的客观要求还存在明显的差距。主要表现在参加新型经济合作组织的农户数量所占比例还很小。农业部农村经济经营管理总站的统计资料显示，截至2007年年底，全国各类农民专业合作组织总数约为15万个，成员规模达到2362万户。据国家工商局的统计，截至2010年6月底，全国登记的农民专业合作社达到31.17万家，实有入社成员2600万左右，占全国农户总数的10.4%。[①] 此外，已经建立的农民经济合作组织也普遍存在规模小、实力弱、运行不规范等诸多问题。

农民经济合作组织发展之所以缓慢，一个很重要的原因在于现实中存在一些制约农民经济合作组织发展的障碍或不利因素。一是农民普遍缺乏合作意识。中国经历的漫长的小农经济社会造就了“农民善分不善合”的特性。而新中国成立以后长期实行的人民公社制度又使农民不同程度地患上了“恐合症”。二是缺乏合作组织的带头人。专业合作经济组织的产生和发展需要具有合作意识、奉献精神、一定的管理艺术和市场掌控能力的领头人，这就要求农村具有能人的发现机制和保留机制。然而，现实当中，农村能人的发现机制和保留机制极度匮乏。一方面，在目前的行政体系以及固有的意识形态约束下，农村能人大多会通过各种渠道融入到现有的各级行政链条中和城市社会中；另一方面，农村少有的能人出于经济、社会和文化等方面的考虑也未必愿意充当合作社的领头人，热心合作事业的人才更少。[②] 三是资源禀赋的制约。农民自发组成的合作经济组织往往是从无到有，白手起家，它们在资金融通、技术引进、设备改造、农产品质量检测与标准化、企业管理、市场开拓、信息搜集以及经营网点分布等方面，都存在先天的不足，这就在客观上加大了农民专业合作社发展的难度。[③] 上述障碍或不利因素是很

---

① 转引自王秀丽《新农村建设中农民专业合作组织研究》，博士学位论文，兰州大学，2011年，第81页。

② 张会恒：《加快发展农民专业合作经济组织的对策研究》，《生产力研究》2009年第22期。

③ “社会主义市场经济条件下农民中介组织的发育和完善”课题组：《论社会主义市场经济条件下农民中介组织的发育和完善》，《中国农村经济》2002年第3期。

难在短时期自然消失的，必须借助政府的力量来克服障碍，消除不利因素。只有如此，才能加快农民经济合作组织的发展。

国内外的实践证明，政府的扶持可以为农民经济合作组织提供良好的发展环境，但政府“过度热情”又会导致农业合作经济组织丧失独立性，最终失去其特有的功能和价值。这也正是一些学者对政府主导农民经济合作组织发展持保留态度的原因所在。有学者认为，虽然说自上而下的政府主导发展模式以及政府有关部门亲自牵头主办合作经济组织高效快捷，但政府部门的过度干预也会扼杀合作经济组织的自主性和生命力，最终会使合作经济组织难以做到可持续发展。回顾发展中国家合作运动的历史，政府的干预不当是许多国家合作运动溃败的根源，这方面的教训必须记取。① 因此，在加快农民经济合作组织的发展过程中需要对政府的作用和行为进行合理的定位和规范。

首先，政府在促进农民合作经济组织发展过程中，应当充分尊重农民的自主意识和选择权利。必须认识到，农民合作经济组织是农民自己的组织，从根本上说，农民合作经济组织建设的主体是农民。只有清楚地明白这一点，才不会重复以往政府在农村问题中包办一切的错误，对农民合作经济组织实行越位的掌控，而是在合理的制度和政策引导下，让其有一个自由而规范发展的空间。②

其次，鉴于当前农民经济合作组织发展严重滞后的现实，政府应当加大倡导和扶持的力度。一方面要通过广泛的宣传和典型示范，鼓励和引导农民组建经济合作组织；另一方面要针对农民合作经济组织发展中遇到的困难和问题，提供必要的帮助和政策支持。比如，做好农民合作经济组织的各项服务工作，使政府部门成为合作经济组织发展的信息服务中心、政策咨询中心、司法保障中心；进一步完善上网工程，帮助合作组织建立网站，实现各类农民专业合作经济组织联网；指导农民专业合作经济组织申请国际资格认证，实施农业标准化生产；引导农民专业合作经济组织树立品牌意识，申请注册农产品商标和地理标志，维护其合法权益；帮助农民合作经济组织及时制定合作章程，加强其成员（代表）大会、理事会和监事会“三会”制度

① 参见石秀和、经庭如《新型农民合作经济组织发展中的政府行为及制度选择》，《湖北社会科学》2009 年第 10 期。

② 庄小琴：《农民合作经济组织发展与政府角色定位》，《兰州大学学报》（社会科学版）2006 年第 6 期。

建设，逐步建立、健全财务管理和会计核算制度；加强对合作经济组织的审计监督，切实保障合作经济组织依法经营。[①] 此外，还可以从财政、税收、信贷等方面制定优惠政策，支持农民合作经济组织的发展。

3. 健全和完善相关立法

国外农民合作经济组织的发展经验证明，健全法制是保证农民合作经济组织稳定健康发展的重要条件。我国农民新型合作经济组织自20世纪90年代由农民自发创建以来，虽然很快受到党和政府的积极肯定和大力倡导与支持，但其发展速度依然不是十分理想，与农业市场化和产业化的客观要求不相适应。究其原因，除了农民自身素质方面的局限以外，很重要的一点在于我们没有及时为农民新型经济合作组织的发展创造适宜的法制环境，农民经济合作组织的相关立法长期滞后于实践的发展。2006年10月31日全国人大常委会通过的《中华人民共和国农民专业合作社法》以及此后出台的《农民专业合作社登记管理条例》等配套法规规章，在很大程度上改变了农民合作经济组织建设无法可依的状况，对于农民经济合作组织的发展发挥了积极的保障和促进作用。但是，总体上看，我国农民合作经济组织的立法还不是很健全，已经出台的法律法规和规章也还存在一些问题和不足，需要进一步完善。概括来说，健全和完善农民合作经济组织的立法需要从以下两方面进行：

首先，完善《农民专业合作社法》的相关内容。2007年7月1日开始实施的《农民专业合作社法》对我国农民专业合作社的设立程序、成员和组织、内部管理、扶持政策、法律责任等作了系统全面的规定，填补了我国农民合作经济组织的立法空白，对于保障和促进农民专业合作经济组织的稳定健康发展具有重大意义。然而，由于多种原因，《农民专业合作社法》在内容上也还存在一些缺陷和不足，例如，在合作社的成员资格方面，该法要求加入合作社的公民必须具有民事行为能力，但问题是农村中一些无民事行为能力的人恰恰是更需要合作社帮助的人。此外，该法将农民专业合作社的单位成员限制为“从事与农民专业合作社业务直接有关的生产经营活动”、“能够利用农民专业合作社提供的服务”的企业、事业单位或者社会团体，这种过于严格的限制也不利于农民专业合作社引进资金和技术加快自身发展。在合作社的组织机构方面，监督机构被弱化。一是没有将监督机构作为必设机构；二是监督机构权力不明；三是监督机构运行的法律依据不完善。

---

① 郑卫东：《发展农民专业合作经济组织的战略思考》，《改革与战略》2007年第5期。

我国市场经济体制还不完善，特别是作为市场主体的农民专业合作社还处于初始发展期，这种监督力量被有意弱化不利于农民专业合作社长远健康发展。[①] 在法律的调整范围方面，该法没有对农民专业合作社之间的联合问题作出相应的规定。合作社之间的联合是国际合作社联盟 1995 年重申的合作社七大原则之一，也是合作社发展的必然趋势。而我国的《农民专业合作社法》却没有合作社之间联合的相关规定，使合作社的联合缺少法律规范与依据，不利于合作社的发展壮大，也不利于我国合作社与国外合作社组织开展联系与合作。因此，为了更好地发挥《农民专业合作社法》在推动和保障农民专业合作社的发展中的作用，有必要在总结经验的基础上，在适当时对《农民专业合作社法》进行修订，使其内容更加完善。

其次，扩大立法的覆盖面，将现实中存在的各种形式的农民合作经济组织全面纳入法律调整范围。目前，我国农村合作经济存在多种组织形式，除了专业合作社外，还有各种农民专业协会、社区合作经济组织等，目前的《农民专业合作社》只适用于农民专业合作社一种形式，而且该法将农民专业合作社的内涵严格限定为“在农村家庭承包经营基础上，同类农产品的生产经营者或者同类农业生产经营服务的提供者、利用者，自愿联合、民主管理的互助性经济组织”。这样一来，现实生活中存在的大量其他形式的农民合作经济组织仍然游离于法律之外，不仅不利于农民合作经济组织的多样化发展，而且从长远看，也不利于农民专业合作社的稳定健康发展，因为农民专业合作社与其他形式的农民合作经济组织尤其是社区合作经济组织之间存在着难以分割的联系，只有从立法上明确各种农民合作经济组织的性质和法律地位，理顺各种农民合作经济组织之间的关系，才能从根本上保证农民合作经济组织的稳定健康协调发展。从立法模式上说，农民合作经济组织的立法既可以采取分散立法模式，即针对不同的组织形式分别立法，也可以采取集中的立法模式，即制定一部统一调整各种农民合作经济组织的《农民合作经济组织法》。相对而言，分散模式的操作难度较小，而集中模式的难度较大。但我们仍建议采取集中立法模式，因为这样有利于保持农民合作经济组织法的内部协调，也有利于明确各种农民合作经济组织之间的关系，同时还可以方便管理和执法。

① 吴义周：《拾遗与补缺：〈论农民专业合作社法〉的完善》，《安徽商贸职业技术学院学报》2010 年第 1 期。

主要参考文献

1. C. Oi Jean, *State and Peasant in Contemporary China*: *The Political Economy of Village Government*, Berkeley, CA: University of California Press, 1989.
2. C. Oi Jean, *Rural China Takes Off*: *Institutional Foundation of Economic Reform*, Berkeley, CA: University of California Press, 1999.
3. Shue, *Vivienne*, *The Each of the State*: *Sketches of the Chinese Body Politics*, Stanford: Stanford University Press, 1988.
4. Sui, Helen F., *Agents and Victims in South China*: *Accomplices in Rural Revolution*, New Haven: Yale University Press, 1989.
5. Burns, John P., *Political Participation in Rural China*, Berkeley: University of California Press, 1988.
6. Crook, David, Isabel, *Revolution in a Chinese Village*: *Ten Mile Inn*, London: Routledge, 1959.
7. Hinton, William, *Fanshen*: *A Documentary of Revolution in a Chinese Village*, Berkeley: University of California Press, 1966.
8. Yang, C. K. A, *Chinese Village in Early Communist Transition*, Cambridge, Mass.: the MIT Press, 1959.
9. Yongshun Cai, "Between State and Peasant: Local Cadres and Statistical Reporting in Rural China", *The China Quarterly*, No. 163 (September 2000).
10. Richard Stewart, "Administrative law in the 21st Century", *New York University Law Review*, Vol. 437, 2003.
11. 《马克思恩格斯选集》第 4 卷，人民出版社 1972 年版。
12. 《列宁全集》第 41 卷，人民出版社 1972 年版。
13. 《毛泽东选集》第 2 卷，人民出版社 1991 年版。
14. 《毛泽东文集》第 6 卷，人民出版社 1999 年版。

15. 《建国以来毛泽东文稿》第 7 册，中央文献出版社 1998 年版。
16. 《邓小平文选》第 2 卷，人民出版社 1983 年版。
17. 《邓小平文选》第 3 卷，人民出版社 1993 年版。
18. 中共中央文献研究室编：《建国以来重要文献选编》第 3 册，中央文献出版社 1992 年版。
19. 中共中央文献研究室编：《三中全会以来重要文献汇编》（上、下），人民出版社 1982 年版。
20. 中共中央文献研究室编：《中国共产党第十三次全国代表大会文件汇编》，人民出版社 1987 年版。
21. 中共中央文献研究室编：《中国共产党第十四次全国代表大会文件汇编》，人民出版社 1992 年版。
22. 中共中央文献研究室编：《中国共产党第十五次全国代表大会文件汇编》，人民出版社 1997 年版。
23. 中共中央文献研究室编：《中国共产党第十六次全国代表大会文件汇编》，人民出版社 2002 年版。
24. ［英］安东尼·吉登斯：《民族—国家与暴力》，胡宗泽等译，生活·读书·新知三联书店 1998 年版。
25. 邓正来、［美］杰弗里·亚历山大编：《国家与社会：一种社会理论的研究路径》，中央编译出版社 2002 年版。
26. ［美］杜赞奇：《文化、权力与国家——1900—1942 年的华北农村》，王福明译，江苏民出版社 2006 年版。
27. 方湖珊、郑布英：《乡镇政府机构改革研究》，江西科学技术出版社 2005 年版。
28. 傅大友、袁勇志、芮国强：《行政改革与制度创新》，上海三联书店 2004 年版。
29. ［美］盖伊·彼得斯：《政府未来的治理模式》，中国人民大学出版社 2001 年版。
30. 金太军等：《乡镇机构改革挑战与对策》，广东人民出版社 2005 年版。
31. 李昌平、董磊明主编：《税费改革背景下的乡镇体制研究》，湖北人民出版社 2004 年版。
32. 李凡等：《创新与发展——乡镇长选举制度改革》，东方出版社 2000 年版。
33. 李守经、邱馨主编：《中国农村基层社会组织体系研究》，中国农业出版社 1994 年版。
34. 李学举等编著：《中国乡镇政权的现状与改革》，中国社会出版社 1994 年版。
35. 马戎等主编：《中国乡镇组织变迁研究》，华夏出版社 2000 年版。
36. 彭勃：《乡村治理——国家介入与体制选择》，中国社会出版社 2002 年版。
37. 荣敬本等：《从压力型体制向民主合作体制的转变——县乡两级政治体制革》，中央编译出版社 1998 年版。
38. 史卫民：《公选与直选——乡镇人大选举制度研究》，中国社会科学出版社 2000 年版。
39. 徐勇：《乡村治理与中国政治》，中国社会科学出版社 2003 年版。
40. 徐勇：《中国农村村民自治》，华中师范大学出版社 1998 年版。
41. 徐勇、高秉雄主编：《地方政府学》，高等教育出版社 2005 年版。
42. 徐勇等：《走出“生之者寡，食之者众”的困境——县乡村治理体制反与改革》，西北大学出版社 2004 年版。
43. 徐勇、贺雪峰主编：《杨集实验：两推一选书记镇长——嵌入乡村社会的事件及其重学术角度的解读》，西北大学出版社 2004 年版。
44. 项继权：《外国农村基层建制》，华中师范大学出版社 1995 年版。
45. 项继权：《集体经济背景下的乡村治理》，华中师范大学出版社 2002 年版。
46. 项继权主编：《走出“黄宗羲定律”的怪圈：中国农村税费改革的调查与研究》，西北大学出版社 2004 年版。
47. 俞可平：《中国公民社会的兴起与治理的变迁》，社会科学文献出版社 2002 年版。
48. 赵秀玲：《中国乡里制度》，社会科学文献出版社 1998 年版。
49. 张厚安主编：《中国农村基层政权》，四川人民出版社 1992 年版。
50. 张厚安、徐勇主笔：《中国农村政治稳定与发展》，武汉出版社 1995 年版。
51. 张静：《基层政权：乡村制度诸问题》，上海人民出版社 2006 年版。
52. 张乐天：《告别理想——人民公社制度研究》，东方出版中心 1998 年版。
53. 朱光磊：《当代中国政府过程》，天津人民出版社 1997 年版。
54. 朱宇：《中国乡域治理结构：回顾与前瞻》，黑龙江人民出版社 2006 年版。

55. 孙笑侠：《法律对行政的控制》，山东人民出版社 1999 年版。
56. 施雪华：《政府权能理论》，浙江人民出版社 1998 年版。
57. 胡伟：《政府过程》，浙江人民出版社 1998 年版。
58. 姜明安：《行政法与行政诉讼法》，北京大学出版社、高等教育出版社 2005 年版。
59. 姚锐敏等：《乡村治理中的村级党组织领导》，中国社会科学出版社 2004 年版。
60. 蔡立辉：《政府法制论——转轨时期中国政府法制建设研究》，中国社会科学出版社 2002 年版。
61. 张立荣：《论有中国特色的国家行政制度》，中国社会科学出版社 2003 年版。
62. 詹成付：《乡村政治若干问题研究》，西北大学出版社 2004 年版。
63. 武力等：《解决“三农”问题之路——中国共产党“三农”思想政策史》，中国经济出版社 2004 年版。
64. 肖堂镖等：《中国乡村报告》，学林出版社 2005 年版。
65. ［德］奥托·迈耶：《德国行政法》，刘飞译，商务印书馆 2002 年版。
66. 王晨光主编：《农村法制现状—来自清华学生的视角》，社会科学文献出版社 2006 年版。
67. 刘伯龙等：《当代中国农村公共政策研究》，复旦大学出版社 2005 年版。
68. 程燎原：《从法制到法治》，法律出版社 1999 年版。
69. 肖扬主编：《依法治国论》，法律出版社 1997 年版。
70. 梁开金、贺学峰：《村级组织制度安排与创新》，红旗出版社 1999 年版。
71. 张德友等：《法与农村社会变迁》，人民出版社 2007 年版。
72. ［英］哈特：《法律的概念》，张文显译，中国大百科全书出版社 1996 年版。
73. 王铭铭、王斯福主编：《乡土社会的秩序、公正与权威》，中国政法大学出版社 1997 年版。
74. 姜明安主编：《行政程序研究》，北京大学出版社 2006 年版。
75. 魏光奇：《官治与自治——20 世纪上半期的中国县治》，商务印书馆 2004 年版。
76. 国务院法制办公室秘书行政司编：《依法行政、从严治政，建设廉洁、勤政、务实、高效政府》，中国法制出版社 1999 年版。
77. 张文显主编：《法理学》，法律出版社 1997 年版。

78. ［美］E. 博登海默：《法理学：法律哲学与法律方法》，邓正来译，中国政法大学出版社 1999 年版。
79. 陈锡文：《中国农村公共财政制度——理论 · 政策 · 实证研究》，中国发展出版社 2005 年版。
80. ［美］弗里曼、毕克伟、赛尔登：《中国乡村，社会主义国家》，陶鹤山译，社会科学文献出版社 2002 年版。
81. 王邦佐等主编：《新政治学概要》，复旦大学出版社 1998 年版。
82. 王沪宁：《比较政治分析》上海人民出版社 1987 年版。
83. 程燎原、江山：《法治与政治权威》，清华大学出版社 2001 年版。
84. 邱石：《共和国重大事件决策实录》，经济日报出版社 1998 年版。
85. 张新华主编：《探索"三农"问题的历史经验》，中共党史出版社 2007 年版。
86. 杜润生：《中国农村制度变迁》，四川人民出版社 2003 年版。
87. 应松年主编：《行政法学新论》，中国方正出版社 1999 年版。
88. ［英］卡罗尔 · 哈洛、理查德 · 罗林斯：《法律与行政》（上、下），杨伟东译，商务印书馆 2004 年版。
89. ［美］塞缪尔 · P. 亨廷顿：《变化社会中的政治秩序》，王冠华译，生活 · 读书 · 新知三联书店 1989 年版。
90. ［美］黄宗智：《长江三角洲小农家庭与乡村发展》，中华书局 2000 年版。
91. ［美］费正清、费维恺：《剑桥中国晚清史》（下卷），中国社会科学院历史研究所编译室译，中国社会科学出版社 1994 年版。
92. ［美］费正清主编：《剑桥中华民国史 · 第二部》，章建刚等译，上海人民出版社 1992 年版。
93. ［美］费正清等主编：《剑桥中华人民共和国史》，金光耀等译，上海人民出版社 1990 年版。
94. ［澳］斯 · 茨威格：《异端的权利》，生活 · 读书 · 新知三联书店 1986 年版。
95. 陈益元：《革命与乡村：建国初期农村基层政权建设研究》，上海社会科学院出版社 2006 年版。
96. 虞和平：《中国现代化历程：前提与准备》（第 1 卷），江苏人民出版社 2001 年版。
97. 故宫博物院明清档案部：《清末筹备立宪档案史料》（下册），中华书局

1979 年版。
98. 《第一次国内革命战争时期的农民运动资料》，人民出版社 1983 年版。
99. 《第一、二次国内革命战争时期土地斗争史料选编》，人民出版社 1981 年版。
100. 《解放战争时期土地改革文件选编》，中共中央党校出版社 1981 年版。
101. 《湖北省进行减租的复查工作》，《新华月报》1950 年 8 月号。
102. 中共中央办公厅编：《中国农村的社会主义高潮》（中册），人民出版社 1956 年版。
103. 国家农委办公厅编：《农业集体化重要文件汇编》（下册），中共中央党校出版社 1982 年版。
104. 国家统计局：《中国统计年鉴》（1997 年），中国统计出版社 1998 年版。
105. 国家统计局：《光辉的三十五年》，中国统计出版社 1984 年版。
106. 国家计委编：《中华人民共和国国民经济和社会发展计划大事辑要》，红旗出版社 1987 年版。
107. 《当代中国》丛书编辑部：《当代中国的农业》，当代中国出版社 1992 年版。
108. 黄道霞等主编：《建国以来农业合作化史料汇编》，中共党史出版社 1992 年版。
109. 薄一波：《若干重大决策与事件的回顾》，中共中央党校出版社 1993 年版。
110. 崔乃夫：《当代中国的民政》（上），当代中国出版社 1994 年版。
111. 魏益华等主编：《农村基层党政建设》，中央党校出版社 1992 年版。
112. 罗平汉：《农村人民公社史》，福建人民出版社 2003 年版。
113. 吴怀连：《农村社会学》，安徽人民出版社 1991 年版。
114. 温锐、游海华：《劳动力的流动与农村社会经济的变迁》，中国社会科学出版社 2001 年版。
115. 中共山东省委党史研究室、山东省档案馆编著：《中共山东历史大事记》（1949. 10—1978. 12），中共党史出版社 2001 年版。
116. 吕景琳、申春生：《山东五十年发展史》（1949—1999），齐鲁书社 1999 年版。
117. 薛暮桥：《社会主义经济理论问题》，人民出版社 1979 年版。
118. ［英］洛克：《政府论》，叶启芳等译，商务印书馆 1964 年版。

119. 应松年主编:《依法行政读本》,人民出版社 2001 年版。
120. [英] 威廉·韦德:《行政法》,徐炳等译,中国大百科全书出版社 1997 年版。
121. 叶必丰:《行政法的人文精神》,湖北人民出版社 1999 年版。
122. 孟德斯鸠:《论法的精神》(上册),张雁生译,商务印书馆 1982 年版。
123. 黄炎培:《延安归来》,文史资料出版社 1982 年版。
124. 王名扬:《美国行政法》,中国法制出版社 1995 年版。
125. [德] 哈特穆特·毛雷尔:《行政法学总论》,高家伟译,法律出版社 2000 年版。
126. [日] 南博方:《日本行政法》,杨建顺等译,中国人民大学出版社 1988 年版。
127. [德] 马克斯·韦伯:《新教伦理与资本主义精神》,于晓、陈维纲译,陕西师范大学出版社 2002 年版。
128. 刘旺洪:《法律意识论》,法律出版社 2001 年版。
129. [美] 埃·弗洛姆:《为自己的人》,孙依依译,生活·读书·新知三联书店 1998 年版。
130. [美] 伯尔曼:《法律与宗教》,梁治平译,生活·读书·新知三联书店 1991 年版。
131. [古希腊] 亚里士多德:《政治学》,吴寿彭译,商务印书馆 1985 年版。
132. [法] 托克维尔:《论美国的民主》(上),董果良译,商务印书馆 1991 年版。
133. 宋志明:《谈社会科学研究方法的特殊性》,《浙江社会科学》2007 年第 4 期。
134. 覃正爱:《关于历史唯物主义方法及其体系研究若干问题的思考》,《广东社会科学》2001 年第 1 期。
135. 陈益元:《建国以来农村基层政权建设研究述评——兼论当代中国国家与社会在乡村控制中的关系变化》,《文史博览》2007 年第 4 期。
136. 郭圣福:《中国革命和建设时期的农会》,《天府新论》2007 年第 6 期。
137. 黄宗华、张昭国:《论政治传播与大跃进运动高潮的形成》,《成都大学学报》(社会科学版)2007 年第 2 期。
138. 廖鲁言:《三年来土地改革运动的伟大胜利》,《新华月报》1952 年 10 月号。

139. 沈延生：《中国乡治的回顾与展望》，《战略与管理》2003 年第 1 期。
140. 徐勇：《行政下乡：动员、任务与命令——现代国家向乡土社会渗透的行政机制》，《华中师范大学学报》2007 年第 5 期。
141. 徐勇：《政权下乡：现代国家对乡土社会的整合——农村基层政权建设的国家视角》，《贵州社会科学》2007 年第 11 期。
142. 徐勇：《政党下乡：现代国家对乡土的整合》，《学术月刊》2007 年第 7 期。
143. 王萌硕：《大跃进、人民公社化运动顺利发动的几个因素浅析》，《理论观察》2001 年第 5 期。
144. 李良玉：《建国初期的土地改革运动》，《江苏大学学报》（社会科学版）2004 年第 1 期。
145. 何成学：《广西土改工作概述》，《广西党史》2000 年第 6 期。
146. 刘庆乐：《制度起源的综合解释框架——以人民公社制度为例》，《社会科学家》2007 年第 3 期。
147. 项继权：《从“社队”到“社区”：我国农村基层组织与管理体制的三次变革》，《理论学刊》2007 年第 11 期。
148. 景跃进：《国家与社会边界的重塑》，《江苏社会科学》2000 年第 2 期。
149. 蒋励：《人民公社的失败和教训》，《南方农村》2003 年第 1 期。
150. 刘娅：《目标·手段·自主需要——人民公社制度兴衰的思考》，《当代中国史研究》2003 年第 1 期。
151. 楚成亚：《农村基层政权建设的世纪反思》，《理论与现代化》2002 年第 1 期。
152. 龙太江：《国家政权建设与乡村发展——对革命后中国乡村社会现代化进程的反思》，《衡阳师范学院学报》（社会科学版）2002 年第 1 期。
153. 王立胜：《人民公社化运动与中国农村社会基础再造》，《中共党史研究》2007 年第 3 期。
154. 曾军：《村委会准政权化设想初探》，《社会主义研究》1997 年第 5 期。
155. 中共湖北省委组织部、湖北省社会经济调查队课题组：《村级管理方式研究》，《中国农村经济》1997 年第 8 期。
156. 刘京希：《从国家化社会主义到社会化社会主义——兼论社会主义的本质特征》，《文史哲》2000 年第 4 期。
157. 马龙虎：《寿张“大跃进”运动研究》，博士学位论文，中共中央党校，2007 年。

158. 李昌平：《乡镇体制与农村制度体系重建》，三农中国网（http：//www. snzg. net）。
159. 刘喜堂：《关于乡级民主发展的调查与思考》，《经济社会体制比较》2000 年第 2 期。
160. 浦兴祖：《直选乡长是扩大农村基层民主的一次探索——关于四川步云乡个案的考?》，《云南行政学院学报》2001 年第 6 期。
161. 沈延生：《村政的兴衰与重建》，《战略与管理》1999 年第 6 期。
162. 唐娟：《基层政府治理变迁的制度分析——以四川省遂宁市市中区步云乡乡长直个案》，《理论与改革》2001 年第 4 期。
163. 项继权：《短缺财政下的乡村政治发展——兼论中国乡村民主的生成逻辑》，《中农村观察》2002 年第 3 期。
164. 肖堂镖：《二十余年来大陆的乡村建设与治理：观察与反思》，《二十一世纪》2003 年 8 月号。
165. 徐勇：《国家整合与社会主义新农村建设》，《社会主义研究》2006 年第 1 期。
166. 徐勇：《县政、乡派、村治：乡村治理的结构性转换》，《江苏社会科学》2002 年第 2 期。
167. 徐勇：《乡村治理结构改革的走向——强村、精乡、简县》，《战略与管理》2003 年第 4 期。
168. 詹成付：《关于深化乡镇体制改革的研究报告》，《开放时代》2004 年第 2 期。
169. 郑法：《农村改革与公共权力的划分》，《战略与管理》2000 年第 4 期。
170. 赵树凯：《乡镇政府之命运》，《中国发展观察》2006 年第 7 期。
171. 朱守银等：《当前各地乡镇体制改革的主要做法及比较》，《红旗文稿》2006 年第 9 期。
172. 项继权：《乡村关系行政化的根源与调解对策》，《北京行政学院学报》2002 年第 2 期。
173. 龙太江：《乡村社会的国家政权建设：一个未完成的历史课题——兼论国家政权建设中的集权与分权》，《天津社会科学》2001 年第 3 期。
174. 罗平汉：《1955 年农业合作化运动中对“小脚女人”的批判》，《书摘》2006 年第 6 期。
175. 刘洪升、胡克夫：《河北农业合作化运动述评》，《当代中国史研究》2001 年第 3 期。

176. 王金瑞：《论河南省的“大跃进”运动》，硕士论文，河南大学，2007 年。
177. 蒋吉昌：《回眸土地改革运动》，《中共宁波市委党校学报》1999 年第 5 期。
178. 成波平：《福建连江的“大跃进”和人民公社化运动》，《党史研究与教学》1989 年第 3 期。
179. 周学雍：《“大跃进”时期与“五风”抗争的人们》，《江淮文史》2007 年第 3 期。
180. 陈益元：《 1949—1957 年中国共产党政权建设与农村社会变迁》，《吉首大学学报》2007 年第 5 期。
181. 项继权：《中国村民自治的实践基础及成效》，载于刘亚伟编《无声的革命：村民直选的历史、现实和未来》，西北大学出版社 2002 年版。
182. 吴复民：《走依法治国之路——江泽民与中国社会主义法治进程》，《半月谈》2000 年第 6 期。
183. 卓泽渊：《中国“普法”二十年：回顾与前瞻》，《探索》2006 年第 1 期。
184. 海纳：《真是普法惹的“祸”?》，《瞭望新闻周刊》2003 年第 39 期。
185. 李昕：《社会转型中公共行政模式的变迁》，《首都师范大学学报》（社会科学版）2003 年第 3 期。
186. 罗豪才：《现代行政法制的发展趋势》，《国家行政学院学报》2001 年第 3 期。
187. 崔卓兰、卢护锋：《非强制行政的价值分析》，《社会科学战线》2006 年第 3 期。
188. 季卫东：《程序比较论》，《比较法研究》1993 年第 1 期。
189. 徐利芳：《后农业税时代基层服务型政府的构建——以台州 X 镇改革为例》，《中共浙江省委党校学报》2007 年第 5 期。
190. 左然：《乡镇公共服务中的行政合同研究》，《行政法学研究》2006 年第 1 期。
191. 李玲、徐亚文：《正当法律程序的法理分析》，《河南省政法管理干部学院学报》2000 年第 3 期。
192. 朱琦：《代表“点菜”制度化》，《上海人大月刊》2007 年第 8 期。
193. 唐海华：《“压力型体制”与中国的政治发展》，《宁波党校学报》2006 年第 1 期。

194. 荣敬本、赖海榕:《关于县乡两级政治体制改革的比较研究——从村到乡镇民主制度建设的发展》,《经济与社会体制比较》2000 年第 2 期。
195. 黄锦堂:《依法行政原则》，载于台湾行政法学会主编《行政法争议问题研究》，台湾五南图书出版公司 2000 年版。
196. 姚锐敏:《略论政策对法律权威的负面影响》,《南京社会科学》1994 年第 5 期。
197. 石成银:《乡镇依法行政中非规范问题浅析》，宜宾司法行政网（http://www.ybsf.gov.cn）。
198. 樊瑛华等:《从财政困境看中国县乡两级政府公共服务职能的缺失——以陕西省 L 县为案例的分析》,《西北大学学报》（哲学社会科学版）2007 年第 2 期。
199. 史清华、陈凯:《现阶段农民法律素质与法律意识分析——对山西省农民政策法规了解情况的问卷调查》,《中国农村观察》2002 年第 2 期。
200. 任大鹏:《我国现阶段农民法律意识的调查与分析》,《中国农村观察》1999 年第 3 期。
201. 姚建宗:《信仰：法治的精神意蕴》,《吉林大学社会科学学报》1997 年第 2 期。
202. 吴理财:《治理转型中的乡镇政府——乡镇改革研究》，博士学位论文，华中师范大学，2006 年。
203. 国务院新闻办公室:《中国的法治建设白皮书》，新华网，2008 年 2 月 28 日。